Das Neue Südafrika. Das Ende einer Illusion?

Kieler Schriften zur politischen Wissenschaft

Herausgegeben von Werner Kaltefleiter

Band 9

PETER LANG
Frankfurt am Main · Berlin · Bern · New York · Paris · Wien

Ulrike Schumacher (Hrsg.)

Das Neue Südafrika
Das Ende einer Illusion?

PETER LANG
Europäischer Verlag der Wissenschaften

Die Deutsche Bibliothek - CIP-Einheitsaufnahme

Das neue Südafrika - das Ende einer Illusion? / Ulrike Schumacher (Hrsg.). - Frankfurt am Main ; Berlin ; Bern ; New York ; Paris ; Wien : Lang, 1997
(Kieler Schriften zur politischen Wissenschaft ; Bd. 9)
ISBN 3-631-31054-4

NE: Schumacher, Ulrike [Hrsg.];

ISSN 0932-4224
ISBN 3-631-31054-4

Printed in Germany 1 2 3 5 6 7

Inhalt

Abkürzungen

Südafrikanische Begriffe

ABSA	Amalgamated Banks of South Africa
AHI	Afrikaanse Handelsinstituut
ANC	African National Congress
ANCWL	ANC Women's League
ANCYL	ANC Youth League
APLA	Azanian People's Liberation Army
ASAS	Association of Southern African States
ASPRO	Africa do Sul, Portugal, Rhodesia
AVF	Afrikaner Volksfront
AVU	Afrikaner Volksunie
AWB	Afrikaner Weerstandsbeweging
AZAPO	Azanian People's Organization
BER	Bureau for Economic Research, University of Stellenbosch
BLA	Black Local Authority
BCM	Black Consciousness Movement
BSA	Business South Africa
CA	Constitutional Assembly
CODESA	Convention for a Democratic South Africa
CONTRALESA	Congress of Traditional Leaders of South Africa
COSAG	Concerned South African Group
COSATU	Congress of South African Trade Unions
CP	Conservative Party/Konserwatiewe Party (KP)
DBSA	Development Bank of Southern Africa
DP	Democratic Party
ECCAS	Economic Community of Central African States
ECOWAS	Economic Community of Westafrican States
FA	Freedom Alliance
FAA	Forças Armadas de Libertaçaõ Angolanas
FADM	Forças Armadas de Defesa de Mozambique
FAPLA	Forças Armadas Populares de Libertação Angolana
FF	Freedom Front/Vryheidsfront (VF)
FNB	First National Bank of Southern Africa Limited
FRELIMO	Frente de Liberação de Moçambique

GNU	Government of National Unity
GPIE	Gabinete de promoção do investimento estrangeiro
IDC	Industrial Development Corporation of South Africa, Ltd.
IFC	International Finance Corporation
IFP	Inkatha Freedom Party
IGADD	Inter-Governmental Authority
ISC	Judicial Service Commission
ISDSC	Interstate Defence and Security Committee
KLA	KwaZulu Legislative Assembly
KP	Konserwatiewe Party/Conservative Party (CP)
KZN	KwaZulu/Natal
LGCC	Local Government Co-Ordinating Committee
LGTA	Local Government Transition Act
MDM	Mass Democratic Movement
MME	Movement Marketing Enterprises
MPLA	Movimento Popular de Libertação de l'Angola
MPNP	Multi Party Negotiating Process
NAFCOC	National African Chamber of Commerce
NBS	Natal Building Society
NCOP	National Council of Provinces
NEC	National Executive Committee
NEDLAC	National Economic Development and Labour Council
NEF	National Economic Forum
NGO/NRO	Non-governmental-organization/Nichtregierungsorganisation
NP	National Party/Nasionale Party
NRK	Niederdeutsche Reformierte Kirche
NUMSA	National Union of Metal Workers of South Africa
NV	Nationalversammlung
NWDC	North West Development Corporation
OAU	Organization of African Unity
PAC	Pan-Africanist Congress
PACAD/PAVAD	People against Crime/Violence and Drugs
PAGAD	People against Gangsterism and Drugs
PASO	Pan Africanist Students Organization
PFP	Progressive Federal Party
PNP	Purified National Party
RDP	Reconstruction and Development Programme

RENAMO	Resistência Nacional Moçambicana
RMB	Rand Merchant Bank (Holdings)
SACADA	South African Chamber for Agricultural Development in Africa
SACP	South African Communist Party
SADC	Southern African Development Community
SADCC	Southern African Development Coordination Conference
SANCO	South African National Civics' Organization
SANDF	South African National Defence Force
SAP	South African Party
SAPA	South African Press Association
SAPS	South African Police Service
SARB	South Africa Reserve Bank
SASO	South African Students Association
SAU	Südafrikanische Union
SBDC	Small Business Development Corporation, Ltd.
SDU	self-defence-unit
SPU	self-protection-unit
SWAPO	South West African People's Organization
TBVC	Transkei, Bophuthatswana, Venda, Ciskei
TEC	Transitional Executive Council
TIC	Thebe Investment Corporation
TLC	Transitional Local Council
TMC	Transitional Metropolitan Council
TMS	Transitional Metropolitan Substructures
TRLC	Transitional Rural Local Councils
UDF	United Democratic Front
ÜV	Übergangsverfassung
UNAVEM	United Nations Angola Verification Mission
UNHCR	United Nations High Commission for Refugees
UNIP	United National Independence Party
UNITA	União Nacional para a Independência Total de Angola
UP	United Party
VF	Vryheidsfront/Freedom Front (FF)
ZANU	Zimbabwe African National Union

Quellen

AdG	Archiv der Gegenwart
bfai	Bundesstelle für Außenhandelsinformation
BZ	Börsenzeitung
DSE	Deutsche Stiftung für internationale Entwicklung
FAZ	Frankfurter Allgemeine Zeitung
FR	Frankfurter Rundschau
GTZ	Gesellschaft für technische Zusammenarbeit
HB	Handelsblatt
IHT	International Herald Tribune
JÖR	Jahrbuch für Öffentliches Recht
KAF/KAS	Konrad-Adenauer-Foundation/Stiftung
NZZ	Neue Zürcher Zeitung
SZ	Süddeutsche Zeitung
ZaöRV	Zeitschrift für öffentliches Recht und Völkerrecht

VORWORT

Kann man in Zeiten der Massenuniversität, der Überlast und der bürokratischen Reglementierungen noch die akademischen Freiheiten ausschöpfen, um die Besten zu fördern und mit jungen Studierenden außerhalb von Studienordnungen und Pflichtlehrveranstaltungen ein Projekt durchzuführen, das in keinem Curriculum vorkommt? Dieses Buch versucht eine Antwort auf diese Frage.

Die folgenden Beiträge gehen auf eine Studienreise zurück, die die Unterzeichnenden mit 14 fortgeschrittenen Studierenden und Doktoranden des Instituts für Politische Wissenschaft der Christian-Albrechts-Universität zu Kiel vom 24. Februar bis zum 16. März 1996 nach Südafrika unternahmen. Mit jeweils einem einwöchigen Aufenthalt in Johannesburg/Pretoria und Umgebung, Durban, Pietermaritzburg und Ulundi, schließlich Kapstadt und Umgebung wurden ca. 80 Interviews und Gespräche mit allen politischen Lagern, Verbänden und Wissenschaftlern durchgeführt, um einen Einblick in die politische Wirklichkeit des Landes zwei Jahre nach den ersten Post-Apartheid Wahlen von 1994 zu gewinnen. Daß die Studienreise in der letzten Phase vor der Verabschiedung der Verfassung am 8. Mai 1996 stattfand, eröffnete die Möglichkeit, zahlreiche Konflikte deutlicher erkennen zu können als das in einer Periode normalen politischen Lebens möglich gewesen wäre. Das Ergebnis ist in den folgenden Beiträgen niedergelegt.

Die Reise wurde durch großzügige Zuwendungen der Hanns-Martin-Schleyer-Stiftung, des Deutschen Akademischen Austauschdienstes und der Universität Kiel ermöglicht. Für die notwendige Mobilität an den drei Standorten sorgten Kleinbusse, die die Firma Daimler-Benz zur Verfügung gestellt hatte. Ohne diese vielfältige Unterstützung hätte die Studienreise nicht stattfinden können. Es ist uns deshalb ein besonderes Bedürfnis, gerade im Namen der Studierenden allen, die uns halfen, sehr herzlich zu danken.

Ein besonderer Dank gilt jedoch Prof. Dr. Chris Maritz, Chairman des Department of Development Studies, Randse Afrikaanse Universiteit, Johannesburg. Seinem unermüdlichen Einsatz, seinen vielfältigen Kontakten und seinem organisatorischen Geschick allein ist es zu verdanken, daß in der kurzen Zeit so viele Gesprächstermine verwirklicht werden konnten. Sein Name sei beispielhaft genannt für zahlreiche andere Freunde und Kollegen, die bei der Verwirklichung des Programmes behilflich waren.

Unsere Anerkennung gilt aber auch den Exkursionsteilnehmern, die sich begeistern ließen und damit bewiesen, daß die Verwirklichung der Humboldtschen Konzeption der Einheit von Forschung und Lehre an einer deutschen Universität gelegentlich noch möglich ist.

Kiel, im August 1996

Werner Kaltefleiter
Ulrike Schumacher

POLITISCHE KULTUR UND VERFASSUNG

Werner Kaltefleiter

Die Transformation des politischen und gesellschaftlichen System Südafrikas ist von der internationalen Öffentlichkeit mit einer noch größeren Aufmerksamkeit beobachtet worden als die Transformationsprozesse, die fast gleichzeitig in den ehemals kommunistischen Staaten Osteuropas und Asiens stattfanden. Diese Aufmerksamkeit findet ihre Berechtigung darin, daß es sich bei dem Versuch, in Südafrika ein demokratisches politisches System auf der Grundlage einer pluralistischen Gesellschaft zu errichten, um das vielleicht bedeutsamste sozialtechnologische Experiment der Neuzeit handelt.

I. Gewaltverzicht als Element der Demokratie

Die Zielsetzung demokratischer Regierungsweise zu verwirklichen ist nicht allein eine Funktion des guten Willens der Beteiligten. Politik ist stets das Ergebnis einer Kombination von Variablen, die in zwei Kategorien zusammengefaßt werden können:

1. Die vielfältigen Gegensätze und deren Intensität, die eine Gesellschaft prägen. Diese können sehr unterschiedlich begründet sein: Historisch tradierte Strukturen, ethnische, linguistische und religiöse Unterschiede sowie ökonomische Gegensätze, wie sie sich insbesondere in der Eigentums- und Einkommensverteilung widerspiegeln, sind die wichtigsten dieser sozialstrukturellen Variablen.
2. Die Regeln der politischen Willensbildung, Machtbildung, Machtausübung und Machtkontrolle bilden den Rahmen, für den der politikwissenschaftliche Begriff 'Verfassung' steht. Die Regeln können sowohl verfassungsrechtlich kodifiziert sein als auch auf Gewohnheitsrecht oder sonstigen unbestrittenen internalisierten Normen beruhen. Sie stellen die Institutionen dar, die man in Anlehnung an Talcot Parsons als ein "durch Sanktionen gesichertes Rollengefüge mit strategischer Bedeutung in einem Sozialsystem"[1] definieren kann.

---

1 Talcot Parsons: The Social System, New York 1966, S. 39 f.

Die Zielsetzung ist für Südafrika in der Erwartungsstruktur der westlichen Demokratien, aber auch nach der Absicht und zumindest Rhetorik der wichtigsten südafrikanischen innenpolitischen Akteure eine Demokratie. Dazu bedarf es eines Regelwerkes, das geeignet ist, die sich aus den vielfältigen Gegensätzen eines Landes ergebenden Konflikte so zu kanalisieren, daß das Ergebnis Willensbildungsprozesse sind, die zu Entscheidungen führen, die, auch wenn sie nur von einer Mehrheit getroffen werden, doch von der ganz überwiegenden Zahl der Bevölkerung akzeptiert werden können. Denn das bedeutet Demokratie in der einfachsten Definition: Entscheidungen werden mit Mehrheit getroffen, aber sie werden auch von denen letztlich akzeptiert, die im Prozeß der Willensbildung gegen diese Entscheidungen opponiert haben. Nur wenn diese Bedingungen erfüllt sind, kann es eine Legitimität des Systems geben. Ist das zweite Definitionsmerkmal, d. h. die Akzeptanz der Mehrheitsentscheidungen durch die Minderheit, nicht gegeben, ist die Alternative Bürgerkrieg.

Das bedeutet zugleich, daß die Willensbildungsprozesse in einer Demokratie auf dem grundsätzlichen und bedingungslosen Verzicht auf jede Form der Gewaltanwendung beruhen. Eine Regierung, die sich durch Unterdrückung zentraler Freiheiten durchzusetzen versucht, hat ebenso in einer Demokratie keinen Platz wie eine Opposition, die ihre Zielsetzungen durch Terror zu verwirklichen anstrebt. Dies ist die entscheidende Frage, die an die Zukunft Südafrikas gestellt ist: Nicht nur die letzten 30 Jahre vor Beginn des Transformationsprozesses waren durch regelmäßige Gewaltanwendung der illegalen Opposition oder entsprechende Repressionsmaßnahmen der weißen Regierung[2] gekennzeichnet. Auch der Transformationsprozeß selbst war von Gewalt begleitet, diesmal

2 Diese wurde seit 1948 von der Nationalen Partei (NP) als politische Vertretung der Afrikaner gestellt. Die Schreibweise dieser Bezeichnung für die Weißen burischer Abstammung ist politisch umstritten, da sie im Deutschen keine Differenzierung zwischen dieser Gruppe der Weißen und den Bewohnern des Kontinents Afrika erlaubt. Sprachwissenschaftlich dagegen ist die Schreibweise Afrikaner für die burischen Weißen unbestritten. In einschlägigen Lexika findet man auch Schreibweisen wie Afrikander oder Afrikaander. In der sozialwissenschaftlichen Literatur findet sich die Schreibweise Afrikaaner. In diesem Band ist die sprachwissenschaftlich korrekte Schreibweise Afrikaner gewählt, mit der auch die betroffenen Menschen sich selbst bezeichnen. Dies entspricht auch der Schreibweise im Englischen. Die zugehörige Sprache wird dagegen übereinstimmend Afrikaans geschrieben, ebenfalls das Adjektiv z.B. in afrikaans-sprachig.

allerdings vorwiegend in den Auseinandersetzungen zwischen rivalisierenden schwarzen Gruppen. Auch nach den ersten allgemeinen freien Wahlen von April 1994 nahm diese Form der Gewaltanwendung kein Ende und erreichte im Zusammenhang mit den allgemeinen Kommunalwahlen von November 1995, den nachgeholten Kommunalwahlen in der Westkapprovinz im Mai 1996 und vor allem in KwaZulu/Natal im Juni 1996 einen erneuten Höhepunkt. Darüber hinaus gibt es ein hohes Gewaltpotential, das von Beobachtern häufig als soziale Gewalt oder auch einfach Kriminalität eingestuft wird, wobei es jedoch im Einzelfall schwierig ist, die politische Motivation auszuschließen.

Vor diesem Hintergrund der südafrikanischen Geschichte, d. h. des Austragens von Konflikten mit Gewalt und Terror, ist die Frage des Gewaltverzichtes im Prozeß der politischen Willensbildung der Lackmus-Test für die Chance auf Demokratie.

Sowohl demokratietheoretische Konzepte als auch die etwa 200 Jahre alten Erfahrungen mit den Versuchen zur Verwirklichung von Demokratie unter sehr unterschiedlichen sozialstrukturellen und politisch-kulturellen Bedingungen legen die Schlußfolgerung nahe, daß der Gewaltverzicht nur erreicht werden kann, wenn den verschiedenen Gruppen einer Gesellschaft die Chance zur Teilhabe an den zur Machtausübung führenden Entscheidungen gegeben wird. Dieses kann durch drei Instrumente erreicht werden:

1. Die zeitliche Gewaltenteilung. Diese basiert auf einer realen Chance des Machtwechsels, durch die sichergestellt wird, daß die Opposition von heute zugleich die potentielle Regierung von morgen ist. Darin beruht die Macht der Opposition, daß sie die Regierung fürchten lassen kann, die nächsten Wahlen zu verlieren und selbst Regierung zu werden. Dieses Konzept setzt eine relativ homogene Gesellschaft voraus, in der es ein genügend großes Wählersegment gibt, das sich aufgrund von Wahlkampfthemen und den Kandidatenprofilen zu jeder Wahl neu entscheidet und somit den Machtwechsel ermöglicht. In einer Gesellschaft, die durch ein hohes Konfliktpotential in eine strukturelle Mehrheit und eine strukturelle Minderheit gespalten ist, ist dieses Instrument wirkungslos, auch wenn die Wahlen jeweils frei und in jeder Form korrekt durchgeführt werden. Unter solchen Bedingungen sind Wahlen nichts anderes als Volkszählungen, deren Ergebnis die Macht-

zuweisung nicht verändert. In solchen Gesellschaften ist es nur eine Frage der Zeit, daß die strukturelle Minderheit zur Gewaltanwendung greift. Die Geschichte Nordirlands und des Libanon sind dafür anschauliche Beispiele aus jüngster Zeit.

2. Die konsoziale Demokratie, auch Konkordanzdemokratie genannt. Dieses Konzept verlangt die Beteiligung aller relevanten politischen Gruppierungen an der Regierung und räumt jedem Beteiligten ein Vetorecht ein.[3] Das Ergebnis sollen Entscheidungen nach dem Konsensprinzip sein. Die große Schwäche dieses Konzeptes ist zunächst, daß es in der konsozialen Demokratie keine Opposition gibt. Da aber auch solche Regierungen notwendigerweise Entscheidungen treffen müssen, die auf Widerstand stoßen, ergeben sich im Zeitablauf Oppositionsgruppierungen außerhalb der institutionalisierten Großen Koalition der konsozialen Demokratie, die häufig dann nicht nur gegen einzelne Entscheidungen, sondern gegen das System opponieren. Hinzu kommt, daß der schwerfällige Entscheidungsprozeß nach dem Konsensprinzip zu einer Beeinträchtigung der Handlungsfähigkeit führt. Dies ist gerade in Ländern von schwerwiegender Bedeutung, in denen z. B. tiefgreifende sozio-ökonomische Probleme in der Bevölkerung eine hohe Erwartungsstruktur auf handlungsfähige Regierungen hervorrufen. Aus beiden Gründen ist die konsoziale Demokratie strukturell langfristig instabil.

Dieses Modell der konsozialen Demokratie schien gerade für Südafrika geeignet, weil die Willensbildung nach dem Konsensprinzip tradierten Formen der schwarzafrikanischen Stammesgesellschaften entspricht: Gibt es in einem Stamm Konflikte, werden diese in einer Vollversammlung aller erwachsener männlicher Stammesangehöriger, Indaba genannt, so lange diskutiert, bis ein Konsens erzielt wird. Bleibt eine nicht zu überzeugende Opposition, so hat diese nicht nur das Recht, sondern auch die Pflicht zur Emigration, um die Einheit des Stammes wiederherzustellen. Die Opposition verläßt den Stamm und bildet eine eigene neue Einheit in einem entfernteren Siedlungsgebiet, in dem dann wiederum das Konsensprinzip herrscht.

---

3 Vgl. Ulrike Schumacher: Der Wohlfahrtsstaat und die Demokratie. Eine unheilvolle Allianz, in: Orientierungen zur Wirtschafts- und Gesellschaftspolitik, Juni 1996, S. 42 f.

Mit der Übergangsverfassung von 1996 in Südafrika ist versucht worden, die konsoziale Demokratie teilweise zu verwirklichen. Sie führte zu der Verfassungsvereinbarung einer Regierung der Nationalen Einheit, an der alle Parteien mit mehr als 5 % der Stimmen beteiligt sein sollten.[4] Das waren nach den Wahlen von 1994 der ANC (African National Congress), die NP (National Party) und die IFP (Inkatha Freedom Party). Wichtige Gruppen auf der rechten Seite, z. B. die FF (Freedom Front)[5], und auf der linken Seite der PAC (Pan-Africanist Congress)[6] blieben außerhalb der Regierung der Nationalen Einheit und hätten zu einem möglichen Auffangbecken für oppositionelle Strömungen werden können. Dazu ist es jedoch nicht gekommen, weil nach der Verabschiedung der endgültigen Verfassung 1996 die Nationalpartei aus der eigentlich bis 1999 vereinbarten Regierung der Nationalen Einheit austrat, um die Funktion einer demokratischen Opposition zu erfüllen. Darüber hinaus fehlte der Regierung der Nationalen Einheit von Anfang an ein zentrales Element der konsozialen Demokratie: das Vetorecht aller Beteiligten. Dies war auch einer der wesentlichen Gründe für den Rückzug der NP aus dieser Regierung.[7]

3. Dezentralisierung und hohe Autonomie von Teilgruppen. Der Föderalismus ist die bekannteste Form dieser Art von Machtteilung. Er beruht darauf, den verschiedenen Minderheiten die Freiheit der Eigengestaltung zu geben. Dies geht selbstverständlich zu Lasten der Kompetenzen der Zentralregierung. Dieses Konzept ist immer dort verwirklicht worden, wo Minderheiten über mehr oder weniger geschlossene Siedlungsgebiete verfügten oder wo eine Aufteilung des Landes in verschiedene Subsysteme angesichts der Größe des Landes ein Gebot der Effektivität, aber auch der Überschaubarkeit der Entscheidungsprozesse war. Von den klassischen föderativen Systemen veranschaulicht die erste Möglichkeit die Schweiz, die zweite die USA.

---

4 Für Einzelheiten siehe Michael Philippsen: Perspektiven der Verfassungsentwicklung, in diesem Band.

5 Vgl. Andreas Beckmann: Afrikaner Nationalismus: der 'weiße Widerstand', in diesem Band.

6 Vgl. Jens Bohlmann: Die schwarzen Rassisten - PAC und AZAPO, in diesem Band.

7 Vgl. Gabriele Becker: Die weißen Anpasser - NP und DP, in diesem Band.

Theoretisch denkbar ist die Anwendung des föderativen Prinzips auch, wenn es keine geschlossenen Siedlungsgebiete der einzelnen Minderheiten gibt.[8] Ein Subsystem kann jeder Minderheit zu der Gestaltung nach ihren Wertvorstellungen überlassen bleiben, wobei den Angehörigen dieser Minderheit, ganz gleich, wo sie wohnen, das Wahlrecht ausschließlich in der Region ihrer kulturellen Identität zusteht. Allein die Existenz eines solchen Refugiums der eigenen kulturellen Identität wirkt, auch wenn von der Möglichkeit des dort Hinziehens kaum Gebrauch gemacht wird, pazifizierend.[9] Angesichts der großen Migrationsströme innerhalb der Europäischen Gemeinschaft ist dieses Modell dort ansatzweise verwirklicht.

Eine Variation der föderativen Ordnung ist ein hohes Maß an kommunaler Selbstverwaltung[10], wenn die Siedlungsgebiete so stark durchmischt sind, daß einzelne homogene Subsysteme, wie sie der traditionelle Föderalismus verlangt, nicht verwirklicht werden können. Die Anwendung dieses Modells setzt voraus, daß sich die kommunale Selbstverwaltung auf weitgehend homogene Gesellschaftssegmente konzentriert und mit Kompetenzen und Funktionen ausgestattet wird, die in einer normalen Arbeitsteilung zwischen den verschiedenen Stufen eines politischen Systems den Gemeinden nicht zugestanden werden, z. B. die Bildungs- und Kulturpolitik.

Neben dieser verfassungspolitischen Verankerung von Demokratie ist die Sicherung eines Rechtsstaates von zentraler Bedeutung. Auch hier fehlt es an

8 Vgl. Werner Kaltefleiter: The Function of Self-Determination in the Process of Nation-Building, The International Experience, in: Volkstaatraad: Proceedings of the International Conference on Self-Determination, Sommerset-West, 6.-7. March 1996, S. 21-34.

9 Angesichts der Tatsache, daß von den verschiedenen Minderheiten eigentlich nur die Zulus in der Provinz KwaZulu/Natal über ein geschlossenes Siedlungsgebiet verfügen, bietet sich dieses Modell für Südafrika geradezu an. Es ist weitaus zweckmäßiger als das krampfhafte Suchen nach einem Platz für einen weißen Volkstaat, dennoch hat es in der verfassungspolitischen Debatte Südafrikas bislang keine Rolle gespielt. Diese Debatte war insgesamt dadurch gekennzeichnet, daß den Akteuren differenzierteres Verfassungsdenken fremd ist.

10 Für Einzelheiten siehe Harald Walter: Kommunale Selbstverwaltung zur Stabilisierung von Demokratie?, in diesem Band.

einer entsprechenden rechtspolitischen Tradition, erst mit der Übergangsverfassung wurde ein Oberster Gerichtshof eingeführt, an dessen Unabhängigkeit man Zweifel haben kann.[11]

II. Die Konfliktbelastung Südafrikas

Unabhängig von dieser rechtspolitischen Frage ist die südafrikanische Verfassung vom 8. Mai 1996 kaum dadurch gekennzeichnet, daß auch nur eine dieser drei Möglichkeiten der Sicherung der Partizipationschancen von Minderheiten umfassend genutzt wurde. Dies ist nicht zuletzt darin begründet, daß es in der politischen Auseinandersetzung Südafrikas erhebliche Auffassungsunterschiede über die Art der Konfliktlinien im Lande gibt, und ob die Gesellschaft durch Minderheiten geprägt ist, die sich in ihrem Selbstverständnis von anderen Gruppen unterscheiden und Wert auf die Möglichkeiten der Eigengestaltung legen. Nach der Überwindung des Systems der getrennten rassischen Entwicklung (Apartheid) ist es nur verständlich, daß insbesondere große Teile der schwarzen Bevölkerung, und das gilt gerade auch für die, die sich um eine Aussöhnung mit der weißen Bevölkerung bemühen, von der Einheit der südafrikanischen Nation und der Gleichheit aller Bürger ausgehen. Man will im Gegensatz zu dem überwundenen System bewußt farbenblind sein oder versucht, das Ziel des harmonischen Miteinanders der einzelnen Gruppen mit dem Bild von der Regenbogengesellschaft zu veranschaulichen. Die Frage ist, ob diese verständliche Zielsetzung der Realität des Landes entspricht. Dies ist zu bezweifeln.

Empirische Erhebungen[12] zeigen deutlich, daß Südafrika eine mehrfach fragmentierte Gesellschaft ist, wobei die Grenze nicht nur zwischen den traditionellen Kategorien Schwarz, Asiatisch/Mischlinge und Weiß verläuft. Gerade innerhalb der schwarzen Bevölkerung gibt es erhebliche Gegensätze, wie insbesondere auch die gewaltsamen Auseinandersetzungen zwischen den beiden

---

11 Vgl. Jan Techau: Südafrika auf dem Weg zum Rechtsstaat?, in diesem Band.

12 Siehe dazu Ulrike Schumacher: Politische Formen für fragmentierte Gesellschaften, Das Beispiel Südafrika, Berlin 1994, insbesondere S. 53 f.

größten Stämmen, den Zulus und den Xhosas, gerade nach Beginn des Transformationsprozesses zeigen. Das wechselseitige Mißtrauen ist zwischen den verschiedenen schwarzen Stämmen z. T. größer als zwischen Schwarz und Weiß. (Tabelle 1)

Tabelle 1
Vertrauensbezüge unter ethnischen Gruppen
Skala 1 - 10

	Misch-linge	Asiaten	Zulus	Xhosas	Weiße
Afrikaner	3,8	3,7	4,0	3,2	6,0
Engländer	4,4	4,4	4,8	4,1	5,7
Mischlinge	5,6	5,1	4,0	4,0	5,0
Asiaten	4,0	5,8	3,3	3,2	5,1
Zulus ländlich	3,9	2,7	6,8	4,1	4,4
Zulus städtisch	3,2	2,8	4,9	4,6	4,0
Xhosas ländlich	4,4	4,2	2,3	8,0	5,4
Xhosas städtisch	3,9	3,3	2,6	6,2	3,1
Tswanas/Sothos ländlich	3,1	2,6	3,5	4,8	4,1
Tswanas/Sothos städtisch	3,7	3,5	3,3	5,4	4,2

Darüber hinaus gibt es erhebliche Gegensätze in der Einkommens- und Vermögensverteilung, wobei sich eine Abstufung in der Reihenfolge Weiße, Asiaten, Mischlinge, städtische Schwarze und ländliche Schwarze ergibt. Parallel zu diesen ökonomischen Abstufungen verläuft ein Bildungsgefälle. In dieser Einkommensverteilung, nach der die schwarze ländliche Bevölkerung der ärmste Teil ist, spiegelt sich der Gegensatz zwischen einer modernen Industriegesellschaft und einem Entwicklungsland wider. Daraus ergibt sich zugleich, daß die Eingliederung der schwarzen ländlichen Bevölkerung in die moderne Industriegesellschaft nicht nur eine Frage der wirtschaftlichen Entwicklung, sondern auch des Bildungssystems ist, wobei Bildung neben den üblichen Fähigkeiten und Kenntnissen vor allem auch die Sozialisation in den Normen und Verhaltensformen einer modernen Industriegesellschaft bedeutet, was eine Frage von Generationen ist.[13]

Diese umfassende Bildungsproblematik ist jedoch nicht nur auf die schwarze ländliche Bevölkerung begrenzt, sie gilt auch für große Teile der urbanen Schwarzen. In der Auseinandersetzung mit dem alten System der getrennten rassischen Entwicklung hat der ANC jahrelang die Parole ausgegeben 'liberation now, education later', was mit der Zerstörung von Schulen, der Terrorisierung von Lehrkräften und lernwilligen Schülern und vielem mehr verbunden war. Das Ergebnis ist eine etwa zehn Jahrgänge umfassende Altersgruppe ohne jegliche Schulausbildung und erst recht ohne Berufsausbildung. Ihre Eingliederung in ein auf Arbeitsteilung beruhendes modernes Wirtschaftssystem ist fast unmöglich. Die Größenordnung dieser 'lost generation' wird auf zwischen 5 und 10 Mio. Menschen geschätzt.

Schon die Übergangsverfassung hat den Tatbestand der ethnischen Fragmentierung mit der Anerkennung von elf gleichberechtigten Sprachen dokumentiert, und die Regierungspolitik des affirmative action, also der positiven Diskriminierung bislang benachteiligter Gruppen, d. h. der Schwarzen, widerspricht der Ideologie einer homogenen südafrikanischen Gesellschaft. Auch ist es, was kaum anders zu erwarten war, in den ersten zwei Jahren nach der Transformation nicht gelungen, den Unterschied im Lebensstandard auch nur mit kleinen Schritten abzubauen. Das Wirtschaftswachstum wird durch ein entsprechendes Bevölkerungswachstum aufgezehrt.[14] Der groß angelegte Versuch eines Reconstruction and Development Programme (RDP) verlief weitgehend im Sande, weil es an Strukturen zu seiner Umsetzung im lokalen Bereich und dem notwendigen Humankapital fehlt. Die darin begründete Enttäuschung schlägt sich

---

13 Eine von Präsident Johnson nach den Unruhen in amerikanischen Großstädten Mitte der 60er Jahre eingesetzte Kommission kam zu dem Ergebnis, daß die friedliche Integration der schwarzen amerikanischen Bevölkerung eine Aufgabe von mindestens drei Generationen sei. Dabei ist zu beachten, daß in den USA der Anteil der schwarzen Bevölkerung, von denen der größte Teil bereits urbanisiert ist, ca. 13% beträgt, in Südafrika aber 75%.

14 Vgl. Birgitta Eggers: Die wirtschaftlichen Grundlagen des Neuen Südafrika, in diesem Band.

in der resignativen Feststellung nieder, die Abkürzung RDP stehe für die Worte 'rumours, dreams and promises'.

Bei dem wirtschaftlichen Aufbau des Landes erweist sich darüber hinaus als ein zentrales Problem, daß es keinen nennenswerten schwarzen Mittelstand gibt[15], dessen wirtschaftliche Funktion von der der gesellschaftlichen und politischen Stabilisierung nicht zu trennen ist. Aber auch diese Aufgabe ist nicht in wenigen Jahren zu lösen, sie verlangt ebenfalls Generationen.

Ein weiteres Problem, das einer zügigen wirtschaftlichen Entwicklung entgegensteht, ist das neue Machtkartell aus ANC, dem Gewerkschaftsbund COSATU und den Arbeitgeberverbänden.[16] Die Abhängigkeit des ANC[17] von der Basisorganisation der Gewerkschaften hat dazu geführt, die Gewerkschaften durch die Vergabe von politischen Pfründen in Parlament und Regierung einzubinden, d. h. zu korrumpieren. Die gleiche Strategie haben die großen Unternehmen in Antizipation der affirmative action in ihrer Personalpolitik verfolgt. Sie haben dadurch zugleich versucht, sich Ruhe an der Streikfront zu verschaffen. Das so entstandene Machtkartell ist innovationsfeindlich, wie sich das an den Schwierigkeiten zur Durchsetzung eines Wettbewerbsrechts und mehr außenwirtschaftlichem Freihandel, insbesondere mit den südafrikanischen Nachbarländern, zeigt.[18]

---

15 Vgl. Alexandra Brockhoff: Das Bankensystem zum Aufbau von schwarzem mittelständischen Unternehmertum, in diesem Band.

16 Vgl. Arne Stanneck: Die Rolle der Gewerkschaften zwischen Politik und Wirtschaft, in diesem Band.

17 Vgl. Marco Schünemann: Der ANC auf dem Weg zur Einheitspartei?, in diesem Band.

18 Vgl. Julia Plehnert: Die Einbindung Südafrikas in das südliche Afrika, in diesem Band. Für die besonderen Beziehungen zwischen Südafrika einerseits und Mozambique und Angola andererseits siehe Andrea Ostheimer: Südafrikas Beziehungen zu Mozambique und Angola, in diesem Band.

III. Handlungsfähigkeit und Kontrolle

Die Entwicklungschancen südafrikanischer Demokratie sind darüber hinaus durch ein zweites Problem gekennzeichnet: die Sicherung handlungsfähiger Mehrheitsregierungen. Angesichts der dominierenden Position des ANC nach den Wahlen von 1994 und den folgenden Kommunalwahlen von 1995 und 1996 erscheint dies als kein aktuelles Problem. Alle Analysen des ANC zeigen jedoch, daß dieser nach wie vor mehr durch die Gestalt einer breiten Koalition, einer Befreiungsbewegung als durch die Organisation einer kohärenten politischen Partei gekennzeichnet ist. Daraus ergeben sich vielfältige Gefahren der Spaltung und Aufsplitterung. Das südafrikanische Verhältniswahlrecht ohne jede Sperrklausel provoziert langfristig geradezu solche Aufspaltungstendenzen. Das gleiche gilt für die Bildung einer vereinten Opposition. NP, FF, die beideMischlinge und Asiaten[19] ansprechen können, und möglicherweise auch der IFP[20] konkurrieren gegeneinander und sind darüber hinaus der Konkurrenz weiterer rechter Splitterparteien, z. B. der Konservativen Partei, ausgesetzt. Die Probleme der fragmentierten Gesellschaft werden durch ein Wahlrecht, das die ungefilterte Transformation der gesellschaftlichen Konflikte in das Parteiensystem nicht nur ermöglicht, sondern geradezu herausfordert, verschärft. Dieses Wahlrecht macht die Verwirklichung des Konzeptes der zeitlichen Gewaltenteilung auch dann unmöglich, wenn es gelingen würde, die gesellschaftlichen Konflikte durch die Verwirklichung einer geeinten Regenbogengesellschaft zu überwinden.

In der Anfangsphase der südafrikanischen Demokratie wird dieser Proporz noch als ein Instrument des Minderheitenschutzes gegenüber dem dominierenden ANC betrachtet. Dabei wurde zunächst übersehen, daß ein bestimmter prozentualer Stimmenanteil nicht mit einem entsprechenden Machtanteil einhergeht, wie die NP lange geglaubt und wie dies ihr Verhalten in den Verhandlungen zur Übergangsverfassung beeinflußt hat. Macht oder Machtlosigkeit ist in der Demokratie eine Frage der 50 %-Grenze. Die Einsicht, daß der ANC mit über

19 Vgl. Bettina Holtz: Die Rolle von Indern und Mischlingen im Prozeß des 'Nation Building', in diesem Band.

20 Vgl. Svenja Sinjen: Inkatha - das verlorene Recht auf Selbstbestimmung?, in diesem Band.

60 % der Stimmen auch in einer Regierung der Nationalen Einheit letztlich das Sagen hat, trug wesentlich zum Rückzug der NP aus dieser Regierung bei. Die Erfahrungen der zweijährigen Mitgliedschaft in der Regierung der Nationalen Einheit hat aber noch nicht zu der Erkenntnis geführt, daß für eine Ablösung des ANC eine Bündelung der oppositionellen Kräfte mit parallelen Zielsetzungen[21] notwendig ist. Eine solche Oppositionsstrategie bedarf der institutionellen Absicherung durch ein mehrheitsbildendes Wahlrecht, das ebenso für die Sicherung der Kohäsion des ANC als einer sozialdemokratischen Volkspartei notwendig ist. Handlungsfähigkeit und Machtteilung bzw. Machtkontrolle nach dem Modell der zeitlichen Gewaltenteilung verlangen ein solches mehrheitsbildendes Wahlrecht.

Aus diesem Tatbestand der vielfältig fragmentierten Gesellschaft ergibt sich die zentrale Frage, ob das Verfassungsgerüst des Neuen Südafrikas geeignet ist, eine Konfliktlösung und einen Interessenausgleich zwischen den divergierenden Gruppen ohne Anwendung von Gewalt zu ermöglichen. Die klassische Funktion der Institutionen, "to break and control the violence of factions",[22] ist in Südafrika gefordert. Dies rechtfertigt zugleich die These, daß dieser Transformationsprozeß in Südafrika ein gigantisches Experiment der Sozialtechnologie ist.

An einer derartigen Betrachtungsweise wird häufig kritisiert, daß sie diesem Versuch des Neuen Südafrikas keine Chance einräume. Das Gegenteil ist richtig: Der Wunsch nach einer stabilen demokratischen Entwicklung in Südafrika ist für jeden selbstverständlich, der sich dem Normensystem der Demokratie verpflichtet fühlt. Eine solche demokratische Entwicklung in Südafrika könnte darüber hinaus beispielgebend für ganz Schwarzafrika sein, da auf diesem Kontinent, von wenigen bescheidenen Ansätzen abgesehen, Demokratie seit dem Beginn der Entkolonialisierung vor 35 Jahren nicht verankert werden konnte. Aber der Wunsch nach einer solchen Entwicklung löst keine self-fulfilling prophecy aus. Die weltweite Erfüllung der Hoffnungen und Wünsche für

21 Das schließt den PAC aus einer solchen vereinten Opposition aus.

22 So die klassische Formulierung von James Madison, in: Alexander Hamilton, James Madison, John Jay: The Federalist or The New Constitution, hier: Paper Nr. 10, New York 1911.

ein demokratisch stabiles Südafrika setzt zunächst eine durch keine ideologischen Vorgaben gefilterte Zurkenntnisnahme der Realitäten und das heißt der Konfliktstruktur der Gesellschaft voraus. Erst auf dieser Grundlage ist es möglich, Verfassungsinstrumente zu entwickeln, die die Zielsetzung demokratischer Willensbildungs-, Machtbildungs-, Machtausübungsprozesse und solche der Machtkontrolle verwirklichen. Dies ist die Meßlatte, die an die Verfassung vom 8. Mai 1996 gelegt werden muß. Hehre Zielsetzungen wie das Recht auf Arbeit, Wohnung und Bildung mögen kurzfristig eine emotionale Bindung an diese Verfassung auslösen, die ebenso schnell in Ablehnung umschlagen kann, wenn diese Zielsetzungen nicht in überschaubarer Zeit verwirklicht werden - was angesichts der realen wirtschaftlichen Situation des Landes unmöglich ist.

Einer kritischen Prüfung bedürfen jene Bestimmungen der Verfassung, die die politischen Prozesse wirksam und tatsächlich regeln. Eröffnen sie die Partizipationschancen für alle Gruppierungen, damit jeder bereit ist, demokratische Mehrheitsentscheidungen zu akzeptieren und auf Gewalt zu verzichten. Dies ist nicht durch Überzeugen und guten Willen zu erreichen, sondern nur dadurch, daß man den einzelnen Gruppierungen reale Partizipationschancen und damit die Möglichkeit zur Eigengestaltung eröffnet. Wenn die Analyse der Verfassung zu dem Ergebnis kommt, daß sie diesem Kriterium nicht gerecht geworden ist, wird ein Szenario wahrscheinlich, das nicht den Wünschen und Hoffnungen entspricht.

PERSPEKTIVEN DER VERFASSUNGSENTWICKLUNG

Michael Philippsen

Die Verabschiedung der neuen Verfassung der Republik Südafrika am 8. Mai 1996 durch die verfassungsgebende Versammlung, die aus den ersten allgemeinen und gleichen Wahlen vom April 1994[1] hervorgegangen war, bildet den vorläufigen Endpunkt eines Verfassungswandels, in dessen Verlauf sich Südafrika vom international geächteten Apartheid-Staat zum demokratischen Hoffnungsträger im südlichen Afrika entwickelt hat. Mit der Einigung auf eine Übergangsverfassung war es 1993 gelungen, die über drei Jahrhunderte währende Diskriminierung der schwarzen Bevölkerung Südafrikas zu beenden. Diese hatte mit der Gründung der ersten Niederlassung der holländischen Ostindien-Kompanie im Jahre 1652 begonnen und war mit dem Wahlsieg der burischen Nationalpartei 1948 zur offiziellen Staatsdoktrin erhoben worden.[2]

Nach Ansicht vieler Beobachter scheint das Neue Südafrika damit eine weitere Reifeprüfung[3] bestanden zu haben. Gleichwohl wirft schon die Art und Weise des Zustandekommens der neuen Verfassung einige Fragen für die Zukunft auf. Hierzu zählt insbesondere die Tatsache, daß die Inkatha Freedom Party (IFP) bis zuletzt an ihrem Boykott der verfassungsgebenden Versammlung festhielt und damit weder an der Ausarbeitung noch der Abstimmung über die neue Verfassung beteiligt war. Der Grund für die Verweigerungshaltung der IFP war, daß der African National Congress (ANC) sich weigerte, seiner vor der Wahl im April gemachten Zusage, internationale Vermittler hinzuzuziehen, nachzukommen. Mit dieser Vereinbarung war die IFP buchstäblich in letzter Sekunde

1 Ergebnis der Wahl war, daß der ANC in der verfassungsgebenden Versammlung (bestehend aus der Nationalversammlung und dem Senat keine Zweidrittelmehrheit erreicht hatte, die es ihm ermöglicht hätte, die neue Verfassung alleine zu schreiben.

2 Vgl. Christian Pippan: Südafrikas Verfassungswandel im Zeichen von Demokratie und Rechtsstaatlichkeit, in: ZaöRV, Heidelberg 1995, S. 993-1050, hier S. 994.

3 Vgl. den Kommentar von Peter Pauls: Reifeprüfung bestanden, in: FR vom 9.5.1996.

1994 zur Teilnahme an der Wahl bewegt worden.[4] Auch kündigte nur einen Tag nach der feierlichen Abstimmungszeremonie über die neue Verfassung Ex-Präsident F.W. de Klerk aus Protest gegen einige Bestimmungen den Rückzug der Nationalen Partei (NP) aus der Regierung der Nationalen Einheit, die 1994 auf der Grundlage der Interimsverfassung gebildet worden war, an.[5] Der Kern des Verfassungsstreits zwischen der IFP und der NP einerseits und dem ANC andererseits bleibt dabei die Frage nach einem eher unitarischen oder eher föderalistischen System.[6]

I. Südafrikas Verfassungswandel

1. Die ersten drei Verfassungen

Vor dem 1990 von Staatspräsident Frederick Willem de Klerk eingeleiteten verfassungspolitischen Reformprozeß, in dessen Verlauf es zur Abschaffung der Apartheid, zur Einigung auf die Übergangsverfassung von 1993 und die ersten freien Wahlen ohne ethnische Diskriminierung im April 1994 kam, hatte Südafrika bereits drei Verfassungen. Kennzeichen dieser Verfassungen war jedoch, daß sie jeweils nur die Bedürfnisse eines Teils der südafrikanischen Bevölkerung, nämlich der Weißen, widerspiegelten, deren Rechte schützten und ihnen das Wahlrecht gaben. So war der normative Unterbau der Apartheid nicht nur ein effektives Instrument zur Durchsetzung der von der NP verfolgten Ideologie, sondern stellte gleichzeitig den letztlich gescheiterten Versuch der südafrikanischen Führung dar, ihre auch international kritisierte mangelnde Legitimität mit

---

4 Vgl. hierzu Südafrikas ungelöstes Verfassungsproblem. Vergebliches Pochen Inkathas auf internationale Vermittlung, in: NZZ vom 20.04.1996 und Thomas Knemeyer: Zulus fühlen sich verraten, in: Die Welt vom 29.03.1996.

5 Vgl. Rückzug de Klerks aus Südafrikas Regierung. Reaktion der Nationalen Partei auf die Verfassung, in: NZZ vom 10.05.1996.

6 Dabei erhalten IFP und NP in ihrem Bestreben nach mehr Autonomie für die Provinzen auch Unterstützung durch die Provinzfürsten des ANC, die auf eigener Machtposition bestehen. Vgl. Patrick Bulger: Provincial affairs: Where are the boundaries?, in: The Star vom 5.03.1996.

quasi-demokratischen Mitteln zu verschleiern.[7] Die Verfassung der Südafrikanischen Union[8] wurde im September 1909 vom britischen Parlament verabschiedet und trat im Mai 1910 in Kraft. Die SAU ging aus dem Zusammenschluß der vier britischen Kolonien Natal, Transvaal, Oranje-Freistaat und Kapkolonie hervor, denen nun als Provinzen innerhalb der Union gewisse Autonomierechte mit eigenen legislativen und exekutiven Strukturen eingeräumt wurden[9]. Sie hatte zunächst den Status eines autonomen britischen Dominions. Erst 1931 erlangte Südafrika die vollständige Unabhängigkeit und wurde Mitglied des Commonwealth of Nations mit dem König von England als symbolischem Staatsoberhaupt (Statute of Westminster Law 1931).

Das Regierungssystem mit einem Zwei-Kammer-Parlament bestehend aus einem direkt gewählten House of Assembly und einem teils gewählten, teils nominierten Senat sowie einem Premierminister als Regierungschef war stark am britischen Vorbild orientiert.[10] Mit der Verfassung von 1961[11] wurde Südafrika zur Republik und die britische Königin wurde als Staatsoberhaupt von einem durch die Mitglieder des House of Assembly und des Senats gewählten Präsidenten ersetzt. Alle anderen Institutionen und das Westminster System blieben zunächst unverändert.[12]

Trotz einiger Veränderungen schloß auch die Verfassung von 1983[13] die große Mehrheit der südafrikanischen Bevölkerung weiterhin von parlamentarischer Repräsentation und Mitbestimmung aus. Während das Parlament vorher nur aus

---

7 Vgl. Christian Pippan: a.a.O., S. 194.

8 Union of South Africa Constitution Act of 1909.

9 Wobei sie jedoch jederzeit der vorrangigen Autorität des Zentralparlaments unterworfen blieben. Vgl. I. M. Rautenbach, E. F. J. Malherbe: Constitutional Law, Johannesburg 1995, S. 11.

10 Ebda., S. 11.

11 South Africa Constitution Act, Act No. 32 of 1961.

12 Vgl. I. M. Rautenbach, E. F. J. Malherbe: a.a.O., S. 12.

13 Republic of South Africa Constitution Act, Act No. 110 of 1983.

einer Kammer bestand, in die ausschließlich Weiße von Weißen gewählt wurden - der Senat war 1980 abgeschafft und durch einen President's Council ersetzt worden -, schuf die neue Verfassung ein Drei-Kammer-Parlament zusammengesetzt aus den drei 'gleichberechtigten' Kammern für Weiße (House of Assembly, 178 Mitglieder), für Mischlinge (House of Representatives, 85 Mitglieder) und Asiaten (House of Delegates, 45 Mitglieder), wobei den Schwarzen - nahezu Dreiviertel der Gesamtbevölkerung Südafrikas - die politische Mitwirkung verwehrt blieb. Doch auch die beiden im Parlament vertretenen Gruppen der 'Nicht-Weißen' besaßen nur eingeschränkte rechtliche Gestaltungsmöglichkeiten. Jede der drei Kammern war befugt, in sogenannten 'eigenen Angelegenheiten' selbständig legislativ tätig zu werden. Bei Beschlüssen, die alle drei Bevölkerungsgruppen betrafen ('allgemeine Angelegenheiten'[14]), war die Zustimmung aller drei Kammern erforderlich, wobei die 178 weißen Mitglieder des House of Assembly über eine Mehrheit im Parlament verfügten. Kam es zu keiner Einigung, so entschied der 'President's Council', der sich einerseits aus Vertretern der jeweiligen Mehrheit in den drei Kammern und andererseits aus vom Präsidenten - nunmehr Staatsoberhaupt und Regierungschef in einer Person - ernannten Mitgliedern zusammensetzte. Damit war sichergestellt, daß die weiße, durch die NP repräsentierte Bevölkerung letztlich entscheiden konnte.[15]

Ebenso wie die Verfassungen von 1909 und 1961 schloß auch die Verfassung von 1983 dem Grundsatz der Parlamentssouveränität der englischen Verfassungstradition folgend, ausdrücklich die Zuständigkeit der Gerichte aus, die Gültigkeit eines Rechtsaktes des Parlaments zu überprüfen.[16]

---

14 Wobei Artikel 18 (2) der Verfassung Entscheidungen des Präsidenten über die Zuweisung einer Angelegenheit zu den Kategorien "own" (Art. 14) oder "general affairs" (Art. 15) jeder gerichtlichen Kontrolle enthob. Vgl. Christian Pippan: a.a.O., S. 998.

15 Vgl. Werner Kaltefleiter: Südafrikas Verfassung. Einfache Antworten auf ein komplexes Problem?, in: Criticon 79, September/Oktober 1983, S. 205 - 208, hier S. 205.

16 Vgl. Art. 34 (3) der Verfassung von 1983.

2. Der Weg zu einer demokratischen Verfassung

Der entscheidende Wendepunkt in der Verfassungsentwicklung Südafrikas begann 1990 mit dem von Staatspräsident de Klerk eingeleiteten Reformprozeß. Die Legalisierung bisher verbotener politischer Organisationen wie des ANC, die Freilassung oder Rückkehr ihrer Führer und die Rücknahme der Apartheid-Gesetze waren wichtige Schritte auf diesem Weg. Am 20. Dezember 1991 traten 19 politische Parteien und Organisationen erstmals als Vollversammlung des 'Konvents für ein demokratisches Südafrika' (CODESA I) im World Trade Center in Kempton Park/Johannesburg zusammen, um über die Grundzüge einer neuen Verfassung zu beraten. Dabei erwiesen sich die NP unter de Klerk sowie der ANC unter der Führung Nelson Mandelas schon bald als die Hauptakteure der Gespräche.[17]

Nach dem Scheitern der Folgekonferenz CODESA II 1992 wurden die Verhandlungen 1993 als Multi Party Negotiating Process (MPNP) wieder aufgenommen und führten nach zähen und schwierigen Verhandlungen, über denen teilweise das Damoklesschwert des Bürgerkrieges schwebte, zur Bildung eines Übergangs-Exekutivrats (TEC)[18] und am 18. November 1993 zur Verabschiedung der Übergangsverfassung[19], deren Text vom Parlament in Kapstadt am 22. Dezember 1993 mit 237 gegen 45 Stimmen gebilligt wurde. Zuvor hatte man sich darauf geeinigt, daß die vom neuen Parlament nach den Wahlen von 1994 zu bildende verfassunggebende Versammlung bei der Erarbeitung eines endgültigen Verfassungstextes innerhalb von zwei Jahren an bestimmte, bereits fest-

---

17 Zu Struktur und Verlauf der Verfassungsgespräche vgl. ausführlich Klaus Frhr. von der Ropp: CODESA and beyond: Hintergründe und Perspektiven der Demokratiegespräche, in: Michael Behrens, Robert von Rimsha (Hrsg.): Südafrika nach der Apartheid, Baden--Baden 1994, S. 239-252.

18 Womit alle am Verhandlungsprozeß beteiligten politischen Parteien und Organisationen ein Mitspracherecht an den Entscheidungen der Regierung erhielten. Vgl. Transitional Executive Council Act No. 151 of 1993.

19 Constitution of the Republic of South Africa, Act No. 200 of 1993.

stehende Verfassungsprinzipien[20] gebunden sein würde, über deren Einhaltung der neu geschaffene Verfassungsgerichtshof (VGH) zu befinden hat.[21]

Nach der Verabschiedung der endgültigen Verfassung am 8. Mai 1996[22] soll die Übergangsverfassung schrittweise bis zum Jahre 1999, in dem die Neuwahlen zum Parlament anstehen, durch die neue Verfassung ersetzt werden und die Umwandlung des Landes vom Apartheid-Staat zur Mehrparteiendemokratie vollendet sein.

II. Die Übergangsverfassung von 1993

1. Horizontale Machtteilung

Mit der Übergangsverfassung von 1993 wurde als erste wichtige Änderung das seit 1983 bestehende Drei-Kammer-Parlament durch ein Zwei-Kammer-System aus Nationalversammlung (NV) und Senat ersetzt. Die 400 Abgeordneten der NV werden nach den Grundsätzen eines Verhältniswahlsystems ohne Sperrklausel gewählt.[23] Über die zweite Kammer des Parlaments, den Senat (90 Mitglieder) sind die neun Provinzen Südafrikas[24], deren Grenzen sich an den alten Entwicklungsregionen orientieren, die 1981 aus wirtschaftlichen Gründen

---

20 Die 34 Verfassungsprinzipien finden sich im Anhang 4 der Verfassung.

21 Vgl. Art. 71 (2) der Verfassung von 1993. Die Stellungnahme des Constitutional Court zur Verfassung von 1996 steht noch aus.

22 Constitution of the Republic of South Africa as adopted by the Constitutional Assembly on 8 May 1996.

23 Zum Verfahren im Einzelnen vgl. Electoral Act, Act No. 202 of 1993 und Anhang 2 der Verfassung.

24 Eastern Cape, Eastern Transvaal, KwaZulu/Natal, Northern Cape, Northern Transvaal (seit Juni 1995: Northern Province), North West Province, Orange Free State (jetzt: Free State), Pretoria-Witwatersrand-Vereeniging (jetzt: Gauteng) und Western Cape; Art. 124 (1). Die Provinzgrenzen werden im Anhang 1 der Verfassung bestimmt. Die sog. unabhängigen Homelands Transkei, Bophutatswana, Venda und Ciskei (TBVC-Staaten), mit deren Schaffung in den 70er Jahren das Zahlenverhältnis zugunsten der Weißen verbessert werden sollte, wurden dabei wieder in den Staatsverband eingegliedert.

errichtet worden waren, an der zentralen politischen Willensbildung beteiligt. Jede Provinz wird von 10 Senatoren repräsentiert, die von den in den Provinzparlamenten vertretenen Parteien entsprechend dem Verhältnis ihrer Mandate ernannt werden. Bei den Parlamentswahlen im April 1994, bei denen jeder Wähler je eine Stimme für die NV und für das jeweilige Provinzparlament hatte, erreichte der ANC mit 62,2 % der Stimmen eine eindeutige Mehrheit in der NV (252 Sitze) und mit dem Wahlsieg in sieben Provinzen auch die Mehrheit im Senat.[25] Beim nationalen Gesetzgebungsverfahren [Art. 59-62] werden unterschieden:

1. Einfache Gesetze, die grundsätzlich der Annnahme durch die Mehrheit der Mitglieder in jedem der beiden Häuser des Parlaments bedürfen. Bei Unstimmigkeiten entscheiden nach vorheriger Beratung in einem 'joint committee' die Mitglieder von Senat und NV in gemeinsamer Sitzung, wobei allerdings die 90 Senatoren gegenüber den 400 Abgeordneten der NV wenig Gewicht haben.
2. Bei den sogenannten Geldgesetzen (Ausgaben- und Steuergesetze) hat lediglich die NV Einbringungs- und Beschlußrecht, der Senat kann die Verabschiedung nur aufschieben.[26]
3. Gesetze, die Provinzgrenzen oder die Ausübung der Staatsgewalt durch die Provinzen betreffen, müssen getrennt in beiden Häusern mehrheitlich verabschiedet und darüber hinaus auch von den Parlamenten der betroffenen Provinzen durch Mehrheit angenommen werden; ist nur eine Provinz von dem Gesetzesentwurf betroffen, ist die mehrheitliche Zustimmung jener Senatoren erforderlich, die diese Provinz vertreten.

---

25 Nur im Westkap gewann die NP, in KwaZulu/Natal die IFP die relative Mehrheit der abgegebenen Stimmen. Bei den Wahlen zur NV erreichte die NP 20,4% (82 Sitze), die IFP 10,5% (43 Sitze), die Freedom Front 2,2% (9 Sitze), die Democratic Party 1,7% (7 Sitze), der Pan Africanist Congress 1,3 % (5 Sitze) und die African Christian Democratic Party 0,5% (2 Sitze). Zu Verlauf und Ergebnissen der Wahl vgl. Ulrike Schumacher: Südafrika. Die Wahl vom April 1994 - Eine afrikanische Wahl, Institut für Sicherheitspolitik an der Christian-Albrechts-Universität zu Kiel, Mai 1994.

26 Vgl. J. Hatchard: Statute Note - The Constitution of the Republic of South Africa, in: Journal of African Law, 1994, Oxford, Vol. 38 1994/No.1, S. 70-77, hier S. 71.

4. Verfassungsändernde Gesetze können ausschließlich in gemeinsamer Sitzung und mit einer Mehrheit von zwei Dritteln aller Abgeordneten des Parlaments erlassen werden.

Die Organisation der nationalen Exekutive [Art. 75ff] erfolgt einerseits nach den Grundsätzen des präsidentiellen Regierungssystems, andererseits durch Formen der Konkordanzdemokratie. Dem vom Parlament gewählten Präsidenten[27] kommt als Staatsoberhaupt, Regierungschef und Oberbefehlshaber der Streitkräfte in einer Person großes Gewicht zu. Das Kabinett besteht aus dem Präsidenten, den Vizepräsidenten (Parteien mit mindestens 80 Sitzen in der NV) und nicht mehr als 27 Ministern. Jede Partei mit mindestens 20 Sitzen (5 %) ist zur Teilnahme an der Regierung der Nationalen Einheit (GNU) berechtigt. Die Aufteilung der Ämter erfolgt proportional zu den Sitzen in der Nationalversammlung[28], wobei allerdings der Präsident sowohl die Ernennung auf einen bestimmten Posten, sowie dessen Zuständigkeiten 'nach Absprache'[29] mit den Vizepräsidenten sowie den Führern der teilnehmenden Parteien festlegen kann.

Die zur Beschlußfassung notwendige Mehrheit wird in der Interimsverfassung nicht quantifiziert. Gemäß Art. 89 hat das Kabinett, dessen Amtsperiode fünf Jahre dauert, dem in einer Regierung der Nationalen Einheit üblichen Streben nach Einstimmigkeit gerecht zu werden, aber gleichzeitig 'effektives Regieren' zu ermöglichen. Eine Sonderregelung bestimmt, daß die GNU - sofern sie nicht das Vertrauen des Parlaments verliert[30] - bis zum 30. April 1999 im Amt

27 Laut Verfassung ist der Präsident in gemeinsamer Sitzung von NV und Senat zu wählen (Art. 77 (1)). Nelson Mandela wurde am 9. Mai 1994 durch eine Ausnahmeregelung nur von der Nationalversammlung gewählt.

28 Art. 88. Die Regierung Mandelas setzte sich bis zum Ausscheiden der NP aus 18 Ministern des ANC, 6 der NP und 3 der IFP zusammen. Vizepräsidenten waren Thabo Mbeki (ANC) und Frederick W. de Klerk (NP).

29 Die Formulierung 'after consultation' findet sich häufig in der Verfassung, läßt sich aber nicht als Zwang zur Übereinstimmung interpretieren.

30 Präsident und Minister sind dem Parlament verantwortlich, das jeweils mit einfacher Mehrheit ein Mißtrauensvotum beschließen kann: a) gegen das ganze Kabinett (dann muß der Präsident das Parlament auflösen und Neuwahlen ausrufen oder selbst zurück-

bleiben kann, auch wenn die endgültige Verfassung andere Modalitäten der Regierungszusammensetzung vorsehen sollte.[31]

Eine Ergänzung zur parlamentarischen Kontrolle der Exekutive ist der vom Präsidenten auf Vorschlag und mit Zustimmung des Parlaments für sieben Jahre zu bestellende Public Protector [Art. 110 ff]. Schlüsselinstitution der neuen Ordnung ist der VGH[32], der als 'Hüter der Verfassung' bezeichnet werden kann und in seiner Funktion und Struktur dem deutschen Bundesverfassungsgericht ähnelt. Allerdings ist die Neutralität der Judikative fragwürdig, da der Präsident die Vorsitzenden des Obersten Gerichts (Supreme Court) und des Constitutional Courts ernennt und dabei mit dem Kabinett nur Rücksprache zu halten braucht [Art. 97 (1,2)]. Der Präsident und das Kabinett haben zwar bei der Auswahl der 10 Verfassungsrichter nicht gänzlich freie Hand, sondern sind an Vorschläge der Justizkommission[33] gebunden, in der allerdings Richter, Rechtsexperten und Politiker dominieren, die ihre Zugehörigkeit der Regierung verdanken. So galten bei der Berufung der 11 Verfassungsrichter im Oktober 1994 fünf als ANC-nah, einer war Mitglied des ANC-Exekutivrates.[34]

2. Vertikale Machtteilung

Jede Provinz besitzt ein nach den Grundsätzen der Verhältniswahl gebildetes Legislativorgan (Provincial Legislature), das aus seiner Mitte den Premierminister wählt, dessen Stellung, Funktion und Verantwortung in den Provinzen mit denen des Staatspräsidenten vergleichbar sind [Art. 155 ff.]. Auch in den Provinzen findet sich das Modell einer Regierung der Nationalen Einheit: Der Premier bildet mit zehn von ihm ernannten Mitgliedern die Provinzregierung

---

treten), b) nur gegen den Präsidenten (Rücktritt des Präsidenten), c) gegen das Kabinett ohne den Präsidenten (der Präsident kann entweder zurücktreten, das Kabinett neu zusammensetzen oder das Parlament auflösen und Neuwahlen verkünden). Vgl. Art. 93.

31 Vgl. die Verfassungsprinzipien XXXII und XXXIII.

32 Constitutional Court, Art. 98 ff.

33 Judicial Service Commission, Art. 105.

34 Vgl. Südafrikas ANC-gefärbtes Verfassungsgericht, in: NZZ vom 20.10.1994.

(Executive Council), an der jede Partei mit mindestens 10 % der Sitze im Provinzparlament teilnahmeberechtigt ist. Die Provinzparlamente haben legislative Befugnisse in 29 Bereichen[35], aber keine exklusiven Befugnisse: Das Zentralparlament kann nach Art. 126 (3) eingreifen, wenn eine Angelegenheit nicht effektiv durch die Provinz geregelt werden kann[36], die Notwendigkeit zu nationalen Normen und Standards besteht, wirtschaftliche Interessen der Nation es erfordern oder die Gesetze einer Provinz das Wohl, die Gesundheit oder Sicherheit anderer Provinzen oder des Landes beeinträchtigen (konkurrierende Gesetzgebung). Die Interpretation dieser vagen Bestimmungen obliegt dem Verfassungsgericht, das in Kompetenzstreitigkeiten zwischen Zentrale und Provinzen verbindlich entscheidet [Art. 98]. Die Provinzen können sich eigene Verfassungen geben, die aber nicht im Widerspruch zur nationalen Verfassung und den Verfassungsprinzipien stehen dürfen. Allerdings kann eine Provinzverfassung abweichende legislative und exekutive Strukturen und Verfahren vorsehen. Gleichzeitig erhielten die Provinzen eine Garantie des Fortbestehens ihrer Befugnisse auch nach Verabschiedung der endgültigen Verfassung.[37]

Die Kompetenz, Steuern zu erheben, ist so verteilt, daß den Provinzen alle Steuern mit Ausnahme der Mehrwert- und Einkommensteuer zustehen [Art. 156]. Da diese Steuerarten die Haupteinnahmen bringen, wird die Finanzkraft des Bundes beträchtlich erhöht, die Provinzen werden zu 'Kostgängern des Bundes'[38]. Dies gilt umso mehr, als der Finanzausgleich nicht befriedigend gere-

---

35 Diese sind im Anhang 6 der Verfassung festgelegt und umfassen u.a. Landwirtschaft, Kultur, Bildung, Gesundheit, Wohnungsbau, öffentlicher Transport, Regionalplanung, urbane und ländliche Entwicklung, Handelsförderung, Verkehr und Tourismus.

36 Die Regierung hatte den größtenteils neu gebildeten Provinzen nach der Wahl 14 Tage Zeit gelassen, um ihre 'Regierungsfähigkeit' zu beweisen, was diese in der kurzen Zeit nicht bewältigen konnten. Die Folge war, daß die Zentralregierung zunächst alle Befugnisse, die die Verfassung den Provinzen zuordnet, an sich zog. Vgl. Robert von Lucius: Neue Verfassung für Südafrika, in: FAZ vom 15.08.1994.

37 Vgl. Verfassungsprinzip XVIII. Weit unverbindlicher im Hinblick auf die föderale Struktur klingt Verfassungsprinzip XVI: "Government shall be structured at national, provincial and local levels".

38 Ulrich Karpen: Südafrika als Bundesstaat - Einheit in Vielfalt, in: FAZ vom 7.5.1994.

gelt ist. Haushaltszuweisungen erfolgen nach Art. 158 durch die Zentralregierung.[39] Streitigkeiten im Zusammenhang mit der Zuweisung werden dabei durch die vom Präsidenten eingesetzte 'Commission on Provincial Government' vermittelt, so daß deren Neutralität fragwürdig ist.[40]

3. Stellung traditioneller Führer

Die Provinzen haben das Recht, besondere Vorschriften über die Einrichtung und Rolle traditioneller Herrscher ('Könige') in ihre Provinzverfassungen aufzunehmen. KwaZulu/Natal mit dem Zulu-König Goodwill Zwelithini wurde die Aufnahme entsprechender Bestimmungen in die regionale Verfassung sogar bindend zugesagt und für zukünftige Verfassungen festgeschrieben, daß die Institution des Königs nicht abgeschafft werden kann.[41] Auch die weiteren Bestimmungen über die 'traditional authorities' sollen spezifisch afrikanischen Rechts- und Gemeinschaftstraditionen Rechnung tragen [Art. 181-184].

Allerdings ist die verfassungsgemäße Anerkennung der Stammesführerschaft mit ihren bisherigen Befugnissen und Funktionen wegen des offensichtlichen Widerspruchs zwischen einer liberal-demokratischen Verfassung einerseits und den patriarchalischen und auf Vererbung beruhenden Stammesstrukturen andererseits nicht unproblematisch.[42] Weiterhin ist die Einsetzung von Häuptlingskammern in den Provinzen und ein nationaler 'Rat traditioneller Führer', dessen zwanzig Mitglieder von allen in Südafrika anerkannten traditionellen Autoritäten gewählt werden, vorgesehen. Diese Kammern können gegen parlamentarische Vorlagen, die Stammesangelegenheiten betreffen, ein aufschiebendes Veto von

39 Fast alle Provinzen hatten als Folge dieser Zuteilungspraxis Haushaltsdefizite zu beklagen, einige waren nicht einmal mehr in der Lage, Gehälter und Pensionen auszuzahlen, weil die Zentralregierung die Zahlen völlig unterschätzt hatte. Vgl. Provincial budgets. Deficit crisis looms, in: Financial Mail vom 19.01.1996.

40 Vgl. Rob Amato: Understanding the new Constitution, Durban 1994, S. 125.

41 Vgl. Verfassungsprinzip XIII und Art. 160. Mit dieser Verfassungsänderung war in letzter Minute die Teilnahme der IFP an den Wahlen vom April 1994 erreicht worden.

42 Vgl. Yvonne Mokgoro: Traditional Authority and Democracy in the Interim South African Constitution, in: KAS, Occasional Papers, 9/1994, S. 3-8.

30 Tagen[43] einlegen und sind von den Parlamenten in allen Fragen des Stammesrechts, örtlicher Tradition und lokalen Brauchtums zu konsultieren. In den Gemeinden erhalten die chiefs automatisch einen Sitz im Gemeinderat, wenn sich Gemeinde- und Stammesgebiet überschneiden. Die Interimsverfassung enthält jedoch keine Angaben über die Kompetenzverteilung zwischen Stammesführer und gewählter Lokalregierung.

Auch die Frage, wer rechtmäßig seinen Stamm vertritt, wurde in der Übergangsverfassung offengelassen. Eine Verfassungsänderung erlaubte es dem Präsidenten, jene Stammesführer zu bestimmen, denen ex officio der Sitz in den neuen Gemeinderäten zusteht. Eine weitere Verfassungsänderung ermächtigte zudem das Parlament, die Angelegenheiten der Stammesführer auf gesetzlichem Weg zu regeln, obwohl der vorgeschriebene nationale Rat der Stammesführer noch nicht gebildet worden war und folglich auch kein Veto einlegen konnte. Damit stand dem vom Parlament abgesegneten Plan Mandelas, die chiefs künftig direkt aus der Staatskasse zu bezahlen und sie auf diese Weise enger an sich zu binden, nichts mehr im Wege.[44]

4. Minderheitenschutz und Selbstbestimmung

Neben der in der Übergangsverfassung verankerten Machtteilung in der Regierung und der vertikalen Machtteilung finden sich vor allem im Rahmen der Grundrechte[45] zahlreiche, für Minderheiten bedeutende Bestimmungen. Hierzu gehört unter anderem das Recht auf freie Wahl der Sprache und Kultur, wobei insgesamt elf Sprachen als offiziell anerkannt werden. Art. 32 gibt darüber hinaus jeder Person das Recht, in der Sprache ihrer Wahl[46] unterrichtet zu wer-

43 Vgl. Rob Amato: a.a.O., S. 123.

44 Vgl. Gerd Behrens: Wer zahlt die Häuptlinge? Südafrikas alte Rivalen streiten über den Föderalismus, in: SZ vom 2.06.1995 und Niederlage KwaZulu/Natals beim Verfassungsgericht, in: NZZ vom 1.12.1995.

45 Art. 7-35. Vgl. Jan Techau: Südafrika auf dem Weg zum Rechtsstaat, in diesem Band.

46 Die Verfassung sieht allerdings die Einschränkung vor, daß dies "vernünftig und durchführbar" sein muß.

den und erlaubt die Schaffung von Bildungseinrichtungen, die sich an gemeinsamer Kultur, Sprache oder Religion orientieren, sofern dies nicht zu irgendeiner Art von rassischer Diskriminierung führt.

Dabei werden jedoch ausschließlich die individuellen Rechte des einzelnen als mögliches Mitglied einer bestimmten Gruppe, nicht aber die Rechte einer Gruppe als ethnische, sprachliche, kulturelle oder religiöse Einheit an sich geschützt.[47] Gruppenrechte, wie sie vor allem von der NP und anderen Vertretern der weißen Minderheit zur Sicherung besonderer 'Afrikaner-Rechte' gefordert wurden, finden sich nicht im Grundrechtekatalog der Interimsverfassung. Dafür wurde im Rahmen eines Abkommens[48] zwischen der Freiheitsfront (FF) Constand Viljoens, dem ANC und der NP sowie in einem Zusatzartikels [Art. 184] der Interimsverfassung anerkannt, die Zielsetzung der konservativen Weißen nach Errichtung eines 'Volkstaatraads' von einem verfassungsrechtlich verankerten Gremium (Volkstaatsrat) prüfen zu lassen.[49] Mit diesem Zugeständnis wurde den Afrikanern um Viljoen die Teilnahme an den Wahlen im April 1994 ermöglicht. Zusätzlich wurde ein 34. Verfassungsprinzip ergänzt, das die Aufnahme besonderer Bestimmungen in die endgültige Verfassung vorschreibt, die es Gemeinschaften mit gemeinsamer kultureller und sprachlicher Herkunft ermöglichen, eine bestimmte Form von Selbstbestimmung[50] "whether in a territorial entity within the Republic or in any other

---

47 Vgl. Christian Pippan: a.a.O., S. 1034.

48 Vgl. Accord on Afrikaner self determination between the Freedom Front, the African National Congress and the South African Government/National Party, 23.April 1994.

49 Ende Mai 1995 legte der Volkstaatsrat seine ersten Pläne vor, nach denen der Volkstaat im Nordwesten des Landes liegen, 3,2% des Staatsgebiets der Republik umfassen und mit Südafrika eine Föderation bilden würde. Dies wurde vom ANC ebenso zurückgewiesen wie der Vorschlag für eine 10. Provinz. Vgl. Konturen eines burischen 'Volkstaates'. Erster Zwischenbericht des Volkstaatsraads in Südafrika, in: NZZ vom 27./28.5.1995 und No to Afrikaner 10th Province, in: The Citizen, Johannesburg, vom 28.02.1996.

50 Vage ist die Rede von "a notion of the right to self-determination", das im übrigen "within the framework of...the right of the South African people as a whole to self-determination" ausgeübt werden soll. Auch widerspricht die Verwirklichung eines Volksstaats dem Verfassungsprinzip XVIII: "The boundaries of the the provinces shall be the same as those established in terms of this constitution."

recognised way" auszuüben, sofern dafür eine substantielle Unterstützung innerhalb dieser Gemeinschaft nachgewiesen werden kann.

III. Die endgültige Verfassung von 1996

1. Horizontale Machtteilung

Das von der Übergangsverfassung geschaffene Zwei-Kammer-Parlament wurde auch in die endgültige Verfassung übernommen. Der Nationale Provinzrat (NCOP)[51], der den bisherigen Senat ersetzt, muß zwar in seiner Zusammensetzung (jede Provinz hat 10 Delegierte, vier 'special' und sechs 'permanent delegates') weiterhin das Stärkeverhältnis zwischen den Parteien in den neun Provinzparlamenten wiederspiegeln, aber jede Provinz hat bei den meisten Abstimmungen künftig nur noch eine Stimme, die jenes Delegationsmitglied abgibt, welches die Mehrheitspartei der Provinzlegislative vertritt.[52]

Geändert wurde gegenüber der Übergangsverfassung auch das nationale Gesetzgebungsverfahren [Art. 73 ff.]: Bei Angelegenheiten, deren gesetzgeberische Gestaltung sowohl auf nationaler wie auch auf Provinzebene erfolgt[53], besitzt der Provinzrat zwar eine Mitsprache, aber die NV kann seine Einwände nach vorheriger Beratung im Vermittlungsausschuß [Art. 78], der sich aus je 9 Mitgliedern der Nationalversammung und des NCOP zusammensetzt, mit 2/3 Mehrheit überstimmen. Beschließt die Nationalversammlung Gesetze, die außerhalb des definierten Bereiches liegen, müssen diese zwar an den Provinzrat weitergeleitet werden, wobei ausnahmsweise jedes Delegationsmitglied eine Stimme hat, die NV kann das Gesetz jedoch auch bei einem Änderungsvorschlag der zweiten Kammer in seiner ursprünglichen Form erneut beschließen.

---

51 National Council of Provinces Art. 60 ff.

52 Vgl. Schedule 3, Part B, Formula to determine party participation in provincial delegation to the National Council of Provinces. Im Anhang findet sich außerdem eine Übertragung der bisherigen 10 Senatorensitze der einzelnen Provinzen auf das Delegiertensystem im neuen NCOP.

53 Diese finden sich in einer Liste im Anhang. Vgl. Schedule 4, Functional Areas of Concurrent National and Provincial Legislative Competence. Art. 66 und 78.

Bei den 'money bills' hat der NCOP weder Einbringungs- noch Beschlußrecht. Lediglich verfassungsändernde Gesetze, die die Provinzen oder die zweite Kammer betreffen, erfordern die gemeinsame Zustimmung von 2/3 der Nationalversammlung und mindestens sechs Provinzen im Provinzrat. Wenn eine bestimmte Provinz betroffen ist, bedarf es auch der Zustimmung der jeweiligen Provinzlegislative. Die neue Verfassung bedeutet das Ende der Regierung der Nationalen Einheit. Die Minderheitsparteien müssen nicht mehr im Rahmen eines 'government of national unity' an der nationalen Exekutive [Art. 83 ff.] beteiligt sein. Die Regierung wird von der Mehrheitspartei gebildet. Allerdings war der Fortbestand der GNU bis 30. April 1999 durch die Übergangsverfassung garantiert. Diese Bestimmung ist jedoch durch den Auszug der NP aus der GNU zum 30. Juni 1996 obsolet geworden.

Am Verfahren zur Amtsenthebung des Präsidenten[54] ist der Provinzrat - anders als der Senat - nicht mehr beteiligt; künftig kann dieser mit einer 2/3 Mehrheit in der Nationalversammlung aus seinem Amt entfernt werden.

Beim Mißtrauensvotum [Art. 102] existieren fortan nur noch zwei Möglichkeiten: Wenn die Nationalversammlung mit der Mehrheit ihrer Stimmen ein Mißtrauensvotum gegen das Kabinett ohne den Präsidenten beschließt, muß dieser das Kabinett neu zusammensetzen; im Falle eines erfolgreichen Mißtrauensvotums gegen den Präsidenten treten der Präsident und das gesamte Kabinett zurück. Im wesentlichen gleich geblieben sind alle Bestimmungen, die die Judikative betreffen. Im Ernennungsverfahren für die Richter des Verfassungsgerichtshofes [Art. 174] muß der Präsident anstelle des Kabinetts künftig die Führer der Parteien in der Nationalversammlung 'konsultieren'. Er bleibt, abgesehen von der Ernennung des Präsidenten und Vizepräsidenten sowie des Chief Justice und dessen Stellvertreter, an die Vorschläge der Justizkommission gebunden, deren Zusammensetzung [Art. 178] trotz allem keine Neutralität garantieren kann, da die Mehrheit der Mitglieder ihre Zugehörigkeit in irgendeiner Weise dem Präsidenten bzw. der Mehrheitspartei verdanken.

54 Bei ernsthafter Mißachtung der Verfassung und anderer Gesetze, Amtspflichtverletzung oder Unfähigkeit. Vgl. Art. 89.

2. Vertikale Machtteilung

In den Provinzen gibt es nach Art.103ff der neuen Verfassung ebenfalls keine Machtteilung in der Exekutive mehr. Die Abgrenzung der Befugnisse zwischen Zentralregierung und Provinzregierung erfolgt durch die bereits erwähnte konkurrierende Gesetzgebung, bei der Provinzlegislative und nationales Parlament zusammenwirken müssen (wobei die Rahmengesetzgebung des nationalen Parlaments unter fast allen Umständen den Vorrang besitzt [Art. 146-148]) und 'exklusive Provinzkompetenzen'[55]. Es handelt sich dabei allerdings nur um wenige und unbedeutende Kompetenzen wie das Betreiben von Schlachthöfen oder den Bierausschank. Hinzu kommt, daß es exklusive Kompetenzen im Grunde nicht gibt.[56] Denn selbst hier kann der nationale Gesetzgeber eingreifen, um nationale Sicherheit, wirtschaftliche Einheit des Landes oder 'essentielle nationale Standards' sicherzustellen.

Auch die neue Verfassung schränkt den Spielraum der Provinzen zum Erschließ eigener Einkommensquellen ein [Art. 226-228]. Haushaltszuweisungen erfolgen weiter durch die Zentralregierung, wobei die 'Financial und Fiscal Commission' [Art. 220], in die jede Provinz einen Vertreter entsendet, Empfehlungen abgibt. Was die innere Sicherheit betrifft[57], so muß der nationale Polizeichef die Provinzregierung bei der Ernennung eines Provinz-Polizeichefs künftig nur noch konsultieren, während diese zuvor die Einsetzung eines ihr nicht genehmen Polizeichefs verhindern konnte. Von einer gesetzgeberischen Gestaltung des Polizeibereichs durch die Provinzlegislativen ist in der neuen Verfassung nicht mehr die Rede. Neu ist das Kapitel über 'kooperatives Regieren'[58], in dem quasi ein Konsensprinzip zwischen den verschiedenen Stufen des politischen Systems festgeschrieben wird.[59]

---

55 Vgl. Schedule 5, Functional Areas of Exclusive Provincial Legislative Competence.

56 Vgl. Südafrikas neue Verfassung vom ANC geprägt. Weitreichende Korrekturen am Provisorium von 1994, in: NZZ vom 15.05.1996.

57 Vgl. im folgenden besonders Art. 204 und 207.

58 Chapter 3, Co-Operative Government, Art. 40 und 41.

59 Vgl. Wolfgang Drechsler: Kompromißformel. Südafrikas Verfassung folgt eigenen Bedingungen, in: HB vom 9.05.1996.

3. Stellung traditioneller Führer

Der Passus der Übergangsverfassung, daß die Provinzen in ihre Verfassungen Bestimmungen über Institution, Rolle, Autorität und Status eines traditionellen Monarchen "where applicable" [Art. 143 (1b)] aufnehmen können, wurde beibehalten. Alle weiteren Bestimmungen der neuen Verfassung über die 'Traditional Leaders' sind unverbindlicher. So ist von einem automatischen Sitz der chiefs in den Gemeinderäten keine Rede mehr: "National legislation may provide a role for traditional leadership as an institution at local level on matters affecting local communities" [Art. 212 (1)]. Eine ähnliche Formulierung findet sich bei den Kammern der traditionellen Führer, deren Einrichtung in der ÜV fest vorgesehen war[60]: "National or provincial legislation may provide for the establishment of houses of traditional leaders and national legislation may establish a council of traditional leaders" [Art. 212 (2)]. Die Stellung der 'traditional leadership' ist im Anhang unter konkurrierender Gesetzgebung aufgeführt, womit der Vorrang nationaler Gesetzgebung gesichert ist.

4. Minderheitenschutz und Selbstbestimmung

Während die Beteiligung von Minderheitsparteien an der Regierung nicht mehr von der Verfassung vorgegeben ist, wird für die Legislativen ein Verhältniswahlsystem festgelegt. Das Recht auf Selbstbestimmung, wie es in den Verfassungsprinzipien formuliert worden war, findet sich explizit nicht in den Bill of Rights. Dafür haben kulturelle, religiöse und sprachliche Gemeinschaften das Recht, ihre eigene Kultur, Sprache und Religion zu pflegen und Vereinigungen zu gründen.[61] Beim Recht auf Schulunterricht in der Muttersprache[62] bleibt

60 Das Problem, wer von den rund 800 Chiefs in Südafrika - jeder ein 'king in his own right' - einer solchen Kammer angehören soll und wer nicht, verhinderte bisher außer in KwaZulu/Natal die Einrichtung dieser Kammern. Art. 212 (2).

61 Allerdings mit der Einschränkung, dies dürfe nicht im Widerspruch zu anderen Grundrechtsbestimmungen geschehen. Vgl. Art. 31.

62 Dies war neben der Fortsetzung der GNU eine der zentralen Forderungen von NP und FF in den Verhandlungen gewesen, wurde vom ANC jedoch als Versuch der Weißen, die frühere Rassentrennungspolitik fortzusetzen, zurückgewiesen. Vgl. Hans Brandt: Verfassungsgespräche in Südafrika stecken in der Sackgasse, in: FR vom 3.5.1996.

es bei der bisherigen Regelung: Es muß nur erfüllt werden, wenn es die praktischen Gegebenheiten erlauben. Unter bestimmten Bedingungen kann der Staat hierfür auch die Existenz von einsprachigen Schulen 'erwägen' [Art. 29].

Neu aufgenommen in die Verfassung wurde die Einrichtung eines Ausschusses, der die Rechte kultureller, religiöser und sprachlicher Minderheiten schützen soll[63], über dessen Zusammensetzung allerdings der nationale Gesetzgeber entscheidet. Mit dieser Übereinkunft in den Verfassungsverhandlungen war vom ANC erstmals die Existenz von 'Gruppen' und Gruppenrechten anerkannt und der Freiheitsfront gleichzeitig ein Zugeständnis dafür gemacht worden, daß es in absehbarer Zeit nicht zum erhofften Volksstaat kommen wird.[64] Der zu diesem Zweck eingerichtete 'Volkstaatraad' findet nur noch in den 'transitional arrangements' im Anhang der Verfassung Erwähnung. Er soll ebenso wie die entsprechenden Artikel der ÜV bis auf weiteres seine Gültigkeit behalten, allerdings vorbehaltlich der Änderung oder Aufhebung durch einen 'Act of Parliament'[65], womit sein Bestand für die Zukunft nicht garantiert ist.

5. Das Wahlrecht

Der Übergang von dem angelsächsischen relativen Mehrheitswahlrecht, das unter allen Verfassungen Südafrikas bis 1994 gegolten hatte, zu einem Verhältniswahlrecht war zwischen den politischen Akteuren des Transformationsprozesses nicht strittig und wurde auch in die endgültige Verfassung übernommen.[66]

---

63 Vgl. "Commission for the promotion of the rights of cultural, religious and linguistic communities", Art. 185 und 186.

64 Vgl. Robert von Lucius: Kompromisse bei Südafrikas Verfassung, in: FAZ vom 22.4.1996.

65 Vgl. Schedule 6, Transitional Arrangements, 20 (3).

66 Diskutiert wurde allerdings auch ein Wahlsystem nach deutschem Vorbild - eine Verbindung von Parteilisten und Wahlkreisen - zu gestalten, nicht jedoch die Einführung einer Sperrklausel, vgl. Robert von Lucius: Wahlsystem nach deutschem Vorbild, in: FAZ vom 14. August 1995. Die Wahl von 1999 wird nach einer Parteienvereinbarung nach dem alten Listenwahlsystem stattfinden. Vgl. Richard Calland, Marianne Merton: Changes in Electoral System put of to 2004, in: Parliamentary Whip vom 17. Mai 1996.

Für den ANC war die Forderung nach Proporz eine ideologische Selbstverständlichkeit, obwohl dies ihrem Machtinteresse widersprach. Die NP erhoffte sich durch den Proporz eine Machtteilung als Grundlage der von ihr angestrebten Konkordanzdemokratie und der Regierung der Nationalen Einheit. Die anderen Parteien sahen im Proporz eine Überlebenschance, was allerdings für die IFP angesichts ihrer Konzentration in KwaZulu/Natal nicht zutrifft. Diese Partei würde mit Hilfe eines Mehrheitswahlrechts dort auf absehbare Zeit stets eine komfortable Mehrheit der Sitze erreichen.

Argumentiert wurde schwerpunktmäßig jedoch nicht mit Parteiinteressen, sondern mit der Gewährung eines Minderheitenschutzes in einer fragmentierten Gesellschaft. Angesichts der erwarteten überragenden Stärke des ANC erschien der Proporz die einzige Chance für eine fortgesetzte politische Repräsentation [Art. 46 (1) und 105 (1)] durch ein Mehrparteiensystem.

Diese Einschätzung wurde durch die ersten Wahlen im April 1994 bestätigt. Bei einem Mehrheitswahlrecht hätte der ANC deutlich mehr als Zweidrittel der Mandate im Kapstädter Parlament und in einigen Provinzparlamenten möglicherweise alle Mandate gewonnen. Nur die NP und die IFP hätten aus eigener Kraft Wahlkreise gewinnen können, die IFP wegen ihrer regionalen Hochburg in KwaZulu/Natal wahrscheinlich sogar mehr als die NP. Dies aber hätte wesentlich von der Wahlkreiseinteilung abgehangen. Vor diesem Hintergrund erscheint das Argument des Minderheitenschutzes durch Proporz plausibel.

Weder diskutiert noch berücksichtigt wurden bei diesen Erwägungen die mittelfristigen Auswirkungen des Wahlrechts. Ein Wahlrecht setzt nicht nur Stimmenverteilungen in Mandatsverteilungen um, sondern verändert mittelfristig das Verhalten von Wählern und Parteien. Das Verhältniswahlrecht, insbesondere in der südafrikanischen Form ohne jede Sperrklausel, ermöglicht auch Splitterparteien eine parlamentarische Existenz.[67] Damit ermuntert das Wahlrecht parteiinterne Opposition zur Abspaltung. Von dem Proporz gehen keine Anreize aus, daß programmatisch parallel orientierte Gruppen sich zusammenschließen.

---

67 Vgl. Malherbe/Rautenbach: a.a.O., S. 90.

Für Südafrika bedeutet dies, daß die zentrifugalen Kräfte im ANC gestärkt werden. Die Wahrscheinlichkeit der Abspaltung von dieser Partei, die noch immer mehr einer breiten Befreiungsorganisation ähnelt, ist groß. In gleicher Weise gibt es keinen Anreiz für Parteien wie NP, FF und auch IFP zu einem Zusammenschluß, um mit Hilfe einer geeinten Opposition die Ablösung des ANC anstreben zu können. Im Gegenteil: Diese Parteien sind durch das Wahlrecht gezwungen, sich gegeneinander abzugrenzen, um eigenes Profil zu gewinnen, statt ihre Gemeinsamkeiten herauszustellen. Dies erschwert koordiniertes Handeln in der politischen Arbeit, wie sich dies teilweise schon bei den Verhandlungen zur Verfassung gezeigt hat. Darüber hinaus sind sie jederzeit der Konkurrenz von alten oder neuen Splitterparteien wie z.B. der Konservativen Partei ausgesetzt. Ähnliches gilt für das Verhältnis von ANC und PAC. Die Konkurrenz durch Peripherieparteien rechts (KP) und links (PAC) erschwert es den großen Parteien, sich an der politischen Mitte zu orientieren, und zieht sie in ihrer politischen Programmatik an die Peripherie. Das Ergebnis ist die Gefahr einer Radikalisierung der politischen Auseinandersetzung.

Angesichts der dominierenden Position des ANC mag die Einführung des Proporzes bei den ersten Wahlen als ein Instrument des Minderheitenschutzes politisch klug gewesen sein. Schon mittelfristig birgt der Proporz jedoch die Gefahr der Zersplitterung und Radikalisierung des Parteiensystems und gefährdet damit die Stabilitätschancen der neuen südafrikanischen Demokratie.

IV. Die neue Verfassung: Frieden für Südafrika?

Wird die neue südafrikanische Verfassung der Konfliktstruktur des Landes (mehrfach fragmentierte Gesellschaft, hohe Konfliktladung, weitgehend ethnisch geprägtes Parteiensystem[68]) gerecht und eröffnet sie damit die Perspektiven für ein friedliches, demokratisches Südafrika?[69] Hier scheint trotz aller Fort-

68 Vgl. hierzu ausführlich Ulrike Schumacher: Politische Formen für fragmentierte Gesellschaften. Das Beispiel Südafrika, Berlin 1994, S. 51-125.

69 Dabei ist grundsätzlich davon auszugehen, daß für Südafrika eher Formen dezentralisierter politischer Ordnung (Regionalismus, Föderalismus) als ein unitarisches System geeignet sind, um die Integration der verschiedenen Gruppen und die Zusammenführung

schritte aus mehreren Gründen Skepsis angebracht. War die Übergangsverfassung noch vom Kompromißcharakter geprägt, der es letztlich allen beteiligten Parteien und Gruppierungen ermöglichte, zuzustimmen und so die Wahlen vom April 1994 ohne größeres Blutvergießen zu verwirklichen, so trägt die endgültige Verfassung im Kontext der veränderten Machtverhältnisse weit stärker die Handschrift des ANC.[70] Hierbei ist auch der Einfluß der eng mit dem ANC verzahnten South African Communist Party (SACP) und des Gewerkschaftsverbandes COSATU zu nennen, deren Mitglieder mehrfach als 'Lobbyisten' in den entscheidenden Phasen an Sitzungen der Verfassungsgremien teilnahmen. Die NP wurde vor allem gebraucht, um die Verfassung mit der nötigen Zweidrittelmehrheit zu verabschieden.[71] Bei der föderativen Ausgestaltung der Verfassung sind die ohnehin geringen Kompetenzen der Provinzen weiter beschnitten worden. Sie genießen nicht einmal mehr in den Bereichen Erziehung, Kultur, traditionelle Führer und Polizeiwesen Autonomierechte, von der Verwirklichung eines fiskalischen Föderalismus mit eigenen Einnahmequellen der Provinzen sowie einem horizontalen und vertikalen Finanzausgleich ganz zu schweigen. In Südafrika sollen die Provinzen von Pretorias Gnaden leben.

Die zweite Kammer hat kein Veto-Recht und ist damit weitgehend wirkungslos. Zudem ist das Mitspracherecht der Minderheitsparteien durch das Bundesratsprinzip beschränkt. Das alles entspricht der Zielsetzung des ANC nach einer starken Zentralgewalt. Weitere Konflikte mit den nicht vom ANC kontrollierten Provinzen Westkap und KwaZulu/Natal sind programmiert, insbesondere vor dem Hintergrund, daß die IFP weder an der Ausarbeitung noch der Verabschiedung der Verfassung beteiligt war und sich dementsprechend nicht von ihr

---

der unterschiedlichen geographischen Landesteile in einem neuen Staat zu ermöglichen. Vgl. Kay Hailbronner, Christine Kreuzer: Implementing Federalism in the Final Constitution of the Republic of South Africa, KAS, Occasional Papers, 9/1995, S. 7. Vgl. auch Ulrich Karpen: Federalism - An important instrument for providing pluralism in the new democratic South Africa, in: KAS, Occasional Papers, April 1994, S. 3-7.

70 Deutlich wird dies auch bei einem Vergleich der zahlreichen Verfassungsentwürfe, in denen die unterschiedlichen Konzeptionen der Parteien noch jeweils als 'Optionen' einander gegenüber gestellt worden waren, mit dem endgültigen Verfassungstext.

71 Vgl. Nützliche Idioten, in: Der Spiegel, 20/1996, S. 155-157.

gebunden fühlt. Ohne diesen für die politische Stabilität nötigen Verfassungskonsens ist auch eine Sezession KwaZulu/Natals nicht auszuschließen.[72] Das Potential für rassische und ethnische Konflikte ist nach wie vor groß.[73]

Durchgesetzt hat sich der ANC auch gegenüber der Forderung der NP nach einer Fortsetzung der Regierung der Nationalen Einheit. Das eröffnet zwar theoretisch für die Zukunft die Möglichkeit eines Wechselspiels zwischen Regierung und Opposition, womit die Entwicklung zu einem für Schwarzafrika typischen Einparteienstaat vielleicht verhindert werden könnte.[74] Andererseits ist zu bedenken, daß eine Opposition im Sinne europäischer parlamentarischer Tradition schon deshalb schwerlich funktionieren wird, weil sie bei der Dominanz des ANC in absehbarer Zeit kaum eine Chance hat, je die Macht zu übernehmen[75] und das Wahlrecht der Herausbildung eines alternierenden Parteiensystems entgegensteht.

Diese Überlegungen hat sich das Verfassungsgericht z.T. zu eigen gemacht, als es am 6. Sept. 1996 urteilte[76], daß die Verfassung von 1996 in wesentlichen Punkten nicht in Übereinstimmung mit den unveränderbaren Verfassungsprinzipien von 1993 steht. Das Parlament muß nach dieser Entscheidung die Verfassung an das Urteil anpassen. Die wesentlichen Kritikpunkte des Gerichts betreffen die unzureichende Autonomie der kommunalen Selbstverwaltung und der Provinzen, die Unabhängigkeit von Kontrollinstanzen gegenüber der Regierung (z.B. Ombudsman) und die Assymetrie im Kräfteverhältnis zwischen Gewerkschaften (Streikrecht) und Arbeitgebern (kein Aussperrungrecht).

---

72 Mit dieser Möglichkeit rechnet man offensichtlich auch in der südafrikanischen Armee (SANDF), wo schon entsprechende Einsatzpläne existieren.

73 Vgl. Robert von Lucius: Neuer Patriotismus in Südafrika brüchig, in: FAZ vom 29.03.1996.

74 Vor dieser Entwicklung hat Hermann Gilliomee bereits 1994 eindringlich gewarnt. Vgl. The Constitution: Assembly a date, in: Financial Mail vom 4.11.1994.

75 Vgl. Ende eines Honeymoons, in: NZZ vom 18./19.05.1996.

76 Vgl. Constitutional Court, Certification of the Constitution of the Republic of South Africa, CCT 23/1996 vom 6. September 1996.

SÜDAFRIKA AUF DEM WEG ZUM RECHTSSTAAT?

Jan Techau

I. Die Bill of Rights

Spätestens seit Ende des Zweiten Weltkrieges hat sich die Auffassung durchgesetzt, daß ein schriftlich fixierter Grundrechtskatalog elementarer Bestandteil jeder Verfassung sein sollte.[1] Grundrechte sind ein, wenn nicht der wesentliche Bestandteil rechtsstaatlicher Verfaßtheit. Es war daher eine der Kernforderung des politischen Widerstandes gegen das alte Regime, einen Grundrechtekatalog verfassungsmäßig zu verankern. In der Übergangsverfassung von 1994 befaßten sich 28 Artikel mit Grundrechten; der Stellenwert, den Grundrechte in der Verfassungsdiskussion von Beginn an hatten, wird besonders daran ersichtlich, daß die Forderung nach einer Kodifizierung individueller und einklagbarer Rechte an zweiter Stelle in den 34 Verfassungsprinzipien genannt wird.[2] Das wirft die Frage auf, inwieweit der Grundrechtekatalog der endgültigen Verfassung

- hartes Verfassungsrecht darstellt, d. h. einklagbar und nicht bloße Programmatik ist, und
- der politischen Lage gerecht wird, d. h. für alle Bürger Südafrikas akzeptabel sein kann.

Von der Beantwortung beider Fragen hängt ab, inwieweit diesem Dokument Akzeptanz und Respekt seitens der Bevölkerung entgegengebracht wird, was wiederum eine Voraussetzung für die Entwicklung eines Rechtsstaates ist.

1. Das Recht auf Leben

Das verfassungsmäßig verbriefte Recht auf Leben war einer der Hauptstreitpunkte der Verfassungsdiskussion und dazu ein 'emotional issue', das in der

---

1 F.M. Rautenbach, E.F.I. Malherbe: Constitutional Law, Johannesburg 1995, S. 234.

2 Constitution of the Republic of South Africa, Act No. 200 of 1993, Schedule 4.

Öffentlichkeit große Aufmerksamkeit auf sich zog. Der Streit entzündete sich an der Frage, ob die Todesstrafe mit einem universellen Recht auf Leben vereinbar ist. Für Gegner der Todesstrafe stellte ihre Abschaffung ein Symbol zur Überwindung des Unrechtsstaates der Apartheid dar. Die Befürworter stellten besonders die Präventivwirkung der Strafe heraus. Am 6.6.1995 entschied der Verfassungsgerichtshof, daß Art. 9 der Übergangsverfassung (ÜV) ("Everyone shall have the right to life") mit der Todesstrafe nicht vereinbar ist[3]. Nach der Veröffentlichung des Arbeitsentwurfs zur neuen Verfassung kam es allerdings zu einer erneuten Diskussion um die Verankerung der Todesstrafe. Dieses erneute Aufflammen der Diskussion hätte als ein Verstoß gegen das Prinzip der Rechtssicherheit gesehen werden können, insbesondere mit Blick auf bereits zum Tode Verurteilte, deren Schicksal erneut verhandelt wurde.

Die mit der Ausarbeitung einer Verfassung betrauten Organe waren jedoch nicht an bereits bestehendes Verfassungsrecht gebunden, dieses sollte gerade ersetzt werden. In diesem speziellen Fall, welcher in der Verfassungsgeschichte ohne Beispiel ist, waren der südafrikanischen Constitutional Assembly (CA) lediglich durch die 34 Verfassungsprinzipien, welche einen nicht zur Disposition stehenden Mindestkonsens bildeten, Grenzen gesetzt. Diese allerdings waren bewußt weit gehalten und sahen keine explizite Regelung der Todestrafe vor. Somit war es legitim und mit dem Prinzip der Rechtssicherheit vereinbar, daß man das Recht auf Leben erneut diskutierte. Hierfür spricht auch, daß die Vollstreckung bereits gefällter Urteile während der Diskussion ausgesetzt war.

Das Ergebnis der Diskussion liegt in Art. 11 der Verfassung vom 8.5.1996[4] vor. Es ist mit der Formulierung des Art. 9 ÜV praktisch identisch ("Everyone has the right to life")[5]. Die Prognose, daß das Thema nach Inkrafttreten der

---

3 Case No. CCT/3/94, The State versus T. Makwanyane and M. Mchunu, Urteil vom 6.6.1995.

4 Constitution of the Republic of South Africa as adopted by the Constitutional Assembly on 8 May 1996.

5 In der gesamten Verfassung hat sich das vormals benutzte "shall have" zu einem einfacheren "has" gewandelt. Dies mag im allgemeinen Sprachgebrauch etwas fester klingen, macht aber faktisch keinen Unterschied zur alten Formulierung.

neuen Verfassung nicht erneut den Verfassungsgerichtshof beschäftigen wird, scheint ob dieser Übereinstimmung nicht zu riskant[6]. Ein großer Teil der Bevölkerung hat ein sehr reduziertes Verständnis von Rechtsstaat, es beschränkt sich auf die persönliche Sicherheit, die als Recht auf körperliche Unversehrtheit verstanden wird[7]. Bei solchem Rechtsempfinden kann die Abschaffung der Todesstrafe ein akzeptanzsteigerndes Symbol sein.

2. Das Recht auf Eigentum

Der Streit um die Garantie des Eigentums war bis zuletzt einer der kritischen Punkte der Verfassungsdiskussion[8]. Hierbei ging es in erster Linie um die Frage einer Bodenreform. Diese war vom ANC schon zu Zeiten des Exils gefordert worden, um die seiner Meinung nach ungleiche Landverteilung in Südafrika rückgängig zu machen. Neben der Angst vor der Enteignung steht die Landfrage für die kulturelle Identität. Besonders die Afrikaner, die für sich in Anspruch nehmen, das Land der Wüste abgetrotzt und urbar gemacht zu haben, sind bereit, ihre Besitzungen nötigenfalls mit Gewalt zu verteidigen. Im Streit um das Eigentumsrecht trafen mithin besonders unversöhnliche Standpunkte aufeinander.

Der jetzt erreichte Kompromiß erscheint in den ersten beiden Abschnitten des Artikels 25 der Eigentumsgarantie des Grundgesetzes (Art. 14 GG) nicht unähnlich. Zwar wird nirgendwo ausdrücklich erwähnt, daß das Eigentum

---

6 Das Gericht hat in seiner Urteilsbegründung sehr intensiv und in überzeugender Weise die rechtstheoretischen und rechtsphilosophischen Für und Wider abgewägt und die in anderen Ländern bereits erarbeiteten Standpunkte zur Todesstrafe synopsenhaft zusammengefaßt. Trotz der Tatsache, daß sich das Urteil formal auf die ÜV bezieht, ist es wahrscheinlich, daß das Gericht bei einer erneuten Befassung auf das alte Urteil verweist.

7 So auch im Ergebnis des Berichts von Martin Woker zur Lage der Menschenrechte in Namibia. Vgl. Martin Woker: Die Musterschüler Afrikas, in: NZZ Folio vom Januar 1996.

8 Für eine detaillierte Darlegung der Standpunkte der streitenden Parteien siehe: Doreen Atkinson: Insuring the future? - The bill of rights, in: Steven Friedman, Doreen Atkinson, (ed.): South African Review 7, The Small Miracle, South Africa's negotiated settlement, Johannesburg 1994, S.121-147.

tatsächlich garantiert wird, dennoch machen die Bestimmungen deutlich, daß die Enteignung nur aufgrund Gesetzes erfolgen darf [Art. 25(2)], und dafür eine gerechte und gleichwertige ("just and equitable") [Art. 25(3)] Entschädigung entrichtet werden muß. Verfassungsrechtlich ungewöhnlich ist allerdings bereits die explizite Nennung der 'Geschichte der Inbesitznahme' ('history of acquisition') des Landes als ein Kriterium, welches zur Bemessung der Entschädigung herangezogen werden soll. Dies ist eine Vorschrift, die nicht Verfassungscharakter haben muß und in ein entsprechendes einfaches Gesetz gehört. Zudem beschwört sie bei den weißen Afrikanern die Angst vor Siegerjustiz herauf. Es ist verständlich, daß auf unrechtmäßige Landnahme zu Zeiten der Apartheid reagiert werden soll. Dies ist jedoch eine rein politische Entscheidung, die in einem höhere Legitimität beanspruchenden Dokument wie der Verfassung keine Verankerung benötigt. Die Einbeziehung politischer Programmsätze bedeutet eine Degradierung der Verfassung und kann ihrem Ansehen dauerhaft nur schaden. Aus diesen Gründen gehören die Vorschriften, die einen automatischen, verfassungsunmittelbaren Anspruch auf Rückgabe von Land oder entsprechende Entschädigung begründen [Art. 25(7)], oder Normen, die dem Staat das Recht geben, Unrecht der Rassentrennung durch bestimmte Maßnahmen zu annullieren [Art. 25(8)] nicht in eine Verfassung.

Insgesamt ist das Recht auf Eigentum durch politische Zielsetzungen und durch dehnbare, auslegungsbedürftige Bestimmungen so ausgehöhlt, daß die Nichtnennung des Terminus 'Garantie' insgesamt sehr schwer wiegt. Es ist erklärtes Ziel des ANC gewesen, ein Eigentumsrecht nicht in die Verfassung zu schreiben[9]. Im Interesse des eigenen Besitzstandes und mit dem Argument, daß eine unsichere Eigentumslage der Wirtschaft schade, argumentierten andere Parteien für die Einbeziehung der Vorschrift. Die gefundene Formulierung ist rechtlich erheblich auslegungsbedürftig, und es wird einer unparteiischen Rechtssprechung obliegen, festzustellen, ob es einen wirksamen Eigentumsschutz mit der vorliegenden Formulierung überhaupt geben kann. Erwünscht ist er von der Mehrheitspartei nicht.

---

9 Daher war eine der im Arbeitsentwurf zur neuen Verfassung vom 22. Nov. 1995 genannten Optionen für die Eigentumsgarantie das völlige Weglassen einer solchen Vorschrift ("No property clause"), Working Draft of the New Constitution, Art. 24, Option 1.

Die Auswirkungen, die die fehlende Garantie des Eigentums für die Entwicklung rechtsstaatlichen Denkens zeitigen wird, sind schwer abzusehen. Sollten sich Enteignungen häufen oder sogar eine umfassende Bodenreform initiiert werden, könnte die Akzeptanz für die neue rechtliche Ordnung in Kreisen der ländlichen Afrikanerbevölkerung merklich leiden. Eine Entwicklung, die im Interesse der politischen Stabilität Südafrikas nicht wünschenswert ist.

Wirtschaftliche Stabilität, die durch die bestehende Besitzverteilung garantiert wird, wirkte bei der neuen Regierung als Argument bisher stärker als die Einforderung der versprochenen 'gerechten' Umverteilung. Eine Bodenreform hat es daher noch nicht gegeben. Es erscheint hingegen höchst zweifelhaft, ob das sehr weich formulierte Recht auf Eigentum dauerhaft dem sich verstärkenden politischen Druck standhalten kann.

3. Soziale Grundrechte

Die Artikel 26 bis 28 der Verfassung von 1996 garantieren jedermann eine Reihe von Leistungsrechten. Es ist verfassungsmäßig garantiertes Recht, daß jede Person über ein Obdach verfügen kann (Art. 26), Zugang zu Gesundheitsdiensten, Nahrung und Wasser hat sowie soziale Sicherheit genießt (Art. 27). Personen unter 18 Jahren ist u.a. elterliche Fürsorge verbrieft (Art. 28). Zwar hat der Verfassungsgeber - mit Blick auf die finanzielle Lage - die Erbringung dieser Leistungen an die vorhandenen Ressourcen gekoppelt. Inwieweit diese Formulierungen das in den vorderen Absätzen garantierte Recht einschränken, bedarf der Auslegung. Hier werden die Gerichte zu entscheiden haben.

Angesichts der kritischen Situation auf dem Wohnungsmarkt und der finanziellen Potenz des Staates ist es fraglich, inwieweit das Recht auf Wohnraum als einklagbares, hartes Verfassungsrecht Bestand haben kann. Ebenso verhält es sich mit den anderen Rechten. In anderen Worten: Die genannten Garantien sind als Programmsätze[10] anzusehen, deren Justitiabilität sehr fraglich ist.

---

10 Vgl. den langen Katalog nicht einklagbarer sozialer Grundrechte der Weimarer Verfassung, die juristisch wertlos waren und dem Ansehen der Verfassung schadeten. Vgl. Bodo Pieroth, Bernhard Schlink: Grundrechte, Staatsrecht II, Heidelberg 1993, Rz. 44.

Die angestrebten Verbesserungen, wie sie in den Verfassungsregeln zum Ausdruck kommen, können als erstrebenswert und notwendig betrachtet werden. Dennoch bleibt die Frage, ob es nicht sowohl rechtlich als auch politisch fahrlässig ist, sie in die Form einklagbarer Grundrechte zu gießen. Die Ernüchterung bei Abweisung entsprechender Klagen kann dem Ansehen der Verfassung nur schaden[11] und mithin auch dem Rechtsstaatsgedanken nur abträglich sein. Sollte es zu einer massenhaften Einforderung der verfassungsmäßigen Rechte kommen, sind die Folgen für die politische Stabilität nicht abzusehen[12].

4. Group Rights

Grundrechte sind zunächst klassische (Abwehr-) Rechte des Individuums. In der Diskussion um die Grundrechte kam schon bald die Forderung nach Schutzrechten für ganze gesellschaftliche Gruppen auf.[13] Zwar schien diese Forderung mit Blick auf die stark ausgeprägte gesellschaftliche Fragmentierung des Landes durchaus verständlich, die Tatsache jedoch, daß es zuforderst die ehemals an der Macht befindliche Gruppe der Afrikaner war, die eine verfassungsmäßigen Minderheitenschutz forderte, diskreditierte die Forderung in den Augen der ehemals Unterdrückten von vornherein. Die Afrikaner fürchteten insbesondere den Verlust ihrer kulturellen Selbstbestimmung. Traditionell in ihrer Identität auf das engste mit dem Land verbunden, kam es für sie einer Überlebensfrage gleich, einen Selbstbestimmungsschutz in die Verfassung einzubauen.

In der Verfassung finden sich keine explizit genanten Gruppenrechte. Dennoch wurden allen Gruppen innerhalb der südafrikanischen Gesellschaft in den Art.

---

11 So auch laut der Johannesburger Financial Mail die Kritik der Abgeordneten der Democratic Party, Dene Smuts an der Inkorporierung sozialer Grundrechte in die Verfassung. Financial Mail vom 27.10.1995.

12 So auch der Kommentator der FR in: Reifeprüfung bestanden, vom 9.5.1996.

13 Vgl. hierzu den Beitrag von Andreas Beckmann: Afrikaner Nationalismus: der 'weiße Widerstand', in diesem Band.

29 (Education), 30 (Language and Culture), 31 (Cultural, religious and linguistic communities) und 38 (Enforcement of rights) bestimmte Gruppenrechte zugestanden. Bis auf das in Art. 38 garantierte Antragsrecht einer Gemeinschaft vor den Gerichten, um eine Verletzung der Rechte seiner Mitglieder vorzubringen, gehen diese Rechte den 'Umweg über das Individuum', d. h. sie werden dem Einzelnen als Teil einer Gruppe gewährt, nicht der Gruppe selbst. Dies muß als Kompromiß zwischen den Maximalforderungen der beiden wichtigsten Verhandlungspartner gewertet werden. Die hier - indirekt - verbrieften Gruppenrechte beziehen sich schwerpunktmäßig auf die Garantie der Wahrung kultureller und religiöser Eigenheiten. So wird beispielsweise das Recht auf Unterricht in der Sprache eigener Wahl gewährt [Art. 29 (2)], allerdings unter verschiedenen Vorbehalten, deren Auswirkungen auf die Geltungskraft des Rechts nicht absehbar sind. Es wird Teil des Kompromisses gewesen sein, daß dieses Recht lediglich vorbehaltlich der Wiedergutmachung des Unrechts des alten Regimes gewährt wurde [Art. 29 (2) c.]. Dagegen wird das Recht auf Einrichtung nichtstaatlicher Schulen [Art. 29 (3)] praktisch vorbehaltlos garantiert. Auch die Anerkennung des Rechts auf den Gebrauch der eigenen Sprache [Art. 30] (Sprache als zentrales Medium der Kultur war den Verfechtern der Gruppenrechte ein besonders schützenswertes Gut) sowie auf Ausübung der eigenen Kultur [Art. 31] wird keiner unverhältnismäßigen Einschränkung unterworfen. Anders als in anderen Bereichen, in denen der Verfassungsgeber sein großes Interesse an einer Förderung bestimmter Entwicklungen (insbesondere bei der Förderung der Wiedergutmachung der in früherer Zeit entstandenen Ungleichheiten) deutlich in die Verfassung hat einfließen lassen, ist im Bereich der Group Rights allerdings große Zurückhaltung zu bemerken. Den Anhängern eines zentralistisch organisierten Staates ist an der Förderung selbstbewußter, nonkonformistischer Gruppierungen nicht gelegen.

Formal kann die Verankerung der kulturellen Selbstbestimmung in der Verfassung als ausreichend bezeichnet werden. Ob diese Regelungen dem hohen Spannungspotential der fragmentierten Gesellschaft wirklich gerecht werden können, bleibt abzuwarten, insbesondere weil in einem Land mit unterentwickelten föderalen Strukturen den Gruppenrechten eine integrative Ersatzfunktion zukommt. Wie auch auf anderen Gebieten wird sich der wahre Wert des geschriebenen Wortes erst erweisen, wenn es um seine Einklagbarkeit geht.

5. Andere Rechte

Wie bei der Todestrafe haben die 'emotional issues', also die wegen des gesteigerten persönlichen Interesses des einzelnen öffentlich besonders wahrgenommenen Themen eine besondere Relevanz für die Verankerung rechtsstaatlichen Bewußtseins in der Bevölkerung. Diese Themen sind mit großer Regelmäßigkeit dort anzutreffen, wo es in den Zeiten der Apartheid besonders schwere Abweichung von rechtsstaatlicher Praxis gab. Dazu gehören das Recht auf Privatsphäre (Privacy, Art. 14.), welches die Unverletzlichkeit der Wohnung und einen gewissen Besitzschutz beinhaltet, Redefreiheit (Freedom of expression, Art. 16), und das Recht auf 'faire' Arbeitsbedingungen (Labour relations, Art. 23.).

Besonders die beiden letztgenannten bedürfen einer kritischen Überprüfung. So ist bei der Formulierung des Rechts auf Redefreiheit die Tendenz zu beobachten, bestimmte politisch unerwünschte Äußerungen mit einem Redeverbot zu belegen. So erstreckt sich die Redefreiheit nicht auf Äußerungen, die jeglicher Art von Haß auf Minderheiten das Wort redet. So unerwünscht solcherlei Rede sein mag, für einen starken Rechtsstaat ist es kein Zeichen der Reife, sich in der Auseinandersetzung mit politischen Ansichten von Extremisten hinter einem einfachen Verbot der Redefreiheit zu verstecken. Der Schritt zum pauschalen Denkverbot, das vom hohen Sockel einer als überlegen verstandenen Siegermoral ausgesprochen wird, und zu einem durch das Primat der Politischen Korrektheit ideologisierten gesellschaftlichen Diskurs ist nicht weit[14].

---

14 Im Ergebnis ebenso kritisch: Jeannette Minnie in: Freedom of speech becomes a mirage, Sunday Times, 17.3.1996. Minnie legt dar, daß es bereits zu Zeiten der Apartheid Gesetze gegen sogenanntes 'hate speech' und rassistische Äußerungen gab, und diese gegen die Befürworter einer Aufhebung der Rassenpolitik ins Feld geführt wurden. Dies ist für die Autorin ein Beleg für die Beliebigkeit der möglichen Stoßrichtung eines solchen Verbots und damit seiner Gefährlichkeit.

Die Regelungen zu den Arbeitsverhältnissen, wie sie in den Abschnitten des Art. 23. dargelegt sind, müssen sich den Vorwurf gefallen lassen, daß sie eine einseitige Machtverteilung zugunsten der Arbeitnehmer vornehmen. Dem universell geltenden Recht auf Streik [Art. 23 (2) c.] ist nach langer Diskussion kein Arbeitgeberrecht auf Aussperrung entgegengesetzt worden [Der Art. 23 (2) c. findet in Art. 23 (3) keine gleichwertige Entsprechung, etwa in Form eines Punktes c.]. Hier hat sich die starke Fraktion des Gewerkschaftsverbandes COSATU durchgesetzt.

Das politische Signal, das von diesen Regelungen ausgeht, ist klar und vor dem historischen Hintergrund der Verfassungsfindung mehr als verständlich. Ob sie sich allerdings positiv auf eine allseitige Akzeptanz der Verfassung und damit auf die Entwicklung eines rechtsstaatlichen Selbstverständnisses auswirken werden, bleibt abzuwarten.

6. Einschränkung von Grundrechten

Die Vorschriften für die mögliche Einschränkung von Grundrechten finden sich in Art. 36 (Limitation of rights) und Art. 37 (States of emergency) der neuen Verfassung. Art. 36 gibt die generelle Stoßrichtung vor: Grundsätzlich kann jedes Recht aufgrund eines allgemeinen Gesetzes geändert werden. Diese Formulierung erinnert mit seinem Verbot eines einschränkenden Einzelfallgesetzes zwar an Art. 19 I GG. Dennoch ergeben sich wesentliche Unterschiede zur Grundrechtsgewährleistung der deutschen Verfassung. Das Grundgesetz schützt einige Rechte vollkommen vor Änderung (Bsp. Art. 5 III S.1 GG), andere durch inhaltliche Ausformungen der Voraussetzungen, unter denen sie geändert werden können (Bsp. Art. 11 I GG) [qualifizierter Gesetzesvorbehalt]. Die neue südafrikanische Verfassung ist bei den Voraussetzungen für die Änderung von Grundrechten wesentlich allgemeiner und mithin auslegungsbedürftiger, die Grundrechte erscheinen wesentlich weniger gut vor dem Zugriff des Gesetzgebers geschützt. So muß lediglich gewährleistet sein, daß es sich um eine vernünftige ('reasonable') und zu rechtfertigende ('justifiable') Änderung handelt, die mit den Grundsätzen einer offenen und demokratischen Gesellschaft etc. in Einklang steht[15]. Zudem soll der Wortlaut des Art. 36 (1) a.-e. eine Verhältnismäßigkeitsprüfung[16] etablieren, welcher jede Einschränkung standhalten muß.

Auffällig ist, daß es lediglich diese weichen Vorschriften auf dem so wichtigen Gebiet der Grundrechtseinschränkung gibt. Eine Wesensgehaltgarantie (vgl. Art. 19 II GG) fehlt ganz. Lediglich die Vorschriften zum Notstand (States of emergency) in Art. 37 (5) der südafrikanischen Verfassung beinhalten eine Art Wesensgehaltgarantie. In dieser Vorschrift ist festgelegt, welche Grundrechte im Notstandsfall keinesfalls eingeschränkt werden dürfen[17]. Zwar finden diese Vorschriften nur auf den Fall des Notstandes Anwendung, dennoch kann an der Aufzählung der nicht zur Disposition stehenden Grundrechte eine gewisse Wertung des Verfassungsgebers hinsichtlich der Rangordnung der Grundrechte abgelesen werden. So sind die einzigen im Notfall vollständig zu schützenden Rechte die auf Leben, auf Menschenwürde und das Verbot der Sklaverei. Das Gleichheitsrecht darf in fast allen wesentlichen Punkten dahingehend eingeschränkt werden, daß im Notstandsfall eine Ungleichbehandlung ausnahmsweise vorgenommen werden darf. Ausgenommen hiervon ist die Ungleichbehandlung aufgrund der Rasse und des Geschlechts. Notstandsgesetze dürfen ebenfalls die persönlichen Freiheits- und Sicherheitsrechte des Art. 12 stark beschneiden. Lediglich das Folterverbot, das Verbot der grausamen Bestrafung und das Verbot des medizinischen Experiments an Unwissenden gehören zum unantastbaren Kerngehalt des Rechts. Hingegen zählen das Verbot der willkürlichen Freiheitsberaubung, das Verbot des Festhaltens ohne Gerichtsverfahren und das allgemeine Gewaltverbot im Notstandsfall zur Verfügungsmasse des Gesetzgebers.

---

15 Vgl. den Wortlaut des Art. 36 (1) der Verfassung von 1996.

16 Dieser Verhältnismäßigkeitsgrundsatz erinnert an den von der deutschen Rechtssprechung über Jahrzehnte entwickelten Prüfungsmaßstab für Eingriffe in Grundrechte. Der Einfluß des deutschen Verfassungsrechts macht sich hier deutlich bemerkbar. Interessant ist, daß deutsches Richterrecht in kodifizierter Form im südafrikanischen Verfassungstext auftaucht. Vgl. die Ausführungen zum Verhältnismäßigkeitsgrundsatz im deutschen Verfassungrecht in: Pieroth/Schlink: a.a.O., Rz. 317 f.

17 Art. 27 (5) Table of Non-Derogable Rights.

Betrachtet man die im für den Normalfall konzipierten Art. 36 dargelegten Restriktionen gegen Einschränkungen der Grundrechte sowie die extensiven Notstandsbestimmungen des Art. 37, so scheint kein ausreichender Schutz der Grundrechte vor dem Zugriff des Gesetzgebers gewährleistet. Dies gilt umsomehr, als sich im gesamten Verfassungswerk keine Vorschrift findet, die den Vorschriften der Bill of Rights eine besondere Bestandsgarantie einräumt, wie dies im Grundgesetz die Ewigkeitsklausel des Art. 79 III GG tut. So regelt Art. 74 (1) i.V.m. Art. 74 (2) zwar die erschwerte Abänderbarkeit des Art. 1 (Änderung der Art. 1 und 74 (2) bedürfen einer Zustimmung durch 75% der Abgeordneten der Nationalversammlung). Dieser spricht aber größtenteils 'weiche' Programmsätze aus und garantiert lediglich die demokratische Grundausrichtung des Staates. Ein gesonderter Schutz der Grundrechte vor Veränderung könnte sich aus Art. 1 a., der die Förderung der Menschenrechte ('advancement of human rights') als einen Grundwert des Staates bestimmt, und dessen erschwerter Änderbarkeit indirekt ergeben. Dennoch bleibt festzuhalten, daß es einen direkten Schutz der Grundrechte vor Veränderung nicht gibt. Die den Eingriffen gesetzten Schranken können nach herkömmlicher Rechtsauffassung kaum als 'hartes' Verfassungsrecht gewertet werden.

Die Verfassungsgeber haben sehr auf die politische Stabilität und die freiwillige Zurückhaltung des Gesetzgebers vertraut. Für ein Parlament, in dem radikale Kräfte die Oberhand gewinnen, wäre es leicht, mit einfacher Mehrheit (d. h. über den Umweg der Notstandsregelungen) wesentliche bürgerliche Freiheitsrechte entscheidend zu beschneiden oder gar abzuschaffen. Selbstverständlich kann keine Verfassung den politischen Mißbrauch ausschließen. Entscheidender Faktor für die Stabilität und den Aufbau eines Rechtsstaates ist die Entwicklung einer mit einer liberalen und toleranten politischen Kultur ausgestatteten Zivilgesellschaft. Die Grundrechte in der neuen Verfassung können hierfür grundsätzlich geeignet sein. Jedoch bieten sie in ihrer jetzigen Ausformung auch Einfalltore für die Aushebelung des Rechtsstaates.

7. Bewertung

Die Auseinandersetzung um die Bill of Rights war lang und vom Kampf um politische Besitzstände gekennzeichnet. In der Endphase der Verfassungsverhandlungen waren dabei die größten Fortschritte zu erzielen, da der Termin für die Verabschiedung der Verfassung unbedingt eingehalten werden sollte. Daher trägt - wie die ganze Verfassung - der Grundrechtekatalog viele Zeichen des politischen Kompromisses. Während die ehemaligen Machthaber, die nun mit dem Gefühl leben müssen, eine ohnmächtige Minderheit zu sein, auf Minderheitenschutz und eine Beschränkung der Grundrechte auf die klassischen Abwehrrechte forderten, hat der ANC als machttragende Mehrheit den Glauben an den Staat als moralische Leitinstanz nicht verloren. Im Gegenteil: Der Grundrechtekatalog trägt Züge einer Waffe in der Hand des Staates, welcher es sich zur Aufgabe gemacht hat, jegliche Ungerechtigkeit auszugleichen[18]. Im Verhältnis von Freiheit und Gleichheit hat die Gleichheit das wesentlich schwerere Gewicht in dieser Bill of Rights[19]. Dies hat mit der Uridee der Grundrechte nicht viel gemein, entspricht aber durchaus dem Politikverständnis des Neuen Südafrika.

Dies gilt auch für die starke Ausrichtung an politisch erwünschten Zielen bei der Ausgestaltung einzelner Rechte. Hier sind insbesondere die sozialen Grundrechte zu nennen. Ihre faktische Nichteinklagbarkeit birgt politischen Sprengstoff.

Wenn man von den starken Einschränkungen von Grundrechten, die unter bestimmten Umständen vorgenommen werden können, absieht, ist die Bill of Rights ein taugliches Grundrechteprogramm. Entscheidend für ihre Wirksamkeit und Glaubwürdigkeit wird die Rechtsprechung sein.

II. Der Verfassungsgerichtshof

Für die Entwicklung rechtsstaatlicher Strukturen kommt dem Verfassungsgericht besonders große Bedeutung zu. In Südafrika hat es bis zum Inkrafttreten der Verfassung ein letztinstanzlich über alle Verfassungsfragen verbindlich entscheidendes Organ nicht gegeben. Der Verfassungsgerichtshof verfügt also

---

18 Vgl. Gerd Behrens: Regenbogen über dem Kap, in: SZ vom 9.5.1996.

19 Ebda.

nicht über eine gewachsene Stellung im politischen System und kann nicht auf eine durch kontinuierliche Rechtsprechung aufgebaute Tradition zurückgreifen.

Viele der Bestimmungen der neuen Verfassung sind unbestimmt und auslegungsbedürftig. Hier wird es Aufgabe des Verfassungsgerichtshofes sein, den formal ausgestalteten Rechtsstaat mit Leben zu erfüllen. Ein Rechtsstaat, dessen geschriebene Prinzipien nicht duch die Gerichte, insbesondere durch den Verfassungsgerichtshof konkretisiert werden, bleibt ein Muster ohne Wert.

1. Politische Unabhängigkeit

Die politische Unabhängigkeit eines Gerichtes steht und fällt mit der Besetzung seiner Richterstellen. Die Bestellung der Richter ist geregelt in den Art. 99 und 105 der Übergangsverfassung sowie den Art. 174 und 178 der endgültigen Verfassung. Beide Vorschriftenkomplexe unterscheiden sich nur unwesentlich. In beiden Verfassungen liegt die formale Ernennungskompetenz ausschließlich beim Präsidenten, die Auswahlkompetenz zum größten Teil ebenfalls. Einschränkungen für das Auswahlrecht des Präsidenten ergeben sich nur aus dem Konsultationsgebot, nach dem er vor der Ernennung eines Richters den Rat seines Kabinetts einzuholen hat, und den Mitwirkungsrechten der Judicial Service Commission (JSC). Hierbei handelt es sich um ein in Art. 178 verfassungsmäßig verankertes Beratungsorgan. Seine Mitglieder sind einige der obersten Richter des Landes, Anwälte, Staatsanwälte, Universitätsprofessoren, Parlamentsabgeordnete und unter bestimmten Umständen verschiedene Vertreter der Provinzen [Art. 178 (1) a.-k.]. Seine Aufgabe ist es, die Regierung in allen Justizangelegenheiten zu beraten [Art. 178 (5)].

Die Rechte der Judicial Service Commission bei der Bestellung der Richter bemessen sich nach Art. 174 (3), (4) und (6). Der Präsident muß den oder die zu ernennenden Kandidaten aus einer von der JSC erarbeiteten Kandidatenliste auswählen. Diese soll drei Namen mehr enthalten als Stellen zu besetzen sind. Der Präsident kann unter Nennung der Gründe die ausgewählten Kandidaten zurückweisen, ist bei jeder Ernennung aber wieder abhängig von den Vorschlägen der JSC. Nach Konsultationen mit dem Präsidenten des Constitutional Court und den Führern der im Parlament vertretenen Parteien kann der Kandidat dann ernannt werden. Für den Präsidenten und den Vizepräsidenten des Verfassungsgerichts sowie die obersten Richter des Supreme Courts (also den Chief Justice und seinen Stellvertreter) ist ein einfacheres Verfahren vorgesehen. Für die Ernennung des Präsidenten und seines Stellvertreters muß der Staatspräsident sich nur mit der JSC und den Parteiführen abstimmen, für die Ernennung der Richter reicht die Beratung mit der JSC aus.

Die Teilhabe der Parteien für die Ernennung der Richter des Verfassungsgerichtshofes unterstreicht, daß der südafrikanische Verfassungsgeber sich der politischen Sonderstellung dieses Gerichts sehr wohl bewußt war. Fraglich bleibt, inwiefern die JSC als echtes Kontrollorgan der Ernennungsmacht des Präsidenten anerkannt werden kann. Einige der Mitglieder der JSC gehören ihr kraft Amtes an, das ihnen wiederum durch den Präsidenten zuerkannt wurde. Die präsidentielle Machtfülle einerseits und das verwirrend und zahnlos wirkende Konsultationsgeflecht im Vorfeld der Ernennung andererseits müssen unter rechtsstaatlichen Gesichtspunkten als bedenklich gewertet werden. Sie sind dementsprechend bereits in die Kritik geraten[20]. Dies kann ein Einfalltor für eine nach politischen Gesichtspunkten ausgerichtete Bestellungspraxis öffnen.

2. Legitimationsprobleme

Neben der Kritik an der Bestellungspraxis an sich ist auch die Zusammensetzung des Gerichts nicht unumstritten. Besonders bemerkenswert in diesem Zusammenhang ist das ausdrückliche Lob, das Präsident Mandela dem Gericht aussprach, nachdem es ein Wahlgesetz und mehrere Verordnungen des Präsidenten für nichtig erklärt hatte, weil sie dem Präsidenten eine zu große Machtfülle zusprechen sollten[21]. Die Tatsache, daß ein von einem Gericht wegen schwerwiegender Verstöße gemaßregelter Präsident diesen Urteilsspruch begrüßt, ist

20 Der von den Vorsitzenden der Rechtsfakultäten gem. Art. 105 (1) (g) ÜV in die JSC entsandte Vetreter der Rechtsprofessoren, Etienne Mureinik, hat die Arbeitsweise dieser Einrichtung scharf kritisiert und damit eine kontroverse Diskussion um die Unabhängigkeit der Justiz entfacht. Vgl. Carmel Rickard: The old order still rules in new judicial appointments, in: Sunday Times vom 3.3.1996.

21 Robert v. Lucius: Mandela: Niemand steht über dem Recht, in: FAZ vom 25.9.1995.

durch die besondere politische Lage in Südafrika erklärbar. Für den Präsidenten ist das Urteil ein willkommener Anlaß, um seine Akzeptanz des Gerichts zu unterstreichen und dieses gleichzeitig gegen Kritik, die nicht zuletzt auf ihn zurückfällt, in Schutz zu nehmen. Somit leistet er sich mit seiner Äußerung in zweierlei Hinsicht einen politischen Dienst.

Dies mag als Beispiel dafür genommen werden, in welch schwieriger Lage das Gericht sich befindet. Nicht nur muß es wegen einer umstrittenen Personalpolitik um seine Legitimität als überparteiliches Organ bangen. Es muß sich zudem vor einer politischen 'Umarmung' von außen in Acht nehmen. Verliert das Gericht die politische Unabhängigkeit, die es als oberstes Verfassungsorgan braucht, besteht für die Entwicklung des Rechtsstaates höchste Gefahr. Es läuft dann Gefahr, von Teilen der Bevölkerung nicht mehr als rechtsverbindlich handelndes Organ anerkannt zu werden. Dies wäre ein Zustand, den kein demokratischer Staat auf Dauer hinnehmen kann. Die Wahrung der Unabhängigkeit ist für die politische Stabilität des Landes von essentieller Bedeutung.

Die institutionelle Ausformung des Rechtsstaates in Südafrika kann als im wesentlichen akzeptabel betrachtet werden. Die an den ausgewählten Beispielen deutlich gemachten Schwachstellen müssen sich nicht als verhängnisvoll erweisen. Hier wird der politische Wille ausschlaggebend sein für die Entwicklung und die Bestandskraft rechtsstaatlicher Strukturen. Dies gilt im besonderen für den Constitutional Court. Der hohe Grad der Auslegungsbedürftigkeit der Verfassung erfordert eine politisch neutrale und unabhängige Instanz. Der gelebte Rechtsstaat wird sich nur entwickeln können, wenn die geschaffenen Institutionen auf Dauer von der überwiegenden Mehrheit der Bevölkerung akzeptiert und anerkannt werden.

Wie in jedem Transformationsprozeß hängt vieles von den Persönlichkeitsvariablen, d.h. von dem Maß des besonnenen Handelns der politisch Verantwortlichen ab. Die Frage ist, ob der ANC trotz einer möglichen langen unangefochtenen Führungsrolle den Versuchungen einer Ausgestaltung der Institutionen nach seinem Gutdünken widerstehen kann. Nur wenn dies gelingt, kann eine Gesellschaft entstehen, für die die den neuen Staat ablehnenden extremistischen Kräfte keine Gefahr darstellen.

III. Die Truth and Reconciliation Commission (TRC)

Zu den Eigenheiten der südafrikanischen politischen Szene gehört die Commission on Truth and Reconciliation (Kommission für Wahrheit und Versöhnung)[22]. Ihre Aufgabe ist die Aufarbeitung der nicht-rechtsstaatlichen Vergangenheit Südafrikas. Schon die Frage, ob eine solche Aufarbeitung überhaupt nötig sei, hat vor Beginn der Arbeit der Kommission am 15. April 1996 für Konflikte zwischen den Parteien gesorgt. Die Befürworter einer Aufarbeitung vertraten die Meinung, ohne das Wissen um die lange Zeit vertuschten Rechtsbrüche und Verbrechen aus der Zeit der Apartheid und des Freiheitskampfes könne kein Neues Südafrika gebaut werden. Es genüge nicht, all die einstmals vorenthaltenen Rechte jetzt zu garantieren, um ein demokratisches Südafrika zu bauen[23], daher seien auch die 'Stimmen der Opfer' wesentlich. Auch ausländische Beobachter in Südafrika halten die Vergangenheitsbewältigung für den Aufbau einer 'Demokratie und Menschenrechtskultur' für unentbehrlich[24]. Gegner der Aufarbeitung sprachen dagegen von einer möglichen Hexenjagd[25], die mehr Zerwürfnis als Versöhnung hervorbringen könne[26].

Nachdem der ANC sich auf die Forderung der NP eingelassen hatte, Menschenrechtsverletzungen, die von ihm und seinem bewaffneten Flügel Umkontho we Sizwe im Zuge des Widerstandskampfes begangen wurden, gleichermaßen mit

---

22 Für eine detaillierte Erläuterung der Arbeitsweise und des Verlaufs des politischen Streits um die Truth Commission siehe: Annkathrin Bollig: Der südafrikanische Wahrheitsausschuß, Ein Versuch der Vergangenheitsbewältigung, in: Konrad-Adenauer-Stiftung Auslandsinformationen Nr. 11/95, S. 53-75.

23 Kader Asmal: Zur Rolle der Wahrheitskommission in Südafrika, in: Gerd Hankel / Gerhard Schuby: Strafgerichte gegen Menschheitsverbrechen, Hamburg, 1995, S. 470.

24 Vgl. Bollig: Wahrheitsausschuß, a.a.O., S. 54.

25 Vgl. Bollig: Wahrheitsausschuß, a.a.O., S. 66f.

26 Vgl. die Äußerungen des NP-Justizsprechers Danie Schutte in einem Gespräch mit der Tageszeitung Sowetan vom 17.7.1995, zitiert nach: All must accept and cooperate with TRC, in: Barometer Nr. 5/1995, S. 18, ("... the Commission has the potential of causing more strife than reconciliation if it does not approach its function with the greatest circumspection.").

in die Untersuchungen einzubeziehen, konnte im Juli 1995 das Gesetz zur Nationalen Einheit und Versöhnung in Kraft treten[27]. In diesem Gesetz wird eine Kommission gegründet, die sowohl für die Vernehmung von Zeugen als auch als Forum für die Opfer von politisch motivierten Gewalttaten dienen soll. Die Kommission verfügt über drei Unterkommissionen, jeweils eine für die Untersuchung von Menschenrechtsverletzungen, die Amnestierung von Tätern und die Bemessung von Wiedergutmachung.

Nachdem die Etablierung einer solchen Einrichtung beschlossen war, rückte ihre Arbeitsweise in den Mittelpunkt der Diskussion. Man entschied sich gegen eine Ausstattung der Kommissiom mit richterlichen Befugnissen. Dies unterscheidet die Truth Commission von allen anderen bisher eingerichteten Einrichtungen dieser Art in der Welt[28]. Stattdessen soll die Kommission in der Lage sein, Amnestien für den Fall auszusprechen, daß ein Täter seine aus rein politischen Gründen begangene Tat vollständig aufdecken würde. Kriterien für die Aussprechung der Amnestie sind die nach dem dänischen Menschenrechtler Carl Norgaard benannten 'Norgaard Principles'. In ihnen ist festgelegt, daß die Schwere der Tat in einem noch vertretbaren Verhältnis zu dem angestrebten politischen Ziel stehen muß[29]. Für die Opfer der Taten kann von der Kommission der Regierung eine 'angemessene' Reparationszahlung empfohlen werden. Diese Empfehlung hat für die Regierung keine Bindungskraft.

Vorrangiges Ziel der Kommission soll bei dieser Vorgehensweise die Aufdeckung der bisher nicht öffentlich bekannten Menschenrechtsverletzungen während der Apartheid sein. Hiervon verspricht man sich nicht nur eine Linderung des psychischen Leids des einzelnen Opfers, sondern auch einen Therapieeffekt für das gesamte Land[30].

---

27 Promotion of National Unity and Reconciliation Act, No. 34 of 1995, veröffentlicht am 26.7.1995., im folgenden zitiert als Act 34 of 1995.

28 Greg Mills: Africa's Nuremberg Trials?, in: Africa Institute Bulletin Nr. 3/1995, S. 3.

29 Vgl. John Yeld: Acts must be assessed in terms of political objectives, in: The Argus vom 13.3.1996.

30 Vgl. David Hamber: The psychological aspects of a TRC, in: Barometer, Nr. 5/1995, S.7.

1. Der rechtliche Auftrag der Truth Commission

Auftrag der Truth Commission ist die Erstellung eines genauen Geschichtsbildes der verschwiegenen nichtrechtsstaatlichen Vergangenheit Südafriks. Mit diesem Auftrag steht sie im Mittelpunkt des öffentlichen Interesses. Sie ist der Versuch der neuen politischen Klasse, ein rechtlich legitimiertes Verfahren zur Behandlung des Unrechts vergangener Tage zu entwickeln[31]. Es ist daher davon auszugehen, daß die Art und Weise in der diese institutionalisierte Vergangenheitsbewältigung betrieben wird, einen entscheidenden Beitrag zur Sozialisation der Bevölkerung in dem neuen, nach rechtsstaatlichen Prinzipien ausgestalteten Rechtssystem haben wird. Da die Truth Commission eine außerhalb des ordentlichen Gerichtssystems stehende, nur für einen begrenzten Zeitraum arbeitende Einrichtung ist, kommt ihr große Bedeutung für die Entwicklung des gelebten Rechtsstaates zu.

a. Das Amnestierecht

Auch die Truth Commission selbst muß sich Fragen nach der Vereinbarkeit ihrer Tätigkeit mit rechtsstaatlichen Grundsätzen gefallen lassen. So ist fraglich, ob ihr das Amnestierecht überhaupt zukommen darf. Bei einer Amnestie handelt es sich um die Erlassung einer rechtskräftig verhängten, jedoch noch nicht vollstreckten Strafe. Sie unterscheidet sich von der Begnadigung, die nur auf bereits vollstreckte Strafen Anwendung findet. Im deutschen Verfassungsrecht muß eine Amnestie durch ein Parlamentsgesetz erfolgen, liegt also Fall für Fall beim Gesetzgeber[32]. Das Amnestierecht der südafrikanischen Truth Commission ist daher in zweierlei Hinsicht bemerkenswert. Zunächst wird es einer Körperschaft verliehen, die der Legislative nicht zuzurechnen ist. Da der

---

31 Ordentliche Gerichtsverfahren scheinen nur in spektakulären Einzelfällen wie dem Verfahren gegen den ehemaligen Verteidigungsminister Magnus Malan oder den Ex-Polizeioffizier Eugene de Kock, die Aufmerksamkeit der Öffentlichkeit auf sich zu ziehen.

32 Jörn Ipsen: Staatsorganisationsrecht, Staatsrecht I, 4. überarbeitete Aufl., Neuwied, Berlin, Kriftel 1992, Rz. 421.

Präsident die Aufsicht über die Kommission ausübt[33], kann sie der Exekutive zugerechnet werden. Zum zweiten ist das der Truth Commission gewährte Recht zur Amnestierung jeglicher gerichtlichen Prüfung des Sachverhaltes vorgeordnet. Die Untersuchung durch die nicht mit richterlichen Befugnissen ausgestattete Kommission soll unter Umständen ein Gerichtsverfahren erübrigen.[34]

Fraglich ist daher, ob das Amnestierecht im Hinblick auf diese mögliche Hinderung eines Gerichtsverfahrens nicht in Widerspruch zu Art. 22 der Übergangsverfassung steht, in der jedem das Recht garantiert wird, rechtliche Dispute von einem Gericht oder vor einem anderen unabhängigen Forum klären zu lassen. Wenn ein Amnestiespruch der Truth Commission erginge, könnte dieses Recht jedoch nicht mehr wahrgenommen werden. Damit wäre ein Recht, das zum Kern des rechtsstaatlichen Schutzes gehört, erheblich eingeschränkt. Deshalb beharrt eine Gruppe um die Witwe des ermordeten Steve Biko auf dem Standpunkt, die Truth Commission "...takes away the right of citizens to find redress in the courts...".[35] Sie hat daher gegen die Amnestiebestimmungen des Act 34 of 1995 Klage am Verfassungsgerichtshof eingelegt.[36] Wie das Gericht entscheiden wird, ist eine offene Frage; es kann sich darauf zurückziehen, daß ein effektiver Rechtsschutz i.S.d. Art. 22 ÜV auch in anderen Foren möglich ist. Die Truth Commission könnte als solches unabhängiges Forum gelten. Den Klägern wurde darum vom Constitutional Court empfohlen, die Kommission anzurufen. Dieser Vorschlag wurde seitens der Truth Commission durch Deputy Chairman Alex Boraine bereits an die Kläger herangetragen.[37]

---

33 Art 7. Act 34 of 1995. Trotz der bei der Bestellung und Auswechslung der Mitglieder vorgenommenen Änderungen, die zu einer Schwächung des Präsidenten bei der Aufsicht führen (Vgl. Bollig, Wahrheitsausschuß, a.a.O., S. 55f.), kann von einer faktischen Aufsicht des Präsidenten über die Kommission gesprochen werden.

34 Immer dann, wenn wegen der Motive, die zur Tat führten, eindeutig festgestellt werden kann, daß es sich um eine politische Tat handelte und ein persönlicher Beweggrund fehlte.

35 Zitiert nach: Christelle Terreblanche, Hunting the Shadows, in: Democracy in Action, Januar 1995.

36 Vgl. Amnesty provisions challenged in court, in: Cape Times vom 31.5.1996.

37 Ebda. "Boraine said the commission remained the best forum for AZAPO and the families of victims to find the truth about their loved ones and apply for some form of reparation."

Da die Truth Commission politisch gewollt ist und dementsprechend für die Sicherstellung ihrer Arbeitsfähigkeit strenge rechtsstaatliche Maßstäbe relativiert werden, kann angesichts der Äußerung Boraines "Sometimes for the greater good certain rights have to be taken away"[38] nicht verwundern.

b. Die limitierte Lebensspanne der TRC

Ein weiteres, für die rechtsstaatliche Bewertung nicht unwichtiger Tatbestand ist die kurze Lebensdauer der Truth Commission. Laut Gesetz soll sie ihre Arbeit in 18 Monaten, höchstens aber in 24 Monaten beendet haben.[39] Fraglich ist, ob dies dem Prinzip der Rechtssicherheit genügt. In dieser Zeit kann nur ein geringer Prozentsatz aller anstehenden Fälle bearbeitet werden.[40] Ob man mit seinem persönlichen Fall noch von der Truth Commission gehört wird und somit Chance auf Amnestierung hat oder aber den normalen Rechtsweg gehen muß und möglicherweise bestraft wird, hängt von der nicht kontrollierbaren Fallauswahl der Kommissionsmitglieder ab. Auch dies muß als aus politischen Gründen in Kauf genommener Abstrich vom rechtsstaatlichen Prinzip gewertet werden.

c. Mißbrauch

Die Truth Commission ist ein Forum zur Erarbeitung eines möglichst umfassenden Bildes der Menschenrechtsverletzungen während der Apartheidzeit. Als ein solches Forum ist es nicht berechtigt, Maßnahmen zu ergreifen, um die ihr

---

38 Ebda.

39 Art. 43. Act 34 of 1995. Die Verlängerung der Regeldauer von 18 um sechs auf 24 Monate kann nach der Bitte des Vorsitzenden Tutu als wahrscheinlich angenommen werden. Vgl. The truth commission may extend its lifespan, in: The Citizen vom 14.6.1996.

40 Am 4. Juni 1996, rund 6 Monate vor Ablauf der Antragsfrist, hatten bereits 600 Personen den Antrag auf Amnestie gestellt. Vgl. Truth body receives 600 amnesty applications, Mitteilung der South African Press Association (Sapa) vom 4.6.1996.

gegenüber getätigten Aussagen auf ihre Glaubwürdigkeit zu überprüfen.[41] Anschuldigungen und Darstellungen von Sachverhalten müssen nicht durch Beweise erhärtet werden, ein Kreuzverhör zur Aufdeckung von Widersprüchen ist nicht erlaubt.[42] Dies ist in der Tatsache begründet, daß die Kommission keinen Urteilsspruch über Schuld oder Nichtschuld fällen soll. Allerdings ist ihr das Amnestierecht verliehen, was durch seine Rechtskraft faktische richterliche Legitimität besitzt. Die Kommission wird mithin einerseits mit der großen Verantwortung der Amnestierung belegt, andererseits gewährt man ihr nicht, sich wirksam gegen etwaigen Mißbrauch zu schützen. Zwischen gewollter politischer Rolle und faktischer Machtausstattung herrscht ein Mißverhältnis.

Welche Folgen dies für die Entwicklung rechtsstaatlicher Strukturen haben wird, bleibt abzuwarten. Es erscheint möglich, daß die emotionale Art der geschichtlichen Aufarbeitung rechtlicher Mißstände prägend für das Rechtsverständnis der südafrikanischen Bevölkerung sein könnte. Einer auf sachlichen Diskurs setzenden Jurisprudenz kann daran nicht gelegen sein, da es die Akzeptanz für nüchterne Rechtsanwendung nicht erhöht. Die Folgen dieses Mißverhältnisses für den politischen Auftrag hingegen wurden bereits in den ersten Sitzungen deutlich. Darstellungen einzelner Zeugen zu denselben Vorfällen unterschieden sich erheblich.[43] Hierbei sind Irrtum, Erinnerungsfehler und Lüge nicht zu unterscheiden. Es ist also nicht auszuschließen, daß die Kommission als Schauplatz für die Verbreitung bewußter Falschaussagen genutzt wird. Für eine aus ihrer übergeordneten Stellung heraus definierte Institution ist eine solche Umfunktionierung in eine Plattform für politische Agitation unter rechtsstaatlichen Gesichtspunkten zumindest bedenklich.

---

41 Vgl. Robert Brand: Which ring of the truth are we to believe? in: The Star & SA Times International vom 1.5.1996: "... and the allegations are made without the checks and balances of normal courtroom procedure." Im folgenden zitiert als: Brand: Ring of truth.

42 Der Vorsitzende der Truth Commission Tutu gibt zu, als Kriterium für die Glaubwürdigkeit einer Äußerung auch persönliche Einschätzungen "it had the ring of the truth" oder "it didn't seem calculated" heranzuziehen. Zitiert nach: Brand: Ring of truth, a.a.O.

43 Helen Grange: Historians in warning on urban legends, myths, in: The Star & SA Times International vom 1.5.1996.

Daß es bei den verschiedenen Akteuren ein vitales politisches Interesse an der im eigenen Sinne vorgenommenen Beeinflussung des zu erstellenden Geschichtsbildes geben würde, war voraussehbar. Daher wiegt es für die Entwicklung von Vertrauen in die Institutionen des Rechtsstaates umso schwerer, daß die Kommissionsmitglieder nicht über geeignete Aufklärungsmittel verfügen.

Allerdings wird auch angeführt, daß gerade diese, von einem Gericht formal wie inhaltlich abweichende Arbeitsweise der Kommission zu einer vertrauensvollen und entspannten Atmosphäre führt, die dem Zweck ihrer Arbeit besonders angemessen sei.[44] Daher sind aus der strukturellen Schwäche nur behutsam Konsequenzen gezogen worden. So wird es die Möglichkeit für Angeschuldigte geben, ihre Version der Geschehnisse darzulegen.[45] Zudem erscheint die strengere Vorabkontrolle der zu vernehmenden Zeugen als adäquate Maßnahme zur Verhinderung des politischen Mißbrauchs.[46]

2. Politische Unabhängigkeit

Erfolg oder Mißerfolg der Kommissionsarbeit hängt entscheidend von ihrer Akzeptanz bei allen gesellschaftlichen Akteuren ab. Hierzu ist die Wahrung der politischen Unabhängigkeit Voraussetzung. Das Ringen um diese Unabhängigkeit begann bereits bei der Benennung ihrer Mitglieder. Das Gesetz sieht eine Ernennung der Mitglieder durch den Präsidenten in Absprache mit dem Kabinett vor.[47] Hiergegen erhob sich vor allem von Seiten der Nicht-Regierungsorganisationen scharfer Protest, so daß sich Präsident Mandela genötigt sah, ein Kommittee mit der Nominierung geeigneter Persönlichkeiten zu beauftragen. Diese Vorauswahl sollte für den Präsidenten verbindlich sein.[48] Am

---

44 Vgl. Brand: Ring of Truth, a.a.O.

45 Robert Brand: Accused get their say, in: The Star & SA Times International vom 1.5.1996.

46 Vgl. Brand: Ring of Truth, a.a.O.

47 Art. 7 (1), (2), Act 34 of 1995.

48 Vgl. Bollig: Wahrheitsauschuß, a.a.O., S. 67f.

29.11.1995 ernannte Mandela die Mitglieder, darunter auch zwei, die nicht auf der Liste mit den Vorschlägen standen, was aber nicht als Eingriff gegen die politische Unabhängigkeit gewertet wurde. Die Regierung Südafrikas wollte offensichtlich den Eindruck eines einseitig besetzten, politisch willfährigen Gremiums vermeiden. Die Wahl Bischof Tutus zum Vorsitzenden wurde, wie alle Benennungen, von den meisten Beobachtern begrüßt.

Nachdem bei den Entscheidungen über die personelle Besetzung gewisse Anfangszweifel ausgeräumt werden konnten, galt und gilt es, die Arbeit der Kommission möglichst unparteiisch zu gestalten. Hierbei kommt es besonders darauf an, nicht einseitig den Blick auf die Verbrechen der ehemaligen Machthaber zu werfen. Allem Anschein nach ist dies der Kommission bisher gelungen. Die Kommission achtet darauf, bei den Anhörungen gleichermaßen Fälle von Rechtsvergehen aller an den Auseinandersetzungen der Apartheid beteiligten Gruppierungen zu berücksichtigen. So wurde beispielsweise Präsident Mandela am 29.4.1996 selbst Zeuge einer Beschreibung von Gewalttaten in einem ANC-Gefangenenlager in Angola.[49] Auch ist der ANC allem Anschein nach sehr bemüht, trotz seiner politischen Übermacht der Truth Commission durch einseitige Parteinahme keinen Legitimitätsverlust zuzufügen. So zog der ANC die noch von der alten Regierung gewährte zeitweise Immunität einiger seiner ehemals im Exil lebenden Mitglieder zurück, um sie am Prozeß der Wahrheitsfindung teilhaben zu lassen.[50] Zudem nahm der ANC eine innerparteiliche Erklärung, derzufolge Parteimitglieder sich zunächst mit der Partei beraten sollten, bevor sie vor die Truth Commission treten würden, zurück, nachdem es einen Sturm des Protestes gegeben hatte.[51] Bemerkenswert ist insbesondere das Verhalten des Vorsitzenden der Kommission: Erzbischof Tutu hatte sich in einer Pressemitteilung seiner Institution besorgt über den Aufruf des

---

49 Vgl. ANC detention camp claim, in: The Star & SA Times vom 1.5.1996.

50 Eddie Koch: Tell the truth urges ANC, in: The Namibian vom 18. März 1996.

51 Vgl. ANC in Truth Commission storm, in: The Star vom 13.6.1996, "ANC says its members are free to seek amnesty as individuals", Agenturmeldung der Sapa vom 9.6.1996.

ANC gezeigt und ihn aufgefordert, den Vorfall zu klären.[52] Dieses selbstbewußte Auftreten Tutus kann als Zeichen für die etablierte Stellung der Kommission und ihr politisches Gewicht gewertet werden.

Von Bedeutung ist insbesondere das politische Signal, das von diesem offensichtlichen Bemühen aller Beteiligten um die Demonstration der Unabhängigkeit der Kommission ausgeht. So konnten die Befürchtungen, es werde eine Hexenjagd entfacht, anscheinend entkräftet werden. An den Reaktionen auf die Äußerungen des Justizministers Omar kann abgelesen werden, daß gerade auf diesem Gebiet empfindlich reagiert wird. Omar hatte die Truth Commission aufgefordert, Menschenrechtsverletzungen, die im Kampf gegen das Apartheidsregime begangen wurden, nicht mit denen, die der Stabilisierung dieses Regimes dienten, gleichzusetzen. Es müsse eine moralische Unterscheidung gemacht werden.[53] Bischof Tutu hat auch diese Einmischung zurückgewiesen und angekündigt, jede Art von Gewalt gleich zu behandeln.[54] Bisher ist es der Truth Commission gelungen, politische Unabhängigkeit zu wahren. Die Rolle Erzbischof Tutus kann hierbei als herausragend betrachtet werden.

3. Die Bedeutung der Truth Commission für die Entwicklung eines Rechtsstaats

Die Tatsache, daß eine Instanz, die weder der Judikative noch der Legislative zuzurechnen ist, ohne jegliche richterliche Vorprüfung Amnestierungen von zum Teil schweren Straftaten vornehmen kann, stellt ein Sonderrecht ohne Beispiel dar. Dies ist mit strengen rechtsstaatlichen Maßstäben nicht vereinbar. Die rein institutionelle Ausformung der Truth Commission bietet also Grund zur Kritik.

Das politisch angestrebte Ziel der Schaffung einer Atmosphäre der Offenheit und des Vertrauens mit Hilfe einer solchen staatlich eingerichteten Instanz, scheint erreicht zu sein. Der psychologische Entlastungseffekt, der aus der Tatsache

---

52 Statement by Archbishop Desmond Tutu, Chairperson of the Truth and Reconciliation Committee vom 12.6.1996.

53 Vgl. Truth Commission, in: Business Day vom 5.3.1996.

54 Ebda.

erwächst, daß es ein Forum gibt, das sich mit den Geschehnissen der Vergangenheit befaßt, ist kaum bestreitbar. So zeigen die ersten Reaktionen, daß insbesondere diejenigen, die zu Wort gekommen sind, sehr dankbar für die Möglichkeit einer Schilderungen ihrer Erfahrungen waren.[55]

In Südafrika gibt es ein starkes Bedürfnis nach und einen ausgeprägten Hang zu symbolischer Politik. An die Truth Commission wurden auch in dieser Hinsicht hohe Anforderungen gestellt. Von einem großen Teil der Bevölkerung wird die Arbeit der Kommission nicht unter juristischen oder politikwissenschaftlichen Gesichtspunkten betrachtet. Wissenschaftlich wenig greifbare, atmosphärisch-emotionale Aspekte werden von größerer Wichtigkeit sein.

Die Truth Commission hat es in der Anfangsphase verstanden, den schmalen Grat zwischen politischer und staatsrechtlicher Redlichkeit einerseits und der Rücksichtnahme auf diese psychologischen Empfindlichkeiten andererseits erfolgreich zu beschreiten. Ob dies mit Schaden an den Institutionen des Rechtsstaates erkauft worden ist, läßt sich noch nicht abschätzen.

55 Gerd Behrens: Die Wahrheit über die Herrenrasse, in: SZ vom 3.5.1996 sowie Brand: Ring of Truth, a.a.O.

KOMMUNALE SELBSTVERWALTUNG ZUR STABILISIERUNG VON DEMOKRATIE?

Harald Walter

I. Funktionen kommunaler Selbstverwaltung

Die mehrfache Fragmentierung Südafrikas[1] ist u. a. dadurch gekennzeichnet, daß mit der Ausnahme der Zuluhochburg KwaZulu/Natal die verschiedenen Minoritäten des Landes kaum über geschlossene Siedlungsgebiete, bestenfalls über einige Siedlungsschwerpunkte verfügen, wie z. B. die Inder in Durban und die Mischlinge im Westkap. Gerade die weiße Bevölkerung lebt über das ganze Land verstreut. Daraus ergibt sich, daß die Unterteilung des Landes in Provinzen, also die Einführung föderativer Strukturen, nur bedingt als Instrument des Minderheitenschutzes wirkt. Die Forderung nach einem Volksstaat ist das Ergebnis dieser Siedlungsstruktur. Vor diesem Hintergrund ist die Frage gestellt, ob die Freiheit der Eigengestaltung zentraler Lebensbereiche, wie Kultur, Erziehung und Lebensstil durch ein hohes Maß an kommunaler Selbstverwaltung gesichert werden kann. Durch die kommunale Selbstverwaltung besteht die Möglichkeit, vergleichsweise kleine Einheiten und damit homogene Siedlungsgebiete mit einem hohen Maß an Autonomie auszustatten, um dem Prinzip des Minderheitenschutzes gerecht zu werden. Die Frage ist, ob die im Prozeß der Transformation zum Neuen Südafrika eingeführte kommunale Selbstverwaltung diesen Anforderungen entspricht.

II. Die Kommunale Selbstverwaltung in Südafrika

1. Die kommunale Selbstverwaltung im Reformprozeß

Die kommunalen Selbstverwaltungsstrukturen in der Apartheidzeit waren durch einen niedrigen Dezentralisierungsgrad der Verwaltung, die als Leistungsträger

1 Zu den Merkmalen der fragmentierten Gesellschaft Südafrikas siehe: Ulrike Schumacher: Politische Formen für fragmentierte Gesellschaften. Das Beispiel Südafrika, Berlin 1994, S. 51-121.

keine Rolle spielten, gekennzeichnet.[2] Neben einer weißen Kommunalverwaltung, die ein umfassendes Dienstleistungsangebot für die weiße Bevölkerung zur Verfügung stellte, bestand eine schwarze Kommunalverwaltung. Ferner existierten 'managing committees', die die Coloureds und die Inder vertraten, sowie 'tribal authorities'. Die schwarze Kommunalverwaltung, die 'Black Local Authority' (BLA), besaß einen niedrigen Grad der Legitimität[3], ihre Führer wurden als 'Stammeskönige von Pretorias Gnaden'[4] bezeichnet. Die BLA löste die 1961 eingerichteten 'Urban Bantu Councils' ab und sollten nach Vorstellung der regierenden Nationalen Partei ein viertes Element im südafrikanischen Drei-Kammer-System sein.[5] Aufgrund dieses historischen Erbes sahen die politischen Akteure während des Transformationsprozesses in den einzelnen Verhandlungsgremien[6], in denen über eine Reform der Kommunalverwaltung beraten wurde, ihre Hauptaufgabe darin,

1.) die nach ethnischen Gruppen getrennten lokalen Selbstverwaltungsstrukturen sinnvoll zusammenzuführen, sowie
2.) demokratisch legitimierte Kommunalverwaltungen zu etablieren.

Dabei wurde der Verhandlungsrahmen für das 'Local Government Negotiating Forum', in dem die Kommunalreform erarbeitet wurde, von dem Mehrpartei-

---

2 Enrico Brandt: Der Status Quo der Kommunalverwaltung in der Republik Südafrika. Unveröffentlichtes Gutachten im Auftrag der DSE. Berlin (November 1995), S. 4.

3 Vgl. Frank Spengler, Annkathrin Bollig: Kommunalwahlen in Südafrika, in: KAS-Auslandsinformationen, H. 3, 1996, S. 106-135, hier: S. 106.

4 Siehe Anton Christen: Von der Rassenoligarchie zur Demokratie, in: NZZ vom 8./9.01.1995.

5 In der Verfassungsreform von 1983 wurde das Drei-Kammer System eingeführt. Vgl. dazu J. L. Pretorius: South Africa's New Constitution, in: JÖR, 33. Jg. (1984), S. 517-587, hier S. 517 ff. Siehe auch das Organigramm, Das System der Lokalverwaltung in Südafrika, in: Günther Karcher: Die Südafrikanischen Kommunalwahlen, in: KAS-Auslandsinformationen, H. 11, 1988, S. 25.

6 Zu diesen Gremien zählten: Multiparty Negotiating Form, c.a. 200 lokale Diskussionsforen und das Local Government Negotiating Forum. Vgl. zu der Arbeit dieser Foren: Harry Mashabela: Politics at Local Level, in: Spotlight Nr. 1, 1994, ed. by South African Institute of Race Relations.

enforum mit der institutionellen Sicherung der kommunalen Selbstverwaltung in der Interimsverfassung festgelegt. Die Übergangsverfassung sieht in Artikel 173 eine von anderen politischen Organisationsstufen weitgehend unabhängige kommunalpolitische Entscheidungsebene vor.

In den Absätzen 3 und 4 des Artikels 173 wird festgeschrieben:
3.) "A Local Government shall be autonomous and, within the limits prescribed by law, shall be entitled to regulate its affairs."
4.) "A complete legislature shall not encroach on the powers, functions and structure of a local government to such an extent as to compromise the fundamental status, purpose and character of local government and the status, boundaries, powers and functions of a local government shall only be changed after consultation with the local government concerned."[7]

Nachdem die Regierung im Februar 1992 den Vorschlag des ANC angenommen hatte, bilaterale Gesprächen über die Reform der kommunalen Selbstverwaltung aufzunehmen, wurde Mitte 1992 der Dachverband SANCO[8] in die Gespräche miteingebunden. Aus diesen trilateralen Gesprächen folgte im März 1993 die Einrichtung des 'Local Government Negotiating Forums'.

Dieses Verhandlungsforum setzt sich paritätisch zu 50% aus Vertretern der 'alten' staatlichen Verwaltung (statutory)[9] und der außerparlamentarischen Opposi-

7 Vgl. Ina Zukrigl: Kommunalwahlen im November. Keine Spur von Euphorie, in: Südafrika, H. 2, 1995, S. 16-18, hier S. 18.

8 SANCO (South African National Civic Organization) ist ein Dachverband, unter den im März 1992 alle bis zu diesem Zeitpunkt existierenden Civics in einer Organisation zusammengeschlossen wurden.

9 Zu den Vertretern der staatlichen Verwaltung zählen 1.) the Council for Co-ordination of Local Government Affairs, 2.) the Municipal Executive of South Africa (and its four provincial affilities), 3.) the Four Provincial Administrations, 4.) the National Committee of Local Government Associations, 5.) the Urban Council's Association of South Africa, 6.) the United Municipalities of South Africa, 7.) the Major Cities Association (MCA), 8.) the South African Association of Municipal Employees, 9.) the Transvaal Municipal Association (TMA), 10.) the Department of Finance and the Central Government. Vgl. South African Institute for Race Relations (ed.): Fast Facts, No. 12, 1993, S. 4.

tion (non-statutory)[10] zusammen. Alle anderen Mitglieder des zum selben Zeitpunkt die Verfassung verhandelnden Multi Party Negotiating Forums nahmen an diesen Gesprächen nicht teil. Die erste wesentliche Aufgabe des Local Government Negotiating Forum bestand in der Ausarbeitung eines Gesetzes zur Reform der Kommunalen Verwaltung. Nachdem dieses Gesetz in der Form des Local Government Transition Act (LGTA)[11] am 2. Februar 1994 verabschiedet wurde, löste sich das Local Government Negotiating Forum im Juni 1994 auf.

2. Der Local Government Transition Act

Der Local Government Transition Act sieht vor, daß die Reform der südafrikanischen Kommunalverwaltung in drei Phasen erfolgen sollte. In der ersten Phase (Pre-Interim Phase), die mit Inkrafttreten des LGTA begann und mit den ersten freien Kommunalwahlen am 1. November 1995[12] endete, wurden die 'alten' Gemeinden aus der Apartheidzeit durch neue Organe ersetzt. Der LGTA sieht vor, daß sich die neuen Selbstverwaltungsorgane in der Pre-Interim Phase zu 50 % aus der alten Gemeindeverwaltung, die proportional zu den letzten Kommunalwahlergebnissen (1988)[13] nominiert werden sollten, und zu 50 % aus Vertretern der außerparlamentarischen Opposition zusammensetzen sollen,[14] deren Nominierung aufgrund fehlender politischer Legitimierung äußerst

---

10 Zur außerparlamentarischen Opposition gehörten Vertreter von 1.) SANCO, 2.) ANC, 3.) COSATU, 4.) South African Municipal Workers, 5.) PAC, 6.) AZAPO. Ebda., p. 4.

11 Local Government Transition Act, 1993, Government Gazette N 15468 vom 2. Februar 1994.

12 In Kapstadt, den ländlichen Gebieten des Western Cape und KwaZulu/Natal fanden diese Wahlen nach mehrmaligen Verschiebungen erst im Frühsommer 1996 statt.

13 Zu den Lokalwahlen vom 26. Oktober 1988, die von den Vereinten Nationen als ein Verstoß gegen die Prinzipien der Charta der UN bezeichnet wurde, siehe AdG, 58. Jg. 1988, S. 32674 f. Dazu auch Günther L. Karcher: Die Südafrikanischen Kommunalwahlen 1988, in: KAS-Auslandsinformationen, H. 11, 1988, S. 2-26.

14 Local Government Transition Act, 1993, a.a.O., Schedule 1, § 3 (4a).

schwierig war.[15] Ziel dieser Zusammensetzung war ein möglichst hoher Grad der Repräsentation aller auf lokaler Ebene relevanten Gesellschaftsgruppen.[16]

Unter Zuhilfenahme dieses 50/50-Verteilungsschlüssels wurden in den größeren Städten Transitional Metropolitan Councils (TMC) und in den kleineren Städten und Gemeinden Transitional Local Councils (TLC) eingesetzt. Für den Fall, daß ein freiwilliger Zusammenschluß nach der 50/50-Formel nicht zustande kam, ordnete die Provinzregierung an, statt eines Transitional Local Council ein Local Government Co-Ordinating Committee (LGCC) einzusetzen. Dieses Soft-Coordinating-Modell sah vor, daß die in der Apartheidzeit gewählten Gemeindevertreter im Amt bleiben konnten und nur ein Teil der Gemeindeaufgaben von den LGCC, die sich wiederum nach dem 50/50 Schlüssel zusammensetzten, ergänzt wurden. Der LGTA bestimmte, daß dieses Soft-Coordinating-Modell bis spätestens zur ersten freien Kommunalwahl in einem Transitional Council aufgegangen sein mußte.[17]

Die Hauptaufgabe in der zweiten Phase (Interim Phase), die mit der Kommunalwahl vom November 1995 begann und die mit der zweiten Kommunalwahl enden soll,[18] besteht in der Ausarbeitung der Kommunalordnungen, die im Einklang mit der am 08. Mai 1996 verabschiedeten Verfassung Südafrikas stehen soll. Die dritte Phase (Final Phase) beginnt mit Inkrafttreten der endgültigen Verfassung.

---

15 Vgl. Frank Spengler, Annkathrin Bollig: Kommunalwahlen in Südafrika, in: KAS-Auslandsinformationen, Nr. 3, 1996, S. 106-135, hier S. 107, FN 4.

16 Local Government Transition Act, a.a.O., Schedule 1, §3 (4a).

17 Werner Zybrands: A Perspective on Local Government in the new South Africa, ed. by ABSA-Bank, New Baskerville 1994, S. 4.

18 Die zweite Kommunalwahl soll gemäß ÜV zwischen 1998 und 2000 stattfinden. Siehe The Constitution of the Republic of South Africa, 1993, Government Gazette, No 15466 vom 2. Januar 1994, Chapter 10, § 179 (1).

3. Erste Kommunalwahlen im Neuen Südafrika

Die rechtliche Grundlage für die Durchführung der ersten freien Kommunalwahlen in Südafrika bildete der LGTA und die Election Regulations[19], die von den Provinzregierungen auf der Grundlage von § 12 des LGTA ausgearbeitet wurden. Grundsätzlich sind nach der LGTA in Verbindung mit den Election Regulations nach Wahlverfahren und Aufgabenstellung drei unterschiedliche Körperschaften, Transitional Metropolitan Councils (TMC), Transitional Local Councils (TLC) und Transitional Rural Local Councils (TRLC) zu unterscheiden:

In städtischen Großräumen sind in einem TMC[20] mehrere Verwaltungsorgane, Transitional Metropolitan Substructures (TMS), zusammengefaßt. Die Abgrenzung der Aufgaben und Kompetenzen der Substructures gegenüber der übergeordneten Verwaltungsebene, dem TMC, ist bisher nicht eindeutig geklärt.[21]

Das Wahlsystem bei den ersten Kommunalwahlen war ein Mischwahlsystem. In städtischen Großräumen konnte der Wähler drei Stimmen abgeben. Mit der ersten Stimme wählte er einen Direktkandidaten in den TMS und mit der zweiten Stimme stimmte der Wähler für eine Parteiliste. Der TMS setzt sich zu 60 % aus Direktkandidaten und zu 40 % aus Listenkandidaten zusammen, wobei die beiden Elemente der Mehrheitswahl und der Verhältniswahl von einander getrennt sind (Grabenwahlsystem). Die Gesamtzahl aller TMS-Mandatsträger wiederum stellte 60 % der Mandate im Transitional Metropolitan Council. Die restlichen 40 % in dieser Körperschaft wurden mit der dritten zur Verfügung stehenden Stimme durch Verhältniswahl über Parteilisten bestimmt.[22]

---

19 Republic of South Africa (ed.): Local Government Election Regulations, Cape Town vom 7. July 1995.

20 In Südafrika gibt es sechs TMC: Durban, Cape Town, Johannesburg, Vaal, North East, Rand, Pretoria: Siehe Werner Zybrands: A Perspective on Local Government in the new South Africa, ed. by ABSA-Bank, New Baskerville 1994, S. 4.

21 Vgl. Spengler, Bollig: Kommunalwahlen in Südafrika, a.a.O., S. 111.

22 Local Government Transition Act, a.a.O., Schedule 1, Schedule 4, § 8.

Die TLC sind die originären kommunalen Selbstverwaltungseinheiten in der Stadt und vergleichbar den TRLC auf dem Land. Die Kompetenzen dieser Councils stehen noch nicht fest; sie werden vom Gesetzgeber in den Provinzen nach Verabschiedung der Provinzverfassungen erlassen. Bei den Kommunalwahlen hatte der Wähler zwei Stimmen. Mit der Erststimme wurde ein Direktkandidat bestimmt, mit der Zweitstimme wurde nach Verhältniswahlrecht ein Listenkandidat nach Parteiliste gewählt. Insgesamt sind 60 % der Mandate in den TLC über Direktmandate vergeben worden und 40 % über Parteilisten.

Eine Ausnahme bilden die TRLC. In diesem Fall hatte der Wähler nur eine Stimme, mit der er nach Verhältniswahlrecht einen Listenkandidaten bestimmte. 80% der Kandidaten wurden über die Parteilisten vergeben, die restlichen 20% der Mandate werden von lokalen Interessengruppen (z. B. traditional authori-ties, Farmer, Farmarbeiter, Frauen) direkt ernannt. Jede dieser Gruppe muß mit mindestens einem Mandatsträger vertreten sein, und jede Gruppe darf maximal 10% der Stimmen auf sich vereinigen.[23] TMC und TRLC ernennen Vertreter für die District Councils[24], deren Hauptaufgabe darin besteht, die anfallenden kommunenübergreifenden Aufgaben zu koordinieren. Eine Auswahl bei der Wahl auf der Ebene der TLC gibt es in der Northern Province und im Free State. Dort votierte der Wähler mit der Erststimme für einen Direktkandidaten, mit der Zweitstimme wählte er eine Parteiliste.[25]

Bei den ersten Kommunalwahlen wurden landesweit 11.118 Mandate vergeben.[26] Insgesamt wurden 806 Councils gewählt, davon 508 Transitional

23 Local Government Transition Act, a.a.O., Amendment of Section 9 of Act 209 of 1993.

24 In Gauteng wird diese kommunenübergreifende Körperschaft als 'Service Council' bezeichnet.

25 Local Government Transition Act, a.a.O., Schedule 4, § 7.

26 Diese und folgende statistische Angaben beruhen auf Local Government Election Task Group (ed.): Local Government Election Results. National and Provincial Summaries, Pretoria (18th July 1996). Bei dem Wahlergebnis aus KwaZulu/Natal handelt es sich noch nicht um das amtliche Endergebnis.

Local Councils, 273 Transitional Rural Councils und 25 Metro-Councils (inkl. deren Transitional Metropolitan Substructures).

Die im internationalen[27] und im Vergleich zur Parlamentswahl von 1994 niedrige Wahlbeteiligung von 53,96% wird durch die Komplexität des Wahlverfahrens, die oft weite Anreise zum Wahllokal und die negativen Erfahrungen mit kommunalen Selbstverwaltungsstrukturen in der Apartheidzeit erklärt.[28]

Das Wahlergebnis der ersten Kommunalwahlen läßt folgende Aussagen zu:

1. Der ANC erreicht landesweit 57,97% der Stimmen und kontrolliert damit 53,59% der zu vergebenden Sitze in den Kommunalverwaltungen. Der Verlust von 4,68 Prozentpunkten gegenüber der Parlamentswahl von 1994 ist mit einer stärkeren Parteienkonkurrenz zu erklären.
2. Das zweitbeste Ergebnis bei den Kommunalwahlen erzielte die NP mit 18%. Hierbei zeigt sich das Problem dieser Partei, das man auch auf die Provinzen und die nationale Ebene übertragen kann. In dem Moment, in dem es der NP durch parteiprogrammatische Aussagen gelingt, einen überwiegenden Teil der weißen Wähler zu mobilisieren, verliert sie nicht-weiße Wählergruppen. Gelingt es ihr, nicht-weiße Wählergruppen, vor allem die der Coloureds anzusprechen, verliert sie 'weiße' Wählerstimmen an die anderen 'weißen' Parteien. Bei den Kommunalwahlen gelang es der NP, die Wähler, die bei der Parlamentswahl die FF gewählt hatten, zu mobilisieren, sie verlor aber durch den Parteipräferenzenwechsel der Coloureds zugunsten des ANC gleichzeitig Stimmen in derselben Größenordnung an den ANC.[29]
3. Selbst in den als Hochburgen der rechtskonservativen Weißen geltenden Gemeinden im Free State (z. B. Lydenburg, Rustenburg, Ventersdorp) gelang es der Freedom Front (4,03 %), lediglich 16 der 840 Sitze zu erringen. Der für die FF und die Konserwatiewe Party (KP oder CP), die 1,15 % erreichte,

27 Bei Kommunalwahlen in Deutschland wurden seit 1990 Wahlbeteiligungen von ca. 60-80% registriert.

28 Vgl. Spengler, Bollig: Kommunalwahlen in Südafrika, a.a.O., S.125 und 127.

29 Vgl. den Kommentar von Hans Brandt: ANC siegt auch in den Städten, in: FR vom 6.11.1995.

unbefriedigende Wahlausgang wird als Absage an den von beiden Parteien geforderten weißen autonomen Volksstaat interpretiert.[30]

4. Die Inkatha Freedom Party erreichte ohne die Wahlen in KwaZulu/Natal lediglich 0,71 % der Stimmen. Durch die Anfang Juli 1996 stattgefundenen Wahlen in KwaZulu/Natal hat sich dieser Prozentsatz landesweit um 42,59 (!) Prozentpunkte erhöht. In KwaZulu/Natal erreichte die IFP 43,3 % (ANC 32,7 %, NP 12,71 %). Das Wahlergebnis außerhalb KwaZulu/Natals ist ein Indiz dafür, daß es sich bei der IFP um eine Regionalpartei handelt, der es noch nicht gelungen ist, überregionale Parteistrukturen aufzubauen und ethnienübergreifend Stimmen zu mobilisieren.

III. Die Bedeutung traditioneller Führungsstrukturen

1. Traditionelle Gesellschaftsstrukturen

Ca. 50 %[31] der südafrikanischen Landbevölkerung lebt in Gegenden, in denen die politischen Strukturen von ca. 800 traditionellen Führern und über 10.000 headmen[32] dominiert werden. In diesen Regionen, die auch als 'state behind the state'[33] bezeichnet werden, gibt es keine den städtischen Civics ähnlichen Reformkräfte.[34]

---

30 Vgl. Robert von Lucius: Verlust für die Extremisten in Südafrika, in: FAZ vom 6. November 1995, S. 5., Wahlsieg des ANC in Johannesburg, in: NZZ vom 6. November 1995.

31 Siehe Armut auf dem Lande, in: Afrika-Süd, Nr. 3, 1995, S. 19-22, hier S. 22.

32 Vgl. Botha Thozamile: The Role of Traditional Leaders in Local Government, in: KAS (Ed.): The Role of Traditional Leaders in Local Government. Seminar Report on the Workshop held in Durban, 27.-29. November 1994, S. 1.

33 Vgl. Sandra Düsing: Traditionelle Führungsstrukturen im Prozeß der demokratischen Konsolidierung Südafrikas, in: Paul Kevenhörster, Dirk van den Boom: Afrika. Stagnation oder Neubeginn. Studien zum politischen Wandel. Münster 1996, S. 173-198, hier S. 175.

34 Als Civics werden informelle Selbstverwaltungsorgane bezeichnet, die sich seit Mitte der 80er Jahre in den Townships aus Protest gegen die schlechte Versorgung mit öffentlichen Dienstleistungen gebildet haben. Vgl. hierzu Harry Mashabela: Politics at Local Level, in: Spotlight, No. 1/1994, ed. by South African Institute of Race Relations, S. 5-23.

Auf der Grundlage des Black Administration Acts i.d.F.v. 1951 i.V.m. dem Promotion of Self-Government Act i.d.F.v. 1971 erhielten die traditionell ländlichen Homelands die Möglichkeit, sich eigene Verfassungen zu geben und den Status eines Self-Governing-Territories zu erlangen. Ziel dieser Politik war die Schaffung separater politischer Vertretungen in Form von tribal authorities oder regional authorities, deren Handlungsspielraum von der weißen Regierung festgelegt wurde.[35]

Neben der Möglichkeit der Anerkennung, Ernennung und Absetzung der traditionellen Führer durch die nationale Regierung wurden den chiefs und headmen bestimmte Aufgaben und Kompetenzen übertragen. Die vordringlichen Ausgaben für die Bereitstellung und den Unterhalt infrastruktureller Einrichtungen, bildungspolitischer Maßnahmen, Landverteilung und Landverwaltung wurde durch eigene Einnahmen und Regierungszuschüsse finanziert. Da die eigenen Einnahmen (die z. B. aus der Bereitstellung bestimmter Dienstleistungen, Steuereinnahmen aus dem Glücksspiel und Geldstrafen, die das Stammesgericht verhängte, bestanden) gering waren, hatte die Zentralregierung durch Finanzzuweisungen unmittelbaren Einfluß auf die Homeland-Politik.

Die Inhaber der traditionellen Ämter werden entweder als 'traditional leaders', 'traditional rulers' oder als 'traditional authorities' bezeichnet.[36] Der Führungsanspruch der traditional leaders, die in ihrer Funktion bezahlte Beamte eines modernen Verwaltungsapparates waren, beruht nicht auf demokratischen Wahlen, sondern auf Regeln der erblichen Nachfolge und auf öffentlichem Vertrauen in Verbindung mit Gewohnheitsregeln.[37]

---

35 Vgl. Annkathrin Bollig: Die Bedeutung traditioneller Führungsstrukturen beim Aufbau einer neuen Kommunalverwaltung, in: KAS (Hrsg.): Kommunalentwicklung als Teil der Demokratieförderung in Afrika. Voraussetzungen und Wirkungen, unveröffentlichtes Protokoll der Themenkonferenz für Mitarbeiter in Afrika-Subsahara, Reinhardsbrunn, Thüringen, 10.-15. Februar 1994, S. 178-197, hier S. 180.

36 Im kolonialen Sprachgebrauch werden die Inhaber traditioneller Ämter auch als 'chief' oder 'headman' bezeichnet. Vgl. Düsing, a.a.O., S. 173, FN 1.

37 Vgl. Annkathrin Bollig: Die Bedeutung traditionaler Führungsstrukturen beim Aufbau einer neuen Kommunalverwaltung, a.a.O., S. 181.

Die kleinste Einheit in der traditionellen Gesellschaftsstruktur bildet ein Anwesen (homestead). Dieser Lebens- und Wirtschaftsgemeinschaft, die aus einer Familie mit einem Mann, mehreren Frauen und mehreren Kindern besteht, steht der Mann als 'sub-headman' vor. Mehrere homesteads bilden eine Verwaltungseinheit und Sicherungsgemeinschaft, ferner einen Bezirk (ward), dessen Vorstand ein headman ist. Mehrere dieser Bezirke bilden ein Fürstentum (chiefdom), das von einem chief (Häuptling) geführt wird. Der Zusammenschluß mehrerer solcher Fürstentümer konstituiert ein Königreich, das von einem König regiert wird.[38]

2. 'Traditional Leader' als systemkonsolidierendes Element

Grundsätzlich sind sich die politischen Eliten darüber einig, die traditionellen Strukturen institutionell zu verankern.[39] Unterschiedliche Auffassungen gibt es über die Fragen, wer überhaupt ein traditioneller Führer ist, auf welcher politisch administrativen Ebene sie repräsentiert sein und welche Kompetenzen sie besitzen sollen. Der Haltung der IFP, die in KwaZulu/Natal die traditionellen Führer mit weiterreichenden Kompetenzen ausstatten[40] will, steht im Widerspruch zu den Positionen des ANC, der sich parteiintern nicht einig ist. Die Vorstellungen innerhalb des ANC reichen von drastischer Einschränkung der Rechte der traditionellen Führer (Vertreter: ANC Women's League) über Beschränkung der Rechte auf zeremonielle und kulturelle Funktionen (dem ANC nahestehende Bürgerinitativen) bis zu einer umfangreichen Ausstattung mit Kompetenzen und Rechten. Letztere Position wird von der Contralesa, einer dem ANC und dem PAC nahestehenden Interessenvertretung der traditionellen Führer, vertreten.

---

38 Vgl. Annkathrin Bollig: Die Bedeutung traditionaler Führungsstrukturen beim Aufbau einer neuen Kommunalverwaltung, a.a.O., hier S. 179 f.

39 Während in der ÜV noch festgeschrieben war, daß traditionelle Führer 'ex officio' einen Sitz im Gemeinderat innehaben können, ist dieser Passus in der Verfassung von 1996 gestrichen worden. Eine weitere Schwächung erfährt die Stellung der traditionellen Führer dadurch, daß ihre verfassungsrechtliche Stellung im konkurrierenden Teil der Verfassung aufgeführt ist und sie somit der nationalen Gesetzgebung unterliegen.

40 Amakhosi and Iziphakanyiswa Act. Vgl. Sandra Düsing: a.a.O., S. 183.

Mit Artikel 182 der Übergangsverfassung wird institutionell berücksichtigt, daß sich eine Integration der Inhaber traditioneller Ämter systemkonsolidierend auswirken würde[41] und daß eine solche Integration am ehesten auf kommunaler Ebene zu realisieren sei. Nach diesem Artikel können chiefs und headmen, die 'politisch aktiv' sind und von ihrer Stammesgemeinde anerkannt sind, von Amts wegen (ex officio) beanspruchen, einen Sitz in den sonst demokratisch legitimierten Organen der Kommunalverwaltung innezuhaben.

Grundsätzlich sind zwei Optionen zu unterscheiden, wie Traditional Leaders bei der Ausarbeitung der Provinz- und der Kommunalverfassungen berücksichtigt werden können:

1. Die traditionelle Basis bildet eine eigenständige kommunale Institution.

   Im Rahmen dieses Modells, auch 'Integriertes Modell' genannt, bilden traditionelle Einheiten einen eigenen kommunalen Selbstverwaltungskörper. Traditionelle Führer verfügen über zugeteilte Einnahmen und sind in der Lage, 'moderne' Kommunalverwaltungsaufgaben zu übernehmen.[42]

   In diesen Strukturen würden die traditionellen Aufgaben der Landzuteilung und Landnutzungskontrolle den traditionellen 'authorities' zugeordnet bleiben, in Fragen der kommerziellen Nutzung bleibt aber der local council die höhere Entscheidungsinstanz. Diese Kooperationsmöglichkeit ist bereits in Form von development committees erfolgt. Institutionell gesicherte Zusammenarbeit, in der jedem Beteiligten ein Recht der Mitsprache gewährt wird, kann am ehesten beanspruchen, als legitim anerkannt zu werden.

2. Vertreter der traditionellen Strukturen werden neben demokratisch legitimierten Mandatsträgern in die kommunale Selbstverwaltung integriert.

---

41 Vgl. Annkathrin Bollig: Die Bedeutung traditionaler Führungsstrukturen beim Aufbau einer neuen Kommunalverwaltung, a.a.O., hier S. 173. Ebenso Sandra Düsing: a.a.O., hier S. 189.

42 Vgl. Annkathrin Bollig: Die Bedeutung traditionaler Führungsstrukturen beim Aufbau einer neuen Kommunalverwaltung, a.a.O., S. 189.

Bei dieser Option, die auch als 'Parallel-Modell' bezeichnet wird, werden neben demokratisch legitimierten Mandatsträgern die traditionellen Führer gestellt. Es besteht eine Arbeits- und Kompetenzenverteilung. Die Kompetenzen und Aufgaben der traditionellen Mandatsträger beschränken sich jedoch nur noch auf ihre originären Funktionen, wie sie durch Stammesbräuche festgelegt sind.

Traditionelle Führer haben vergleichbar den anderen gesellschaftlich relevanten Kräften (wie z. B. Bürgerinitiativen und Gewerkschaften) ein Mitspracherecht bei kommunalen Belangen.[43] Die Kontrolle über die Finanzen, die RDP-Zuweisungen und die Zuschüsse von den Provinzen und dem Zentralstaat liegen ausschließlich in der Hand der demokratisch gewählten Gemeindemitglieder.[44] Neben dieser Einschränkung würden die traditionellen Führer auch in ihren auf Gewohnheitsrecht beruhenden Rechten bei der Landzuteilung und der Landnutzungskontrolle beschnitten werden. Traditionelle Führer verlieren in diesem Modell ihre zentrale Führungsrolle in den Dörfern, da entsprechende Kompetenzen entweder auf die Lokalregierung oder auf die noch einzurichtenden Land Boards[45] übertragen werden. Traditionelle Führer hätten gegenüber diesen Einrichtungen nur noch beratende Funktionen.

Vor dem Hintergrund, daß traditionelle Führungsstrukturen die einzigen Strukturen sind, die sich für eine flächenmäßige Umsetzung des RDP zur Verbesserung der Lebensverhältnisse vor Ort anbieten, ist die bisherige institutionelle Verankerung der Traditional Leaders dysfunktional: Wahlkreiszuschnitte, die sich nicht an ethnischen Konfliktlinien orientieren und u. a. zur Verschiebung der Kommunalwahlen in KwaZulu/Natal geführt haben, und ein schwacher Ein-

43 Ebda., S. 189 f.

44 Chris Heymans: South Africa's Local Government Transition. Current State of the Local Government debate, in: KAF (ed.): The Role of Traditional Leaders in Local Government in South Africa, 27- 28 October 1994, pp. 7-12, here: S. 9-11.

45 Zur Funktion der Land Boards vgl. Sandra Düsing: a.a.O., S. 173-201, hier S. 194-196.

fluß auf den politischen Willensbildungsprozeß des Zentralstaates höhlen die verfassungsrechtliche Stellung der Traditional Leaders aus.

Die Schwierigkeit einer Integration traditioneller Führer in demokratisch legitimierte Kommunalstrukturen besteht darin, die Stellung der traditionellen Führer institutionell so auszugestalten, daß sie einerseits die erhofften Demokratisierungsprozesse[46] bei ihren Stammesuntergebenen auslösen, gleichzeitig aber nicht die Legitimität[47] der traditionellen Führer durch die Untergebenen in Frage gestellt wird. Für den Fall, daß es gelingt, beiden Kriterien gerecht zu werden, können die flächenmäßig existenten traditionellen Strukturen ein Raster sein, an dem sich kommunale Strukturen aufbauen können.

IV. Übergangsverfassung und kommunale Selbstverwaltung

1. Verfassungsrecht

Bei der Analyse der kommunalen Rechtsordnung zeigt sich der Transformatioscharakter des politischen Systems Südafrikas besonders deutlich. Neben rudimentären Regelungen im existentiellen Bereich (Kommunalverfassungsrecht)[48] gibt es im funktionalen Bereich (Kommunalverwaltungsrecht) keine Gesetze und Ausführungsbestimmungen.[49]

---

46 Ebda., S. 175.

47 Vgl. Max Weber: Wirtschaft und Gesellschaft. Grundriß der verstehenden Soziologie; Köln, Berlin 1964, S. 39.

48 Schmidt-Jortzig unterteilt den Bereich der kommunalen Rechtsordnungen in einen existentialen und funktionalen Bereich. Der existentiale Bereich ist das Kommunalverfassungsrecht, das sich unterteilt in ein äußeres und ein inneres Kommunalverfassungsrecht. Das Erstgenannte regelt die Stellung der Kommunen im gesamtstaatlichen Verfassungsgefüge, das Zweitgenannte den inneren Aufbau. Zum funktionalen Bereich rechnet Schmidt-Jortzig das Kommunalverwaltungsrecht. Vgl. Edzard Schmidt-Jortzig: Kommunalrecht, Stuttgart, Berlin, Köln 1982, S. 24 f.

49 Zur Problematik unvollständiger kommunaler Rechtsordnungen siehe Regional Consultativ Forum on Rural Development (Ed.): Rural Communities, Civil Society and Local Government. A Report on Sub- Regional Workshops, December 1995.

Drei Gründe sind dafür maßgeblich, daß lediglich für den äußeren existentiellen Bereich durch die verfassungsrechtliche Garantie der kommunalen Selbstverwaltung in der Übergangsverfassung und in der endgültigen Verfassung Regelungen getroffen worden sind:

1. Dem Wortlaut der ÜV ist nicht zu entnehmen, wer für die Ausarbeitung der kommunalen Rechtsordnungen verantwortlich ist. Die ÜV spricht lediglich von einer 'kompetenten Autorität'. Ob es sich dabei um die nationale Legislative oder um den Gesetzgeber in den Provinzen handelt, bleibt offen.[50]
2. Die ÜV gibt vor, daß die kommunalen Rechtsordnungen mit der der nationalen und der der Provinzverfassung vereinbar sein müssen. Bis 1996 ist keine einzige Provinzverfassung[51] verabschiedet worden, so daß auch ein Rahmen fehlt, innerhalb dessen sich der provinziale Gesetzgeber bei der Ausarbeitung der kommunalen Rechtsordnungen orientieren kann.
3. In Provinzen, in denen die Macht in den Gemeinden und den Kreisen durch traditionelle Führer ausgeübt wird, ist bisher noch unklar, wie deren Forderungen nach zukünftiger politischer Partizipation berücksichtigt werden sollen.

Aufgrund der genannten Probleme beschränken sich die Aussagen zum inneren Kommunalverfassunsgrecht, das den planmäßig angelegten, internen Aufbau und Ablauf[52] kommunaler Selbstverwaltungen regeln soll, auf die LGTA und die Local Government Election Regulations.

---

50 Nach der Verfassung von 1996 (Art. 155 i.V.m. Schedule 4, Teil B) unterliegt die Kommunalverfassungsrechtsgebung der konkurrierenden Gesetzgebung und ist somit dem nationalen Gesetzgeber vorbehalten.

51 Der einzige bis Juli 1996 öffentlich bekannte und diskutierte Entwurf für eine Provinzverfassung ist der von KwaZulu/Natal.

52 Vgl. Edzard Schmidt-Jortzig: Kommunalrecht, a.a.O., S. 24.

Für das äußere Kommunalverfassungsrecht lassen sich auf der Grundlage der ÜV i.V.m. dem LGTA und den Local Government Election Regulations folgende Aussagen treffen.[53]

1. Kompetenzanspruch und Organisationshoheit
Art. 174 Abs. 3 und 4 ÜV normieren, daß der Kern der Selbstverwaltung durch Eingriffe des Zentralstaates und der Provinzen nicht angetastet werden darf. Wie dieser Kern der Selbstverwaltung näher zu definieren und wer für die Erarbeitung der Gemeindeverfassungen zuständig ist, geht aus dem Verfassungstext nicht hervor.[54]

Gemäß Art. 175 Abs. 3 ÜV erstreckt sich die Zuständigkeit der Gemeinden auf die Gebiete der Wasserver- und -entsorgung, des Transportes, der Stromversorgung, der medizinischen Versorgung, der Erziehung, des Wohnungsbaus, der Gewährleistung der öffentlichen Sicherheit und des Umweltschutzes. Art. 175 Abs. 3 schränkt diese Aufgaben- und Kompetenzzuweisung soweit ein, daß diese Kompetenzen nur unter dem Vorbehalt, daß die Gemeinden auch tatsäch- lich in der Lage sind, diese Aufgaben zu erfüllen, gewährt werden.

Nach Art. 175 Abs. 6 hat die Gemeinde das Recht, eine eigene Organisationsform zu wählen, die den jeweiligen Gemeindestrukturen entsprechen soll. Diese Freiheit wird dadurch eingeschränkt, daß eine Gemeinde einen Council of a Local Government (als Legislativorgan) und ein Executive Committee (als Exekutivorgan) besitzen muß.

2. Satzungshoheit
In Art. 175 Abs. 4 wird den Gemeinden die Kompetenz übertragen, Satzungen in Übereinstimmung mit der nationalen und der Provinzverfassung zu verabschieden und anzuwenden.

---

53 Inwieweit sich das äußere Kommunalverfassungsrecht nach der Verabschiedung der Verfassung vom 8. Mai 1996 ändert, kann erst bewertet werden, wenn auf der Grundlage dieser Verfassung das äußere kommunale Verfassungsrecht erarbeitet wird.

54 Vgl. Enrico Brandt: a.a.O., S. 9.

3. Finanzhoheit

Nach Art. 178 Abs. 2 ÜV sind die Gemeinden berechtigt, Steuern und Abgaben zu erheben, solange sich der Finanzbedarf aus den von den Gemeinden zu bewältigenden Aufgaben ergibt. Darüber hinaus haben die Gemeinden einen nicht näher definierten Anspruch auf Zuweisungen aus dem Provinzetat. Die Kriterien, an denen sich diese Zuweisungen zu orientieren haben, legt die Fiscal Commission fest. Eine solche Festlegung ist bis 1996 nicht erfolgt.[55] Nach Art. 176 muß der Gemeindehaushalt von einer 2/3 Mehrheit des Council of a Local Government verabschiedet werden.

4. Personalhoheit

In der ÜV wird keine Aussage darüber getroffen, inwieweit die Gemeinde Zuständigkeiten zur Regelung der Personalhoheit hat. In Art. 212 wird zwar eine verfassungsrechtliche Regelung der Rechtsverhältnisse des öffentlichen Dienstes getroffen. Aus ihr geht jedoch nicht eindeutig hervor, ob sich die Regelung des Art. 212 nur für den Zentralstaat und die Provinzen erstreckt oder auch die Kommunen miteinbezieht[56]. Wenn dies der Fall wäre, könnte mit Instrumenten des affirmative action versucht werden, alle Rassen, Ethnien und Geschlechter proportional im öffentlichen Dienst zu repräsentieren.

2. Verfassungswirklichkeit

a. Dysfunktionale Wahlkreiseinteilung

Grundsätzlich standen zwei Strategien zur Auswahl, welche Kriterien dem Zuschnitt der Wahlkreise für die Kommunalwahlen zugrunde zu legen sind:

1. Die Wahlkreisgrenzen sollen so gezogen werden, daß die Hälfte des Wahlkreises aus einem ausschließlich von Weißen bewohnten Gebiet, die andere

55 Vgl. Enrico Brandt: a.a.O., S. 10.

56 Ebda., S. 11.

Hälfte aus einem Township-Gebiet oder zumindest aus einem Areal, das von Nicht-Weißen bewohnt wird, besteht.[57]
2. Die Wahlkreisgrenzen sollen so gezogen werden, daß die Angehörigen eines Wahlkörpers möglichst einer homogenen Gesellschaftsgruppe angehören.

Bei der tatsächlichen Wahlkreiseinteilung wurde eindeutig der ersten Strategie der Vorzug gegeben, teilweise sogar in dem Maße, daß die Wahlkreisgrenzen so gezogen wurden, daß die prozentuale Zusammensetzung der wahlberechtigten Bevölkerung nach einzelnen Rassen und Ethnien einen Wahlsieg des ANC garantiert.

Im Westkap kam es vor dem Verfassungsgericht zu einer Klage der von der NP dominierten Provinzregierung gegen Staatspräsident Mandela. Gegenstand der Klage war die vom Parlament an Mandela übertragene Kompetenz, Amendments zum LGTA zu erlassen. Diese Kompetenz nutzte Mandela, indem er die Zusammenlegung des Kapstädter Townships Khayelitsha mit der Hochburg der NP, Tygerburg, zu einem Wahlkreis anordnete. Das Verfassungsgericht befand, daß Mandela keine Kompetenz dazu hatte und ordnete an, daß das Parlament bis zum 25. Oktober 1995 eine Entscheidung über die Wahlkreiseinteilung zu fällen habe. Das Parlament bestätigte die bereits von Mandela angeordnete Wahlkreiszuschneidung.[58]

Durch die Anwendung der ersten Strategie versprach man sich die Herstellung einer Balance zwischen den Interessen der weißen Bevölkerung und den der numerisch überlegenen Schwarzen, deren Wohngebiete einen großen infrastrukturellen Nachholbedarf aufweisen. Die zweite Strategie wurde mit der Begrün-

57 Vgl. Ina Zukrigl: Kommunalwahlen im November. Keine Spur von Euphorie, a.a.O., hier S. 16. Dazu auch o. V.: Südafrika - Lokalwahlen. Ein letztes Wegstück zur Demokratie, in: Handelsblatt vom 26. Oktober 1995.

58 Siehe dazu die Entscheidung des Constitutional Court Executive Council, Western Cape Legislature and others versus President of the Republic of South Africa and others, CCT 27/95 (22. September 1995), besonders: RdNr. 10, 11, 13, 43, 44, 101 f., 114. In: Ständig aktualisierte Entscheidungssammlung des Constitutional Court im Internet: http:\\www.-law.wits.ac.za.

dung abgelehnt, daß man mit einer Grenzziehung, die sich an ethnischen und rassischen Konfliktlinien orientiert, die Grundlage für eine neue Apartheid schaffen würde.

Die Ergebnisse der Kommunalwahlen zeigen, daß der Wahlkreiszuschnitt unter dem Gesichtspunkt Minderheitenschutz und Selbstbestimmung durch Selbstregierung nicht nur dysfunktional, sondern sogar kontraproduktiv wirkt. Die Verteilung der Mandate in den Rathäusern und den Gemeinden ist nicht nur ein Spiegelbild der Sitzverteilung in den gesetzgebenden Körperschaften auf nationaler und provinzialer Ebene, sie ist zum Teil noch asymmetrischer: In manchen Städten und Gemeinden ist der Fall eingetreten, daß Minderheiten in den kommunalen Körperschaften gar nicht vertreten sind.[59]

Keine Berücksichtigung bei der Wahlkreiseinteilung fand die Überlegung, daß selbst im Falle ethnisch homogener Wahlkreise die erstrebten Sozialisierungs- und Integrationseffekte durch die Bildung überkommunaler Verbände, vergleichbar den deutschen kommunalen Spitzenverbänden, aufgetreten wären. Dies ist in der Praxis in den großstädtischen Räumen bereits zum Teil erfolgt.

b. Finanzzuweisung und Kompetenzanspruch

Inwieweit die Kommunen die ihnen übertragenen Aufgaben erfüllen können und in welchem Maß die an der Basis betroffene Bevölkerung perzipiert, sich selbst verwalten zu können, hängt entscheidend vom Grad der Autonomie ab, der den Kommunen von der Zentrale zugestanden wird. Als ein Indikator für Autonomie ist der Kompetenzspielraum der kommunalen Selbstverwaltung heranzuziehen. Dieser Handlungsspielraum wird primär durch die zur Verfügung stehenden finanziellen Ressourcen bestimmt.

59 Dazu auch den kritischen Kommentar von Bartholomäus Grill: Endlich normale Kommunalwahlen in Südafrika. Sieg für den ANC, in: Die Zeit vom 10. November 1995, S. 9. Dazu auch Local Elections. Comparisons are odious, in: Financial Mail (Johannesburg) vom 10. November 1995, S. 13 f.

Besonders vor dem Hintergrund, daß kommunale Strukturen in der Apartheidzeit als 'Bollwerk'[60] des Widerstandes gegen die regierende Nationale Partei gesehen wurden, ergibt sich unter den neuen Wahlkreiszuschnitten ein unlösbar scheinendes Problem. In der Apartheidzeit wurde die schwarze Bevölkerung von den Gewerkschaften, den Civic-Associations und von der Vereinten Demokratischen Front (UDF), in der die verbotenen Widerstandsbewegungen organisiert waren, zu Konsum-, Miet-, und Dienstleistungsboykotten aufgerufen.[61] Neben der Tatsache, daß die ehemaligen schwarzen Gemeinden hoch verschuldet sind, herrscht bei dem schwarzen Teil der Bevölkerung weiterhin eine schlechte Zahlungsmoral. Da jedoch die Interessen dieser Bevölkerungsgruppen in den Rathäusern repräsentiert werden, während die Interessen derjenigen kaum berücksichtigt sind, die durch das Zahlen der Steuern ein Mindestangebot von Dienstleistungen aufrechterhalten, besteht ein sozialer Konflikt, der hätte vermieden werden können.[62]

Die Folge dieses sozialen Konfliktes ist in dem abnehmenden Volumen der von der Kommune erhobenen Steuern zu erkennen. Damit ist die kommunale Selbstverwaltung aufgrund fehlender, institutionell gesicherter Verteilungsschlüssel, z. B. in Form eines vertikalen Finanzausgleiches, von der Willkür der zentralstaatlichen Ebene abhängig.

3. Optionen für das südafrikanische System

Die kommunalen Selbstverwaltungsstrukturen des Neuen Südafrika können nicht als Gegengewicht zum Zentralstaat gesehen werden. Eine unzureichende Finanzausstattung und damit verbunden ein geringer Kompetenzspielraum der Kommunen bewirken eine nicht als ausreichend perzipierte Selbstbestimmung. Potenziert wird die geringe Perzeption eines unzureichenden Selbstbestimmungsrechts und Minderheitenschutzes durch die sich an ökonomischen statt an ethnischen und rassischen Kriterien orientierenden Wahlkreiszuschnitte.

---

60 Vgl. Spengler, Bollig: Kommunalwahlen in Südafrika, a.a.O., hier S. 106.

61 Vgl. Ina Zukrigl: Wandel der Lokalverwaltung, in: Südafrika, H. 2, 1995, S. 16.

62 Siehe Südafrikas letztes Wegstück zur Demokratie, in: NZZ vom 24. Oktober 1995.

Da auch der Zentralstaat in Südafrika entsprechend der allgemeinen ökonomischen Bedingungen des Landes unter Finanzknappheit leidet, würde es auch bei entsprechendem politischen Willen kaum möglich sein, die Gemeinden ausreichend finanziell auszustatten. Unabhängig von der Unzweckmäßigkeit der Wahlkreiseinteilung, die die Chance vertan hat, durch die Gewährung von Autonomie für homogene Siedlungsgebiete einen als ausreichend perzipierten Minderheitenschutz zu sichern, bedeutet die strukturelle unzureichende Finanzausstattung der Gemeinden, daß diese den politischen Erwartungen ihrer heterogenen Bevölkerung nicht gerecht werden können. Die weiße Bevölkerung wird einen Leistungsabfall im Vergleich zu den von ihnen in der Vergangenheit erfahrenen Standards realisieren, die schwarze Bevölkerung wird lernen, daß die Eingemeindung weißer Siedlungsgebiete nicht automatisch zur Lösung aller infrastrukturellen Probleme führt. Dies aber wird zur Folge haben, daß die kommunale Selbstverwaltung nicht zur Erhöhung der Legitimierung des gesamten politischen Systems beitragen kann; im Gegenteil: Die Enttäuschungen im kommunalen Bereich werden die Unterstützung für das Gesamtsystem reduzieren und die Forderungen nach anderen Formen des Minderheitenschutzes verstärken.

Angesichts der vielfältigen Konflikte, die zwischen den einzelnen Gruppen der südafrikanischen Gesellschaft bestehen, angesichts der großen Diskrepanz zwischen den Erwartungen, die gerade die schwarze Bevölkerung an das Neue Südafrika richtet und der im Vergleich dazu geringen Leistungskraft der Volkswirtschaft, ist nicht zu erkennen, daß andere politische Institutionen die Legitimierung des politischen Systems übernehmen. Auch für die kommunale Selbstverwaltung gilt, daß die Kap-Republik mit der Verfassung vom 8. Mai 1996 und der darin verankerten kommunalen Selbstverwaltung zwar ein demokratisches Verfassungsgefüge erhalten hat, daß die gewählte Form der kommunalen Selbstverwaltung aber kaum in der Lage sein wird, zur Stabilisierung der Demokratie beizutragen.

Dieser Auffassung ist das Verfassungsgericht gefolgt, als es in seinem Urteil vom 6. September 1996 den gesamten Abschnitt über Local Government (Chapter 7) der Verfassung von 1996 mit den unveränderbaren Verfassungsprinzipien von 1993 für unvereinbar erklärt hat. Daraus ergibt sich die Chance, in einer Fortschreibung des Verfassungsprozesses die kommunale Selbstverwaltung so zu entwickeln, daß sie zur Stabilisierung der Demokratie in Südafrika beitragen kann.

DER ANC AUF DEM WEG ZUR EINHEITSPARTEI?

Marco Schünemann

Der Afrikanische Nationalkongreß (ANC) ist die älteste schwarzafrikanische politische Organisation Südafrikas. Mit der Gründung der Imbumba Yama Nyama wurden bereits 1882 die Grundlagen für den dreißig Jahre später gegründeten South African Native National Congress geschaffen. Aus diesem ging durch Umbenennung 1923 der ANC hervor.

Seit dieser Zeit läßt sich die Geschichte des ANC in vier Phasen einteilen:

1. In den ersten dreißig Jahren seines Bestehens (1912 bis ca. Mitte der 40er Jahre) ist der ANC als politische Organisation vor allem durch Petitionen und andere Formen der systemkonformen Opposition in Erscheinung getreten. Seine Bedeutung in diesem Zeitraum wird durch seine Mitgliederzahl von ca. 250 deutlich.
2. Die zunächst beschwichtigende Politik der 'Versammlung der Häuptlinge' und zivilisatorisch Privilegierten[1] erfuhr mit der Gründung der ANC-Jugendliga (1944) eine Veränderung: Massenaktionen, Streiks und der Versuch der Einigung aller vom Apartheidsystem Benachteiligten[2] standen seitdem im Mittelpunkt. Gegen eine Einbeziehung der Nicht-Schwarzen in die politische Strategie des ANC wandte sich indessen eine Gruppe, aus der durch Abspaltung 1959 der Pan-Africanist Congress (PAC) hervorging.
3. Nach dem Verbot durch die südafrikanische Regierung (1960) ging der ANC gemeinsam mit der Südafrikanischen Kommunistischen Partei (SACP)

---

1 Die christianisierten Subethnien der Xhosa im Ostkap gehörten seit der ANC-Gründung 1912 zur Führungsschicht innerhalb der Organisation. Hinsichtlich der Wahlergebnisse seit 1994 stellt bis heute das Ostkap eine der ANC-Hochburgen dar. Zum Ostkap als historisch politisierteste Region Südafrikas vgl. auch Thomas Karis, Gwendolen M. Carter: From Protest to Challenge, A Documentary History of African Politics in South Africa, 1882-1964, Vol. 4, Political Profiles 1882-1964, Stanford 1977, S. XX (Vorwort).

2 Die Verabschiedung der Freiheitscharta 1955 war der erste bedeutende Erfolg, mit dem sich der ANC und weitere politische Gruppierungen auf ein gemeinsames Grundsatzprogramm einigten. Mit Hilfe des Programms für Wiederaufbau und Entwicklung werden Elemente der Freiheitscharta seit 1994 in die Praxis umgesetzt.

zum bewaffneten Kampf über. Gleichzeitig erfolgte der Aufbau von Organisationsstrukturen im Ausland sowie unter den Bedingungen der Illegalität in Südafrika.

4. Mit einer umfassenden Massenbasis (Kirchen, Gewerkschaften u.a.) innerhalb Südafrikas und der Unterstützung kommunistischer und westlicher Regierungen vergrößerte der ANC seinen Widerstand gegen das Apartheidsystem und die seit 1948 regierende Nationale Partei (NP). Nach einem Kurswechsel innerhalb der regierenden NP, der sich seit Mitte der 80er Jahre abzeichnete, endeten 1990 die Jahre der Illegalität für den ANC, der anschließend zum wichtigsten Verhandlungspartner der NP avancierte.

Zwischen dem Zeitpunkt der Legalisierung bisher verbotener politischer Parteien bzw. Organisationen 1990 und der Durchführung der ersten gesamtsüdafrikanischen Wahlen auf nichtrassischer Grundlage 1994 dominierten vor allem die NP und der ANC den Verhandlungsprozeß. Beide Parteien einigten sich zunächst auf ein System der Machtteilung, bevor es zur endgültigen Machtübertragung kam. In einer Interimsphase von 1994 bis 1999 war eine Regierung der Nationalen Einheit (GNU) vorgesehen, die schließlich eine Regierungsbeteiligung von ANC, NP und Inkatha Freiheitspartei (IFP) ermöglichte.

Mit dem Ausstieg der NP aus der GNU im Mai 1996 wurde jedoch das Jahr 1999 de facto vorgezogen, was nichts anderes bedeutet, als daß der ANC bereits jetzt über eine dominierende Machtposition innerhalb des politischen Systems Südafrikas verfügt. Vizepräsident de Klerk begründete den Rückzug der Nationalen Partei aus der GNU u.a. damit, daß der ANC mit seiner absoluten Parlamentsmehrheit zunehmend so handele, als gäbe es keine Mehrparteienregierung mehr.[3]

Inwieweit der ANC diese Macht zur weiteren Gestaltung des politischen Systems auch nutzen kann und wird, hängt von seiner eigenen Entwicklung ab. Ob er dabei dem Vorbild der schwarzafrikanischen Nachbarn folgen oder aber aufgrund der besonderen südafrikanischen Konfliktstruktur erstmals in der

3 Vgl. Lynne Duke: De Klerk Parts Paths With Mandela, in: IHT vom 10.05.1996.

Subsahara die Grundlagen für ein langfristig stabiles demokratisches Gemeinwesen schaffen wird, bleibt offen.

Die beiden zentralen Fragen lauten:
1. Wird sich der ANC als politische Partei in einem Mehrparteiensystem etablieren? oder
2. Wird sich der ANC zur dominierenden politischen Kraft in einem Einparteiensystem entwickeln?

Damit steht Südafrika heute vor der Alternative Demokratie oder Einparteienstaat.[4]

I. Konfliktstruktur innerhalb des ANC: die Ausgangslage

Der ANC war nach seiner Legalisierung 1990 eine hochgradig heterogen strukturierte Organisation, deren innere Konflikte durch den Kampf gegen das Apartheidsystem überdeckt worden waren. Seine Fähigkeit, "to attract diffuse social forces under an all-encompassing umbrella"[5] nimmt mit zunehmender zeitlicher Entfernung zur Apartheidzeit ab. Ein Fehlen des 'gemeinsamen Feindes' reduziert somit den Willen zur Bündnistreue im ANC.

Die Verbannung in die Illegalität 1960 führte zu einer organisatorischen Spaltung des ANC und seiner Führung in den aus ehemaligen Häftlingen, Untergrundkämpfern und in Südafrika geduldeten ANC-Aktivisten bestehenden und dem im Ausland tätigen ANC-Flügel. Die Spaltung wurde erst mit der Legalisierung der verbotenen Parteien im Februar 1990 beendet.

Im Vergleich zu anderen schwarzafrikanischen Befreiungsbewegungen lassen sich für den ANC vor allem drei Besonderheiten herausstellen:
1. Der Exil-ANC war über mehrere Länder verstreut. Seine Hauptquartiere befanden sich kurz vor ihrer Auflösung in Lusaka (Sambia) und London.

4 Vgl. Robert Block: Mandela's miracle dissolves, in: The Sunday Times vom 12.05.1996.

5 Martin J. Murray: Revolution Deferred - The Painful Birth of Post-Apartheid South Africa. London, New York 1994, S. 117.

Auch der militärische Flügel, Umkhonto we Sizwe (MK), hatte seine Basen in Tansania und Angola.[6]

2. Diese geographische Zersplitterung wurde nach Aufnahme der offiziellen Verhandlungen zwischen der südafrikanischen Regierung und dem ANC durch eine funktionale verstärkt: Der militärisch straff aufgebaute MK sah mit zunehmender Verhandlungsbereitschaft des ANC sein Aufgabengebiet und damit seine Existenz gefährdet. Dieser Gegensatz von militärischer und politischer ANC-Führung konnte schließlich nur durch die Integration von MK in die SANDF sowie die Teilnahme von MK-Führern am Verhandlungsprozeß abgeschwächt werden.
3. Im Unterschied zu anderen schwarzafrikanischen Befreiungsbewegungen verfügte der ANC zu keiner Zeit über 'befreite Gebiete' innerhalb des Landes. Das hat seine Ursache einerseits in der ethnischen Heterogenität des Landes[7], andererseits in der hervorragend ausgebauten Infrastruktur. Letztere ermöglichte eine kurzfristige Intervention südafrikanischer Sicherheitskräfte in nahezu jedem Gebiet Südafrikas. Außerdem behinderte die territorial-administrative Gliederung Südafrikas den Aufbau eines disziplinierten, jederzeit aktivierbaren internen ANC.

Ein weiterer Beleg für die organisatorische Schwäche des ANC innerhalb Südafrikas ist die Tatsache, daß die informellen Treffen der südafrikanischen Regierung zwischen 1987 und 1990 mit dem Exil-Flügel des ANC in England stattfanden.[8] Aus diesen zunächst konspirativen Treffen entwickelte sich nach 1990 eine verhandlungspolitische Kontinuität, die den ANC und die NP dem Vorwurf des Alleingangs aussetzte.

---

6 Vgl. Anton Harber, Barbara Ludman: Weekly Mail and Guardian, A-Z of South African Politics, The Essential Handbook 1994, London, Johannesburg 1994, S. 159ff/S. 231ff.

7 Neben dem traditionellen Gegensatz Xhosa-Zulu erschwerten nicht nur das militärische Übergewicht des weißen Südafrika, sondern auch die ersten Reformen unter Staatspräsident Botha (Drei-Kammer-Parlament), die Inder und Coloureds privilegierten, die Kontrolle von südafrikanischen Territorien durch den ANC.

8 Vgl. Afrikaners and Africans, Ending Apartheid, in: The Economist vom 18.03.1995.

Auch wenn die Rubikon-Rede de Klerks vom Februar 1990 somit den ANC nicht überraschte, stand er jetzt vor der Aufgabe des Aufbaus effektiver Strukturen in Südafrika. Die neuen Machtverhältnisse innerhalb der ANC-Führung werden deutlich, betrachtet man die Zusammensetzung der elfköpfigen ANC-Delegation[9] während des ersten formellen Gesprächs mit der NP-Regierung: "Except for Carolus, it included no members of the younger, more radical generation of domestic antiapartheid activists."[10]

Der Gegensatz zwischen Exil- und internem Flügel wird durch einen Generations- und Sozialisationskonflikt überlagert. Den alten Exilanten und Häftlingen, die ihre politische Karriere in den 40er und 50er Jahren begannen, sowie den im Ausland geschulten Kadern standen plötzlich militante, ungebildete Jugendliche gegenüber, deren Forderungen in den Verhandlungen berücksichtigt werden mußten. Der Schulboykott und der Kampf gegen schwarze Kollaborateure prägten bis 1990 ihren Alltag. Zwar ist diese Gruppe innerhalb der Führungsgremien des ANC personell unterrepräsentiert, ihr Einfluß auf ANC- oder Regierungsentscheidungen ist jedoch durch die Präsenz der populistischen Radikalen um Peter Mokaba und Winnie Mandela gewährleistet.

Zusammenfassend kann festgestellt werden, daß 1996 die Integration der drei großen Gruppen (Exilanten, Häftlinge, Interne) abgeschlossen ist. Indessen können neue Konflikte, hervorgehend aus dieser alten Organisationsstruktur, entstehen, solange nicht die Frage der Umwandlung des ANC von einer Befreiungsbewegung in eine politische Partei endgültig beantwortet ist.

---

9 Die ANC Delegation für die Gespräche auf Villa "Groote Schuur" (Kapstadt, 2.-4.05. 1990) setzte sich aus sieben Schwarzen (Nelson Mandela, Joe Modise, Thabo Mbeki, Walter Sisulu, Alfred Nzo, Archie Gumede, Ruth Mompati), zwei Weißen (Joe Slovo, Rev. Beyers Naude), einem Inder (Ahmed Kathrada) und einer Coloured (Cheryl Carolus) zusammen.

10 Facts On File: World News Digest with Index, Vol. 50, No. 2581, May 11, 1990, S. 338.

Auf der 49. Nationalen Konferenz des ANC in Bloemfontein (Dezember 1994) befanden sich unter den für das Nationale Exekutivkomitee (NEC) gewählten 60 Kandidaten auch Repräsentanten des linkspopulistischen Flügels. Zu denjenigen, die die meisten Stimmen auf sich vereinigen konnten, zählten Bantu Holomisa, Peter Mokaba und Winnie Mandela. Ein halbes Jahr nach der Übernahme der Regierungsverantwortung durch den ANC wurde damit der bisherigen ANC-Führung deutlich gezeigt, zu welchen Kompromissen die Anhänger der Organisation bereit sind und was bereits als Verrat der Ideale gilt.

Für viele dem ANC bisher loyal Gesinnte hatte der ANC inzwischen seinen radikalen Ruf verloren. "There was a growing sentiment that the ascendent coalition in the ANC leadership was composed of moderate nationalists, social democrats, and free-market liberals"[11]. Unzufriedenheit herrschte vor allem in den Reihen der mittleren Gewerkschaftsebene, den 'civic associations' und in der Township-Jugend. Letztere hatte mit der Ermordung Chris Hanis - Kommunist, MK-Chief und neben Mandela der populärste ANC-Politiker - ihren Führer verloren.

Der ANC sieht sich jetzt der schwierigen Aufgabe gegenüber, das Erbe seiner 'ungovernability'-Strategie[12] der 80er Jahre zu überwinden. Dabei steht er vor zwei entscheidenden Herausforderungen:

1. Zum Zeichen des Widerstandes gegen das Apartheid-System weigerten sich seit Beginn der 80er Jahre viele Bewohner der Townships, für staatliche Leistungen, z.B. Miete, Wasser oder Strom, aufzukommen. Diesem ersten Schritt in Richtung einer Unregierbarkeit der schwarzen Wohngebiete hatten die Vertreter des alten Regimes kein wirksames Mittel entgegenzusetzen. Ein Abschalten der Stromzufuhr hätte nur zu erhöhter Kriminalität und Ausschrei-

11 Martin J. Murray: a.a.O., S. 123.

12 Vgl. Kathryn A. Manzo: Domination, Resistance, and Social Change in South Africa, The Local Effects of Global Power, Westport, Connecticut, London 1992, S. 229f.

tungen geführt, die ihrerseits wiederum ein Eingreifen der Sicherheitskräfte erforderlich gemacht hätten.

Für den ANC wirkt sich indessen negativ aus, daß seine Machtübernahme 1994 nicht mit einer Veränderung der Zahlungsmoral in den Townships einhergegangen ist. Nach wie vor wird für staatliche Leistungen nicht bezahlt. Das Ausmaß der Verweigerungshaltung trotz der gerade auf die Townships konzentrierten Umverteilungspolitik der GNU wird in der 'Masakhane'-Aktion[13] deutlich. Mit der Kampagne "Masakhane- Building Together Now" soll öffentlichkeitswirksam an die Zahlungsmoral appelliert werden.[14]

In Anbetracht des Wahlverhaltens der Township-Bewohner muß darum der ANC ein vorrangiges Interesse am Gelingen von 'Masakhane' haben. Seine ehrgeizigen RDP-Pläne sind ohne eine teilweise Deckung von Seiten der Leistungsempfänger langfristig nicht realisierbar. Dies wiederum zieht eine Unzufriedenheit nach sich, die zur Stärkung des radikalen Flügels innerhalb des ANC oder aber zu einer Unterstützung des PAC beitragen kann.

2. Eine weitere Folge der Unregierbarkeits-Strategie, mit der sich der ANC konfrontiert sieht, ist die Macht nicht demokratisch legitimierter Einrichtungen. Dazu gehören die 'civic associations', die sich 1992 mehrheitlich in der South African National Civic Organization (SANCO) zusammenschlossen.[15] Diese Vereinigungen rivalisieren mit den gewählten Lokalpolitikern in den jeweiligen Kommunen. Neben den civics existieren noch immer Rudimente des bewaffneten Kampfes des ANC in einigen Townships.

---

13 Das Wort 'Masakhane' stammt aus dem Zulu und appelliert an den afrikanischen Gemeinschaftsgeist. Es bedeutet 'building together now'.

14 Vgl. dazu die Masakhane-Kampagne im West- und Ostkap: In "Port Elizabeth ..., the treasury department recommended that municipal services be supended in areas with in exceptionally high record of non-payment.", in: Mark Swilling: Ripping the heart out of local power, in: Mail and Guardian vom 15.-21.03.1996.

15 Aufgrund der Unterstützung des ANC durch SANCO während der Wahlen seit 1994 spricht man inzwischen von einer 3+1 Allianz, bestehend aus ANC, SACP, COSATU und SANCO. Vgl. dazu Anton Harber, Barbara Ludman: a.a.O., S. 224f.

Die Kämpfer von Umkhonto we Sizwe, die nicht in die SANDF integriert wurden oder aus ideologischen Gründen nicht integriert werden wollten, bildeten die ANC-nahen 'self-defence units' (SDUs), die sich regelmäßig Straßengefechte mit den Inkatha-treuen 'self-protection units' (SPUs) liefern. Damit verfügen beide Bewegungen über ihre eigene 'third force', die nicht der direkten Kontrolle der jeweils nationalen Führung untersteht.[16] Versuche, SPUs und SDUs in den Südafrikanischen Polizeidienst (SAPS) zu übernehmen, hatten bis 1996 nur bedingt Erfolg.[17]

Für den ANC ergibt sich daraus die Schwierigkeit, daß er mit größer werdendem Abstand zum Kampf gegen die Apartheid seinen Mythos als Befreiungsbewegung verliert und in den Ruf gerät, zum Establishment zu gehören. Die gewählten ANC-Politiker in den Kommunen gelangen auf diese Weise in den Ruf, lediglich Vertreter des auf nationalem Niveau dominierenden pragmatischen ANC-Flügels zu sein. Davon profitieren die zwar nicht legitimierten, aber aufgrund der Vergangenheit dennoch von vielen Schwarzen akzeptierten 'civic associations' sowie die radikalen Populisten innerhalb des ANC.

III. Die organisatorische Struktur des ANC

Der ANC verfügt nach unterschiedlichen Quellen über eine Mitgliederzahl zwischen 500.000 und 900.000 und erhebt einen Mitgliedsbeitrag von 12 Rand.[18] Nach der organisatorischen Vereinigung des hierarchisch-autoritären Exilflügels mit dem unter den Bedingungen der Illegalität operierenden internen ANC konnte sich die Bewegung auf ihrer 49. Nationalen Konferenz 1994 eine neue Organisationsstruktur geben. Der oberste Führungszirkel wurde um einen

---

16 Vgl. Heribert Adam, Kogila Moodley: The Opening of the Apartheid Mind. Options for the New South Africa. Berkeley, Los Angeles, London 1993, S. 131.

17 Vgl. dazu die Erfahrungen im konfliktträchtigen East Rand-Gebiet, Morna, Colleen Lowe: Crisis looming over community constables, in: Quarterly Supplement to the Mail and Guardian vom 15.-21.03.1996.

18 Martin J. Murray: a.a.O., S. 122 und Bertil Odén, Thomas Ohlson, Alex Davidson, Per Strand, Mats Lundahl, Lena Moritz: The South African Tripod, Studies on Economics, Politics and Conflict, Uppsala 1994, S. 51.

Posten erweitert und besteht seitdem aus sechs Mitgliedern.Im neunzigköpfigen Nationalen Exekutivkomitee befinden sich 60 durch die Konferenz gewählte Mitglieder. Die verbleibenden 30 sind aufgrund ihres Amtes automatisch Mitglied. Die Mehrzahl dieser ex officio-Mitglieder wird durch die Jugend- und die Frauenliga gestellt.

Die Jugendliga des ANC (ANCYL) ist vor den entsprechenden Verbänden der Inkatha und der Nationalen Partei die mitgliederstärkste Jugendorganisation.[19] Nach dem Ausscheiden des radikalen Populisten Peter Mokaba aus Altersgründen setzten sich in der Führung der ANCYL auf dem 19. Kongreß im März 1996[20] die eher gemäßigten Kräfte durch, die einen Konflikt mit der nationalen ANC-Führung vermeiden wollen. Dagegen hat sich die Frauenliga des ANC (ANCWL) zu einer linkspopulistischen pressure group inner- und außerhalb des ANC entwickelt. In der Abstimmung auf dem Kongreß von 1994 setzte sich Winnie Mandela gegen Albertina Sisulu durch.

IV. Die Bündnispolitik des ANC

Die Bündnispolitik gegenüber der Südafrikanischen Kommunistischen Partei (SACP) und dem Gewerkschaftsbund COSATU ist ein Kernstück der politischen Strategie des ANC. Dabei kann dahingestellt bleiben, inwieweit diese Strategie theoretisch aus dem Leninismus abgeleitet ist oder ob sie durch die politische Entwicklung des alten Südafrika nahegelegt wurde. Trotz aller Differenzen ist dieses Bündnis nie ernsthaft in Frage gestellt worden.

Eine Auflösung dieser Allianz wäre automatisch das Ende des ANC als Befreiungsbewegung. Zur Umwandlung des ANC in eine politische Partei, die die ideologische Heterogenität der Befreiungsbewegung aufgeben müßte, gäbe es

---

19 Vgl. Mayibuye, Vol. 7, Nr. 4, Mai 1996, Internet-Ausgabe: http://www.anc.org.za/-ancdocs/pubs/

20 Vgl. Jovial Rantao: New ANC Youth League president a surprise choice, in: The Star (Gauteng) vom 04.03.1996.

ohne die Bündnispartner SACP und COSATU keine Alternative.[21] An der Auflösung des Bündnisses sind jedoch weder der ANC noch die SACP oder COSATU interessiert. Alle drei Organisationen befinden sich in einem Abhängigkeitsverhältnis, daß von jedem Partner als existentiell perzipiert wird.

Während COSATU durch die Verbindung mit dem ANC direkt Einfluß auf Regierungsentscheidungen ausüben kann, ermöglicht der Bund der SACP den Zugang zu den höchsten Staatsämtern, in deren Nähe sie ohne das ANC-Fahrwasser nicht gelangt wäre. Der ANC selbst weiß um den Einfluß der Kommunisten innerhalb der Gewerkschaftsbewegung und das verklärte Sozialismusverständnis großer Teile der schwarzen Bevölkerung. Auch wenn sich in Zukunft die Konflikte zwischen einer ANC-Regierung, die um ausländische Investitionen wirbt, und der Gewerkschaft COSATU intensivieren werden[22]: Zur machtpolitischen Symbiose aus ANC, SACP und COSATU gibt es mittelfristig für keine der drei Organisationen eine Alternative.

Abb. 1: Die politische Symbiose der ANC-SACP-COSATU-Allianz

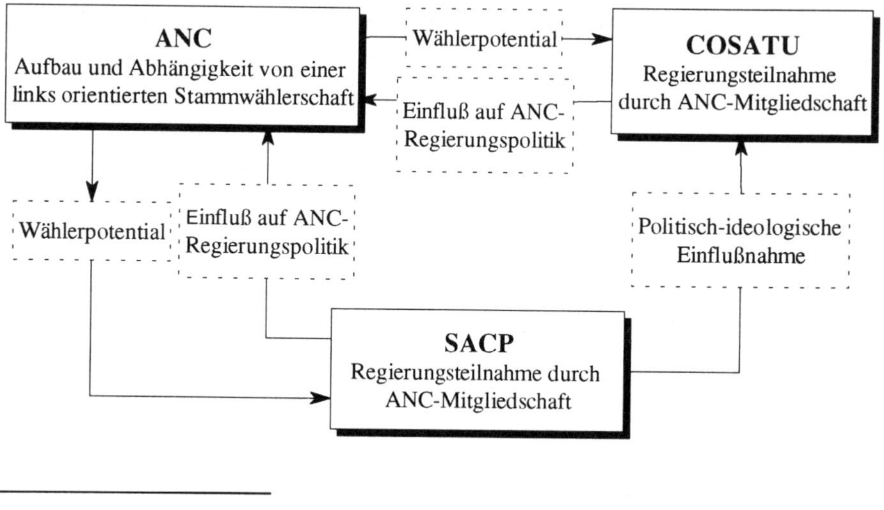

21 Moodley Adam: a.a.O., S. 73.

22 Vgl. Kaizer Nyatsumba: Six months into the new South Africa- where are we now?, in: South Africa Foundation Review, Vol. 20, Nr. 6, 1994, S. 3. Vgl. auch Roger Matthews: Rand under fire as union troubles grow, in: Financial Times vom 24.07.1996.

V. Der Einfluß der Kommunisten: Schreckgespenst oder Realität?

Seit dem gemeinsamen Aufbau von Umkhonto we Sizwe, dem bewaffneten Arm des ANC, sind die Führungsgremien des ANC durch einen überdurchschnittlich hohen Anteil an Kommunisten gekennzeichnet. Dafür gab es drei entscheidende Gründe:

1. Beide Organisationen mußten sich den Bedingungen der Illegalität anpassen und sahen nur im vereinten Vorgehen eine Möglichkeit zur Durchsetzung ihrer Ziele.
2. Während der ANC durch das Bündnis mit der SACP Zugang zu Ressourcen in den kommunistischen Staaten erhielt, bekam die SACP ihrerseits Einflußmöglichkeiten in den Führungsgremien des ANC.
3. Entsprechend der Leninschen Revolutionstheorie, nach der zunächst die nationale und erst in einer zweiten Phase die soziale Revolution durchzuführen sei, brauchten die südafrikanischen Kommunisten den ANC, um an die Macht zu kommen.

Seit 1994 stellt sich die Frage, zu welchem Zeitpunkt sich die SACP vom ANC abspalten wird. Dabei muß die Partei zum einen berücksichtigen, daß mit einer Abspaltung vom ANC eine erhebliche Einflußeinbuße einherginge; zum anderen ist sie organisatorisch noch nicht in der Lage, politisch selbständig und öffentlichkeitswirksam aktiv werden zu können. Selbst der finanziell weltweit unterstützte ANC hatte Anfang der 90er Jahre erhebliche Schwierigkeiten beim Aufbau einer adäquaten Organisationsstruktur und hat diesen Prozeß immer noch nicht abgeschlossen.[23]

Der Einfluß der SACP auf ANC-Entscheidungen hat sich nach 1990 nachweisbar fortgesetzt. Unter ihrem Vorsitzenden Joe Slovo hatte die SACP Anteil an allen wichtigen Entscheidungen des ANC während der Verhandlungsphase von 1990-1994. Vor allem drei für den Verhandlungsverlauf entscheidende ANC-Initiativen gingen direkt auf Vorschläge der SACP bzw. Slovos zurück:

---

23 Vgl. Mayibuye, Vol. 7, Nr. 5, Juni 1996, Internet-Ausgabe: http://www.anc.org.za/-ancdocs/pubs/mayi9606.html.

1. Aus verhandlungstaktischen Gründen empfahl Slovo 1990 dem ANC die Aussetzung des bewaffneten Kampfes. Mandela hielt diese Forderung für genauso verfrüht wie die nach einem Ende der Sanktionen, akzeptierte sie aber dennoch. Um den radikalen Flügel seiner Organisation ruhigzustellen, kündigte er aber an, Umkhonto we Sizwe in Alarmbereitschaft zu halten.[24]

2. 1992 schlug Slovo eine auf fünf Jahre angelegte Machtteilung vor, die 1994 schließlich mit der Regierung der Nationalen Einheit realisiert wurde. Hauptgrund dafür war die Erkenntnis, daß der ANC das Land nicht regieren könne, solange der öffentliche Dienst, die Polizei und das Militär NP-loyal seien.[25]
3. Der nach der Ermordung des Kommunistenführers Chris Hani drohende endgültige Verlust der Kontrolle über die Radikalen und die Township-Jugend erzwang eine baldmögliche Festlegung des Wahldatums. Diese Terminierung setzte gleichzeitig die Verhandlungspartner unter Druck.

Mit dieser Verhandlungstaktik und als Wohnungsbauminister der GNU erwarb Slovo sich den Respekt auch seiner politischen Gegner. Selbst die SACP profitierte von seiner moralischen Autorität[26], indem ihr das Gütesiegel 'sozialdemokratisch' verliehen wurde. Ein Blick auf Programmatik und Parteistruktur verdeutlicht indessen, inwieweit sich die Partei nach wie vor den Kategorien der marxistisch-leninistischen Ideologie verpflichtet fühlt.

Während die Strategie der SACP bis 1994 auf einer bedingungslosen Unterstützung des ANC beruhte, werden seither Tendenzen der Verfolgung eines eigenständigen Weges sichtbar. So wird in der Parteizeitschrift 'The African Communist' über die heutige Bedeutung der 'Diktatur des Proletariats' disku-

24 Facts on File, World News Digest with Index, Vol. 51, No. 2643, July 18, 1991, S. 546.

25 Vgl. John Koppisch: The ANC's Not-So-Hidden Agenda, in: The Wall Street Journal Europe vom 8./9.04.1994.

26 Vgl. Michael Holman: Joe Slovo, communist revolutionary turned pragmatist, in: Financial Times vom 7./8. 01.1995.

tiert[27]. Tonangebend innerhalb der SACP sind weiterhin weiße und indischstämmige Intellektuelle, während die Mehrheit der Mitglieder sich aus schwarzen Industriearbeitern zusammensetzt.[28] Durch gemeinsame Listenverbindungen auf regionaler und nationaler Ebene, die der ANC mit seinen Bündnispartnern einging, erlangte die SACP auch Ministerposten in den Provinzen sowie in der Regierung der Nationalen Einheit. Auf den ersten 50 Plätzen für die nationale Wahlliste des ANC sind nach unterschiedlichen Angaben zwischen 16 und 25 Kommunisten[29] angetreten.

Damit ist eine kommunistische Einflußnahme auf die ANC- und Regierungspolitik auch weiterhin gewährleistet. Offizielle Stellungnahmen und Äußerungen von SACP-Politikern lassen trotz teilweise attestierter 'Sozialdemokratisierung' befürchten, daß die SACP zu den wenigen Nutznießern einer Einheitspartei ANC gehören würde. Einer solchen Entwicklung kann auch die institutionelle Festschreibung der Fraktionsdisziplin dienen: Genauso wie die Übergangsverfassung verfügt auch die Verfassung von 1996 über eine Regelung, die einen Parteiaus- oder übertritt mit dem Mandatsverlust in der Nationalversammlung bestraft[30]. Damit wird zum einen der parlamentarische Bestand der Oppositionsparteien garantiert, zum anderen kann die heterogen zusammengesetzte ANC-Fraktion ihre Bündnispartner von SACP und COSATU disziplinieren.

VI. Das wirtschaftliche Rückgrat des ANC

Mit der Übernahme der Regierungsverantwortung erhielt der ANC 1994 theoretisch die Möglichkeit, seine zwei Jahre zuvor beschlossenen Umstrukturierungs-

---

27 Vgl. The African Communist, Nr. 5, 1996.

28 Vgl. Anton Christen: Parteitag der südafrikanischen Kommunisten, in: NZZ vom 08./09. 12.1991.

29 Vgl. Anton Christen: Die Kommunisten stehen vor dem Einzug in die erste allgemeine Regierung, in: Handelsblatt vom 18.04.1994.

30 Übergangsverfassung Chapter 4, 43(b), in: Constitution of the Republic of South Africa 1993, Act 200 of 1993; Verfassung 1996 Annexure A13- 23A (1), in: Constitution of the Republic of South Africa 1996.

pläne für die südafrikanische Wirtschaft[31] umzusetzen. Inzwischen hatte sich jedoch innerhalb des ANC der moderate Wirtschaftsflügel durchgesetzt, der den Zusammenhang von ausländischen Investitionen und Wirtschaftswachstum in Südafrika anerkennt.

Bereits nach der Legalisierung gehörte es zur Strategie des ANC, die schwarze Emanzipation nicht nur durch 'affirmative action', sondern auch durch 'black economic empowerment' durchzusetzen. Das langfristige Ziel dieses Vorgehens bestand darin, die Wirtschaftssektoren der Afrikaner und Englischsprachigen um den der Schwarzen zu ergänzen. Zu diesem Zweck forcierte vor allem ANC-Präsident Mandela die Einwerbung finanzieller Mittel auf seinen Auslandsreisen nach Westeuropa und Nordamerika, die dem ANC einen erfolgreichen Wahlkampf sichern sollten.[32] Dadurch konnten die 'Movement Marketing Enterprises' (MME) entstehen, deren Aufgabe zunächst im Absatz von ANC-Souvenirs bestand. Unter Aufsicht des damaligen Chefs des ANC-Finanzdepartements Vusi Khanyile flossen dann jedoch weitere Gelder in den Aufbau eines geplanten Firmen-Imperiums, das 1992 mit der 'Thebe Investment Corporation' (TIC) als Dachgesellschaft begründet wurde, in das man auch MME integrierte.

Der Vorteil der Gründung der TIC in der Organisationsform einer Pty Ltd.[33] bestand darin, daß Khanyile weder zur Offenlegung des Kapitalbesitzes noch der Gewinnzahlen verpflichtet war.[34] Einziger TIC-Aktionär wurde der Batho-

---

31 "The restructuring of the South African economy on the basis of new, comprehensive and sustainable growth and development strategies in all sectors of the economy", in: Ready to Govern, ANC Policy Guidelines for a democratic South Africa, angenommen auf der ANC-Nationalkonferenz im Mai 1992, S. 19.

32 Facts on file, Vol. 53, Nr. 2745, 08.07.1993, S. 497. Außerdem setzten westliche Regierungen ihre in den 70er Jahren aufgenommenen finanziellen Hilfeleistungen auch noch nach der Legalisierung des ANC 1990 fort. Die schwedische ANC-Hilfe endete z.B. erst im Januar 1994. Vgl. Sweden stops aid for ANC after 20 years, The Financial Times vom 28.01.1994.

33 D.h. nach deutschem Recht einer GmbH.

34 Vgl. Frank Räther: Direkter Draht - Wie der ANC sich ein eigenes Wirtschaftsimperium aufbaut, in: Wirtschaftswoche vom 07.10.1994.

Batho-Trust, an dessen Spitze Mandela und ANC-Vizepräsident Walter Sisulu standen.[35]

Die offizielle Zielsetzung der TIC ist schon aus dem Namen ablesbar: 'Thebe' bedeutet in Sesotho 'Schild'. Der noch schwach ausgeprägte schwarze Mittelstand sollte auf seinem Weg zur wirtschaftlichen Emanzipation begleitet und geschützt werden. Laut einer Selbstdarstellung des Unternehmens sollte die 'Thebe Investment Corporation' bald eine größere Rolle bei der Entwicklung der südafrikanischen Wirtschaft und bei der sozialen Förderung "unseres Volkes" spielen.[36]

Dieses Anliegen soll in erster Linie durch Firmen gewährleistet werden, die möglichst verschiedene Wirtschaftssegmente bedienen (Vgl. Abb. 2). So vereint TIC unter seinem Dach nicht nur die Souvenir-Tochter MME, sondern u.a. auch eine Handelsfirma, einen Immobilienzweig sowie eine EDV-Firma.

Als besonders erfolgreich hat sich das Betreiben der 'SA Express' herausgestellt, mit der gleichzeitig die erste in schwarzem Besitz befindliche Fluggesellschaft Afrikas gegründet wurde. Sie bedient inzwischen auch den Markt über die Grenzen Südafrikas hinaus, fliegt Ziele in Namibia und Sambia an und plant ein wirtschaftliches Engagement in Mozambique.[37]

Neben einer beschleunigten wirtschaftlichen Emanzipation der Schwarzen durch die Unterstützung von Unternehmern aus dieser Bevölkerungsgruppe ist ein anderes Ziel des ANC nicht zu übersehen: Der personelle Einfluß auf die 'Thebe Investment Corporation' ermöglicht nicht nur die Erschließung finanzieller Ressourcen für den ANC, sondern auch eine Kontrolle der wesentlichen Strukturen der im Aufbau befindlichen schwarzen Wirtschaft. Mit diesem Versuch des ANC, sich ein parteinahes Wirtschaftsimperium zu schaffen, hat er sich nicht nur eine wirtschaftliche, sondern auch eine politische Option eröffnet.

---

35 Ebda.

36 Vgl. Anton Christen: Kommerzielle Ambitionen des ANC, in: NZZ vom 02.02.1994.

37 Vgl. Madeleine Wackernagel: On board for Mozambique, in: Weekly Mail and Guardian vom 01.03.1996.

Abb. 2: Das Wirtschaftsimperium des ANC[38]

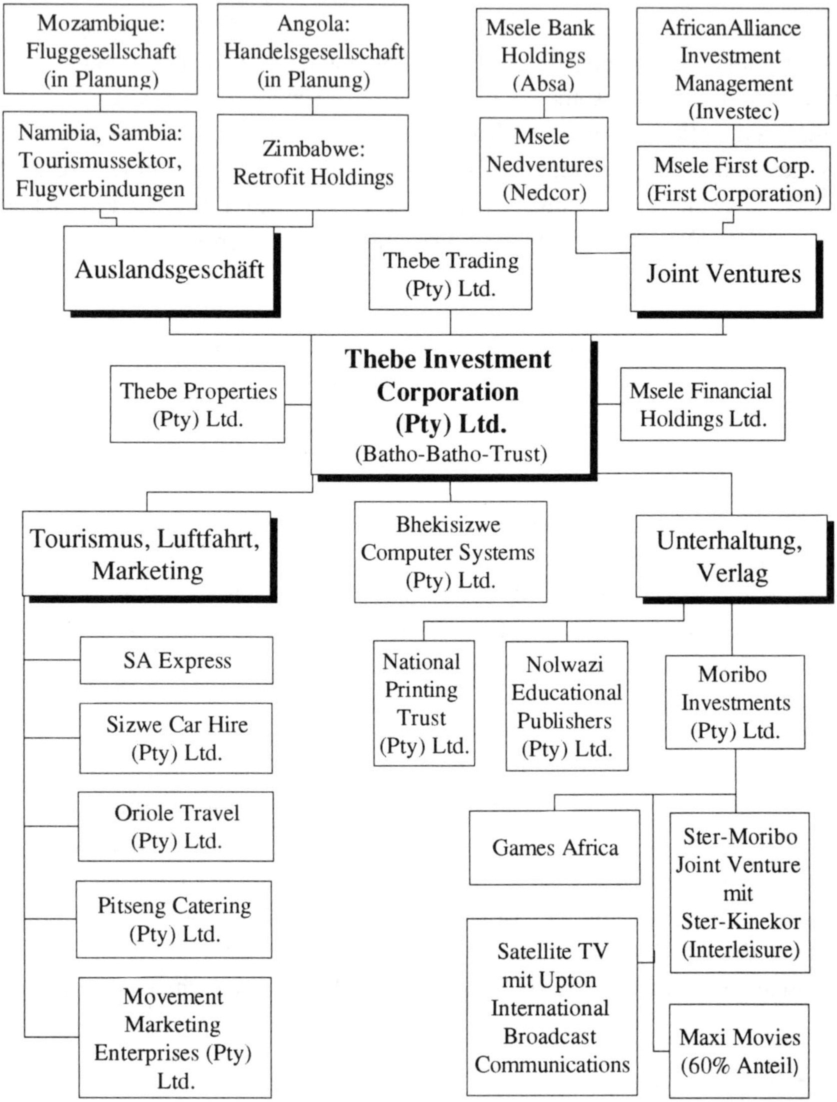

38 Grundlage der eigenen Erstellung sind eine Stichwort-Recherche des "Weekly Mail & Guardian" für den Zeitraum Sept. 1994-Juni 1996 sowie die Artikel von Frank Räther: Direkter Draht, a.a.O., Anton Christen: Kommerzielle Ambitionen des ANC, a.a.O. und Mark Ashurst: Little progress in unbundling, in: Financial Times vom 28.03.1996.

Die Einflußnahme von ANC-Politikern auf die ANC-Unternehmer eröffnet für die Regierungspartei ANC zunächst die Möglichkeit der Parteifinanzierung durch öffentliche Aufträge an diese Unternehmen. Darüber hinaus bietet diese Verschränkung von ANC-Politik und ANC-Wirtschaft die Option für eine tiefgreifende Veränderung der Wirtschaftsordnung. In einem ANC-dominierten Südafrika kann das wirtschaftliche ANC-Imperium die Bedeutung eines unabhängigen privaten Sektors eingrenzen und damit letztlich einheitsstaatliche Strukturen fördern. Die wirtschaftliche Basis einer wirksamen politischen Opposition kann auf diese Weise neutralisiert werden.

Diese Option verdeutlicht exemplarisch das Thebe-Tochterunternehmen 'Nolwazi Educational Publishers' (NEP). Dahinter verbirgt sich ein Schulbuchverlag, an dem die britische Verlagsgruppe Macmillan beteiligt ist.[39] Dieses internationale Interesse hat seine Ursache in der Überwindung des bildungspolitischen Erbes der Apartheidzeit: Nahezu alle südafrikanischen Schulbücher müssen neu geschrieben werden. Die Aufträge dafür werden vom ANC-Bildungsminister vergeben. Ein vergleichbares Szenario ist im Wohnungsbau und in anderen Wirtschaftssektoren zu beobachten. Die auf diese Weise erzielten Gewinne fließen anteilig in die Parteikasse des ANC.

VII. Die verfassungspolitischen Zielsetzungen des ANC und die Rahmenbedingungen der Verfassung von 1996

Mit der Verabschiedung der Verfassung von 1996 konnte der ANC weitgehend seine eigenen verfassungspolitischen Vorstellungen durchsetzen. Die dominante Rolle des ANC bei der Formulierung des Dokuments wird in vielen Politikbereichen des Neuen Südafrika deutlich.

Im Bereich der Wirtschaft weigerte sich der ANC, das Streikrecht der Beschäftigten durch ein Aussperrungsrecht der Arbeitgeber auszubalancieren. Damit erhalten die Gewerkschaften das Recht, "to make or break future govern-

39 Vgl. Frank Räther: Direkter Draht - Wie der ANC sich ein eigenes Wirtschaftsimperium aufbaut, in: Wirtschaftswoche vom 07.10.1994.

ments"[40]. Die Bedeutung dieser Klausel wird erkennbar, wenn man die enge Verflechtung des einflußreichsten Gewerkschaftverbandes COSATU und des ANC berücksichtigt.

Bereits in den Verhandlungen zur Verfassung wurde deutlich, daß der pragmatische Wirtschaftsflügel innerhalb des ANC sich gegenüber COSATU zwar hinsichtlich einer marktwirtschaftlichen Ordnung durchsetzen konnte, alle anderen Elemente der Wirtschaftsordnung jedoch nach wie vor die Handschrift der sozialistisch orientierten und SACP-dominierten COSATU tragen.[41]

Der sich inzwischen abzeichnende Interessenkonflikt zwischen ANC-Regierung und COSATU[42] wird sich auf die Stabilität des politischen Systems auswirken. Durch eine Trennung COSATUs vom ANC würde letzterem ein signifikanter Teil der eigenen Wählerschaft genommen. Daraus ergeben sich für den ANC Abhängigkeiten, die zu einer Fusion von exekutiver Macht und Wirtschaftsordnung führen können. Andere afrikanische Staaten, aber auch die früheren Ostblock-Staaten, weisen Möglichkeiten einer solchen Entwicklung auf.

Mit der neuen Verfassung von 1996 verfügt Südafrikas politisches System nicht mehr über konkordanzdemokratische Elemente[43], wie sie in Gestalt der GNU in der Übergangsverfassung noch vorhanden waren. Damit konnte der ANC seine Vorstellungen von Mehrheitsherrschaft durchsetzen "and rang the death knell of multiparty participation in decision making at executive level"[44].

---

40 So DP-Vorsitzender Tony Leon nach Annahme der Verfassung, vgl. Roger Matthews: Rands and sentiment in the new S Africa, in: Financial Times vom 09.05.1996.

41 Vgl. Beatrix Payne: Is Nelson about to face his Trafalgar?, in: Sunday Business vom 12.05.1996.

42 Vgl. dazu Äußerung von James Motlatsi, Präsident der National Union of Mineworkers: Hersien Cosatu se band met ANC, vra mynwerkers, in: Die Burger vom 16.03.1996.

43 Bereits 1985 wies A. Lijphart darauf hin, daß nur eine Konkordanzdemokratie (Pazifikationsdemokratie) eine dauerhafte Lösung für Südafrika bringen würde. Vgl. Arend Lijphart: Machtsdeling- de oplossing voor Zuid-Afrika?, Haarlem 1987, S. 163.

44 So NP-Vorsitzender de Klerk nach Annahme der Verfassung; Roger Matthews: Rands and sentiment in the new S Africa, in: Financial Times vom 09. 05. 1996.

Nach erfolgter Liberalisierung und Demokratisierung des politischen Systems hätte die neue Verfassung Südafrika eine Phase der Konsolidierung[45] garantieren können. Die Verfassung von 1996 wird jedoch angesichts der komplexen Konfliktstruktur zu dieser Konsolidierung nur bedingt beitragen können. Für die Gestaltung der Verfassungswirklichkeit besitzt der ANC als Mehrheitspartei 1996 beide Optionen: demokratische Konsolidierung oder Einparteienstaat.

VIII. Die Nation Building-Politik des ANC

Zur Eröffnung der Sitzungsperiode des südafrikanischen Parlaments verkündete Präsident Mandela im Februar 1996 einen 'neuen Patriotismus', der Südafrika zu einer 'winning nation' machen soll.[46] Zusammen mit der 'rainbow nation'-Vision soll der neue Patriotismus Südafrikas Bevölkerung eine rassenübergreifende, nationale Identität vermitteln.

Diesem Anspruch zum Aufbrechen der ethnischen Konfliktstruktur steht jedoch die Realität entgegen. Neben einer Vielzahl wissenschaftlicher Arbeiten, die zu völlig unterschiedlichen Ergebnissen hinsichtlich einer südafrikanischen Identität kommen[47], zeugen vor allem die Wahlergebnisse seit 1994 von einem signifikanten ethnischen Zugehörigkeitsgefühl der Mehrzahl der Südafrikaner.[48] Daraus kann ein ethnisches Majoritätsdilemma abgeleitet werden, in dem sich der

---

45 Zur Phaseneinteilung von Transitionsprozessen vgl. Ellen Bos: Die Rolle von Eliten und kollektiven Akteuren in Transitionsprozessen, in: Systemwechsel 1, Theorien, Ansätze und Konzeptionen. Opladen 1994, S.85f.

46 Vgl. Anton Christen: Nelson Mandela predigt einen neuen Patriotismus, in: Handelsblatt vom 13.02.1996.

47 Vgl. dazu Heribert Adam und Kogila Moodley im Gegensatz zur skeptischen nation-building-Sicht Horowitz'; Heribert Adam, Kogial Moodley, a.a.O.; Donald L. Horowitz: A Democratic South Africa? Constitutional Engineering in a Divided Society, Berkeley, Los Angeles, Oxford 1991.

48 Nigel Worden: The Making of Modern South Africa. Conquest, Segregation and Apartheid, Oxford, Cambridge 1995, 2. Aufl., S. 144.

ANC befindet[49]. Dagegen sind im Verfassungsgerüst von 1996 keine institutionellen Lösungsmechanismen vorgesehen.

Wenn der ANC in seiner 'broad church' Struktur[50] weiterexistiert, wird sich Südafrika schon allein aufgrund des ethnisch-demographischen Faktors nach den für 1999 vorgesehenen Wahlen zu einem "effective one party state which coopts opposition rather than shares power with it and which increasingly detests opposition"[51] entwickeln.

Der ANC kann zwar für die südafrikanische Demographie nicht verantwortlich gemacht werden; er muß sich dennoch die Frage gefallen lassen, warum er in einer mehrfach fragmentierten Gesellschaft das Prinzip der Mehrheitsherrschaft favorisiert. Ohne institutionelle Absicherungen sind für die in der Opposition befindlichen Parteien Versprechen von 'voluntary power-sharing' und 'participatory democracy' nach 1999 wertlos.[52]

Der ANC verteidigt seine Position mit dem Hinweis auf die Apartheidzeit, in der Ethnizität ein Grundpfeiler politischer Legitimation war. Die ethnische Karte solle nicht weiterhin gespielt werden, stattdessen müsse durch einen nationalen Aussöhnungsprozeß eine nationale Identität aller Südafrikaner angestrebt werden.[53]

---

49 Der ANC wurde 1994 von 12,2 Mio. Wählern gewählt. Davon entfallen 94% auf das schwarze, 4% auf das farbige, 1,5% auf das asiatische und 0,5% auf das weiße Wählersegment. Bei den Kommunalwahlen von 1995/1996 ergab sich ein ähnliches Bild. Vgl. Stanley Uys: Is Consensus a Workable Mechanism?, in: Gerhard Hirscher, Klaus Lange (Hrsg.): The New South Africa, Hopes and Challenges, München 1995, S. 49.

50 Damit ist die Zusammensetzung des ANC und seiner Allianzpartner gemeint: Bewußt wird ein breiter Grundkonsens propagiert, der die Gruppierungen innerhalb des ANC nicht nur während der Apartheidzeit einte, sondern diesen Ansatz weiter verfolgt.

51 Hermann Gilomee: Consolidating South Africas new democracy; in: South Africa Foundation Review, No. 5, 1994, Vol. 20, S. 2.

52 Stanley Uys: a.a.O., S. 51 ff.

53 Vgl. ANC (Hrsg.): Building a United Nation. Policy Proposals for the Final Constitution, Kapstadt 1995.

In der Diskussion der veröffentlichten Meinung hat diese Position zum Vorwurf einer nation building-Strategie in der Tradition der Jakobiner geführt.[54] Mit dieser bewußt zugespitzten Formulierung will man vor allem Lehren aus den Erfahrungen Simbabwes ziehen. In diesem Nachbarland Südafrikas erhöhten sich nach der Unabhängigkeit bei sinkendem Lebensstandard der schwarzen Mehrheit die Schuldzuweisungen gegenüber der weißen Minderheit. Dies kulminierte schließlich darin, daß den europäischstämmigen Einwohnern durch die Regierung die Identität als Simbabwer abgesprochen wurde.

Mit einem jakobinischen 'nation building' drohten Südafrika vergleichbare Entwicklungen: Auf absehbare Zeit wird es für die Mehrheit der arbeitsfähigen Schwarzen keine wesentliche Einkommensangleichung oder -erhöhung geben können. Die Schaffung neuer Arbeitsplätze, vor allem im Staatsdienst, und die ersten Erfolge von 'affirmative action' werden den hohen Erwartungen der ANC-Anhänger nicht entsprechen können. Die daraus hervorgehenden enttäuschten Erwartungen und der Wille zur Macht werden auf diese Weise den ANC dazu zwingen, " to modify its non-racial stance...The new government could, by means of affirmative action policies for blacks..., seek to create a category of South Africans that would at least be 'first among equals'".[55]

Neben dieser Gefahr, die nicht nur von Afrikanern, sondern auch von Coloureds und Indern als Bedrohung perzipiert wird, gibt es bereits konkrete Signale einer jakobinischen nation building-Strategie des ANC:

1. Bildungswesen: Im Schulstreit, für den die Ereignisse von Potgietersrus[56] symbolisch stehen, hat der ANC es als Mehrheitspartei abgelehnt, daß der

54 Vgl. exemplarisch den Beitrag von Hermann Giliomee: Let's debate foundation myths, in: Cape Times vom 11. 03. 1996, und die Replik von Wilmot James: Not many Jacobins-in-the-box, in: Democracy in Action, Vol. 10, No. 2, 15.04.1996, S. 3.

55 L. Schlemmer: Modes of nation-building for South Africa, in: N. Rhoodie, I. Liebenberg (Hrsg.): Democratic nation-building in South Africa, Pretoria 1994, S. 464.

56 Im März 1996 kam es in Potgietersrus (Nördlicher Transvaal) zu einem Konflikt zwischen der Forderung der Schwarzen nach Bildung, die in englischer Sprache vermittelt werden sollte und den sich davon in ihrer kulturellen Autonomie bedroht fühlenden Afrikaners von Potgietersrus. Diese sollten nicht mehr in ihrer Muttersprache unterrichtet werden.

Staat eine Verpflichtung zum Erhalt kultureller oder religiöser Einrichtungen habe. Im Gegensatz zur lediglich Symbolkraft besitzenden und schließlich generös gelösten 'Springbok-Frage'[57] wurde mit Potgietersrus der seit dem Burenkrieg sensible Bereich der Afrikaner-Schulbildung berührt. Anglisierung und Schulschließungen haben in Südafrika eine hundertjährige Tradition, von der sich die Afrikaner erneut bedroht fühlen. In afrikaanssprachigen Anzeigen ließ GNU-Minister Bengu (ANC) darum die 'Lektion von Potgietersrus' mitteilen: Es gibt weder für Briten, Boeren noch Schwarze eine Sicherheit in kultureller Isolation.[58]

2. Medien: Ein weiterer sensibler Bereich ist der südafrikanische Rundfunk. Der schwer praktizierbaren Elfsprachigkeit seit 1994 sollte mit einer Bevorzugung der englischen Sprache in den Fernsehprogrammen des SABC begegnet werden. Es ist jedoch "Jacobin if one scales down to 4% of prime time the use of a language (Afrikaans) whose speakers make up 15% of the population and earn a third of the national income"[59].

Um diesen Gefahren eines jakobinischen, für Schwarzafrika typischen Einheitsstaates begegnen zu können, schlägt Hermann Giliomee (Präsident des Südafrikanischen Instituts für Rassenbeziehungen) das pluralistische Modell für Südafrika vor: Nur die Akzeptanz kultureller Autonomie von Minderheiten, die Unterstützung ihrer Zusammenarbeit untereinander und mit der Regierung unter einem multikulturellen Dach könne Südafrika Stabilität garantieren.[60]

---

57 Der Springbok, das traditionelle Symbol des südafrikanischen Rugby-Teams, geriet im März 1996 in den Verdacht, in erster Linie das Apartheidsystem zu symbolisieren. Erst durch direkte Einschaltung Mandelas in den emotional ausgetragenen Konflikt konnte dieser beigelegt werden. Vgl. Izak de Villiers: Eie bok of eie skool?, in: Die Burger vom 17.03.1996.

58 Anzeige, veröffentlicht in: Die Burger vom 17.03.1996.

59 Hermann Giliomee: Why I think the ANC is Jacobin, in: Cape Times vom 18. 04. 1996. Vgl. auch Kommentar Piet Muller: Dan bly 'Gandhi se morele verset' oor, in: Die Burger vom 17.03.1996.

60 Vgl. Hermann Giliomee: Why I think the ANC is Jacobin, in: Cape Times vom 18.04.1996.

Dieser Zielsetzung kann man auf der Grundlage eines westlichen Wertesystems durchaus zustimmen. Die Frage ist jedoch nicht, was wünschenswert, sondern was wahrscheinlich ist. Die innere Struktur, die Programmatik des ANC und die Rahmenbedingungen der Verfassung von 1996 lassen Zweifel aufkommen, ob Südafrika unter Führung des ANC den Weg zu einer Demokratie auf der Grundlage eines Mehrparteiensystems findet.

Als ein möglicher Stabilisierungsfaktor kann eine externe Variable wirken: Die internationale Staatengemeinschaft hat den Transformationsprozeß wesentlich mitgestaltet, hat diesen kritisch, aber wohlwollend beobachtet und begleitet. Geht Südafrika den Weg zu einem Einparteienstaat, dann werden gerade die großen Hoffnungen des Westens enttäuscht: Südafrikas Transformationsprozeß erhielt eine beispielgebende Funktion, die nicht nur auf künftige Entwicklungen in Afrika, sondern auch auf andere Krisenregionen konfliktregulierenden Einfluß haben kann. Das daraus ableitbare westliche Interesse an Südafrika könnte darum in Zukunft zu erneuten internationalen Pressionen mit der Zielsetzung der Erhaltung der demokratischen Ordnung führen.

DIE WEISSEN ANPASSER - NP UND DP

Gabriele Becker

Fast ein halbes Jahrhundert hat die Nationalpartei (NP) Südafrika regiert. Zum 1. Juli 1996 hat sie die Macht an den African National Congress (ANC) übergeben.[1] Doch die NP sieht zuversichtlich in die Zukunft: Ungeachtet der herrschenden Mehrheitsverhältnisse ist Frederik Willem de Klerk überzeugt, er sei nicht der letzte weiße Präsident gewesen, und in den Kommunalwahlen 1995 hat seine Partei sich selbst als einzige Kraft angepriesen, die Südafrikas Abgleiten in einen ANC-beherrschten Einparteienstaat verhindern kann.

Anders die Demokratische Partei (DP). Die Liberalen, die weißen Apartheidgegner im alten Parlament, verschwinden in der Bedeutungslosigkeit[2]. Während der Verfassungsberatungen war die DP am entschiedensten für die Verwirklichung rechtsstaatlicher Gedanken eingetreten, dennoch findet sie in der Wählerschaft des Post-Apartheidsystems keine Resonanz. Die von der Partei vertretenen Grundwerte hingegen wurden in der Interimsverfassung und als Verfassungsprinzipien weitgehend in die endgültige Form vom Mai 1996 übernommen.

I. Der schlechtere Anpasser

Der Titel 'die weißen Anpasser' erlaubt unterschiedliche Betrachtungsweisen, je nach Auslegung des Begriffs Anpassung. Wird er im Sinne von Opportunismus interpretiert, unterstreicht er das Kalkül der NP, vom ideologischen Pfad auf den pragmatischen zu wechseln, das heißt, mit dem schwarzen Widerstand

1 Bis zu diesem Zeitpunkt hatte die NP sich mit dem African National Congress (ANC) und der Inkatha Freedom Party (IFP) die Regierungsmacht geteilt. Einen Tag, nachdem die endgültige Verfassung am 8. Mai 1996 vom Parlament angenommen worden war, kündigte F.W. de Klerk den Austritt seiner Partei aus der Regierung der Nationalen Einheit an.

2 Die DP hat in den Wahlen 1994 nur 1,7% der Stimmen erhalten, die NP hingegen 20,4%. Stärkste Partei wurde der ANC mit 62,6% und drittstärkste die IFP mit 10,5%. Ebenfalls stärker als die DP war die Freedom Front (FF) mit 2,2%.

in Verhandlung zu treten, um in letzter Instanz einen Bürgerkrieg und die gewaltsame Entmachtung der Weißen zu verhindern. Die DP hingegen erscheint als Reformpartei aus Überzeugung. Von jeher ihren Idealen verpflichtet, haben die Liberalen die Rassentrennung schon bekämpft, als diese noch dem Wohlstand der Weißen scheinbar erfolgreich diente. Doch diese Programmatik der DP war immer auch durch einen von wirtschaftlichen Interessen dominierten Pragmatismus geprägt, der ein erheblicher Beweggrund für die Antiapartheidhaltung der Liberalen gewesen ist. Sie haben früh erkannt, daß die Politik der getrennten Entwicklung einer prosperierenden Wirtschaft abträglich ist, weil die südafrikanische Volkswirtschaft von der schwarzen Arbeitskraft abhängig ist. Wirtschaftliche Zuarbeit ohne politische Partizipation dieser Wirtschaftsbürger konnte man langfristig nicht durchhalten. Gerade diese Argumentation, verbunden mit ausländischen Pressionen, scheint dann auch die politische Kehrtwende der NP von der Apartheid- zur Reformpartei eingeleitet zu haben.

1. Liberale und Buren - zwei politische Kulturen

Die NP etablierte sich mit Unterstützung der calvinistischen Kirche und des Afrikaner Broederbonds[3] als Partei Afrikaanssprachiger.[4] Ihr Ziel war es,

3 Der Afrikaner Broederbond wurde 1918 gegründet, die Mitgliedschaft war geheim und auf die weiße Afrikanerelite beschränkt. Das Ziel war, einen Afrikaner-Nationalismus zu etablieren und ein besonderes afrikanisches Bewußtsein aufzubauen, gestützt auf Sprache, Religion und Tradition. Die Ideologie des Broederbundes beschrieb dessen Vorsitzender 1944 mit den Worten: "The Afrikaner Broederbond was born out of the deep conviction that the Afrikaner volk has been planted in this country by the hand of God, destined to survive as a separate volk with its own calling." Der Bund war landesweit in sogenannten Zellen organisiert, 1925 zählte er 162 Mitglieder, 1990 waren es mehr als 20.000. Vgl. Johann van Rooyen: Hard right. The new white power in South Africa, London 1994, S. 9 f. Entgegen weit verbreiteter Auffassung ist der Afrikaner Broederbond nicht als Institution der harten Rechten zu verstehen. Dies kann allenfalls für die ersten Jahre seines Bestehens gelten. Seit den späten Sechzigern aber haben sich rechte Flügel in der Regel immer abgelöst. Seit 1995 findet eine Öffnung der in 'Afrikanerbond' umbenannten Organisation statt. Bis dahin definierten sich die Mitglieder über ihre ethnische Zugehörigkeit zum Afrikanervolk. Heute werden 'afrikaanse' Interessen vertreten. Mit anderen Worten: die Interessen derjenigen, deren Muttersprache Afrikaans ist. Damit ist der Afrikanerbond für Farbige, theoretisch sogar für Schwarze zugänglich. Zur aktuellen Entwicklung des Broederbond siehe auch Paul Drechsel, Bettina Schmidt: Südafrika.

Widerstand gegen den britischen Imperialismus zu leisten, die soziale Stellung der Buren auf das gleiche Niveau wie das der Engländer zu bringen und, um eine Privilegierung der unteren weißen Schicht zu gewährleisten, eine soziale und politische Trennung der weißen Bevölkerung von schwarzen, farbigen und indischen Südafrikanern herbeizuführen.

Nach ihrer Regierungsübernahme 1948 wurden eine Reihe von Gesetzen, zum Beispiel der 'Group Areas Act', der 'Population Registration Act' und die 'Land Acts',[5] zu den Säulen der Apartheid. Bis Mitte der 70er Jahre blieb die NP eine rein afrikaanse Partei, doch machte eine Verschiebung des Wählerpotentials die NP auch für die englischsprachigen Südafrikaner wählbar.[6] Das Gros der Wähler blieb aber bis zu Beginn der Reformen die afrikaanssprachige weiße Mittelschicht.

Chancen für eine pluralistische Gesellschaftsordnung. Geschichte und Perspektiven, Opladen 1995, S. 178 f.

4 Gegründet wurde die NP 1914 von General J.B.M. Hertzog und D.F. Malan. 1934 errichtete Herzog zusammen mit seinem ehemaligen Gegner Jan Smuts, dem Führer der South African Party (SAP), die United Party (UP). Aus Protest gegen die zunehmende Aufweichung der Afrikaner-Ideale spaltete sich der rechte Flügel von der Mutterpartei ab und gründete unter Malan die Purified National Party (PNP), die Vorläuferin der heutigen NP.

5 Mit dem 'Group Areas Act' wurde eine räumliche Trennung der Rassen gesetzlich verankert. Nach dem 'Population Registration Act', dem Meldegesetz, unterlag jeder einer offiziellen Rassenzuordnung als 'Schwarzer', 'Asiate', 'Farbiger' oder 'Weißer'. Landbesitz war Schwarzen aufgrund der 'Land Acts' nur in den für sie vorgesehenen Homelands gestattet.

6 Darin kann eine erste wirkliche Verschiebung zur Mitte des Parteienspektrums und zu Reformansätzen gesehen werden. Die Afrikaner hatten inzwischen zu einem großen Teil den gleichen sozioökonomischen Status wie die Engländer erreicht, und die Parteipolitik richtete sich fortan auf die Bewahrung der erreichten Positionen in Politik, Wirtschaft und Gesellschaft. Dagegen begehrten vor allem die schlechter gestellten Schichten auf. Sie befürworteten weiterhin eine strikte Apartheidpolitik, da sie durch diese stark privilegiert wurden. Die Streitfrage um Reformen oder Festhalten an Rassenstrukturen führte immer wieder zu Spaltungen innerhalb der NP und zu Abspaltungen. Vgl. Ulrike Schumacher: Politische Formen für fragmentierte Gesellschaften: Das Beispiel Südafrika, Berlin 1994, S. 132.

Die DP steht im Erbe ihrer Vorgänger und ist die Partei des liberalen englischen Establishments.[7] Die Liberalen scheinen die unbeliebteste Gruppe Südafrikas zu sein. Steve Biko wird die Aussage zugeschrieben, die weißen Liberalen seien unfähig, deutliche Kritik am Rassismus und dessen sozioökonomischen Symptomen zu üben. Immer wieder sind sie des unbewußten Rassismus, gönnerhaften Verhaltens und der Unfähigkeit zur Selbstkritik beschuldigt worden, während sie selbst beanspruchten, über Gott und die Welt richten zu können.[8]

Viele Liberale sehen sich frei von der 'weißen Schuld', die die Weißen in Südafrika auf sich geladen hätten, weil sie schon während der Apartheid gegen diese gekämpft hätten. Aufgewachsen in liberalem Milieu, wurden sie gelehrt, Schwarze mit Respekt zu behandeln und gegen die Apartheid zu kämpfen. Zwar nicht so konsequent, daß sie ihr Leben aufs Spiel gesetzt hätten, aber engagiert in ihrem Rahmen. In der Regel weisen Liberale den Vorwurf zurück, von rassistischem Denken geprägt zu sein, doch nach und nach setzt sich Selbstkritik durch, und eine wachsende Zahl bekennt, Schwarzen mit Mitleid begegnet zu sein und obendrein für Freundlichkeit Dank erwartet zu haben.[9] Sie teilten die Ziele - wenn auch nicht die Mittel - des schwarzen Widerstandes, aber seit diese Ziele erreicht sind, sieht ein Großteil für sich in Südafrika keine Zukunft mehr. Vier Millionen Steuerzahler stehen fast zehnmal so vielen Besitzlosen gegenüber, mit der Folge, daß erhebliche Steuererhöhungen für den Mittelstand unausweichlich erscheinen. In der Erkenntnis, daß 13 % der Bevölkerung nicht

---

7 Der Stammbaum der DP reicht bis zur 1959 gegründeten Progressive Party (PP) zurück, deren Vorsitzende Helen Suzman den Parteinamen auch im Ausland zum Begriff machte. Es folgten Umbenennungen in Progressive Reform Party (PRP) und Progressive Federal Party (PFP). Letztere hat sich im April 1989 mit der Independent Party (IP) und dem National Democratic Movement (NDM) zur Democratic Party zusammengeschlossen. Die Parteiführer der Vorgänger, Zach de Beer, Wynand Malan und Denis Worall führten als Dreigestirn die DP in den Wahlkampf 1989. Vgl. David Welsh: The Democratic Party, in: A. Reynolds (Hrsg.): Election '94 South Africa. The campaigns, results and future prospects, 2. Aufl., Kapstadt 1995, S. 107-116, hier S. 107f.

8 Vgl. Margaret Legum: I was a white liberal, and survived, in: Mail & Guardian vom 15. bis 21.5.1996.

9 Ebda.

länger 50 % des Gesamteinkommens für sich in Anspruch nehmen können,[10] streben aus Sorge um den zukünftigen Lebensstandard und Angst vor Gewalt Liberale aus dem Land. Die Auswanderung weißer Südafrikaner stieg seit Ende der 80er Jahre von 4.000 auf 10.000 Emigranten im Jahr 1994 an. Nach den friedlich verlaufenen Wahlen 1994 sind es 2.000 weniger pro Jahr gewesen.[11] 1996 allerdings scheint die Zahl wieder erheblich zuzunehmen. Allein im Januar 1996 haben 1417 Menschen das Land verlassen.[12] Die Mehrzahl der Ausreisewilligen sind englischsprachige Liberale, die sich selbst eher als Europäer denn als Südafrikaner definieren. Trotz einer starken Verbundenheit mit Großbritannien zieht es sie aber meist nach Kanada und Australien.[13]

Anders die Buren, die sich vor Generationen von Europa gelöst und eine eigene starke kulturelle Identität, 'Afrikanerdom', entwickelt haben. Sie haben keine andere Heimat; sie sind Afrikaner. Das kann als Erklärung gelten, weshalb sie sich mit dem neuen System besser als erwartet arrangieren. Sie teilen die Sorgen der Liberalen, aber statt außer Landes zu flüchten, suchen die meisten von ihnen zunächst Zuflucht in ihrer wieder stärker betonten Kultur. Als Indiz hierfür kann unter anderem die Auflagenerhöhung afrikaanssprachiger Zeitungen herangezogen werden, während englische Blätter erhebliche Leser-Verluste haben hinnehmen müssen.[14]

10 Zahlen aus: The forgotten tribe, in: The Economist vom 23.12.1995 bis 5.1.1996, Vol. 337, Nr. 7946, S. 45. Die Zahlen über Bevölkerungsstatistiken variieren von Quelle zu Quelle, da eine präzise Volkszählung bislang nicht durchgeführt werden konnte. Eine andere Angabe besagt, daß 36 % des südafrikanischen Privateinkommens Afrikanern zufließen und 34 % Engländern. Vgl. Hermann Giliomee: Afrikaans a key symbolic issue, in: The Star & SA Times International vom 17.4.1996.

11 Vgl. Johannes Dieterich: Links geht, rechts steht, in: Die Woche vom 12.4.1996.

12 Christo Volschenk: Emigrants up in January, in: The Star & SA Times International vom 15.5.1996.

13 Vgl. The forgotten tribe, a.a.O., S. 45.

14 Ebda.

2. NP und DP im Wechsel der Systeme

Schon mehrere Jahre vor dem Amtsantritt de Klerks 1989 hatten die liberalen Führer Worall, de Beer und Malan Gespräche mit den schwarzen Gruppierungen aufgenommen. Aufsehen erregte vor allem eine der ersten Delegationen, die sich bereits 1985 mit Vertretern des ANC im Exil trafen.

Im Wahlkampf 1989 war die DP die einzige Partei, die offen die Abschaffung der Apartheid und ein System mit 'one man, one vote' forderte. Die Demokraten sahen keine Zukunft in der Politik des Lavierens und hielten das System der getrennten Entwicklung für nicht reformierbar. Die damalige Verfassung hielten sie für überholt, da sie auf Rassenzugehörigkeit aufbaute und die Mehrheit der Bevölkerung vom politischen Willensbildungsprozeß ausschloß. Die DP verlangte die Einrichtung eines föderativen Staatswesens, um den kulturellen und ethnischen Gegebenheiten des Landes gerecht zu werden. Sie erhielt starke Unterstützung aus Wirtschaftskreisen, die sich durch einen Erfolg der Liberalen in erster Linie Verzögerungen weiterer ausländischer Wirtschaftssanktionen erhofften.

Die Wähler bestätigten den Kurs der DP, die ein Ergebnis erzielte, das ihre eigenen Erwartungen übertraf: Mit 21 % der weißen Wählerstimmen gewann sie 33 Sitze im weißen House of Assembly.

Die Position der Regierung war 1989 durch die verschlechterte Wirtschaftslage stark geschwächt, was nicht nur auf den äußeren Druck der Sanktionen zurückzuführen war, sondern auch auf die politische Dynamik im Inneren Südafrikas.[15] Seit Anfang der 80er Jahre hatte es unter der Regierung P.W. Botha erste Schritte zur Modernisierung der Apartheid (Neo-Apartheid) und vielfältige Kontakte zur schwarzen Opposition gegeben. Die Reform der Apartheid sollte die schwarze Bevölkerung befriedigen ('adapt or die'), doch diese sah darin eher eine Zementierung der Verhältnisse. Sie verlangte radikale Reformen.

15 Vgl. Marion Gräfin Dönhoff: Ein runder Tisch am Kap, in: Die Zeit vom 15.9.1989.

Korrekturen[16], wie die NP sie zugestanden hatte, lehnte sie ab. Eine große Minderheit radikalisierte sich, mit der Folge, daß die Ausgaben für Polizei und Gefängnisse zusammen mit denen für Verteidigung ein Drittel des Haushaltes umfaßten. Die Kosten der Apartheid erhöhten sich zusätzlich dadurch, daß Unruhen und Streiks von Investitionen abschreckten und Kapital abfloß.

Die Afrikaner waren besorgt um ihre Zukunft; das Lager der NP teilte sich in sogenannte 'verkramptes', die sich nach der Apartheid alter Art zurücksehnten und 'verligtes', die einsahen, daß einzig friedliche Reformen einen Bürgerkrieg verhindern und den Weißen eine Chance auf Bleiberecht in Südafrika bieten konnten. Im Juni 1989 verabschiedete die Parteiführung ihren 'Proposed Plan of Action of the National Party'. Dieses Programm enthielt die Forderung nach Verhandlungen über ein System mit gleichen politischen Partizipationschancen für alle Gruppierungen.[17] Die NP verließ allmählich den ideologisch geprägten Weg ihrer Väter wie General Hertzog und H.F. Verwoerd und wandelte sich zu einer pragmatisch orientierten Partei.[18] Diese Position verstärkte nicht nur die Spaltung der Parteiführung, sondern auch die der Wählerschaft: Die 'verkramptes' wechselten bei den Wahlen in das Lager der rechten Konservativen

---

16 Botha hob die 'kleine Apartheid' auf, also die Diskriminierung der schwarzen Bevölkerung im täglichen Leben, nicht jedoch die politischen Säulen des Systems. Vgl. André E.A.M. Thomashausen: The Dismantling of Apartheid. The Balance of Reforms 1978-1988, Pretoria 1987.

17 Der Wandel wurde Mitte der 80er Jahre vom Broederbond vorgeschlagen. In einem Dokument mit dem Titel 'Political values for the survival of the Afrikaaner' plädierte er für die Beteiligung der schwarzen Bevölkerungsmehrheit an der Macht. "Der Broederbond hatte die Aufgaben, die er sich in Artikel 6 seiner Satzung gestellt und mit deren Umsetzung er 1948 begonnen hatte, in den achtziger Jahren weitgehend erfüllt. Der Ausgleich mit dem englischen Kapital hatte stattgefunden, der burische Bevölkerungsanteil war weitgehend der Moderne angepaßt, Durchschnittseinkommen und Besitzstand entsprachen dem der englischsprechenden Bevölkerung." Paul Drechsel, Bettina Schmidt: a.a.O., S. 174 f.

18 Die Vorherrschaft der Weißen sollte aber bewahrt bleiben, auch wenn die NP offiziell davon abrückte. Was de Klerk vorschwebte, war eine Parlamentskammer für Schwarze, die genauso machtlos gewesen wäre wie die Parlamente, die es schon für Inder und Coloureds gab. Vgl. Wolfgang Kunath: Wahl ohne Wandel, in: Stuttgarter Zeitung vom 8.9.1989.

Partei, die völlig gegen Verhandlungen mit Schwarzen war, und die 'verligtes' wählten die DP, weil sie dem Reformwillen der NP mißtrauten. Die NP erlitt bei den Wahlen die stärksten Verluste seit ihrer Machtübernahme. Sie blieb zwar mit 48 % der Stimmen die stärkste Partei, verlor aber 27 Sitze an die Konservative Partei und 12 Sitze an die DP.

De Klerk wertete das Wahlergebnis als Niederlage der Rechten und als Auftrag zu Reformen.[19] Von den Konservativen setzte er sich endgültig ab, als er die Regierungspartei und die liberale Opposition addierte und erklärte, über 70 % im neuen Parlament seien für eine konsequente Reformpolitik.[20] Damit verwischte de Klerk die Unterschiede zwischen den Positionen der NP und der DP, obwohl die NP zu diesem Zeitpunkt noch nicht bereit war, auf Privilegien und politische Vorrechte der Weißen zu verzichten, während die DP eine konsequente Gleichstellung von Weißen und Schwarzen forderte.

In seinem Entschluß bestärkt, die Initiative zu ergreifen, wurde de Klerk durch die Auflösung der Sowjetunion, den Niedergang kommunistischer und sozialistischer Regime und einer dadurch teilweise mitbewirkten Wandlung[21] in der Haltung des ANC. Dieser hatte in seinem Dokument 'Constitutional Guidelines for a Democratic South Africa' von 1988 und der Harare-Deklaration von 1989 zu verstehen gegeben, daß er nicht mehr den Sozialismus als erklärtes Staatsziel festlegte, sondern sich pragmatischen Zielen und allgemeinen Prinzipien wie Demokratie und Menschenrechten zuwandte.[22] Die gefürchtete 'sozialistische Invasion' schien damit gebannt.

---

19 Vgl. Robert von Lucius: Die Nationalpartei behält eine knappe Mehrheit in Südafrika, in: FAZ vom 8.8.1989.

20 Vgl. Marion Gräfin von Dönhoff: a.a.O.

21 Daß der Wegfall der finanziellen Unterstützung aus der Sowjetunion die Kompromißbereitschaft des ANC erhöht hat, ist unstrittig. Strittig ist, wie groß der Einfluß dieser Variablen war.

22 Vgl. Paul Drechsel, Bettina Schmidt: a.a.O., S. 177.

Am 2. Februar 1990 leitete de Klerk mit seiner 'Rubikon Rede' zur Eröffnung des südafrikanischen Parlaments den Reformprozeß ein. Er kündigte die Freilassung Mandelas und anderer politischer Gefangener an sowie die Aufnahme von Verfassungsverhandlungen mit allen Parteien auf der Grundlage der Gleichberechtigung. Die Qualität und das Tempo der darauf folgenden Veränderungen überraschte nicht nur politische Beobachter, sondern auch die NP-Führung.

Der von de Klerk initiierte Wechsel wurde von der DP begeistert aufgenommen, waren sie und ihre Vorgänger doch immer für einen Wandel eingetreten. Sie ergriff die Chance, an dem Verhandlungsprozeß teilzunehmen und spielte schließlich in den CODESA-Gesprächen und Mehrparteienverhandlungen als Vermittler, Katalysator und Verfassungskonstrukteur eine Rolle, deren Bedeutung in keinem Verhältnis zu ihrem geringen Wählerstimmenanteil von 1994 stand. Die Interimsverfassung entsprach im wesentlichen den Vorstellungen der DP. In vielerlei Hinsicht hatte ihre Politik und die ihrer Vorgänger den Weg für einige wichtige Grundzüge der Verfassung gebahnt: Föderalismus (oder: zumindest ein gewisses Maß an Föderalismus), Verhältniswahl, einklagbare Grundrechte, unabhängige Justiz und eine Mehrparteien-Exekutive waren Elemente dieser Politik. Die liberal-demokratische Verfassung kommt schließlich den Vorstellungen der DP näher als dem Verfassungsprogramm der NP vom September 1991 oder den Verfassungsrichtlinien des ANC von 1988.

Obwohl sich die DP im Verfassungsgebungsprozeß so erfolgreich engagiert hatte, war es ihr unmöglich, sich im Kampf um Wählerstimmen gegen die anderen Parteien zu behaupten. Ein grundlegender Wettbewerbsnachteil war, daß sich die Wahl zu einem medienwirksamen Präsidentschaftswettkampf zwischen de Klerk und Mandela entwickelte, der die DP und die anderen kleinen Parteien an den Rand des Öffentlichkeitsinteresses drückte.[23] Zudem hatte die DP aufgrund innerparteilicher Differenzen einen Identitätsverlust erlitten; einige DP-Mitglieder waren für eine engere Kooperation mit der NP eingetreten. In der Folge haben sich 1993 vier ihrer Parlamentarier der NP und

23 Vgl. David Welsh: a.a.O., S. 107-116, hier S. 114.

einer dem ANC angeschlossen.[24] Schließlich hat das Erreichen ihrer Ziele die DP in ein Dilemma manövriert: Mit der Abschaffung der Apartheid und Verankerung liberaldemokratischer Werte schon in der Übergangsverfassung ist der DP der Großteil ihrer programmatischen Grundlagen entzogen worden.

Ihre Haltung zu Verfassungsfragen konnte als Wahlthema nicht wirken, da das Gros dieser Arbeit getan war und fast alle Parteien den Bestimmungen der ÜV bereits zugestimmt hatten. Von größerer Relevanz wären ökonomische Fragen - das zweite Standbein der DP - gewesen, aber auch hier besaß sie keine Exklusivität.[25] Das einzige Feld, das für politisches Kapital ausgebeutet werden konnte, war die Vergangenheit. Während NP und ANC sich ihre alten Ideologien zum Vorwurf machten, sprach die DP beiden echte Verbundenheit mit liberal-demokratischen Werten ab. Ihnen, den machthungrigen Organisationen, wären ihre eigenen Bedürfnisse wichtiger als Ideale oder Interessen aller Südafrikaner. Am stärksten kritisierte die DP den Versuch, durch eine 'sie oder wir'-Kampagne Wähler zu mobilisieren, da eine solche Polarisierung die Gefahr der alten politischen Trennung in neuer Form in sich berge.[26] Um das zu vermeiden, plädierte die DP für eine Verfestigung liberal-demokratischer Werte innerhalb der neuen Wählerschaft und bot sich selbst als den Kern eines neuen, demokratischen Zentrums an, frei von Gewalt, Korruption, Apartheid und Sozialismus. Sie strebte die gleiche Rolle an wie die der FDP in Deutschland: Als Partei der Mitte wollte sie als das Zünglein an der Waage die 'balance of power' halten.[27] Doch mit dem vernichtenden Wahlergebnis ging die Rechnung nicht auf: 1,7 % der Wählerstimmen erhielt sie auf nationaler Ebene. In

---

24 Vgl. Frank Spengler: Zur Entwicklung der Parteien in der Republik Südafrika, Namibia und Zimbabwe, in: KAS Auslandsinformationen 12/1995, S. 30-55, hier S.43.

25 Während der Verhandlungen hatte die DP auch in Wirtschaftsfragen als Vermittler zwischen NP und ANC fungiert. Somit trugen deren wirtschaftliche Standpunkte inzwischen auch den Stempel der DP.

26 Vgl. David Welsh: a.a.O, S. 110 f. Dort auch 'The Democratic Party Strategy' (1992): "It will essentially be a black vs white, haves vs have-nots political battle, characterised by intransigence, hostility and extremism. This political battle will inevitably spill over into violence, with potentially cataclysmic effects on our country, our economy and ... our people."

27 Vgl. David Welsh: a.a.O., S. 111.

ihren 'Hochburgen' erhielt sie 6,6 % (Western Cape) und 5,3 % (Gauteng). Zach de Beer trat nach Bekanntgabe des Wahlergebnisses als Parteivorsitzender zurück, seitdem führt Tony Leon die Partei.

Mißlungen ist der Versuch der DP, die Wähler davon zu überzeugen, daß beim Verhältniswahlrecht keine Stimme verloren ginge.[28] Wähler, die durchaus mit der Politik der DP sympathisierten, wählten sicherheitshalber die NP, um ein möglichst wirkungsvolles Gegengewicht zum ANC zu bilden. Immerhin bestand die Gefahr, daß die DP nicht die 5%-Hürde, die zur Teilnahme an der Regierung der Nationalen Einheit berechtigte, überwinden würde; eine Befürchtung, die sich bewahrheitete. Insofern war das Versprechen der DP, keine Stimme würde vergeudet, zu hoch gegriffen; nach den Wahlen gehörten 377 Parlamentarier einer der drei Regierungsparteien (ANC, NP und IFP) an. Die 23 Abgeordneten der vier Oppositionsparteien[29] waren praktisch bedeutungslos.

Das größte Problem für die DP war, daß ihr in der afrikaansen, farbigen und indischen Wählerschaft[30] nicht der Durchbruch gelang. Im Westkap erhielt sie z. B. nur 3% der Stimmen der farbigen Wähler, ebenso viel Stimmen der Inder und nur 1% der Afrikaner.[31] Von der schwarzen Bevölkerung konnte die DP erst recht keine Unterstützung erwarten. Wenngleich sie Gegner der Apartheidpolitik gewesen war, so konnte sie nicht mit Verbündeten des Schwarzen Widerstandes gleichgesetzt werden. Schon die Progressive Federal Party (PFP) hätte der United Democratic Front (UDF)[32] beitreten können, lehnte dies aber

28 Ebda., S. 111 ff.

29 Sie erzielten folgende Ergebnisse: FF 9, DP 7, Pan-Africanist Congress (PAC) 5, African Christian Democratic Party (ACDP) 2.

30 Schon die Vorgänger der DP sind daran gescheitert, nennenswerte Unterstützung in Afrikanerkreisen zu erhalten. Auch die DP zeigt sich unfähig, die Schwelle des weißen englischsprachigen, städtischen und mittelständischen Liberalismus zu übertreten. Siehe David Welsh: a.a.O., S. 112.

31 Vgl. David Welsh: a.a.O., S. 116.

32 Die 1983 gegründete UDF, ein Zusammenschluß von etwa 900 Bürgerbewegungen und Gruppen mit 3 Millionen Mitgliedern, bildete die inoffizielle ANC-Vertretung in Südafrika. Die UDF beschloß ihre Selbstauflösung im August 1991.

ab. Zum einen, da die sozialistischen und kommunistischen Ideologien der von ihr angestrebten freien Marktwirtschaft zuwiderliefen, zum anderen, weil sie in den Reihen des bewaffneten Widerstandes keinen Platz für eine gewaltlose Partei sah.[33] Mit ihrer Anmaßung, als das 'wahre liberale Gewissen' in den Wahlkampf zu ziehen, hat sie angesichts einer Wahl, die von Millionen neuer Wähler als Befreiungswahl interpretiert wurde, nicht nur keine Wählerstimmen gewinnen können, sondern zudem eine breite Angriffsfläche für wiederaufgewärmte Vorwürfe geboten: "The DP has largely been a white party in spite of its protestations to the contrary. When the politics of non-participation was the principal strategy for the liberation movement, the DP happily participated in an all-white parliament and reaped the fruits of that participation for itself. Suddenly to expect the erstwhile disenfranchised voters to forget that easily is beyond imagination, if not political day-dreaming."[34]

Eine Anpassung im Sinne von Adaption ist der NP bislang besser gelungen als der DP. Ein Grund dafür ist der offensichtliche Wandel von einer ideologisch zur einer pragmatisch geprägten Partei. Obwohl ihr noch die Makel der Vergangenheit anhängen, wirkt sie damit glaubwürdiger als die DP, die an ihrem ideologischen Anspruch festhält. Zudem ist die DP mit ihrer Mission, liberaldemokratische Werte zu vertreten, zu weit von drängenden existentiellen Bedürfnissen der Wähler entfernt, als daß sie Massen mobilisieren könnte. Von einer gefestigten Position im Parteiensystem ist allerdings auch die NP noch weit entfernt.

---

33 Damit waren die weißen Liberalen den regierenden Nationalisten ein unangenehmerer Gegner als der ANC und Pan-Africanist Congress (PAC). Der Befreiungsbewegung konnte mit staatlicher Waffengewalt und Inhaftierungen begegnet werden, die Liberalen hingegen handelten im Rahmen des Gesetzes. Sie nutzten das Parlament für Auseinandersetzungen, verkündeten in der von Briten beherrschten Presse in Südafrika und auf Auslandsreisen ihre Meinung über das Apartheidregime - und waren für dieses unangreifbar. Vgl. Harry Schwarz: Liberals under attack as white fat cats, in: The Star & SA Times International vom 20.3.1996.

34 Paulus Zulu zitiert nach David Welsh: a.a.O., S. 112.

II. Galgenfrist für die NP?

Die Zukunft der NP hängt wesentlich davon ab, ob es ihr gelingt, sich mit einem eigenen Profil vom ANC abzugrenzen. Dazu ist eine Strategie notwendig, an der es die ehemalige Regierungspartei bisher hat fehlen lassen.

1. Die veränderte Machtbalance während des Verhandlungsprozesses

Der Demokratisierungsprozeß in Südafrika ist als 'Übergang durch Umsetzung'[35] einzuordnen, eine Bezeichnung, die angewandt werden kann, wenn die Demokratisierung weitgehend das Ergebnis gemeinsamen Vorgehens von Regierung und oppositionellen Gruppen ist. Darüber hinaus ist in Südafrika von einer 'Umsetzung durch Erosion'[36] zu sprechen, weil der Übergang schließlich dadurch gekennzeichnet war, daß der Reformregierung die Kontrolle über den Prozeß entglitt.

Die NP hatte in den Verhandlungen mit der schwarzen außerparlamentarischen Opposition Anfang der 90er Jahre zunächst die Entwicklung unter Kontrolle. Diese entglitt ihr aber in den einzelnen Phasen[37] der Verhandlungen so weit, daß sie sich bald zu Konzessionen gezwungen sah, die sie noch wenige Monate vorher nicht in Erwägung gezogen hatte. Die Ursache war nicht, daß die Regierung geschwächt und entmutigt in die Verhandlungen ging, sondern eher, daß sie zu großes Vertrauen in ihre als legitim empfundene Stellung als Regierungs-

---

35 Umsetzung findet statt, wenn die Reformkräfte in der Regierung sich gegen die Hardliner durchsetzen, und die Regierung Bereitschaft zu einem Wandel, jedoch nicht zu einem Regimewechsel zeigt. Sie tritt in Verhandlungen mit der Opposition, in der sich zugleich gemäßigte Demokraten gegen Antidemokraten durchsetzen, aber nicht stark genug sind, um die Regierung zu stürzen. Die Einleitung des Übergangs ist somit das Ergebnis von Aktionen sowohl auf Seiten der Reformer in der Regierung als auch der Gemäßigten in der Opposition. Während die Regierung zu schwach ist, um die Opposition auszuschalten, ist die Opposition nicht in der Lage, die Regierung abzusetzen. Vgl. Philip Nel: Übergang durch Erosion. Südafrikas Demokratisierung im Vergleich, in: Zeitschrift für internationale Fragen, 46. Jahrgang, 1/95, S. 81-92, hier S. 83 f.

36 Ebda., S. 84.

37 Zu den einzelnen Phasen siehe ebda., S. 89 f.

partei legte und zunächst versuchte, ihre Maximalforderungen durchzusetzen. Nicht zuletzt verleitete Gorbatschows neue Außenpolitik Pretoria zu dem Glauben, der ANC werde ohne kommunistische Unterstützung von außen so geschwächt sein, daß er leicht zu vereinnahmen sei. Tatsächlich konnte die Regierung zunächst ihre Staatsgewalt und bürokratische Macht nutzen und hatte erheblichen Einfluß auf den Übergangsprozeß, den sie auch in der Regierung der Nationalen Einheit behielt. Doch die ehemaligen Machthaber übten weit weniger Kontrolle aus als es bei oberflächlicher Betrachtung erschien.[38] Ihnen gegenüber stand der ANC, der seine Macht weniger auf den bewaffneten Kampf von 'Umkhonto we Sizwe' (Speer der Nation)[39] stützte, als vielmehr auf die Androhung weiterer Kampagnen zivilen Ungehorsams, Massenaktionen und Streiks.[40] Je mehr sich die Stärke des ANC entwickelte, umso mehr war das Verhalten der NP von einer Art 'vorbeugendem Gehorsam' gekennzeichnet. Zudem ist die Position der NP in den Verhandlungen immer auch vor dem Hintergrund zu betrachten, daß die Wahrung des friedlichen Charakters des Reformprozesses Priorität hatte. Das Machtpotential der NP war am Ende der Verhandlungen 1996 weitgehend aufgezehrt.

Die Veränderungen in der Machtbalance wurden erkennbar, als die Regierung begann, in zentralen Punkten ihres Verhandlungsprogrammes nachzugeben. Noch im Juni 1993 konnte de Klerk auf einer 'Regierung durch Konsens' bestehen. Bis November 1993 trat an deren Stelle eine 'freiwillige' Machtteilung. Die NP verzichtete auf das weiße Veto und erhielt in dem künftigen Kabinett nur so viel Gewicht, wie es ihrem Wählerstimmenanteil entsprach. Für die Entscheidung strittiger Fragen reichte statt zwei Drittel die einfache Mehrheit. Auch bei der Autonomie der neuen Provinzen machte die Regierung erhebliche Abstriche. Allerdings mußte auch der ANC Zugeständnisse machen, etwa in

---

38 Ebda., S. 83 ff.

39 Nach der zweiten Gesprächsrunde mit der Regierung wurde er ohnehin suspendiert ("Pretoria Protokoll" vom 6.8.1990). Ebda., S. 86.

40 Vgl. Ulf Engel: Demokratische Transition in Südafrika, Institut für Afrika-Kunde (Hrsg.), Hamburg 1995, S. 3 f.

Fragen der für die verfassunggebende Versammlung verbindlichen Prinzipien[41].

Die Interimsverfassung spiegelt schließlich die Machtverhältnisse am Ende der Apartheid-Ära wider. Keine der beiden großen Kräftegruppen war stark genug, der anderen restlos ihren Willen aufzuzwingen. Der ANC brachte in kritischen Phasen der Verhandlungen seinen Massenanhang ins Spiel, wurde aber von den Kräften der alten Ordnung, die sich auf den staatlichen Machtapparat und die Beamtenschaft stützen konnten, in seine Schranken verwiesen.

2. Die Zukunft der Weißen

Südafrika steht in einem Wandlungsprozeß, in dem sich noch kein stabiles Kräfteverhältnis eingependelt hat. In der Ungewißheit über die Zukunft finden sich auch Zweifel, ob die Weißen in der südafrikanischen Politik langfristig überhaupt noch eine Rolle zu spielen haben. Ein mögliches Szenario ist, daß die Weißen die Politik den Schwarzen überlassen und sich selbst der Wirtschaft zuwenden, wo sie ihre Existenz kaum bedroht sehen. Allerdings wäre eine solche Funktionsteilung zwischen Schwarz und Weiß, wie sie in Namibia und Simbabwe besteht, von erheblichen Problemen begleitet. Wird offenkundig, wie wenig der ANC seiner Klientel ohne Hilfe der Weißen zu geben imstande ist, besteht die Gefahr von Richtungskämpfen im ANC. Bisher ist es Mandela gelungen, die Einheit seiner Partei auf Kosten der radikaleren Elemente zu bewahren und Verständnis für die Versöhnungspolitik zu finden. Südafrika ist noch immer dabei, die erste Phase des Wandels abzuschließen, d.h. legitimierte Verwaltungsstrukturen aufzubauen. Um diese abzusichern, ist eine prosperierende Wirtschaft von primärer Bedeutung, und genauso wichtig ist, daß sich die

41 Die Interimsverfassung enthielt 34 Prinzipien, die die Konstituante bei der Entwicklung der endgültigen Verfassung zu berücksichtigen hatte. Unter anderem schrieben die Prinzipien Gewaltenteilung, Vielparteiendemokratie, Informationsfreiheit, die Anerkennung der sprachlichen und kulturellen Vielfalt des Landes, die Verankerung aller universal akzeptierten Menschenrechte in der Verfassung sowie die Gleichheit vor dem Gesetz vor.

Weißen aus diesem Prozeß nicht zurückziehen. Gleiches gilt für die verschiedenen geplanten Reformen.[42]

Die langfristige Entwicklung in Südafrika hängt in erster Linie von einer Weiterführung der Zusammenarbeit über die Rassen- und Gruppenschranken hinweg ab. Vor diesem Hintergrund mag der Austritt der NP aus der Regierung der Nationalen Einheit als ein Schritt in die verkehrte Richtung erscheinen. Doch Zusammenarbeit über Rassenschranken hinweg ist nicht mit dem Zwang zu einer Koalition von ANC und NP verbunden. Erfolgversprechender als die Aggregation von Rassen ist die Aggregation von Interessen über Rassengrenzen hinweg. Die NP hat hervorgehoben, daß sich der Austritt nicht gegen die Verfassung und den ANC richte und daß sie eine konstruktive Oppositionspolitik anstrebe. Es ist denkbar, daß damit der Grundstein für ethnienübergreifende Parteien gelegt ist. In der Koalition waren die NP und der ANC programmatisch kaum zu trennen, was zur Folge hatte, daß nicht programmatische Positionen, sondern Gruppenbindungen die Wählerschaft der Parteien trennte. Wenn die NP als Opposition in bestimmten Sachfragen in der Bewertung der Wählerschaft überzeugender ist als der ANC, dann kann sie die in diesen Punkten vom ANC enttäuschten Wähler anziehen - und umgekehrt.

3. Der Spagat der NP zwischen Regierungs- und Oppositionsrolle

Die NP hatte noch genügend Verhandlungsgeschick bewiesen, um sich für die Übergangsphase bis zu den Wahlen 1999 die Mitwirkung in der Regierung zu sichern. Doch die Institutionen zur Mitsprache und gemeinsamer Problemlösung entpuppten sich bald als Knebelung der NP. Das Prinzip der Regierung der Nationalen Einheit verhinderte eine Opposition im Sinne parlamentarischer Demokratien. Die Kabinettsmitglieder der NP mußten unter Konsenszwang in der Regierung Entscheidungen mittragen, die sie, ihre Parlamentarier und nicht zuletzt ihre Wähler mißbilligten. Die NP sah sich in einem Dilemma: Sie befürchtete, durch zu hohe Forderungen den ANC zu verprellen. Zu gering schien die Chance, in Konfrontationen gegen den ANC zu bestehen, zu hoch

42 Zur Rolle von Weißen und Schwarzen vgl. Geht Südafrika der Einparteiherrschaft entgegen? in: NZZ vom 6.4.1995.

der Preis der Partnerschaft. Es war allerdings eine Partnerschaft, die auf sehr einseitiger Unterstützung basierte. Der ANC nahm die Regierungserfahrung der NP und deren Verbindungen zur Wirtschaft in Anspruch, absorbierte ihre politische Stoßkraft, machte aber im Gegenzug nur eingeschränkt Zugeständnisse. Daß der Einfluß der NP unaufhörlich schrumpfte und sie kaum substantielle Positionsunterschiede gegenüber dem ANC zu markieren vermochte, lag nicht allein an der quantitativen Stärke des ANC und der breiten Zustimmung, die Präsident Mandela in der öffentlichen Meinung fand, sondern vielmehr an ihrer Rolle in dem politischen System.

Die relative Schwäche der NP ist in großem Maße damit zu begründen, daß sie nicht imstande gewesen ist, ihre Zielgruppe klar zu umreißen. Auf der einen Seite wollte sie ihre alten weißen Wähler nicht verlieren, auf der anderen Seite zielte sie - in Anbetracht der geringen numerischen Repräsentation der Weißen innerhalb der wahlberechtigten Bevölkerung[43] - auf Wähler des ANC. Bei dieser Zielsetzung konnte ein zu lautstarkes Engagement für weiße Interessen nur hinderlich sein, weshalb es die NP vorzog, sich dem ANC anzupassen. Doch damit verprellte die NP selbst die reformbereiten Buren. Hin- und hergerissen zwischen der realpolitischen Anpassung an die geeinte Republik und dem utopischen Wunsch nach einem separaten Volksstaat folgen sie mit dem Kopf de Klerk, doch mit dem Herzen Constant Viljoen, dem Führer der Freiheitsfront (FF). Seit der Parlamentswahl von 1989 ist zu beobachten, daß die NP in Nachwahlen und Umfragen immer wieder vor allem in den ländlichen Gebieten stark an die Rechten verloren hat. Die Afrikaner fühlten sich betrogen, weil ihre Partei sich nicht entschieden genug für ihre elementarsten Interessen einsetzte. Neben der Landreform[44] waren das vor allem das Schulsystem und die Me-

43 Wahlbevölkerung in Prozent, untergliedert nach Rassenzugehörigkeit: Schwarze 72,3 %, Weiße 16,1 %, Farbige 8,8 %, Inder 2,8 %. Zahlen entnommen aus: The National Party and black support, in: South Africa Foundation Review vom Oktober 1992, S. 8.

44 In der Frage des Bodenrechts einigten sich ANC und NP für die Verfassung auf eine Formel, die die bestehenden Besitzverhältnisse bestätigt. Allerdings sollen Enteignungen möglich sein, wenn die Eigentümer entschädigt werden.

dien, d.h. Fragen, die die Pflege von Sprache und Kultur[45] betreffen. Das Verhältnis von Englisch zu Afrikaans im staatlichen Fernsehen beträgt nur zwei Jahre nach den Wahlen von 1994 sechzehn zu eins zu Gunsten des Englischen, obwohl ein Viertel der Fernsehzuschauer Afrikaans als Muttersprache oder Zweitsprache spricht und die Hälfte der Gebührenzahler Afrikaner sind.[46]

Noch größere Sorge bereitet den Afrikanern der Kampf um die Unterrichtssprache. Auch in diesem Punkt hat es die NP versäumt, die Bedürfnisse ihres traditionellen Wählerstammes zu schützen. Die Zurückhaltung in diesen Fragen kommt in der Sicht vieler Afrikaner einem Verrat ihrer afrikanischen Geschichte gleich.[47] Afrikaans und die Ausbildung von Afrikanern hat seit den Burenkriegen immer wieder zu politischen Auseinandersetzungen geführt. Generationen von Afrikanern sind mit Geschichten von Lord Milner und britischen Kolonialverwaltungen aufgewachsen, die afrikanische Schulen geschlossen und versucht hatten, afrikanischen Jugendlichen die englische Sprache und Kultur aufzuzwingen.[50]

4. Der Austritt aus der Regierung der Nationalen Einheit

Die NP begründete ihren Austritt aus der Regierung der Nationalen Einheit damit, daß die Verfassung von 1996 das Prinzip der Machtteilung nicht vorsieht. Die Regierung der Nationalen Einheit in dem Wissen weiterzuführen, daß

---

45 Eine wachsende Zahl von Beobachtern ist der Überzeugung, daß, falls der Demokratisierungsprozeß aufgehalten werden sollte, dies nicht wegen ökonomischer oder politischer Faktoren geschehen würde, sondern wegen Uneinigkeiten in kulturellen Fragen. Einer dieser Konflikte wird über Afrikaans ausgetragen. Die Position des ANC in diesen Fragen scheint verwirrend. Einerseits wird versichert, alle Kulturen sollten sich entfalten können. Andererseits bedient sich der ANC der englischen Sprache zur Bildung einer kulturell homogenen Nation, deren Individuen nicht mehr Xhosas, Farbige oder Afrikaner sein werden, sondern einfach Südafrikaner. Der Nationale Fernsehsender SABC hat sein Programm schnell darauf abgestimmt. Vgl. Hermann Giliomee: a.a.O.

46 Ebda.

47 Vgl. Hennie Serfontein: F.W. playing the coward? in: New Nation vom 8.3.1996.

50 Vgl. Jörg Fisch: Geschichte Südafrikas, München 1990, S. 219.

die Prinzipien, auf denen sie beruht, für die neue Verfassung abgelehnt worden sind, entspricht nicht den Vorstellungen der NP.[51] Eine weitere Begründung erscheint realistischer: Der Spagat zwischen Regierungs- und Oppositionsrolle führte zu Auseinandersetzungen innerhalb der Partei. Das Ausscheiden der NP aus der Regierung der Nationalen Einheit wird deshalb als Versuch gedeutet, die Einheit der zerstrittenen Partei wiederherzustellen. Der Beschluß ist ein Zugeständnis an den Flügel der NP, der eine stärkere Opposition gegen den ANC und ein deutlicheres Profil für die eigene Partei fordert. Die Zustimmung dieses Teils der NP-Parlamentarier zur neuen Verfassung soll unter der Bedingung des Koalitionsbruches erfolgt sein.[52]

Constant Viljoen von der FF hat der NP vorgeworfen, sie stelle die Interessen ihrer Partei über die Interessen des Landes.[53] Doch das Interesse der Partei, sich in der Rolle der Opposition ein klares Profil zu geben, um in den nächsten Parlamentswahlen als Alternative zum ANC Wähler zu gewinnen, entspricht durchaus den Interessen des Landes, zumindest dann, wenn die Dominanz des ANC, bzw. die Tendenzen zum Einparteienstaat verhindert werden sollen. Ob die Strategie der NP aufgeht, bleibt abzuwarten. Langfristig bedeutet der Verzicht auf die wenig bedeutsamen Kabinettposten die einzige Chance zur Erneuerung, auch, wenn die NP bereits kurz nach Bekanntmachung ihrer Entscheidung einen Verbündeten verloren hat: Die Verlagsgruppe Nasionale Pers, deren Zeitungen über Jahrzehnte als Sprachrohre der NP galten, kündigte ihr die Unterstützung auf und ließ zugleich der DP finanzielle Mittel zukommen.[54] Bei den Wählern hat die NP ihren ersten Test allerdings bestanden. Bei den nachgeholten Kommunalwahlenwahlen im Westkap im Mai 1996 war sie in vier

---

51 Vgl. NP seeks full opposition role, in: The Star & SA Times International vom 15.5.1996. Dieser Artikel enthält Auszüge von de Klerks Rücktrittserklärung.

52 Vgl. Robert von Lucius: Mandela mahnt zur Verantwortung, in: FAZ vom 11.5.1996.

53 Vgl. Bartholomäus Grill: Freier Fall in die Normalität, in: Die Zeit vom 17.5.1996.

54 Vgl. Robert von Lucius: Mandela mahnt zur Verantwortung, a.a.O. Zur Nasionale Pers gehören u.a. auflagenstarke Zeitungen wie 'Die Burger', 'Beeld', 'Rapport', 'City Press' und die Zeitschrift 'Insig'.

von sechs Kapstädter Wahlkreisen stärkste Partei. In den ländlichen Bezirken gewann sie 142 von 216 Sitzen, während der ANC nur 61 Sitze erhielt.[55]

5. Neue Wählerschaft zum Preis der alten?

Die NP steht vor der Frage, wie sie eine neue Identität gewinnen kann, ohne ihren angestammten Anhang zu verlieren. Sicherte in Apardheidszeiten die Hautfarbe weitgehend die Homogenität der Wählerschaft, so hat sich seit Einsetzen des Reformprozesses eine Fragmentierung des weißen Segments ergeben. Auf der einen Seite hat die NP weiße konservative Wähler verloren, auf der anderen Seite zählen nun weiße Liberale und der Großteil der Farbigen und Inder zu ihrer Wählerschaft.[56] Daß die Hautfarbe nicht mehr zwingend die Parteizugehörigkeit regelt, mag einerseits grundlegend für alle weiteren Chancen Südafrikas sein. Andererseits hat dieser Wandel die Partei, die sich ein halbes Jahrhundert über Wählerausrichtungen keine Gedanken zu machen brauchte, in eine Existenzkrise gestürzt. Selbst wenn die NP die Unterstützung aller Weißen, Farbigen und Inder gewinnen könnte, wären das gerade 28 % der Stimmen des Landes - bei weitem nicht genug, um jemals wieder aus der Opposition in die Regierung zu wechseln. Deshalb konzentriert sich die NP auf die Vision einer nicht-rassischen Partei. Sie braucht Stimmen aus dem Potential der schwarzen Wähler, und zwar erheblich mehr als die 2 % von 1994.[57]

Der Wunsch nach Unterstützung aus der Mehrheit der schwarzen Bevölkerung ist die Erklärung dafür, daß sich de Klerk als Parteiführer nur noch halbherzig für die Interessen der Afrikaner eingesetzt hat. Er will das Image einer über-

---

55 Vgl. Wahlerfolg der Nationalen Partei am Kap, in: NZZ vom 3.6.1996.

56 Diese hatten vor den Wahlen 1994 ein gemeinsames Merkmal: ihre psychologische Verfassung. Weisse, Farbige und Inder ließen Unsicherheit, Angst und Demoralisierung erkennen, während sich die überwiegend schwarzen Wähler des ANC durch Entschlossenheit und Optimismus auszeichneten. Vgl. Richard W. Johnson: Weder frei noch fair. Nötigung und Einschüchterung begleiten den Wahlkampf, in: NZZ Folio, Die Zeitschrift der Neuen Zürcher Zeitung, Nr. 4, April 1994.

57 Gleichzeitig erhielt der ANC zwei Prozent der weißen Stimmen. Siehe Frank Spengler: a.a.O., S. 47f..

wiegend weißen Partei abstreifen. Die längst überfällige Entscheidung der NP für eine politische Klientel scheint gefallen. Zur Auswahl standen die Alternativen 'strukturelle Minderheitspartei der Afrikaner' oder 'die Vision einer multiethnischen Regierungspartei von übermorgen'. Derzeit gibt der zweite Weg die Richtung: In dem Programm der NP ist die Rassenfrage kein Thema mehr; der Schwerpunkt wird auf christliche Werte gelegt. Eine Zukunft als konservative Volkspartei, Modell deutsche CDU, schwebt den Nationalisten vor. Damit nehmen sie eine breite Wählerschaft ins Visier: Rund 75 %[58] der Südafrikaner gehören einer christlichen Glaubensgemeinschaft an. Die Masse lebt in ländlichen, traditionell konservativ geprägten Gebieten.

Allerdings wird die NP auf einen Erfolg dieser Strategie geduldig warten müssen, denn die Konfrontation zwischen den Rassen hat zu lange die Geschichte geprägt, als daß die NP die Kluft einfach durch Proklamation christlicher Werte überbrücken könnte. Schwarze Bürger verachten die NP noch immer als ehemalige Gralshüterin der Apartheid[59], und ihr Wahlverhalten wird noch für längere Zeit von rassenbestimmter Solidarität geprägt sein. Die Frage der Rassenzugehörigkeit bleibt vorerst eine machtvolle politische Variable.

Eine weitere Hürde stellt die Institution Wahlrecht dar. Zum einen fördert das reine Verhältniswahlrecht (ohne Sperrklausel wie in der Bundesrepublik Deutschland) die Entstehung vieler Splitterparteien, u.a. weil es parteiinterne Oppositionen zu Abspaltungen ermuntert. Zum anderen gibt es für programmatisch ähnlich gerichtete Parteien, wie z.B. die NP, IFP und FF, keinen Anreiz, sich zu einem geeinten Oppositionsblock zusammenzufinden. Das Wahlrecht zwingt sie sogar, sich voneinander abzugrenzen, um ein eigenes Profil zu erlangen. Unter den gegebenen Umständen scheint der eingeschlagene Weg

58 Ebda., S. 22.

59 Eine Umfrage nach der unbeliebtesten Partei hat allerdings gezeigt, daß die NP unter der schwarzen Bevölkerung mit einem Grad an Unbeliebtheit von 17,5% noch wesentlich besser dasteht als die IFP, die immerhin 43,4% der Schwarzen ablehnen. Vgl. Robert Mattes, Hermann Giliomee, Wilmot James: The Election in the Western Cape, in: R.W. Johnson, Lawrence Schlemmer (Hrsg.): Launching Democracy in South Africa. The first open election, April 1994, New Haven und London 1996, S. 108-167, hier S. 139.

immerhin eine Chance für die NP zu sein, sich zur Regierungsalternative zum ANC zu entwickeln. In die Rolle der fast alleinigen Afrikanerpartei wird die FF hineinwachsen.

INKATHA - DAS VERLORENE RECHT AUF SELBSTBESTIMMUNG?

Svenja Sinjen

Eine Analyse des Verfassungsgebungsprozesses in der Republik Südafrika zeigt, daß der seit den Wahlen von 1994 dominierende African National Congress (ANC) in jeder Phase der Verfassungsdiskussion erfolgreich versucht hat, seine Vorstellungen von einem Neuen Südafrika, das weitgehend unitarisch mit eingeschränkten Rechten für die Provinzen organisiert sein sollte, durchzusetzen.[1] Bei der Verwirklichung politischer Ordnungsvorstellungen konnten regionale Gruppierungen auf die gesamtstaatlichen Willensbildungsprozesse keinen oder nur unzureichenden Einfluß nehmen.[2]

Besonders für die Inkatha Freedom Party (IFP) ist die zukünftige politische Ordnung nicht nur eine Frage des politischen Einflusses, sondern darüber hinaus des politischen Überlebens. Dies zeigt sich besonders darin, daß die IFP bei den Parlamentswahlen 1994 insgesamt nur 10,54%, hingegen in der Provinz KwaZulu/Natal 50,32% der abgegebene Stimmen[3] erreichte.

---

1 Zum Ablauf des Verhandlungsprozesses zur Übergangs- und zur endgültigen Verfassung, siehe: Henry Corder: Towards a South African Constitution, in: The Modern Law Review, Vol. 57 (1994), S. 491-526. Eine ausführliche Übersicht über die Vorstellungen der Parteien, ob politische Macht zu dezentralisieren oder zentral zu organisieren sei: Frank Spengler: Republik Südafrika. Unitärer Staat, Staatenbund, oder Föderation, in: KAS-Auslandsinformationen, H. 10, 1992, S. 7-11.

2 Obwohl durch die Interimsverfassung von 1993 und der Regierungsbildung nach den ersten freien Parlamentswahlen 1994 bis zur Annahme der endgültigen Verfassung formal eine Konkordanzdemokratie institutionalisiert wurde, blieb der politische Einfluß der NP und der IFP begrenzt, da der ANC in der Regierung der Nationalen Einheit (Government of National Unity) über eine absolute Mehrheit verfügt. Vgl.: Ulrike Schumacher: Der Wohlfahrtsstaat und die Demokratie. Eine unheilvolle Allianz, in: Orientierungen zur Wirtschafts- und Gesellschaftspolitik, Juni 1996, S. 42-47, hier S. 45.

3 Zahlen nach Frank Spengler, Annkathrin Bollig: Die Wahlen in Südafrika, in: KAS-Auslandsinformationen, Nr. 6/1994, S. 34-73, hier S. 64ff. Zum Ablauf und zu den Problemen der ersten freien Parlamentswahlen, siehe Ulrike Schumacher: Südafrika. Die Wahl vom April 1994 - Eine afrikanische Wahl, Kiel 1994, bes. S. 15, FN 23.

Obwohl die IFP nach dem ANC und der NP die drittstärkste Kraft im politischen Gefüge Südafrikas ist, hat sie den Transformationsprozeß nicht in ihrem Sinne prägen können: Das zukünftige Südafrika wird nicht durch eine föderalistische Ordnung mit ausreichenden Kompetenzen für die einzelnen Provinzen[4] und damit einem als ausreichend perzipierten Minderheitenschutz gekennzeichnet sein. Die unterschiedliche Interpretation des Begriff der Selbstbestimmung war und ist eines der entscheidenden Probleme in der Auseinandersetzung zwischen der IFP und dem ANC. Einem von der IFP geforderten umfassenden verfassungsrechtlich festgelegten Minderheitenschutz für die verschiedenen gesellschaftlichen Gruppen steht die Auffassung des regierenden ANC gegenüber, daß das Recht auf Selbstbestimmung bereits existent sei, da die Beherrschung durch das Apartheidsystem beendet werden konnte.

Hieraus ergibt sich die Notwendigkeit für die IFP, die neben der National Party (NP) die zweitstärkste Opposition zum ANC bildet, sich soweit programmatisch und organisatorisch umzugestalten, daß sie nicht nur lokal oder regional in KwaZulu/Natal Wähler rekrutieren, sondern auch in ganz Südafrika Wählerstimmen mobilisieren kann.

I. Die Reaktivierung von Inkatha

Inkatha[5] wurde unter der Führung Gatsha Mangosuthu Buthelezis 1975 als

---

4 Vgl. Hans F. Illy: Die Dezentralisierung von Politik und Verwaltung in Afrika - ein strategischer Pfeiler der Demokratisierung, in: KAS (Hrsg.): Kommunalentwicklung als Teil der Demokratieförderung in Afrika. Voraussetzungen und Wirkungen, unveröffentlichtes Protokoll der Themenkonferenz für Mitarbeiter in Afrika-Subsahara, Reinhardsbrunn/ Thüringen, 10.-15.02.1994, S. 57-73.

5 Der Begriff Inkatha, der in fast allen Bantu-Sprachen vorkommt, bezeichnet ein Hilfsmittel in der Form eines Ringes für das Tragen von Lasten auf dem Kopf oder auch ein Zaubermittel, einen Talisman oder ein Amulett. Vgl. L.H. Samuelson: Zululand, its traditions, legends, vestoms and folklore. Durban 1974, bes. S. 138ff. Der vollständige Name für Inkatha lautet: Inkatha Yenkululeko Yesizwe. Dabei steht Yesizwe für Nation. Es bleibt in diesem Zusammenhang offen, ob die Nation der Zulus gemeint ist, der schwarze Teil der südafrikanischen Bevölkerung oder sogar das ganze Südafrikas. Vgl. Franz Ansprenger: Südafrika. Eine Geschichte von Freiheitskämpfen. Mannheim, Leipzig, Wien et alii 1994, S. 54. Die Organisation war bereits 1928 als National Cultural Movement vom damaligen

Befreiungsbewegung gegründet, die sich dem gewaltlosen Kampf gegen die Apartheidpolitik der weißen Machthaber in Pretoria verschrieben hatte. Inkatha selbst verstand sich als Kulturbewegung, die vor allem auf der Tradition der Zulus aufbaut. Inkatha gelang es als ethnisch angelegte Bewegung, Anhänger zu mobilisieren, indem sie an die Geschichte und die Traditionen des größten südafrikanischen Volkes appellierte.[6]

Buthelezi gestaltete Inkatha nach dem Vorbild des ANC der 50er Jahre, der sich vor seiner Bannung ebenfalls dem gewaltfreien Widerstand verschrieben hatte.[7] Die Apartheidregierung ließ es zu, daß sich eine kulturelle Zuluorganisation etablieren konnte, solange diese Bewegung primär Bezug auf die Größe, die Geschichte und Tradition des Zulureiches annahm. Hierin sah Pretoria eine indirekte Bestätigung ihres ethnischen Konzeptes des 'Südafrika der kulturellen Minderheiten'.[8]

Der ANC, der sich seit seiner Bannung 1960 gezwungen sah, im Exil und im Untergrund gegen die südafrikanischen Machthaber zu agieren, befürwortete

---

Zulukönig Solomka Dinuzulu gegründet worden und diente den Interessen der konservativen afrikanischen und tribalen Eliten. Vgl. Gerhard Mare, Georgina Hamilton: An Appetite for power. Buthelezi's Inkatha and South Africa, Johannesburg, Bloomington, Indianapolis 1987, S. 46.

6 So sagte Buthelezi in einer Ansprache zu Ehren König Shakas: "Our Founder, King Shaka, is known throughout the world as one of the greatest Emporers that ever lived on the planet Earth.(...) He made us who we are and we are proud of him because he was such a special person. He made us all a very special people as well.(...) We as Zulus have a deep affinity to each other.(...) I get so furious when my political opponents snipe at my Zuluness and the Zuluness of the Zulu Nation." Manosuthu Buthelezi, Chief Minister of KwaZulu and President of Inkatha: Celebration of King Shaka Day, Adress and Presentation of his Majesty to the People; King's Park Stadium, 23rd September 1990, S. 1f.

7 Buthelezi war Mitglied des ANC, der Begründer des ANC war sein Onkel mütterlicherseits. Während seiner Universitätszeit lernte er Nelson Mandela kennen und wurde Mitglied der Youth League des ANC. Nach ihrer Gründung benutzte Inkatha die schwarz, gold grünen Farben des ANC.

8 Vgl. Andreas Rosen: Apartheid, Widerstand und politische Gewalt in KwaZulu/Natal, Münster, Hamburg 1993, S. 38.

und unterstützte zunächst die Gründung einer Widerstandsbewegung, die an der Homelandstruktur partizipierte anstatt sie zu bekämpfen. Der ANC sah in Inkatha ein Angebot Buthelezis, sich selbst eine legale Basis im Lande zu schaffen und gleichzeitig die Möglichkeit, die ländliche Bevölkerung KwaZulus für den schwarzen Widerstand zu mobilisieren.

Zusätzlich versprach sich der ANC über die Organisations- und Kommunikationsstruktur dieser potentiellen Massenorganisation, jugendliche Schwarze zu radikalisieren und damit für den bewaffneten Kampf zu gewinnen. Buthelezi hatte allerdings kein Interesse daran, Inkatha zum verlängerten Arm des ANC in Südafrika werden zu lassen. Bereits 1953 war er zum Chief seines Clans und 1957 seines Heimatdistriktes bestimmt worden.[9] 1976 wurde er von der südafrikanischen Regierung zum Chief-Minister der KwaZulu Legislative Assembly (KLA) ernannt und hatte somit den höchsten politischen Rang erreicht, den das Apartheidsystem für eine Kooperation im System vorsah.[10]

Inkatha erhielt in diesem Quasi-Staat somit dieselbe Funktion, die die Einheitsparteien in vielen Ländern Afrikas nach der Unabhängigkeit übernahmen.[11]

---

9 Zum Aufbau der traditionalen Gesellschaftsstruktur KwaZulus und Natals, die von der Position der traditionalen Führer dominiert wird, vgl. Sandra Düsing: Traditionelle Führungsstruktur im demokratischen Konsolidierungprozeß Südafrikas, in: Paul Kevenhörster, Dirk van den Boom (Hrsg.): Afrika. Stagnation oder Neubeginn?, Studien zum politischen Wandel, Münster 1996, S. 173-198.

10 Letzter Schritt auf der Karriereleiter Buthelezis wäre die Proklamation des Nationalstaates KwaZulu mit Buthelezi als Staatschef gewesen. Buthelezi hatte allerdings seinen Einstieg in das Apartheidsystem und seine daraus resultierende Karriere gegenüber seinen Kritikern stets damit legitimiert, die von den weißen Machthabern in Pretoria angestrebte Unabhängigkeit für KwaZulu zu verhindern. Er hatte erkannt, daß die Vorteile einer Unabhängigkeit geringer ausfielen als die durch sie entstehenden Nachteile. Abgesehen davon, daß nicht ein einziger der sogenannten TBVC-Staaten völkerrechtlich anerkannt wurde, war in Anbetracht der unzureichenden sozialen und wirtschaftlichen Infrastruktur der Homelands die finanzielle Unabhängigkeit von Pretoria programmiert. Dazu Andreas Rosen: a.a.O., S. 39.

11 Die Verfassung von Inkatha basierte auf dem Parteiprogramm der UNIP (Kaundas United National Independence Party), der Staatspartei Sambias.

Mit der Interdependenz[12] von Inkatha als 'Social Movement' und als 'Political Party' sicherte sich Buthelezi innerhalb des Rahmens, den das Apartheidsystem vorgab, eine unangefochtene Machtposition im Homeland KwaZulu.

Bis zu Beginn der 80er Jahre wurde Buthelezi zu einem der angesehensten schwarzen Politiker im In- und Ausland. Westliche Politiker und die südafrikanischen Regierungen sahen in ihm eine Alternative zum ANC, den sie wegen seiner kommunistischen Elemente ablehnten. Buthelezi als moderater Politiker mit marktwirtschaftlicher Orientierung kam dagegen als Verhandlungspartner eher in Betracht.[13]

Nachdem der bewaffnete Kampf des ANC offensichtlich nicht zu der Destabilisierung des Apartheidregimes beigetragen hatte, sahen Teile der schwarzen Bevölkerung in Buthelezi die Chance, ihre Situation zu verbessern. Seine Ablehnung der Unabhängigkeit KwaZulus und die beständige Forderung, Mandela freizulassen, trugen ihm die Sympathien der Bevölkerung ein.[14]

Seitdem Buthelezi in Meinungsumfragen 1977 in von Schwarzen dominierten Städten von 43,8 % der Befragten, Mandela hingegen nur von 18,6 % der schwarzen Bevölkerung als 'der am meisten bewunderte Führer' deklariert wurde[15], schien er einen Rang neben dem charismatischen Mandela für sich

12 Vgl dazu die Organigramme in: Wessel de Kock: Usuthu! Cry Peace!. The black liberation movement Inkatha and the fight for a just South Africa, Cape Town 1986, p. 184, 185. Dazu auch: Andreas Rosen: a.a.O., Anhang, Schaubild 1.

13 Vgl. Suitbert Schmüdderich: Der schwarze Widerstand, in: Hanns W. Maull (Hrsg.): Südafrika. Politik-Gesellschaft-Wirtschaft vor dem Ende der Apartheid, Opladen 1990, S. 183f.

14 Vgl. John Kane-Berman: Inkatha. The Paradox of South African Politics, in: Optima, Vol. 30, No. 3, 1982, S. 155.

15 Die Frage lautete: "Thinking of African Leaders here in South Africa, whom do you admire most?" Bei dieser Befragung wurde nicht zwischen inhaftierten, exilierten und in Freiheit lebenden Politikern unterschieden. Vgl. Theodor Hanf, Heribert Weiland, Gerda Vierdag: Südafrika: Friedlicher Wandel? Möglichkeiten demokratischer Konfliktregulierung - Eine empirische Untersuchung; München, Mainz 1978, S. 371.

beanspruchen zu können.[16] Diese Sympathiebekundung nutzte Buthelezi dahin- gehend, daß er den ANC aufrief, zur Gewaltfreiheit zurückzukehren und sich zur Marktwirtschaft und zur Aussöhnung mit dem Westen zu bekennen. Dies hätte für den ANC in letzter Konsequenz bedeutet, den militärischen Arm der Partei, Umkhonto we Sizwe (MK), zu demobilisieren und das Bündnis mit der SACP aufzukündigen.[17]

Nachdem die Verhandlungen über eine Annäherung zwischen Inkatha und dem ANC in London im Oktober 1979 gescheitert waren, verschärfte sich der Konflikt zwischen beiden Gruppierungen. In der Anfangsphase konzentrierte sich die Auseinandersetzung zunächst auf eine verbale Konfrontation. 1983 änderte sich dies, und es kam zu den ersten blutigen Auseinandersetzungen zwischen den Milizen der Inkatha und den militanten Anhängern der United Democratic Front (UDF), die als legale Frontorganisation des ANC gegründet worden war. In dieser Phase ist der Beginn der politisch motivierten Gewalt von Schwarzen gegen Schwarze, deren Parteien sich beide als Befreiungsbewegungen gegen das Apartheidregime verstanden, zu sehen.

II. Die veränderte Machtkonstellation und die Auswirkungen auf Inkatha

Die Verkündung der 'burischen Perestroika'[18] durch den damaligen südafrikanischen Staatspräsidenten de Klerk hatte für Inkatha weitreichende Folgen:

- Inkatha konnte am beginnenden Transformationsprozeß partizipieren und ihre Interessen in die Verhandlungen einbringen.
- Durch die Entbannung des ANC sowie mehrerer anderer Gruppierungen[19] sah Inkatha jedoch ihre einzigartige Stellung in der weißen wie schwarzen

16 Vgl. Franz Ansprenger: a.a.O., S. 54.

17 In Anbetracht der Tatsache, daß 1969 Joe Slovo und weitere nicht-schwarze Kommunisten in den ANC integriert wurden, hätte eine solche Kehrtwende in der Strategie des ANC seine Glaubwürdigkeit gegenüber seinen Anhängern untergraben.

18 Zum Transformationsprozeß siehe Günther L. Karcher: CODESA II gescheitert - was nun?, in: KAS-Auslandsinformationen, Nr. 11/1992, S. 18-28.

19 Neben dem ANC wurden auch PAC, SACP und AZAPO entbannt. Restriktionen gegen 33 Organisationen wie z.B. das MDM und COSATU wurden aufgehoben.

Politik bedroht; dies hatte zwei Dimensionen: zum einen war Inkatha durch die Zulassung des ANC als politische Partei einer stärkeren Konkurrenz um Wählerstimmen ausgesetzt; zum anderen verlor das Verhältnis zur regierenden NP gleichzeitig an Bedeutung, da die NP in Anbetracht der Tatsache, daß der ANC auf unabsehbare Zeit stärkste politische Kraft sein würde, diesen als den wichtigsten Verhandlungspartner im Transformationsprozeß betrachtete.

- Durch die Aufhebung der Apartheidgesetze wurde auch die Frage der Reintegration der Homelands in das südafrikanische Kernland aufgeworfen. Damit mußte der Status von KwaZulu, der Machtbasis Buthelezis, neu diskutiert werden.

Aus dieser Konstellation ergaben sich für Inkatha zwei Herausforderungen:

- Sie mußte auf den Verfassungsgebungsprozeß soweit Einfluß nehmen, daß ein zukünftiges Südafrika zum Schutz der Minderheiten weitgehend föderalistisch mit ausreichenden Kompetenzen für die Provinzen organisiert wurde.
- Sie mußte sich soweit organisatorisch und programmatisch wandeln, daß sie nicht nur lokal und regional in KwaZulu/Natal Wähler mobilisieren, sondern auch im ganzen Land erfolgreich kandidieren kann.

1. Buthelezis gescheiterte Einflußnahme auf den Verfassungsgebungsprozeß

Das Interesse Inkathas an einem Recht auf Selbstbestimmung ergibt sich aus der Tatsache, daß der größte Teil der Zulus, aus denen die IFP ihre Wählerschaft fast ausschließlich rekrutiert, in der Provinz KwaZulu/Natal konzentriert ist. Nach den Vorstellungen des ANC, die inzwischen in der Übergangsverfassung und der Verfassung vom Mai 1996 weitgehend verwirklicht sind, ist die zukünftige politische Ordnung Südafrikas zentralistisch mit geringen Mitwirkungsmöglichkeiten der Subsysteme am gesamtstaatlichen Willensbildungsprozeß und mit geringer Autonomie für die einzelnen Glieder organisiert. Dadurch wird die Möglichkeit der Selbstbestimmung einzelner Gruppen, wie sie die mehrfach fragmentierte Gesellschaft Südafrikas in großer Anzahl aufweist,[20] eingeschränkt. Eine politische Organisation, die keine oder kaum institutionalisierte friedliche Konfliktlösungsmechanismen aufweist, birgt die Gefahr in sich, daß

---

20 Vgl. Ulrike Schumacher: Politische Formen für fragmentierte Gesellschaften. Das Beispiel Südafrika, Berlin 1994, bes. S. 51ff.

sich die Selbstbestimmungstendenzen außerhalb des politischen Systems in Form von politischer Gewalt äußern. Um diese Gewalt zu verhindern und um Gruppeninteressen in ausreichendem Maße durch institutionalisierte Minderheitenschutzvorrichtungen zu wahren, fordert die IFP ein Recht auf Selbstbestimmung.

Diese Interessendefinition bildete den Rahmen für die Positionen der IFP[21] bei den Verfassungsverhandlungen für ein demokratisches Südafrika:

- Die IFP hob Südafrika als eine pluralistische Gesellschaft hervor.[22] Hieraus resultiert die Forderung nach einem festgeschriebenen weitgehenden Minderheitenschutz (Gruppenrechte), der die Grundlage des verfassungspolitischen Konzeptes bildete.
- Die IFP forderte eine horizontale und vertikale Gewaltenteilung verbunden mit einem konsequent angewendeten Prinzip der Subsidiarität. Begründet wurde der Wunsch nach einer föderalistischen Regierungsform damit, daß sie effektiver und demokratischer sei; zentralistisch organisierte Systeme hingegen führten zur Dominanz einer politischen Gruppe und stünden damit einer 'participatory democracy' entgegen.
- Die IFP trat für eine effektive Kommunalverwaltung mit der Option ein, die Besonderheiten traditioneller territorialer Verwaltungen zu berücksichtigen.
- Die IFP verlangte neben der ersten Kammer, die durch allgemeine Wahlen zustandekommt, eine Länderkammer, die durch die Regierungen der Provinzen bestellt werden sollte.

Diese Forderungen konnte die IFP in der Übergangsverfassung nur sehr bedingt umsetzen, in der Verfassung von 1996 wurden noch weitergehende Abstriche vor allem bei dem Prinzip der Subsidiarität und der Länderkammer gemacht.

---

21 Die IFP wurde in ihren Forderungen nach einem dezentralisierten System bei der Ausarbeitung der IFP Position Paper zu den Verfassungsverhandlungen (CODESA) von deutschen und US-amerikanischen Experten beraten. Dies hat dazu geführt, daß sich in den Vorschlägen der IFP verschiedene Ausgestaltungen von Föderalismus wiederfinden.

22 Die folgenden Punkte finden sich in: IFP Position Paper zu den CODESA-Verhandlungen vom 06.02.1992, S. 2. und IFP Position Paper: Inkatha Freedom Party supports Federalism, S. 1.

Um ihr Selbstbestimmungsrecht im Ringen um eine neue politische Ordnung für Südafrika geltend zu machen, verfolgte die IFP eine Verhandlungsstrategie, die in den entscheidenden Schlüsselphasen der politischen Neuordnung deutlich wurde. Sowohl mit der Drohung, die Parlamentswahlen im April 1994 zu boykottieren, als auch mit der Drohung, der endgültigen Verfassung vom Mai 1996 die Zustimmung zu verweigern, versuchte die IFP, die Gunst der Stunde zu nutzen. Sie wollte einerseits den Zeitdruck, der auf dem ANC lastete, und andererseits den Legitimationsdruck, dem der ANC für sein politisches Handeln ausgesetzt war, in Zugeständnisse zu ihren Gunsten umsetzen.

2. Die Parlamentswahlen von 1994

Bis wenige Tage vor der Wahl stand nicht fest, ob die IFP an den Wahlen im April 1994 teilnehmen würde. An der Convention for a Democratic South Africa (CODESA), in der die Grundsteine eines neuen demokratischen Südafrikas erarbeitet worden waren, nahm neben dem ANC, der SACP, die NP und vierzehn weiteren Parteien (z.B. die DP) auch die IFP teil. Im Verlaufe der Verhandlungen zeichnete sich ab, daß der eingeleitete Prozeß sich primär auf Gespräche zwischen dem ANC und der NP konzentrierte. Nachdem die Verfassungsverhandlungen über weite Strecken erfolglos verliefen, nahm der ANC das Massaker von Boipatong zum Anlaß die Verhandlungen zu beenden. Bei diesem Massaker wurde IFP-Mitgliedern vorgeworfen, schlafende Bewohner dieses Townships angegriffen und ermordet zu haben. Der damalige Generalsekretär des ANC Ramaphosa warf der Regierung de Klerk Komplizenherrschaft vor.[23]

Durch das 'Record of Understanding' vom 26. September 1992 konnten die Gespräche wieder aufgenommen werden.[24] Mandela und de Klerk hatten sich darauf geeinigt, durch Verhandlungen Maßnahmen zu vereinbaren, die die politische Gewalt, die zu diesem Zeitpunkt besonders die Townships erschütter-

---

23 Vgl. AdG, S. 36994 A/1 vom 16.07.1992.

24 Vgl. dazu AdG, S. 37332A vom 16.11.1992.

te, eindämmen sollten. Diese Maßnahmen beinhalteten zwei Bestimmungen, die den Positionen der IFP zuwiderliefen:

- Das Tragen von Waffen - darunter fielen auch die 'cultural weapons'[25] der Zulus - in der Öffentlichkeit wurde verboten; und
- unter der Aufsicht der UN sollten die Wohnheime schwarzer Arbeiter umzäunt werden (fencing-off hostels).

Buthelezi distanzierte sich von der Übereinkunft mit der Begründung, daß er als Vertreter der drittstärksten Partei des Landes nicht in die Unterredung einbezogen worden sei. Das Gentleman Agreement zwischen Mandela und de Klerk verstärkte bei Buthelezi den Eindruck, daß auch in Zukunft Entscheidungen, die für die Zulu-Nation wichtig sein würden, von ANC und NP allein getroffen werden würden. Mit der Ankündigung sich nicht auf einen konkreten Termin für die ersten Parlamentswahlen festzulegen, begann Buthelezi seine Verweigerungsstrategie.

Ziel der Allianz aus ANC/SACP war es, möglichst bald Wahlen zu einer verfassungsgebenden Versammlung durchzuführen, die eine zentralstaatliche Verfassung erarbeiten und ein System der Mehrheitsherrschaft festlegen sollte. Minderheiten sollten durch einen Grundrechtskatalog geschützt werden. Dieser Position stand die Forderung der IFP nach einem sofortigen Recht auf Selbstbestimmung für alle gesellschaftlichen Gruppen entgegen. Eine Verfassung sollte vor den Wahlen ausgearbeitet werden; die Wahlen sollten lediglich der Regierungsbildung dienen und nicht zu der Bestellung des Gremiums, das die Verfassung erarbeiten sollte. In dieser Überlegung zeigt sich deutlich, daß die IFP bereits zu diesem Zeitpunkt befürchtete, daß der ANC nach einem überwältigenden Wahlsieg die verfassungsgebende Versammlung majorisieren

25 Zu den 'cultural weapons' der Zulu gehören unter anderem Assegais, Knobkerries, Schilder und Stöcke. Diese Waffen werden zu Anlässen wie zum Beispiel zur Thronbesteigung oder zum Tode eines Königs sowie zur Geburt, Hochzeit und zum Tode eines Zulu getragen. Wie wichtig die traditionellen Waffen für die Zulus sind, wird daran deutlich, daß einem heranwachsenden Zulu ein Speer als Zeichen seiner Männlichkeit überreicht wird. Tritt er ohne seine Waffen vor seinen König, gilt dies als Schande.

würde.[26] Neben dieser Befürchtung wollte Buthelezi aus einem weiteren Grund eine Verschiebung der Wahl: Seine eigene Position war nach Meinungsumfragen gefährdet, da die Unterstützung der IFP selbst unter den Zulus sank.[27]

Zu diesem Zeitpunkt wurde das Prinzip der ethnischen Mobilisierung zum wichtigsten Bestandteil der Strategie Inkathas[28]. Buthelezi, der den Anspruch der Führung aller Zulus in Südafrika erhebt, übernahm die Rolle eines Beschützers der gesamten Zulunation, insbesondere immer dann, wenn es zu gewalttätigen Auseinandersetzungen zwischen ANC- und IFP-Anhängern kam. Als der Generalsekretär des ANC, Ramaphosa, 1993 forderte, der Name KwaZulu solle nicht mehr auf der Landkarte auftauchen[29], sah Buthelezi sich in seiner Rolle bestätigt und ließ verlauten: "This is a region where we dominate. No foreign forces shall come into it to rule over us."[30]

---

26 Die IFP hatte bei ihren Bestrebungen in der NP zunächst einen Verbündeten gefunden: Die Regierung de Klerk, die aus einer Position der Stärke heraus verhandelte, war zu Beginn der Verfassungsverhandlungen nur bereit, Herrschaftsmacht gegen die Gewährung der machtpolitischen Absicherung des Existenzrechts der Afrikaner abzugeben. Entsprechend forderte sie einen dezentralisierten Staat und ein System verfassungsrechtlich festgeschriebener permanenter Regierungskoalitionen auf allen politischen Stufen des Systems. Ebenso war die Regierung de Klerk bemüht, allgemeine Wahlen hinauszuschieben und so möglichst viele Elemente der neuen politischen Ordnung durch CODESA festzulegen. Mit der zunehmenden Kooperation de Klerks und Mandelas wurde das Verhältnis von NP und IFP stark beeinträchtigt. Vgl. Klaus Frhr. von der Ropp: CODESA and beyond: Hintergründe und Perspektiven der Demokratiegespräche, in: Michael Behrens, Robert von Rimscha (Hrsg.): Südafrika nach der Apartheid, Baden-Baden 1994, S. 239-252, hier S.250.

27 Vgl. Martin Meredith: South Africa's New Era. The 1994 Election, London 1994, S.73 und Shaun Mc Carthy: Inkatha. Heading for war?, in: Jane's Intelligence Review, No. 12, 1995, S. 596-571, hier S. 569.

28 Vgl. Alexander Johnston: The Political World of KwaZulu-Natal, in: Richard William Johnson, Lawrence Schlemmer (Eds.): Launching Democracy in South Africa. The First Open Election, April 1994, New Haven, London 1996, S. 168-188, hier S. 175.

29 Cyril Ramaphosa zitiert nach Martin Meredith, a.a.O., S. 71.

30 Manosuthu Buthelezi zitiert nach ebda.

Spätestens seit dem Zeitpunkt, als Buthelezi sich weigerte, an den Verhandlungen zu CODESA II teilzunehmen, weil Zulukönig Goodwill Zwelithini der Status eines Partners in dieser Verhandlungsrunde verweigert wurde, wurde die traditionelle Besinnung der IFP auf ihr Königtum zum entscheidenden Kernelement in ihrer Verhandlungsstrategie.

Das Verhältnis zwischen Buthelezi und König Goodwill Zwelithini war seit Ende der 70er Jahre von Spannungen geprägt. Buthelezi als politischer Führer hatte die Rolle Zwelithinis auf die repräsentativen Funktionen beschränken wollen. Buthelezi, ebenfalls von königlicher Herkunft und gleichzeitig Häuptling des Buthelezi-Stammes, wurde daraufhin von Zwelithini seiner eigenen traditionellen Funktionen als erster Berater des Königs enthoben. Von besonderer Bedeutung in diesem Zusammenhang ist, daß die Entlassung Buthelezis, die stammesrechtlich umstritten ist, von der Mehrheit der traditionellen Führer (amakhosi) nicht akzeptiert wurde und sie weiterhin Buthelezi ihre Unterstützung zusagten. Trotz dieser stets vorhandenen Auseinandersetzungen schlossen Buthelezi und Zwelithini sich zu einer königlichen Allianz zusammen, um gemeinsam den Majorisierungstendenzen des ANC entgegenzuwirken.

Ebenso wie Buthelezi sah König Zwelithini die Unabhängigkeit und Kultur der Zulus durch die Beherrschung einer ANC-dominierten Regierung gefährdet. "I will die rather than insult the memory of my great ancestral Kings by handing over the land of their people to our political enemies."[31] Im März 1994 verhandelte Mandela in Natal mit König Goodwill über die Teilnahme der IFP an den Wahlen und die Forderung der IFP, KwaZulu müsse zu einem eigenständigen Staat des Stammes der Zulu werden. Mandela betonte ebenso wie de Klerk mit dem Hinweis auf die Ereignisse in Bophuthatswana[32], daß er territoriale Abspaltung nicht hinnehmen werde. Buthelezi warnte die NP sowie den ANC vor einer Welle der Gewalt, die in Afrika ohne Beispiel sein werde, falls die Forderungen der Zulus nicht erfüllt würden.

---

31 König Zwelithini zitiert nach Martin Meredith: a.a.O., S. 72.

32 Zur Absetzung der Homeland Regierung Bophuthatswanas durch die südafrikanische Regierung und die folgenden Auseinandersetzungen siehe AdG, S. 38815 A vom 28. März 1994.

Am 18. März 1994 proklamierte Zwelithini nach der Absage eines Treffens mit Mandela die Unabhängigkeit und Souveränität des Königreiches KwaZulu in seinen vorkolonialen Grenzen von 1838, was ungefähr dem Gebiet von KwaZulu und Natal entsprochen hätte. Zusammen mit diesem Proklamationsakt rief Zwelithini seine Untertanen auf, die Parlamentswahlen zu boykottieren.[33] Buthelezi stellte sich hinter die Entscheidung Zwelithinis und nannte den Schritt eine Konsequenz aus der Weigerung Pretorias, KwaZulu einen Autonomiestatus zu gewähren.[34]

Die Drohung der IFP, nicht an den immer näher rückenden Wahlen teilzunehmen, erwies sich als wirksam. Die Legitimität der Wahlen und damit auch des Wahlergebnisses wären ohne eine Teilnahne der IFP erheblich eingeschränkt gewesen. Darüber hinaus veranlaßten nicht abreißende, politisch motivierte Gewalttaten zwischen ANC- und IFP-Anhängern den ANC und die südafrikanische Regierung zu drei Konzessionen gegenüber der IFP, die schließlich zu einer Wahlteilnahme[35] der IFP führten:

1. Die Umbenennung KwaZulus in KwaZulu/Natal;
2. die Zusage des Fortbestehens 'der Institutionen, der Rolle, Autorität und des Status eines traditionellen Monarchen'[36]; und
3. die Verhandlung aller 'outstanding issues' mit 'international mediation'.[37]

---

33 Vgl. Gespräche de Klerks und Mandelas über KwaZulu, in: NZZ vom 23.03.1994.

34 Die IFP forderte zu diesem Zeitpunkt KwaZulu als eine autonome Provinz, die mit Pretoria nur locker in einem Staatenbund verbunden sein sollte. Vgl. Robert von Lucius: Inkatha zeigt sich wieder kompromißbereit, in: FAZ vom 27.11.1995.

35 Der kenianische Chefunterhändler Prof. Washington Okumu konnte die IFP dazu bewegen, an der Wahl teilzunehmen. Zuvor waren die Verhandlungen unter Hinzuziehung internationaler Vermittler gescheitert. Vgl. Kaizer Nyatsumba: Solution from a remarkable man, in: The Pretoria News vom 20.04.1994.

36 Damit wurde eine Regelung gefunden, die die monarchischen Elemente der Zulunation in einem ansonsten demokratisch-republikanisch organisierten Staat sichern soll. Die noch auszuarbeitende Provinzverfassung KwaZulu/Natals soll die Einzelheiten regeln. Das weiße Parlament hatte in einer kurzfristig einberufenen Sondersitzung in Art. 160 der ÜV diese Vorkehrungen eingefügt.

37 Vgl. Neuer Zwist in Südafrikas Mehrparteienkoalition, in: NZZ vom 17.02.1995.

In Anbetracht der Wahlergebnisse, die die prognostizierte sinkende Unterstützung für Buthelezi widerlegten und des in den Verhandlungen durchgesetzten Verfassungszusatzes, ist die Verweigerungsstrategie Buthelezis im nachhinein als erfolgreich zu bewerten. Um Buthelezi in den Verfassungskompromiß einzubinden, wurde er als Innenminister in das neue Kabinett von Staatspräsident Mandela berufen, wodurch er für die spannungsreiche innenpolitische Situation verantwortlich wurde.

3. Der Boykott der endgültigen Verfassung 1996

Die Verhandlungstaktik Buthelezis war auch nach den Wahlen 1994 von der Strategie der Verweigerung geprägt. Jedoch verlor Buthelezi ganz entscheidend an Rückhalt, als sich abzeichnete, daß sich die Konfrontation zwischen ihm und König Zwelithini verhärten würde. Bereits vor den Wahlen 1994 hatte es Unstimmigkeiten zwischen dem politischen Führer und dem Oberhaupt der Zulus gegeben, da Zwelithini nicht bereit gewesen war, die Zulus aufzufordern, die IFP zu wählen. Für die IFP wirkte diese Weigerung des Zulukönigs um so schwerer, da die Identifikation der Zulubevölkerung mit dem Parteiführer der IFP, Buthelezi, niedriger ist als die mit ihrem König. Vermutlich wären einzelne Zulu bereit gewesen, einer Aufforderung des Königs zu entsprechen.

Nach den Wahlen verstärkte sich der Gegensatz zwischen Zwelithini und Buthelezi, da der König nicht mehr bereit war, öffentlich für Buthelezi und die IFP Partei zu ergreifen. Diese Haltung lief der Strategie der ethnischen Mobilisierung von Buthelezi zuwider. Buthelezi befindet sich in einem Dilemma: Einerseits ist es sein Anliegen, den König politisch möglichst neutral zu halten, um seine eigene Stellung als politischer Führer zu behaupten, andererseits benötigt er die Mitarbeit des Königs, um mit dessen Einfluß die Wählerschaft der IFP zu mobilisieren.

Am 20. September 1994 gab Zwelithini den Abbruch aller Beziehungen zu Buthelezi bekannt, womit der Konflikt zwischen diesen beiden Führern der Zulus einen neuen Höhepunkt erreichte. Die Krise zwischen den beiden populärsten Zuluführern führte nicht nur zu einer innerparteilichen Opposition der Königstreuen gegenüber Buthelezi, sondern auch dazu, daß sich viele Zulus zwischen der Loyalität gegenüber ihrem König und ihrer politischen Präferenz gegenüber der IFP entscheiden mußten. Diese Spannungen nutzte der ANC, um einen Keil zwischen die Partei und das Königshaus zu treiben. In diesem Konflikt übernahm das südafrikanische Militär die Aufgabe, den persönlichen Schutz des König zu gewährleisten, weil ein Attentat auf einen Angehörigen des Königshauses nicht mehr ausgeschlossen werden konnte.[38] In Anbetracht dieser Tatsache häuften sich offenbar innerhalb der IFP die Vorwürfe, der ANC hätte den König gekauft, um den Einfluß der IFP in KwaZulu/Natal zu brechen.

Um sich trotz dieser für die IFP ungünstigen Situation weiterhin sowohl parteiintern als auch auf die ganze Nation der Zulus politischen Einfluß zu sichern, beharrte Buthelezi auf seiner Forderung nach einer höchstmöglichen Autonomie für die Provinz KwaZulu/Natal[39]. Als der ANC sich weigerte, die zugesagten internationalen Vermittler, die zwischen den Standpunkten des ANC und den Forderungen der IFP vermitteln sollten, in die Verhandlungen mit einzubeziehen, lehnte die IFP, obwohl sie zu diesem Zeitpunkt von ihren Maximalpositionen aus dem Jahr 1994 abgerückt war[40], eine Teilnahme an der verfassungsgebenden Versammlung ab.[41] Durch den Boykott der verfassungsgebenden Versammlung bewirkte die IFP, daß die 'outstanding issues' von der Tagesordnung gestrichen und damit die für die IFP elementaren Themen unbefriedigend oder gar nicht behandelt wurden. Zu diesen Themen zählten im wesentlichen

---

38 Vgl. AdG, S. 39483 A/1 vom 16.11.1994.

39 Der umfassenste Ausdruck der Autonomiebestrebungen der IFP ist ihr Verfassungsvorschlag für eine Provinzverfassung von KwaZulu/Natal.

40 Die Partei akzeptierte einen Verfassungsentwurf für Südafrika, der auch von der NP getragen wurde. In diesem Entwurf wurde KwaZulu/Natal als selbstregierende Provinz innerhalb Südafrikas beschrieben, die dem Gesamtstaat in bundesstaatlicher Partnerschaft und in gleichzeitigem Respekt verbunden ist. Dieser weit interpretierbare Kompromiß führte jedoch nicht zu einem Wiedereintritt der IFP in die Verfassungsverhandlungen. Vgl. Robert von Lucius: Inkatha zeigt sich wieder kompromißbereit, in: FAZ vom 27.11.1995.

41 Buthelezi bezeichnete die Weigerung des ANC, internationale Vermittler hinzu zu ziehen, als the "ANC's biggest mistake". Vgl. John MacLennan: Buthelezi - The ANC's biggest mistake, in: Sunday Tribune Supplement vom 05.05.1995.

die Abgrenzung der Befugnisse des Zentralstaates gegenüber den Provinzen, Organisation und Befugnisse der zweiten Kammer, Fragen der kommunalen Selbstverwaltung und die Rolle der traditionellen Führer. Die Verweigerungsstrategie, die 1994 vor den Wahlen gewirkt hatte, wurde bei der Ausarbeitung der Verfassung von 1996 eine stumpfe Waffe.

III. Organisatorische und programmatische Öffnung der IFP - ein Königsweg?

Mit der Verabschiedung der südafrikanischen Verfassung im Mai 1996 ist der Versuch der IFP, den Verfassungsgebungsprozeß in ihrem Sinne zu beeinflussen, fehlgeschlagen, was gleichzeitig für sie den Verlust des Selbstbestimmungsrechtes der Zulus bedeutet.[42] In Anbetracht der Zentralisierungstendenzen der Verfassung bleibt der Partei lediglich die Möglichkeit, sich durch Umstrukturierung einem größeren Kreis der südafrikanischen Wählerschaft zu öffnen, um dadurch neben der NP eine zweite starke Opposition zu werden. Nur so kann die IFP einer Majorisierung durch den ANC entgegenwirken.

Der entscheidende strukturelle Mangel der IFP, die sich 1990 von einer Befreiungsbewegung zu einer politischen Partei wandelte[43], bestand darin, daß sie lediglich Schwarze, insbesondere Zulus, als Mitglieder aufnahm. Dies konnte mit der Öffnung der IFP gegenüber anderen gesellschaftlichen Gruppierungen z.B. dem weißen Mittelstand oder der Indian Community formal behoben

---

42 "This Constitution is the greatest threat to our liberty in existence. It is nothing less than a recipe for a one-party state". Magosuthu Buthelezi in einer Rede auf der Inkatha Freedom Party Election Rally, May 10, 1996.

43 Die neu entstandene Partei legte vier Ziele fest, durch die sie den Transformationsprozeß mitgestalten wollte: "1. To establish an open, free, non-racial, equal opportunity, reconciled society with democratic safeguards for all people. 2. To harness the great resources of the country to fight the real enemies of the people, namely: poverty, hunger, unemployment, disease, ignorance, insecurity, homelessness and moral decay. 3. To re-distribute the wealth of the country for the benefit of all people, and to establish political and economic structures that encourage enterprise and create the wealth all governments of the future will need. 4. To ensure the maintenance of all stable, peaceful society in which all people can pursue their happiness, and realise their potential, without fear or favour". Vgl. The New Inkatha 1990, verabschiedet auf dem 15. Jahreskongreß 1990; Ulundi, 14th July 1990.

werden. Diese Öffnung scheint auch notwendig, um die urbanisierten Zulus, insbesondere außerhalb KwaZulu/Natals, für die IFP zu gewinnen. Die IFP hatte erkannt, daß nur durch die Öffnung für alle ethnischen Gruppierungen langfristig Einfluß und damit politische Macht gesichert werden kann. Trotz der programmatischen Öffnung der IFP bleibt ihr größtes Problem, daß sie ihre Wählerschaft nach wie vor aus dem Stamm der Zulu rekrutiert, obwohl nach eigenen Aussagen der Anteil der Nicht-Zulu in den eigenen Reihen der ca. zwei Mio. Mitglieder kontinuierlich steigt.[44]

Die IFP nutzte auch nach dem Ende der Apartheid weiterhin Ethnizität dazu, um über ethnische Symbole die Mobilisierung der Zulu aufrecht zu erhalten. In zahlreichen öffentlichen Äußerungen versucht Buthelezi, in dem er z.B. auf König Shaka und dessen militärische Stärke verweist, den Stolz der Zulus zu aktivieren und ein Zusammengehörigkeitsgefühl zu erzeugen.[45] Der Bezug auf Tradition und Symbole der Zulukultur wie z.B. das Feiern des König-Shaka-Day[46], das Abhalten von Zulutänzen und -gesängen bei Großveranstaltungen sind Anzeichen für die Dominanz der Zulukultur innerhalb der IFP.

Durch die Person des Königs Zwelithini wie auch durch die Person Buthelezis wird die Vergangenheit mit der Gegenwart verbunden. Beide verkörpern die Kontinuität der Zulutradition, die die Grundlage der modernen Zulunation und der modernen Zuluidentität bildet. Diese Kontinuität ergibt sich aus Abstammung und Stellung beider Personen: Zwelithini, das Symbol und die Verkörpe-

---

44 Der Anteil der Mitglieder, die nicht Zulus sind, ist aufgrund fehlender Erhebungen schwer zu ermitteln. Ebenso schwer festzustellen ist die Zahl der Mitglieder der IFP, die zwischen 1,6 und 2,2 Mio. schwankt. Vgl.: Inkatha Yearbook 1988; Durban 1989. Ebenso: Ulrike Schumacher: Politische Formen für fragmentierte Gesellschaften. Das Beispiel Südafrika, a.a.O., S. 174, FN. 153.

45 Kritik an Buthelezis Gebrauch von Ethnizität erwächst nicht aus der Tatsache, daß er die Zulus über die ethnische Komponente mobilisiert, sondern aus seinen Äußerungen, in denen die Zulus aus dem Kreis der anderen schwarzen Völker herausgehoben werden: "Es gibt keine Gruppe in Südafrika, die besser gegen die Weißen gekämpft hat als die Zulus..." Magusuthu Buthelezi in einem Interview der FR vom 19.02.1986.

46 Auf Buthelezis Initiative wurde 1973 der offizielle King-Shaka-Day in KwaZulu eingeführt, auf dem ethnische Tradition mit politischer Propaganda verbunden wird.

rung der Zulu-Nation[47], ist leiblicher Nachkomme König Shakas in der sechsten Generation und Buthelezi ist über seine Mutter mit dem Königshaus verwandt; gleichzeitig ist er ein Onkel Zwelithinis[48] Die Verwandtschaft mit dem Königshaus dient Buthelezi zur Rechtfertigung und Legitimation seiner eigenen Machtposition. Gerade auf Grund der engen Verknüpfung mit dem Königshaus der Zulu erscheint es gegenwärtig nicht möglich, daß Nicht-Zulus Führungspositionen in der IFP bekleiden.

Trotz ethnischer Mobilisierungsversuche der IFP haben sowohl die Provinzwahlen in KwaZulu/Natal im Zuge der Wahlen 1994 und die Kommunalwahlen in KwaZulu/Natal 1996 gezeigt, daß die IFP nicht in der Lage war, die Zuluidentität vollständig auf die IFP zu übertragen. In beiden Wahlen lag die IFP zwar deutlich vor ihrem Konkurrenten, dem ANC, jedoch erreichte die Partei jeweils nur kapp die Hälfte der Stimmen.[49]

Die Kommunalwahlen in KwaZulu/Natal haben gleichzeitig verdeutlicht, wie wichtig das Vorhandensein und das Fortbestehen traditioneller Strukturen für die Machtsicherung der IFP sind: Die IFP konnte in den ländlichen Gebieten, die durch die Herrschaft der traditionellen Führer gekennzeichnet sind, einen Wahlsieg verbuchen.[50] In den städtischen Gebieten hingegen, vor allen in der Metropole Durban, konnte der ANC die Wahl gewinnen.[51]

---

47 König Zwelithini behauptet von sich selbst: "I am the Zulu Nation." König Zwelithini zitiert nach: Gerhard Mare, Georgina Hamilton: a.a.O., S. 69.

48 Vgl. Wessel de Kock: Usuthu! Cry Peace! The black liberation movement Inkatha and the fight for a just South Africa; Cape Town 1986, S. 12.

49 Bei den Provinzwahlen 1994 erzielte die IFP in KZN 50,32% der abgegebenen Stimmen, der ANC hingegen nur 32,23%. Vgl. Franz Spengler, Annkathrin Bollig: a.a.O., S. 64ff. Bei den Kommunalwahlen 1996 in KZN erzielte die IFP 44,54% der abgegebenen Stimmen, der ANC lediglich 33,25%. Zahlen nach: Departement of Local Government and Housing, Pietermaritzburg, Republic of South Africa.

50 In den ländlichen Gebieten erreichte die IFP über die Parteilisten 75,9% der abgegebenen Stimmen, der ANC dagegen nur 16,8%. Zahlen nach ebda.

51 In den städtischen Gebieten erreichte der ANC über die Parteilisten 44,7% der abgegebenen Stimmen, die IFP dagegen nur 16,9%. Ebda.

Dieses Wahlergebnis spiegelt auch eine organisatorische Besonderheit wider, die die IFP von allen anderen Parteien des Landes unterscheidet. Die traditionellen Führer bilden im ländlichen Bereich die kommunale Basis der IFP. Dies erklärt einerseits die Strategie des ANC, den König und die IFP zu entzweien, andererseits deren Gefährlichkeit für die IFP. Zugleich verdeutlicht diese Verzahnung von traditionellen Führern und IFP eine weitere Schwierigkeit für die Partei: Um national eine bedeutende Rolle zu spielen, muß sie sich für Nicht-Zulus öffnen, zugleich muß sie ihre in der Zulutradition verhaftete Basis behaupten. Die Zukunft der IFP wird - solange es unter der Dominanz des ANC ein Mehrparteiensystem in Südafrika gibt - davon abhängen, ob ihr dieser Spagat gelingt.

Eine solche Strategie kann jedoch nicht losgelöst von den institutionellen Rahmenbedingungen gesehen werden, wie sie mit der Übergangsverfassung geschaffen und im Hinblick auf das Wahlrecht bis 1999 festgeschrieben sind. Das Verhältniswahlrecht gefährdet zunächst die Position der IFP in KwaZulu/-Natal, weil es die Chancen zu einer Erosion zugunsten des ANC und möglicher anderer Parteien vergrößert, ohne daß die IFP als Regierungspartei in der Provinz eine Chance zur eigenen Konsolidierung hat. Bei jeder Form der Mehrheitswahl könnte die IFP in ihrer eigenen Stärke - wobei ihr Abstand zum ANC wichtiger ist als ihre absolute Stimmenzahl - in KwaZulu/Natal ruhend ihre Öffnungsstrategie gegenüber dem Rest des Landes betreiben. Solange ihre eigene Stärke jedoch permanent durch Erosion bedroht ist, ist sie in ihrer Öffnungstrategie gelähmt.

Selbst bei einem Erfolg der Öffnungsstrategie wird die IFP auf voraussehbare Zeit eine Regionalpartei, zumindest aber eine Partei mit einem starken regionalen Schwerpunkt, bleiben. Das bedeutet, daß sie im Gesamtstaat nur Einfluß gewinnen kann, wenn sie als verläßlicher Koalitionspartner erscheint. Die programmatisch naheliegende Koalitionsmöglichkeit mit der NP hat sie in den Verhandlungen zur Verfassung ebensowenig wahrgenommen wie die Chance ergriffen, zusammen mit der NP die Regierung der Nationalen Einheit zu verlassen, um gemeinsam mit der NP eine breite Opposition und d.h. Alternative zum ANC aufzubauen. Auch hier zeigt sich wieder der lähmende Einfluß des proportionalen Wahlrechts, das Parteien wie der IFP die Chance zu eröffnen scheint, durch einen Sonderweg Wählernischen zu entdecken. Unabhängig davon gilt jedoch, daß je erfolgreicher die IFP ihre Öffnungsstrategie betreibt, desto interessanter wird sie als Koalitionspartner für die NP. Die positive Perspektive, die freilich im Gegensatz zur Realität des Jahres 1996 steht, ist, daß ein nationales Wahlbündnis, das auf den Pfeilern NP und IFP beruht, sich zu einer Alternative zum ANC entwickelt und damit der Konkurrenzdemokratie in Südafrika eine Chance gibt.

DIE SCHWARZEN RASSISTEN - PAC UND AZAPO

Jens Bohlmann

I. Problemstellung

Während der Zeit der Apartheid in Südafrika entstand in der Weltöffentlichkeit der Eindruck, daß der African National Congress (ANC) die einzige (legitime) Befreiungsorganisation der Schwarzen war. Sicherlich war er die größte und dominierende Organisation der Schwarzafrikaner. Die Reduktion der Befreiungsorganisationen auf den ANC wird der ethnischen und ideologischen Heterogenität allerdings nicht gerecht.

Der Pan-Africanist Congress of Azania (PAC) und die Azanian People's Organisation (AZAPO) waren mit ihren extremen und extremistischen Forderungen, Zielen und Aktionen Konkurrenzorganisationen bei der Bekämpfung des Apartheidsystems. Mit dem Zusammenbruch des alten Systems änderte sich diese Situation allerdings rasch. Beide Parteien mußten erkennen, daß der ANC eine dominante und übermächtige Position innehat. AZAPO entschied deswegen aus taktischen Gründen, nicht an der Wahl vom April 1994 teilzunehmen. Das Ergebnis des PAC war mit 1,25 % der abgegebenen Stimmen und fünf Parlamentsmandaten[1] mehr als enttäuschend und bedeutete den Absturz in die Bedeutungslosigkeit. Liegen die Ursachen für die Marginalisierung innerhalb beider Organisationen oder im überzeugenden Auftreten und in der Übermacht des ANC? Welche Ziele und Forderungen verfolgen PAC und AZAPO? Welche Perspektiven besitzen linke, extreme Schwarzenorganisationen in einem ANC-dominierten Südafrika?

II. Der Pan-Africanist Congress of Azania (PAC)

"The PAC will poll the most votes, followed by the ANC and NP in South Africa's first ever one person one vote election, according to Mr Benny Alexan-

1 Zu den Wahlergebnissen siehe Frank Spengler, Annkathrin Bollig: Die Wahlen in Südafrika, in: KAS Auslandsinformationen, 6/1994, S. 34-73.

der, general secretary of the PAC."[2] Der Pan-Africanist Congress sah und sieht sich als Konkurrenzorganisation zum ANC. Diese Konkurrenz wird ideologisch begründet und schlägt sich in programmatischen Differenzen nieder. Weniger trennscharf sind die ökonomischen Vorstellungen des PAC im Vergleich zum ANC. Mit seinem militärischen Flügel APLA zeigt der PAC wiederum eindeutiges Konkurrenzverhalten zum ANC. Trotz allem bleibt die Frage zu klären, ob der PAC eine wirkliche Konkurrenz zum ANC sein kann oder lediglich eine Splittergruppe im südafrikanischen Parteiensystem darstellt.

1. Die Entwicklung des PAC

Mit der zunehmenden Verschärfung der Apartheid-Gesetze und der damit einhergehenden Entrechtung der Schwarzafrikaner und der anderen Nichtweißen entstand in diesen Gruppen das Bewußtsein, daß man für seine Rechte kämpfen muß. Am 25./26 Juni 1955 trafen sich diese Gruppierungen in Kliptown (Johannesburg) zum 'Congress of the People', von dem als Ergebnis die 'Freedom Charter' verabschiedet wurde. "Das Manifest erstrebte ... eine Gesellschaftsordnung, die nicht von der Hautfarbe, Rasse oder Nationalität her bestimmt war, sondern von Leistungskriterien, die allen in gleicher Weise zugänglich sein sollten."[3] Sozialistische Passagen in dem Manifest waren die Gründe für zahlreiche Verhaftungen, vor allem unter ANC-Führern. So befand sich ANC-Führer Albert Luthuli von 1953 bis 1967 fast ständig unter Bann. Dies schränkte die Aktionsfähigkeit besonders der ANC-Führung erheblich ein. Radikale Gruppen innerhalb des ANC, die mit der moderaten Führung der Organisation ohnehin nicht einverstanden waren, versuchten diese Situation für sich zu nutzen. Unter dem Motto 'Afrika den Afrikanern' starteten die sogenannten 'Afrikanisten' den Versuch, die Führung innerhalb des ANC zu übernehmen. Sie mußten allerdings erkennen, daß sie sich mit dieser radikalen Forderung nicht durchsetzen konnten. So kam es mit der Begründung der nichtrassischen Haltung und der Zusammenarbeit des ANC mit Weißen und Kommunisten zur Abspaltung dieser Gruppe auf einer ANC-Konferenz in Transvaal im November 1958.

---

2 Barometer On Negotiation, Volume 4, No. 6, October 1992, S. 18.

3 Harald R. Bilger: Südafrika in Geschichte und Gegenwart, Konstanz 1976, S. 496.

Am 6. April 1959 gründete sich unter Führung des Universitätsdozenten Robert Sobukwe der 'Pan-Africanist Congress' (PAC).[4] Ähnlich wie der ANC bekannte sich der PAC auf seinem 1. Nationalkongreß zunächst zum unbewaffneten Widerstand gegen das Apartheidsystem. Doch das Regime war lediglich ein Gegner der Panafrikanisten. Ein weiterer war der ANC. Im Wettlauf mit ihm um die Vorherrschaft unter der schwarzen Bevölkerung sowie hinsichtlich der Radikalität der Forderungen des PAC ließ sich der Anspruch des unbewaffneten Kampfes nicht lange aufrechterhalten. Noch im Gründungsjahr der Partei wurden die Grundlagen eines militärischen Flügels, genannt 'Poqo' ('wir allein') gelegt. Durch organisierten Terrorismus gegen die zivile weiße Bevölkerung sollte das Apartheidsystem destabilisiert und Unruhe in der Bevölkerung geschaffen werden.

In der Auseinandersetzung mit dem ANC konnte der PAC zunächst die größeren Erfolge verzeichnen. Er präsentierte der schwarzen Bevölkerung ein strukturiertes Ablaufschema der gewaltlosen Machtübernahme. Der erste Schritt sollte dabei ein Generalstreik sein, zu dem die Schwarzafrikaner ohne Ausweispapiere[5] erscheinen sollten, um ihre Verhaftung zu provozieren und damit das Gefängniswesen zu desorganisieren.[6] Daß diese Maßnahmen nicht ohne Gewalt durchzuführen waren, ist den PAC-Vertretern bewußt gewesen. Die allgemeine Verschlechterung der wirtschaftlichen Lage der Schwarzen, die Verschärfung der Paßgesetze sowie die politische Unterdrückung führten zu einer ständigen Zunahme der Spannungen. So beschloß der PAC auf seinem 1. Nationalkongreß am 18.-20. Dezember 1959, eine nationale Kampagne gegen die Paßgesetze zu

---

4 Ebda.

5 Schwarze mußten ständig ihre 'reference books' bei sich tragen und auf Verlangen vorzeigen. Das Paßsystem diente zunächst dazu, Wanderungsbewegungen zu kontrollieren, später, ganz im Sinne der Apartheid-Ideologie, den Zuzug von Schwarzen in weiße Wohngebiete zu verhindern. Vgl. dazu Dieter Mahncke: Konflikt in Südafrika. Die politische Problematik Südafrikas in ihren innen- und außenpolitischen Dimensionen, Paderborn, München, Wien, Zürich 1989, S. 57.

6 Vgl. Harald R. Bilger: a.a.O., S. 496.

starten, die landesweit am 21.März 1960 durchgeführt werden sollte. Der ANC lehnte die Teilnahme an diesen Aktionen ab.[7]

In Sharpeville, nahe der Stadt Vereeniging, versammelten sich ca. 20.000 Schwarze zu einer Demonstration, in deren Folge es zu Auseinandersetzungen mit der Polizei kam, bei denen 69 Menschen ums Leben kamen. ANC und PAC gemeinsam riefen den 28. März zu einem Tag der Trauer für die Toten von Sharpeville aus, zugleich erfolgte ein Aufruf zum Generalstreik, der die Produktion im gesamten Land lahmlegte.[8] Am selben Tag wurde im Parlament in Kapstadt das 'Unlawful Organisations Bill' verabschiedet, das den Staatspräsidenten ermächtigte, sicherheitsgefährdende Organisationen wie den PAC und den ANC zu bannen. Das Verbot trat am 8. April 1960 für ein Jahr in Kraft, es wurde 30 Jahre später am 2. Februar 1990 aufgehoben. Bis zum 6. Mai 1960 wurden ca. 18.000 Schwarze verhaftet.

Führende Mitglieder des PAC, darunter der Parteivorsitzende Robert Sobukwe wurden zu Gefängnisstrafen verurteilt.[9] Der PAC, seiner Führungskräfte beraubt, war gezwungen, sich im Untergrund neu zu formieren. Er baute Büros in Daressalam und London sowie weitere Filialen in Kairo und Algier auf. Die Unterdrückungsmaßnahmen seitens der südafrikanischen Regierung führten dazu, daß es nach 1960 Versuche gab, die Einheit von PAC und ANC wiederherzustellen. So trafen im April 1960 Vertreter beider Organisationen in Accra zusammen. Kurz darauf wird die 'United Front' begründet, ein Bündnis, das allerdings auf schwachen Füßen stand, da die inhaltlichen Differenzen nicht ausgeräumt wurden. Es ging lediglich um die Vertretung der gemeinsamen Sache, die Beseitigung des Apartheidsystems, nach außen. Die weitere Infiltration des ANC durch die Kommunisten verstärkte die Differenzen zwischen beiden Organisationen weiter, so daß im Januar 1962 Vertreter von PAC und ANC die Auflösung der 'United Front' bekannt gaben.[10]

---

7 Vgl. Helmut Orbon: Die Lage der Schwarzen in Südafrika/Azania und ihr politischer Widerstand im 20. Jahrhundert, Berlin, 1980, S. 330.

8 Ebda., S. 332.

9 Ebda., S. 334.

10 Ebda., S. 519 f.

Parallel dazu konzentrierten sich beide Organisationen auf die eigenen Kräfte, insbesondere auf den Auf- bzw. Ausbau militärischer Organisationen. In diesem Bereich hat es keine Versuche der Zusammenarbeit beider Parteien gegeben. Die PAC-Organisation war wie der Name 'Poqo' ('wir allein') belegt, eine Kampftruppe der Schwarzafrikaner, geführt von Potlako Leballo. Der ANC-Counterpart 'Umkhonto we Sizwe' (Speer der Nation) oder MK, wurde dagegen als multirassische, von weißen Kommunisten geführte Organisation auf- gebaut. Aufgrund ihrer Terror- und Sabotageaktionen wurden beide Guerillaorganisationen aufs Schärfste verfolgt, 'Poqo' wurde im Jahre 1963 durch die südafrikanische Polizei fast vollständig zerschlagen.

Wie der ANC wurde auch der PAC von der Vollversammlung der Vereinten Nationen als nationale Befreiungsbewegung Südafrikas sowie als legitimer Vertreter des südafrikanischen Volkes in seinem Befreiungskampf anerkannt.[11] Seine im Gegensatz zum ANC rigorose Ablehnung der von Weißen dominierten SACP, schnitt den PAC von den Geldquellen der kommunistischen Staaten, mit Ausnahme Chinas, ab. Trotz der finanziellen Unterstützung durch die UNO und den Weltkirchenrat, hatte der PAC nie die Mittel, auf die der ANC und MK zurückgreifen konnten. Ein deutlicher Hinweis dafür ist die militärische, vor allem auch zahlenmäßige Schwäche von 'Poqo' und seiner Nachfolgeorganisation APLA (Azanian People's Liberation Army)[12] im Vergleich zu MK.

Ein weiterer Schwachpunkt des PAC waren und sind die vielfachen innerparteilichen Spannungen, die zu zahlreichen Ausschlüssen und Spaltungen geführt haben. Verursacht wurden sie durch organisatorische Probleme und vor allem durch den Führungsstil des damaligen Parteivorsitzenden Potlako Leballo. Dieser schloß Ende des Jahres 1977 unbequeme Mitstreiter mit der Begründung, sich an fraktionistischen, regionalistischen und tribalistischen Aktivitäten führend beteiligt zu haben, aus dem PAC aus.[13] Dieser selbstherrliche Führungs-

---

11 Vgl. UN Resolution 35/206 A - 1980.

12 Azania bezeichnete im Altertum das Gebiet südlich des heutigen Äthiopiens. Die Afrikanisten verstehen unter Azania das heutige Südafrika.

13 Vgl. Helmut Orbon: a.a.O., S. 531 f.

stil weist stalinistische Parallelen auf. Der PAC hat sich aber nie als marxistisch-leninistische Partei verstanden, was nicht ausschließt, daß einzelne Mitglieder Teile des Marxismus/Leninismus übernommen haben. Gleichwohl hat sich der PAC als Avantgardepartei der Arbeiter und Bauern bei der Errichtung eines sozialistischen Azanias betrachtet.[14] Die innere Zerrissenheit des PAC wird auch in seinem Verhältnis zum ANC deutlich. Auf der einen Seite wurde immer wieder betont, daß die Einheit aller nationalistischen Kräfte unabdingbare Voraussetzung für einen erfolgreichen Befreiungskampf der Schwarzen sei, andererseits wird die Konkurrenz beider Organisationen bis zum heutigen Tag hervorgehoben.

2. Die Programmatik des PAC

Ideologisch hat der Pan-Africanist Congress seine Wurzeln im afrikanischen Nationalismus sowie in den Ideen des afrikanischen Sozialismus. Die Trennung der Gruppe der Afrikanisten vom ANC im Jahre 1959 wurde mit der Beeinflussung der Schwarzen durch den weißen Kommunismus und anderer Ideologien sowie mit der Opferung der Interessen der afrikanischen Mehrheit begründet.[15] Im Parteiprogramm, das auf dem Gründungsparteitag vom 4. bis 6. April 1959 in Orlando bei Johannesburg verabschiedet wurde, wurden folgende Ziele und Absichten formuliert[16]:

1. Der afrikanische Nationalismus ist die Basis der politischen Philosophie eines afrikanischen, sozialistischen, demokratischen Staates;
2. Die afrikanische Bewegung dient als Vorhut der afrikanischen Befreiung;
3. Der Kampf um die nationale Unabhängigkeit Südafrikas wird unter dem Banner des 1949 in Bloemfontein angenommenen Aktionsprogramms geführt;

---

14 Ebda.

15 Vgl. Ziyad Motala: Constitutional Options for a Democratic South Africa. A Comparative Perspective, Washington, 1994, S. 189 ff.

16 Vgl. The basic documents of the Pan Africanist Congress of Azania, issued by: The Pan Africanist Congress of Azania at the second National Congress in 1990, Johannesburg 1990, S. 33.

4. Der Afrikanismus ist das Ideal für die afrikanische, sozialistische Demokratie;
5. Sicherung und Bewahrung der vollständigen Einheit der Bewegung;
6. Erhaltung der Reinheit des PAC, der wahren Organisation der Schwarzafrikaner in ihrem Befreiungskampf in Südafrika;
7. Die Zusammenarbeit mit anderen nationalen und demokratischen Bewegungen in Afrika zur Beseitigung von Imperialismus, Kolonialismus, Rassismus, Tribalismus und allen anderen Formen von nationaler und rassischer Unterdrückung der Schwarzen wird unterstützt.

Mit diesen Absichtserklärungen sollte vor allem die Abgrenzung zum ANC deutlich gemacht werden, auch wenn im Punkt 7. die Zusammenarbeit aller Befreiungsbewegungen betont wird. Denn im Punkt 6. wird darauf verwiesen, daß lediglich der PAC der einzig wahre Vertreter der Schwarzafrikaner sei. Auf dem zweiten Nationalkongreß nach der Entbannung vom 7. bis 9. Dezember 1990 in Johannesburg gab sich der PAC ein neues, aber in den Grundlagen identisches Programm. Damit sollte der neuen Konkurrenzsituation, vor allem hinsichtlich der Auseinandersetzung mit dem ANC bei den anstehenden Wahlen, Rechnung getragen werden. Um Profil zu zeigen, wurden folgende Punkte formuliert[17]:

1. Vereinigung aller schwarzen Südafrikaner in einer einheitlichen nationalen Front auf der Basis des afrikanischen Nationalismus;
2. Kampf für den Sturz der weißen, rassistischen, kolonialen Siedlungsdominanz und für die Schaffung und Erhaltung des Rechtes der Selbstbestimmung der Schwarzafrikaner und für eine einheitliche, nichtrassische Demokratie;
3. Arbeiten und Streben für die Schaffung und Erhaltung einer afrikanischen, sozialistischen Demokratie, die das Primat der materiellen und geistigen Interessen des Menschen anerkennt;
4. Einsetzen für die Ausbildung, kulturelle und ökonomische Förderung der Schwarzafrikaner;
5. Propagierung und Unterstützung des Konzepts und der Ideologie des Panafrikanismus durch Unterstützung der Einheit aller Menschen Afrikas.

17 Vgl. The basic documents of the Pan Africanist Congress of Azania: a.a.O., S. 43 f.

Die scharfe Abgrenzung des PAC zum ANC und damit auch zur South African Communist Party (SACP) wird immer wieder betont. Aber das im Punkt 3. erklärte Ziel eines sozialistischen Azanias, das auch die Kommunisten aufbauen wollen, scheint dieser Abgrenzung eher im Wege zu stehen. Vor allem der gänzlich neue Punkt 4. verdient Beachtung, da der PAC erkannt zu haben scheint, daß mit bloßer Propaganda und Ideologie sein Einfluß unter der schwarzen Bevölkerung nicht zu erhöhen ist. Auch sieht sich der PAC nicht mehr als die einzig wahre Interessenvertretung der Afrikaner. Der ideologische Anspruch des afrikanischen Nationalismus bleibt allerdings weiter als der entscheidende Punkt im Selbstverständnis des PAC erhalten. Um seinen Einfluß in der schwarzen Bevölkerung zu erhöhen, hat sich der PAC mit Sub-Organisationen umgeben:

- African Women's Organisation (AWO),
- Azanian National Youth Unity (Azanyu),
- Pan Africanist Students Organisation (Paso).[18]

Organisiert ist der PAC nach dem Prinzip des Demokratischen Zentralismus, was bedeutet, daß die Führung beim National Executive Committee (NEC) und dort direkt beim Parteipräsidenten liegt. Der Parteipräsident hat Notvollmachten, die er zur Funktionsfähigkeit der Partei einsetzen kann.[19] Diese Aspekte machen deutlich, daß sich der PAC organisatorisch und programmatisch an kommunistische Parteien anlehnt, was auch in der Wirtschaftspolitik deutlich wird.

3. Die Post-Apartheid-Ökonomie aus Sicht des PAC

Das Parteiprogramm des PAC von 1990 beinhaltet auch ökonomische Zielvorgaben, die von der Partei in Grundsatzpapieren vertieft wurden.[20] Der erste wirtschaftspolitische Grundsatz des PAC umfaßt die Umverteilung von Wohl-

18 Ebda., S. 46.

19 Ebda., S. 39 f.

20 Vgl. dazu South Africa Foundation Review: The post-apartheid economy - a PAC view, November 1990, S. 6.

stand. Dabei wird betont, daß es nicht um Vergeltung von früher begangenem Unrecht geht, sondern daß Marktmechanismen allein Ungerechtigkeiten nicht beseitigen können. Dazu bedürfe es zusätzlich des Eingreifens des Staates.

Die Rolle der Unternehmen sieht der PAC in erster Linie unter einem sozialpolitischen Aspekt. So sollten Unternehmen Fonds gründen, die es schwarzen Arbeitern ermöglichen, Anteile an Unternehmen zu erwerben. Wohlstandsumverteilung will der PAC durch Lohnerhöhungen erreichen, die Schaffung neuer Arbeitsplätze gleichzeitig nicht gefährden und die Inflation niedrig halten. Unternehmen sollten spezielle Trainigsprogramme für schwarze Arbeiter durchführen, damit diese ebenfalls höhere Positionen in Unternehmen einnehmen können. Desweiteren sollen Arbeitgeber verpflichtet werden, Arbeitnehmern Mittel für Wohnungen, Bildung, Gesundheitsversorgung, Versicherungen und Freizeitgestaltung zur Verfügung zu stellen.

Dem PAC geht es in erster Linie um Umverteilungsfragen. Wie der zu verteilende Wohlstand erwirtschaftet wird, und welche Bedingungen dafür notwendig sind, wird nicht diskutiert. Daß Lohnerhöhungen gefordert werden, ohne überhaupt die damit zusammenhängenden Produktivitätssteigerungen zu erwähnen, zeigt die Realitätsferne dieses Programms.

Eine entscheidende Frage ist die des Landbesitzes. Hier fordert der PAC eine Umverteilung von Land. Die Landflächen sollen lediglich solche Größen haben, wie es der beabsichtigten Nutzung des einzelnen entspricht, aber auch Umweltaspekte sollen berücksichtigt werden. Land sollte vererbbar, aber niemals verkaufbar sein. Diese Punkte sollen in der Verfassung geregelt sein.[21]

Zur Existenz von Monopolen gibt es ebenfalls eine klare Stellungnahme sowie eine 'afrikanische Lösung'. So sollen 'nicht natürliche' Monopole zerstört werden und die einzelnen Bestandteile vorwiegend an schwarzafrikanische

21 Die Verfassung von 1996 enthält in Kapitel 2 (Bill of Rights) Regelungen zur Eigentumsfrage (Abschnitt 25). Diese enthalten lediglich einen Minimalkonsens, in dem sich der PAC kaum wiederfindet.

Unternehmer verkauft oder in Kooperativen oder Joint Ventures überführt werden.

Die Rolle des Staates definiert der PAC ebenso eindeutig. Er soll die Wirtschaft steuern, soziale und ökonomische Entwicklungsschwerpunkte setzen, Staatsunternehmen leiten sowie neue schaffen und den Bestand des privaten, genossenschaftlichen und öffentlichen Sektors garantieren. Ein weiterer Aspekt staatlicher Wirtschaftspolitik soll nach Ansicht des PAC die Beseitigung ökonomischer Ungleichheiten sein. Dem Staat kommt somit eine dominante Stellung im ökonomischen Bereich zu, d. h. planwirtschaftliche Elemente prägen dieses Programm. Zugleich wird es durch die Forderung entschärft, daß der Staat den privaten Sektor nicht durch rigorose Aktionen am ökonomischen Wachstum hindern oder die Marktmechanismen beseitigen darf. Inkonsistenzen des Wirtschaftsprogramms werden auch in der Forderung deutlich, daß die Wirtschaftspolitik des Staates in erster Linie afrikanischen[22] Unternehmen und Genossenschaften zugute kommen soll.

Die Frage des Eigentums an Unternehmen ist für den PAC nicht so bedeutungsvoll wie die Frage nach dem ökonomischen Verhalten dieser Institutionen. Denn Nationalisierung bedeutet nicht zwangsläufig Verteilung von Eigentum an Arbeiter. Wichtiger sei die Umverteilung von Entscheidungsbefugnissen über das Unternehmenskapital oder aber die Möglichkeit, neue Staatsunternehmen zu schaffen, in denen Arbeiter Entscheidungsbefugnisse besitzen bzw. Eigentümer dieser Unternehmen sind.

Auch das Wirtschaftsprogramm des PAC besticht durch Inkonsistenz. Zum einen werden ausländische Investitionen als nicht wünschenswert betrachtet, sie sollen weiter reduziert werden, da sie Ausländern einen übermäßigen Einfluß auf lokale politische Entscheidungen gewähren. Darüber hinaus würde die Entwicklung lokaler Ressourcen unterminiert, da lokale Wirtschaftszweige mit den instabilen ausländischen ökonomischen Trends verbunden wären. Andererseits könnten in speziellen Bereichen wie in Technologie-orientierten Branchen,

22 Gemeint sind hier ausschließlich von Schwarzen geführte bzw. in schwarzem Besitz befindliche Unternehmen.

Joint Ventures mit schwarzen Unternehmern oder in ländlichen Regionen direkte ausländische Investitionen nützlich sein. Damit erkennt der PAC an, daß die Schaffung eines für ausländische Investitionen günstigen ökonomischen Klimas unumgänglich ist.

4. Azanian People's Liberation Army (APLA) - der militärische Arm des PAC

Die Entstehung der APLA-Vorgängerorganisation 'Poqo' muß vor dem Hintergrund der politischen Entwicklung in Südafrika gesehen werden. 'Poqo' war vor allem eine 'informelle Gemeinschaft' von verärgerten PAC-Mitgliedern und -Unterstützern. Sie sahen die Zeit gekommen, um Feuer mit Feuer zu begegnen. Diese Einstellung erklärt auch die brutalen Handlungen gegen weiße Südafrikaner in den überwiegend ländlichen Gebieten von Eastern Cape. Nach seinem Verbot im Jahre 1960 erklärte der PAC im folgenden Jahr, daß er das Apartheid-Regime mit militärischen Mitteln beseitigen würde. Von diesem Zeitpunkt an arbeitete der PAC auf eine Umwandlung der bis dahin informellen Gemeinschaft 'Poqo' zu einer straff organisierten Guerilla-Armee (APLA) hin. Die Entscheidung für einen Guerilla-Krieg erklärt auch die engen Beziehungen des PAC zur VR China. Hier spielten vor allem die Abhandlungen Mao Tse-tungs über Guerilla-Taktiken eine Rolle.[23]

Der entscheidende Unterschied von APLA zu Poqo ist vor allem die Methodik und Planmäßigkeit der Aktionen. Aber auch APLA war eine Terrororganisation, wie die beiden Bombenanschläge in King William's Town und Queenstown Ende 1992 beweisen.[24] Der PAC sieht Poqo lediglich als einen Vorläufer in der Etablierung eines bewaffneten Flügels innerhalb der Partei, um nach der Bannung nicht vollständig von der politischen Agenda zu verschwinden.[25]

---

23 Vgl. Patrick Molala: The link between Poqo and APLA, General Thoughts, Verlautbarung vom AZAPO-Vorsitzenden Molala vom 27.06.1996.

24 Vgl. RSA Nachrichten vom 09.12.1992.

25 Vgl. Patrick Molala: a.a.O.

Mit Beginn des Transformationsprozesses bestand die Notwendigkeit der Integration der sogenannten 'non-statutory military forces' MK und APLA in die neuzuschaffende South African National Defence Force (SANDF). Voraussetzung war zunächst das Einreichen von Personenregistern bis zum Inkrafttreten der Übergangsverfassung am 27.04.1994. APLA war nicht in der Lage, den Termin einzuhalten, so daß der Integrationsprozeß der APLA-Kämpfer von dem der MK-Kämpfer abweicht. APLA-Mitglieder haben keinen Anspruch, entsprechend ihren Dienstgraden übernommen zu werden, d.h. sie können sich wie jeder südafrikanische Bürger bei der SANDF bewerben. Von APLA-Seite wurden 6.000 Kandidaten zur Integration vorgeschlagen.[26] Von diesen haben sich allerdings bis zum Anfang des Jahres 1996 lediglich 16 % beim zuständigen Defence Command Council gemeldet, ein deutliches Zeichen der Unzufriedenheit mit dem Verlauf des Integrationsprozesses.[27]

5. Der PAC - Splitterorganisation oder Konkurrenz zum ANC?

Für den PAC stellt sich die Frage, ob er dem Integrationssog des ANC widerstehen kann und als Partei selbständig bleibt oder ob er weiter an Profil verliert und im ANC aufgeht, aus dem er im Jahre 1959 hervorgegangen ist. Allein die Wahlergebnisse aus den Jahren 1994 und 1995 sprechen eher für die zweite Hypothese. Beeinflußt wird dieser Überlebenskampf durch mehrere Faktoren. Zum einen ist es für die PAC von entscheidender Bedeutung die innerparteilichen Differenzen beizulegen. Parteiinternen Kritikern zufolge benötigt die Partei eine charismatischere Führungsperson als den derzeit amtierenden Parteivorsitzenden Makwetu. Seiner glanzlosen Führung wird der Niedergang des PAC zugeschrieben.[28] Ein Beispiel für die desolate Organisation innerhalb der Partei ist das Verschwinden von ca. 5 Mio. Rand, die der PAC als Wahlkampfkostenerstattung 1994 erhalten hat. Will der PAC als Konkurrenz zum ANC auftreten, muß er sein militantes Auftreten ablegen, mit dem er nicht nur weiße

---

26 Vgl. Chief of the National Defence Force (CNDF), Integration of APLA into the National Defence Force, in: Internal Communication Bulletin, 20.07.1994.

27 Vgl. APLA and MK army intake slows to trickle, in: The Star vom 30.04.1996.

28 Vgl. Robert von Lucius: Das Land gehört dem Afrikaner, in: FAZ vom 15.01.1996.

Südafrikaner verprellte. Der PAC hat zwei strategische, wenn auch gegensätzliche Optionen, die sein Überleben sichern könnten.

Die erste Option wäre eine klare Herausarbeitung des Konzeptes eines afrikanischen Sozialismus als Alternative zu den Vorstellungen des ANC mit der Hoffnung, daß der ANC mit seinen vor allem wirtschaftlichen Programmen scheitern wird und seine im Vorfeld der Wahl gemachten Versprechungen nicht einhalten kann. Dies würde eine Radikalisierung der schwarzen Bevölkerung implizieren.

Die zweite Option des PAC wäre eine Bewegung zur politischen Mitte und damit eine Öffnung der Partei auch für Weiße. Hierbei würde der PAC sich vor allem in Konkurrenz zur NP begeben, könnte zugleich aber für Schwarze und Coloureds, die der Allianz des ANC mit den Kommunisten ablehnend gegenüberstehen, interessant werden.

Das offensichtliche Schwinden des Einflusses des PAC macht ein strategisches Umdenken notwendig. Anders als zu Beginn der Legislaturperiode wirken die fünf PAC-Abgeordneten in der Nationalversammlung konstruktiver in den Debatten und Ausschußsitzungen mit.

Die Anhängerschaft des PAC rekrutiert sich vorwiegend aus gebildeten Township-Bewohnern sowie desillusionierten studentischen Jugendlichen[29], vor allem der Anteil der ersten Gruppe wird bei einer Analyse der Ergebnisse der Kommunalwahlen des Jahres 1995 deutlich[30]. Mit Ausnahme der Provinz KwaZulu/Natal und den ländlichen Gebieten der Provinz Western Cape gaben 75.264 Wähler dem PAC ihre Stimme, das sind 1,42 % der abgegebenen Stimmen. Davon entfielen 13.373 Stimmen auf den Großraum Johannesburg (1,13 %) sowie 36.491 Stimmen auf die Städte des Landes (1,37 %). Von seinen 24 Mandaten in den Kommunalparlamenten gewann der PAC in diesen beiden

29 Die Schüler- und Jugendorganisation PASO ist ein Auffangbecken. Sie macht sich bei Aktionen die Gewaltbereitschaft der Jugendlichen zunutze.

30 Vgl. dazu Frank Spengler, Annkathrin Bollig: Die Kommunalwahlen in Südafrika, in: KAS Auslandsinformationen, März 1996, S. 105-135.

Bereichen allein 16. In den ländlichen Gebieten gaben 25.400 Wähler dem PAC ihre Stimme (1,74 %). Soziostrukturelle Angaben über PAC-Wähler liegen nicht vor. Die Wahlergebnisse sind für den PAC ein Desaster, hat er doch durch populistische Forderungen wie Schaffung von Arbeitsplätzen, Verbesserung der Gesundheitsfürsorge, Jugendarbeit, Frauenförderung sowie Stärkung der Rolle der traditionalen Führer versucht, aus seinem Tief herauszukommen und Profil zu zeigen.

Ein externer Faktor für das Überleben des PAC könnte die innerparteiliche Entwicklung des ANC selber sein. Vor allem der Einfluß der Kommunisten und des Gewerkschaftsflügels werden entscheiden, ob die verschiedenen Strömungen unter dem Dach des ANC zusammenbleiben oder es zu einem Auseinanderbrechen kommt. Diese Situation würde dem PAC die Chance bieten, sein Mitglieder- und vor allem Wählerpotential entscheidend zu vergrößern.

Über das derzeitige militärische Potential des PAC liegen keine verläßlichen Angaben vor, jedoch ist davon auszugehen, daß es keine bewaffneten Verbände mehr gibt. Bei einer Verschlechterung der gesellschaftlichen, vor allem ökonomischen Situation der schwarzen Bevölkerung ist eine Wiederbelebung des militärischen Flügels APLA nicht auszuschließen; eine Option, die von PAC-Hardlinern forciert wird.

III. Azanian People's Organisation (AZAPO)

Die Bedeutung der anderen rein schwarzen Organisation, der Azanian People's Organisation (AZAPO), ist äußerst umstritten. So ist nach der Notwendigkeit einer weiteren linken, schwarzen Organisation zu fragen. PAC und AZAPO eint ein rigoroser pan-afrikanischer Nationalismus. Doch was trennt die beiden Organisationen, und welche Perspektiven hat eine Organisation, die sich bis jetzt aus dem Transformationsprozeß in Südafrika ausgeklinkt und noch an keiner Wahl teilgenommen hat?

1. Black Consciousness - die Wurzeln von AZAPO

Die Bedeutung von AZAPO innerhalb der schwarzen Bevölkerung ergibt sich aus den Entstehungsursachen dieser Organisation. Der Vorläufer von AZAPO war das Black Consciousness Movement (BCM), einem Dachverband, dem zum Zeitpunktes seines Verbotes am 19. Oktober 1977 18 Organisationen angehörten. Diese Organisationen waren keine Alternativgründungen zu den traditionellen Befreiungsbewegungen ANC und PAC, auch wenn sie zum großen Teil die durch das Verbot der beiden entstandenen Lücken schlossen. Treibende Kraft der Schwarzenbewegung waren vor allem Schüler und Studenten. Der von ihnen gegründeten Studentenorganisation SASO gelang es, ihre Aktivitäten über die Universität hinaus zu verlagern, ihr einen nationalen Charakter zu verleihen.[31]

Die Bildung des Black Consciousness Movement wurde durch verschiedene soziale Kräfte und Strömungen forciert, vor allem durch das Versagen des weißen Liberalismus, die afro-amerikanische Black-Power-Bewegung und natürlich durch das Apartheidsystem. Das charismatische Element ist eng mit der Person Steve Biko verbunden.[32]

Das Konzept des Black Consciousness ist in erster Linie als eine Reaktion auf den weißen Rassismus zu sehen, vor allem auf die Perzeption der Lebensbedingungen der Schwarzen in einer weißen rassistischen Gesellschaft.[33] Die bestimmende Ideologie innerhalb dieser Bewegung kann mit dem Wort 'black' umschrieben werden - es schloß alle unterdrückten Menschen in Südafrika ein: Schwarze, Coloureds und Inder. Mit dieser Definition ging man über den Afrikanismus des PAC hinaus. Allerdings bedeutete es auch nicht, daß alle Nicht-Weißen automatisch 'blacks' waren. Hinzu kommt das Klassenelement, was bedeutet, daß alle, die durch das Gesetz und aufgrund von Tradition politisch, sozial oder ökonomisch ausgebeutet werden und sich als Einheit im Kampf um die Befreiung sehen, als 'blacks' definiert werden. Diese Definition wurde von der Nachfolgeorganisation des BCM, der AZAPO,[34] übernommen.

---

31 Vgl. Helmut Orbon: a.a.O., S. 378 f.

32 Vgl. Themba Sono: Reflections on the Origins of Black Consciousness in South Africa, Pretoria, 1993, S. 11 f.

33 Ebda. S. 35 sowie R. Hunt Davis (ed.): Apartheid Unravels, Gainesville, 1991, S. 79. Davis sieht das BCM als Gegenbewegung zur Retribalisierungspolitik der Regierung.

34 Vgl. Ziyad Motala: a.a.O., S. 191 f.

Grundsätzlich ging es dem BCM um die psychologische Befreiung der Schwarzen von eurozentrischen Werten. Ziel war die Stärkung des schwarzen Selbstbewußtseins, ausgedrückt im Slogan: "Black man, you are on your own". Die Schwarzen sollten wieder stolz sein auf ihre Identität und auf ihre Geschichte. Diese psychologische Befreiung gilt als die notwendige Voraussetzung zur physischen Befreiung, die auch nur durch die Schwarzen allein, ohne Hilfe der Weißen, erlangt werden kann.[35] Ein wesentliches Element des BC war die 'Black Theology', eine Theologie der Befreiung von Menschen, die aufgrund ihrer Hautfarbe unterdrückt werden. Sie ist zugleich eine Ablehnung des Christentums, das von den Schwarzen als Instrument zur Kolonisierung betrachtet wird.[36] Der angestrebte schwarze Nationalismus hatte nicht das Ziel eines multirassischen Südafrikas, sondern eines schwarzen Azanias.

Mit dem Beginn der Homeland-Politik der südafrikanischen Regierung Mitte der 70er Jahre wurde der Versuch unternommen, eine schwarze Mittelklasse zu installieren. Das verursachte eine Verschiebung in der Ideologie des BCM hin zum 'Klassen-Element'.[37] Das BCM versuchte, dieser Politik der Regierung etwas entgegenzusetzen. Vor allem die Gewerkschaft sollte die schlechte wirtschaftliche und soziale Lage der Schwarzen zu Streiks und Demonstrationen nutzen. Es kam zu immer häufigeren Verboten von BCM-Veranstaltungen durch die Polizei sowie zu Verhaftungen führender Vertreter von BCM.[38]

Der BCM wurde zur entscheidenden Kraft bei den Unruhen in Soweto im Jahre 1976, die dann am 19. Oktober 1977 zum Verbot seiner Organisationen führte. Das Verbot war ein erheblicher Schlag, auf die die Bewegung aufgrund der heterogenen Organisation nur schwer reagieren konnte. Kurz zuvor kam der Begründer des BCM, Steve Biko, im Polizeigewahrsam auf mysteriöse Weise ums Leben. Aber schon im Jahre 1978 wurde AZAPO gegründet, die die

35 Ebda., S. 192 sowie Themba Sono: a.a.O., S. 35.

36 Vgl. Helmut Orbon: a.a.O., S. 381 f.

37 Vgl. Ziyad Motala: a.a.O., S. 192.

38 Bereits 1973 wurden Steve Biko und Barney Pityana für 5 Jahre gebannt. Vgl. dazu Helmut Orbon: a.a.O., S. 403.

Traditionen des BCM fortführt, angefangen von der Definition der 'blacks' bis hin zur Errichtung eines rein schwarzen Azanias. Dabei wird insbesondere auf das 'Klassen-Element' Wert gelegt. So will AZAPO im Gegensatz zum PAC (afrikanischer Sozialismus) die Diktatur des Proletariats errichten.

Die AZAPO versteht den Kampf gegen die weiße Vorherrschaft zugleich als Kampf gegen den Kapitalismus, wobei Weiß als kapitalistisch und Schwarz als Arbeiterklasse definiert wird.[39] Diese Kombination wird damit begründet, daß rassische immer mit kapitalistischer Unterdrückung einhergeht, von ihr sogar verursacht wird. Will man den Rassismus beseitigen, muß man zugleich den Kapitalismus beseitigen, was nur durch die sozialistische Revolution erreicht werden kann. AZAPO sieht damit den Kapitalismus als das Hauptproblem an, das Apartheidsystem ist lediglich ein Resultat der kapitalistischen Ausbeutung des Menschen durch den Menschen. Leitlinie für diese Politik wurde das 'Manifesto of the Azanian People', das auf dem 'National Forum' im Jahre 1983 verabschiedet wurde.[40]

Mit der Aufhebung des Verbots des ANC und PAC am 2. Februar 1990 änderte sich die Situation von AZAPO schlagartig. Plötzlich sahen sich ihre Vertreter in einem Konkurrenzverhältnis zu anderen Schwarzenorganisationen, so daß sie gezwungen waren, die eigenen Positionen deutlicher herauszustellen. Diese Positionen manifestierten sich in einer konsistenten Verweigerungshaltung beim Transformationsprozeß. So lehnte AZAPO eine Teilnahme an den Sitzungen von Codesa I ab. Codesa wurde als Trojanisches Pferd für die schwarze Befreiung gewertet, das lediglich die Privilegien der Weißen sicherte. Laut Strini Moodley (AZAPO-Pressesprecher) hätten 95 % derjenigen, die am Verhandlungstisch saßen, dort nicht sitzen dürfen, da sie Vertreter eines diskreditierten, illigitimen Regimes bzw. Marionetten von NP-Gnaden waren. Die einzige

---

39 Vgl. Dieter Mahncke: a.a.O., S. 61f. sowie Donald L. Horowitz: A Democratic South Africa? Constitutional Engineering in a Divided Society, Berkeley Los Angeles Oxford, 1991, S. 15f.

40 Vgl. Ziyad Motala: a.a.O., S. 193 sowie The AZAPO alternative, in: The Star vom 19.12.1985.

Aufgabe, die Codesa hatte, war die Entpolitisierung und Entradikalisierung der Schwarzen zu erreichen.[41]

Mit der Rückkehr der Exil-Organisation Black Consciousness Movement of Azania nach Südafrika und seiner Auflösung bzw. Übernahme durch AZAPO traten auch hier, ähnlich wie beim PAC, innerparteiliche Konflikte zu Tage. Insbesondere die Frage der Führung der Organisation erwies sich als sehr konfliktträchtig. Neben dem amtierenden Präsidenten Itumeleng Mosala beanspruchte Mosibudi Mangena, Vorsitzender des BCMA und Kommandeur der Azanian National Liberation Army, den Parteivorsitz. Daß sich auf einer AZAPO-Konferenz im Oktober 1994 der für seine militante Rhetorik bekannte Mangena durchsetzen konnte, verdeutlichte die aggressive Verweigerungshaltung von AZAPO gegenüber dem Transformationsprozeß.[42]

Die Teilnahme an der Wahl zur Nationalversammlung 1994 verweigerte AZAPO mit der Begründung, daß zuerst Wahlen zu einer verfassungsgebenden Versammlung stattfinden müßten, da diese als einzige Möglichkeit der friedlichen Machtübergabe an die schwarze Mehrheitsbevölkerung angesehen wird. Diese Wahlverweigerung wurde innerhalb der Partei als großer Fehler erkannt, da die Marginalisierung von AZAPO weiter fortschritt. Am 1. Dezember 1995 gab der Generalsekretär Don Nkaimeng bekannt, daß AZAPO an der Wahl zur Nationalversammlung 1999 teilnehmen werde. Mit einem guten Abschneiden werde gerechnet, da AZAPO genug Unterstützung erwarten könnte.[43]

2. Die Programmatik von AZAPO

Programmatisch weist AZAPO zahlreiche Parallelen zum PAC auf, die sich lediglich durch die Schärfe der Forderungen unterscheiden. Folgende Ziele werden genannt[44]:

---

41 Vgl. Codesa: Trojan horse of black liberation?, in: Democracy in action, Vol. 6 Nr. 3, 1992, S. 8.

42 Vgl. Who'll lead AZAPO?, in: eMail & Guardian, http://mg/mg.co.za, 8.7.1994.

43 Einige Parteivertreter hegen sogar die utopische Hoffnung, die Wahl gewinnen zu können. Vgl. AZAPO's in, in: eMail & Guardian, http://mg/mg.co.za; 1.12.1995.

44 Vgl. Azanian People's Organisation: Constitution, Chapter 1, sec. 2 - aims and objectives.

1. Organisieren, mobilisieren und führen des unterdrückten Volkes von Azania zur Beseitigung von Rassismus, Neo-Kolonialismus und aller anderen Formen von Unterdrückung in Azania;
2. Rückeroberung des Landes, um es unter allen Azaniern gerecht aufzuteilen;
3. Wiedergewinnung und -herstellung der politischen, ökonomischen und sozialen Macht und Kontrolle durch alle Azanier;
4. Etablierung einer revolutionären, nationalen Demokratie;
5. Hinarbeiten auf die Einheit aller Schwarzen, um die Anstrengungen zur totalen Befreiung aller Unterdrückten und Ausgebeuteten zu maximieren;
6. Um die Ziele der Organisation zu erreichen, sollen alle, den Schwarzen zur Verfügung stehenden Mittel eingesetzt werden.

Ein entscheidender Unterschied zum PAC ist die besondere Betonung des Elements 'black'. Der PAC erstrebt eine einheitliche, nichtrassische Demokratie[45], AZAPO beabsichtigt dagegen nur die Einheit der Schwarzen in Azania. Allein Schwarzen ist die Mitgliedschaft in AZAPO möglich, wogegen der PAC zumindest laut Parteistatut auch Nicht-Schwarzen offen steht.[46]

Ein Punkt, der die Nähe zu marxistischen Parteien deutlich macht, sind die Prinzipien, nach denen AZAPO und der Kampf geführt werden soll[47]:
- Kritik und Selbstkritik,
- Demokratischer Zentralismus,
- Kollektive Führung,
- Verantwortlichkeit und aktive Partizipation.

Über Mitgliederzahlen liegen nur vage Angaben vor, die zumeist auf (hochgerechneten) Schätzungen beruhen.[48]

---

45 Vgl. Kapitel 2.2, Die Programmatik des PAC.

46 Vgl. dazu das PAC-Parteistatut: Punkt 3, Membership sowie das AZAPO-Parteistatut: Chapter 1, Section 4, Membership. Diese Regelung bedeutet eine Verschärfung der traditionellen BCM-Definition von 'black'.

47 Vgl. AZAPO-Parteistatut: Chapter 1, Section12, Declaration of Principles.

48 So spricht der Natal Mercury in seiner Ausgabe vom 31.01.1992 nach AZAPO Angaben von mehr als 500.000 Anhängern. Realistische Annahmen gehen von ca. 50.000 aus.

3. AZAPO - eine Splitterorganisation oder Alternative zum ANC?

Die Nichtteilnahme von AZAPO an den Codesa-Verhandlungen sowie an der Wahl zur Nationalversammlung 1994 eröffnete den Afrikanisten die Option, jedes Versagen der ANC-Regierung kritisieren zu können, ohne selber dafür verantwortlich gemacht zu werden. So wirft der Parteivorsitzende Mangena der Regierung vor, daß das Gesundheits- und Bildungssystem vor dem Kollaps steht. Das Lebensniveau der Schwarzen sinke weiter, während die Regierung entschlossen zu sein scheine, Staatseigentum zu privatisieren. Mangena hält dem ANC vor, sich zu sehr um die Sorgen der Weißen zu bemühen, anstatt um die der schwarzen Bevölkerungsmehrheit. Das explosionsartige Anwachsen der Hüttensiedlungen auf ungenutztem Land sei ein untrügliches Zeichen dafür.[49]

Der Vorwurf des 'Gegenrassismus' wird zurückgewiesen. Im Gegensatz zum ANC sieht AZAPO nichts Negatives in dem rigorosen Einsatz für die Interessen der Schwarzen. Vielmehr werden ganz gezielt die Schwächen und Fehler der ANC-Regierung aufgespürt. Auf der Unfähigkeit der Regierung, die bestehenden Probleme zu lösen, liegen die Wahlhoffnungen von AZAPO im Jahre 1999. Zugleich sollen Strategien entwickelt werden, um den scheinbar unzerstörbaren Mythos des ANC anzukratzen.[50] Wie alle radikalen bzw. extremistischen Parteien geschieht das mit Hilfe des Populismus. Vor allem das Versprechen des ANC im Vorfeld der Wahl von 1994, daß die Lebensbedingungen der Schwarzen verbessert werden, ist der zentrale Angriffspunkt. Für das Jahr 1996 wurden substantielle Verbesserungen im schwarzen Schulwesen auf die AZAPO-Agenda gesetzt.

Inwieweit die Pläne und Ansprüche von AZAPO realistisch sind, läßt sich nicht belegen, da verläßliche Umfrageergebnisse kaum vorliegen. Optimismus strahlt Parteichef Mangena allerdings aus, wenn er sagt: "We want to become a powerful vehicle through which black people can fight for a better deal."[51]

---

49 Vgl. Azapo tackles the Government, in: The Star & SA Times International vom 31.01.1996.

50 Ebda.

51 Ebda.

Zweifellos besaß AZAPO Ende der 70er/Anfang der 80er Jahre aufgrund des Verbots von ANC und PAC in der schwarzen Bevölkerung großen Einfluß. Ihr fehlte allerdings eine charismatische Figur wie Nelson Mandela, die auch zur Integration fähig ist. Denn ohne die weiße Bevölkerung miteinzubeziehen, wird der Demokratisierungsprozeß nicht gelingen. Der Radikalismus von AZAPO kann nur Erfolg haben, wenn der ANC die Lebensbedingungen eines Großteils der schwarzen Bevölkerung nicht zu verbessern vermag. Von sich aus wird AZAPO nicht in der Lage sein, eine spürbare Konkurrenz zum ANC zu werden, denn die Mehrheit der Schwarzen ist sich bewußt, daß die Weißen notwendig sind, um die Wirtschaft anzukurbeln und Arbeitsplätze zu schaffen.

Über die derzeitigen militärischen Möglichkeiten von AZAPO liegen keine gesicherten Angaben vor. Sollte bei einer weiteren Radikalisierung der südafrikanischen Gesellschaft AZAPO an Zulauf gewinnen, ist nicht auszuschliessen, daß die Führung der Organisation durch den militanten Flügel übernommen wird.

AFRIKANER NATIONALISMUS - DER 'WEISSE WIDERSTAND'

Andreas Beckmann

Der 'weiße Widerstand' im Jahr drei des Neuen Südafrikas umfaßt ein breites Spektrum zwischen Resignation, konservativer Dialogbereitschaft und militantem Rechtsextremismus. Dabei sind zwei Fragen zu beantworten: Wer sind in diesem Fall 'die Weißen', und wogegen richtet sich ihr 'Widerstand'?

I. Wer bildet den 'weißen Widerstand'?

Mit der Überschrift 'weißer Widerstand' ist eine rassische Abgrenzung bereits impliziert; es handelt sich um Menschen weißer Hautfarbe, bzw. europäischer Abstammung. Eine Analyse der vielfältigen Formen und Zielrichtungen eines 'weißen Widerstandes' im Neuen Südafrika muß aber nicht alle Menschen weißer Hautfarbe in Südafrika behandeln, sondern kann sich vielmehr auf einen großen Anteil der burischen, d.h. afrikaanssprachigen weißen Volksgruppe konzentrieren. Die immer noch weitverbreitete Vorstellung einer dominierenden Auseinandersetzung zwischen Menschen schwarzer und weißer Hautfarbe um die Zukunft des Neuen Südafrika wird der sehr viel komplexeren Realität dieses Landes nicht gerecht. Auch im Neuen Südafrika wird Alltagspolitik aufgrund jahrhundertealter, sozio-kultureller Prägung aller Beteiligten immer noch auch entlang von Rassenlinien gemacht.[1] Dennoch spielt in Südafrika, einem Land mit zahlreichen Konflikten z.T. hoher Ladung, der Rassenkonflikt keine dominierende Rolle; er ist vielmehr den sozio-ökonomischen Konfliktlinien, d.h. den Konflikten zwischen Stadt und Land, Reich und Arm, zwischen 1. und 3. Welt, sowie den daraus folgenden politisch-ideologischen Auseinandersetzungen über die zweckmäßigsten Mittel zur Überwindung dieser sozio-ökonomischen Konflikte, nachgeordnet. Diese verlaufen dann wieder primär entlang ethnischer, bzw. ethno-ideologischer Konfliktlinien.

---

1 Offiziell präsentiert sich das Neue Südafrika als 'rainbow country' unter dem von Präsident Mandela ausgegebenen Motto "South Africans - Many Cultures, One Nation"; als wahrgewordene Vision der multikulturellen Gesellschaft. Vgl. South African Communication Service (Hrsg.): South Africa Yearbook 1995, 2nd edition, Pretoria 1995, S. 1.

Während sich die schwarze Mehrheit der insgesamt 40,285 Mio. Südafrikaner[2] aus mindestens zwölf verschiedenen ethnischen Gruppen mit unterschiedlichen Konfliktintensitäten untereinander zusammensetzt, dominieren unter den 5,17 Mio. (ca. 12,8% der Gesamtbevölkerung)[3] Südafrikanern weißer Hautfarbe traditionell zwei ethnische Gruppen: englischsprachige Bürger britischer Abstammung und Menschen meist niederländischer Herkunft, die entweder nach ihrer eigenen Sprache, Afrikaans, als Afrikaner oder als Boere, bzw. Buren[4], bezeichnet werden. Speziell aus der Perspektive vieler Afrikaner besteht zwischen Engländern und Buren ein historisch gewachsener kultureller und ideologischer Konflikt von einer Intensität, die z.T. als größer empfunden wird als die zwischen Afrikanern und den schwarzen Ethnien.

Ca. 56% der weißen Südafrikaner gehören zu den afrikaanssprachigen und 40% zu den englischsprachigen Bürgern; die übrigen 4% verteilen sich auf andere, meist europäische Sprachen, wobei Portugiesisch die größte Gruppe stellt. Die burische Bevölkerungsgruppe umfaßt ca. 2,9 Mio. Menschen oder 7,3% der südafrikanischen Gesamtbevölkerung. Sie bildet damit aufgrund ihrer zahlenmäßigen Größe eine bedeutende ethnische Minderheit im Neuen Südafrika.

In einer totalen und unter den privilegierten Afrikanern sehr umstrittenen Umkehrung der traditionellen Politik wurde 1990 der Reformprozeß zur Aufhebung der staatlich organisierten Rassendiskriminierung (Apartheid) von der burisch dominierten Nationalen Partei (NP) unter ihrem Vorsitzenden und damaligen Staatspräsidenten F.W. de Klerk initiiert und anschließend getragen. Die Bedeutung dieses Wandels ist am besten daran zu erkennen, daß in den

---

2 Stand Jahresmitte 1994. Vgl. Statistisches Bundesamt (Hrsg.): Länderbericht Südafrika 1994, Wiesbaden/Stuttgart 1995, S. 42.

3 Vgl. Länderbericht Südafrika: a.a.O., S. 42,43. Die Graphik auf S. 43 differenziert allerdings, anders als es ihr Titel suggeriert, nicht nach ethnischen, sondern nur nach rassischen Gruppen und täuscht so über die sehr viel komplexere inter-ethnische Konfliktsituation des Landes hinweg.

4 Neben den Afrikanern gehört auch der überwiegende Teil der Coloureds zur afrikaanssprachigen Bevölkerung.

50er Jahren die Apartheid von den Führern der NP, Malan und Verwoerd, erfun- den und umgesetzt worden ist.

In nur fünf Jahren reduzierte sich dabei der Status der Afrikaner von der einer systembegründenden und dadurch ökonomisch, kulturell und politisch privilegierten Ethno-Elite zu der einer Minderheit mit gleichen Rechten und Pflichten. Viele Afrikaner sehen dabei im neuen Einheitsstaat jedoch weit mehr als ihre politische Vorherrschaft und kulturelle Identität bedroht: Durch in der neuen Verfassung verankerte Zielsetzungen wie Bodenreform oder die Überwindung früherer Chancenungleichheit mit Hilfe der 'affirmative action'[5] gehört die große Mehrzahl von ihnen auch ökonomisch zu den Verlierern der Demokratisierung. Die Konfrontation mit der schwarzen Armut, Unterentwicklung und der ausufernden Gewalt[6] ist nach der Aufhebung der künstlichen Trennung auch zu einem Problem der Weißen geworden. Hinzu kommt Angst vor Vergeltung durch die zuvor unterdrückte Bevölkerungsmehrheit, die viele Afrikaner sogar um ihre physische Existenz bangen und nostalgisch auf den vermeintlichen Frieden der Apartheid-Ordnung zurückblicken läßt.

Der Einfluß der ethnischen Zugehörigkeit auf die politischen Präferenzen ist aber nicht für alle afrikaanssprachigen Weißen Südafrikas in gleichem Maße prägend. Nicht alle Angehörigen dieser Gruppe empfinden den Transformationsprozeß als eine ernste Bedrohung der eigenen Identität oder gar ihrer ökonomischen Existenz, auf die sie mit politischen oder sogar militanten Formen des Widerstandes zu reagieren bereit sind.

So trägt die NP trotz ihres Rückzugs aus der Regierung der Nationalen Einheit (GNU) den Transformationsprozeß weiter mit; bis zum 30. Juni 1996 tat sie dies zuerst als alleinige Regierungspartei, ab 1994 als Koalitionspartner und seither als größte Opposition im neuen System. Auch in dieser neuen Rolle steht die NP keineswegs in Opposition zu diesem System.

---

5 Sogar die Privatwirtschaft soll zur 'affirmative action' gezwungen werden, vgl. Justice Malala: Workplace equity plan released, in: The Star & SA Times International vom 03.07.1996.

6 Vgl. SA heading for 'gangster state'-Fivaz, in: The Star vom 03.01.1996.

Die politischen Ereignisse seit 1990 haben eine Spaltung der Afrikaner in Initiatoren und Unterstützer des Transformationsprozesses auf der einen und den Widerstand aus Gegnern bzw. Kritikern des Wandels auf der anderen Seite erkennen lassen. Diese spiegelt sich im politischen Spektrum in Form der NP auf der einen und den zahlreichen Afrikanerparteien und -bewegungen auf der anderen Seite wider. Dies hat innerhalb der burischen Volksgruppe eine seit langem bestehende ideologische Konfliktlinie neu aufbrechen lassen.

II. Organisatorische Abgrenzungen innerhalb des rechten Afrikaner-Lagers

Da zu Fragen der politischen Einstellungen unter den afrikaanssprachigen Weißen kein verläßliches empirisches Datenmaterial vorliegt, bleiben Grad und Form der Unterstützung für unterschiedliche politische Parteien und andere Organisationen der primäre Indikator für die Haltung der Afrikaner und des 'burischen Widerstandes'. Dabei zeigt sich bereits an der Vielzahl der entsprechenden Organisationen[7] mit z.T. sehr unterschiedlichen Zielsetzungen und Vorgehensweisen, daß der auf einen Teil der Afrikaner-Minderheit beschränkte 'weiße Widerstand' immer noch keine politisch homogene Gruppe und damit zielgerichtet wirksame Kraft darstellt.

Die überwiegende Mehrzahl der rechten Afrikaner-Organisationen beteiligt sich in keiner relevanten öffentlichen Form am politischen Geschehen und spielt weder ideologisch noch zahlenmäßig eine Rolle. Sie sind als politisches Sektierertum einzuordnen. Von vielen Organisationen sind selbst Kennern der Szene oft nur die Namen bekannt; manche davon bestehen praktisch nur aus ihren Gründern. Die einzige Möglichkeit für solche Gruppen, politisch wirksam zu werden, liegt in punktuellen und damit letztlich auch wirkungslosen terroristischen Einzelaktionen.

Stellvertretend für das gesamte Spektrum der rechten Afrikanerparteien und -Bewegungen stehen drei Organisationen, die zahlenmäßig über die größte Anhängerschaft verfügen und auch als einzige, zumindest potentiell politisch

7 So existierten in Südafrika unmittelbar vor den Wahlen im April 1994 annähernd 200 verschiedene Organisationen der weißen Rechten. Vgl. Johann van Rooyen: Hard Right - The New White Power in South Africa, London, New York 1994, S. 4.

relevant sind. Zwei davon, die KP, (Konserwatiewe Party/Conservative Party, CP) und die VF (Vryheidsfront/Freedom Front, FF) sind politische Parteien, die bereits an Wahlen im Neuen Südafrika teilgenommen haben, so daß für sie Aussagen über den Grad der Unterstützung möglich sind. Die dritte Organisation, die AWB (Afrikaner-Weerstandsbeweging), bezeichnet sich selbst nicht als Partei, sondern als Bewegung; sie hat nie zur Wahl gestanden. Durch die ihr eigene Mischung aus politischer Radikalität und Militanz liegt ihr Einfluß- bzw. Gefährdungspotential primär im Bereich terroristischer Einzelaktionen.

Eine weitere Form des Widerstandes geht von einer vierten, nicht organisierten Gruppe, den Emigranten, aus. Diese Menschen sehen aufgrund der eindeutigen Mehrheitsverhältnisse keine Chance mehr, ihre Lebensart und ihren Wohlstand zu schützen und verlassen resigniert ihre Heimat. Der damit verbundene Abfluß von Geld und vor allem von Humankapital stellt ein politisches Problem dar und beweist, daß Minderheitenschutz auch in Südafrika weit mehr ist als eine Frage des Machterhalts oder der politischen Ethik.

III. Ideologische Wurzeln und Kernelemente des Afrikaner-Nationalismus

Trotz der starken organisatorischen Fragmentierung des rechten Afrikaner-Spektrums gibt es große Gemeinsamkeiten, was die ideologischen Ursprünge anbelangt. Sie folgen neben der gemeinsamen Sprache und gemeinsamen religiösen Wurzeln größtenteils aus der Geschichte, bzw. deren Deutung, durch die weiße afrikaanssprachige Bevölkerung.

Die überragende Bedeutung der eigenen Geschichte, bzw. deren oft verklärter Perzeption für die Definition der eigenen Identität als ethnische, und daraus abgeleitet, politische Gruppe ist trotz aller Unterschiede deutlich. Aus der politischen und kulturellen Identität folgen die politischen Inhalte. Alle drei Organisationen konzentrieren sich als 'single-issue-parties' auf die Wahrnehmung des Gruppeninteresses und versuchen, unterschiedliche Formen der Autonomie für die burische Minderheit durchzusetzen. Über die Selbstdefinition der Gruppe hinaus ist das Geschichtsbild Grundlage für die Interpretation aktueller politischer Vorgänge und sogar für die politischen Zukunftsvisionen der Gruppen. Es ist damit Schlüssel für das Verständnis politischer Einstellungen und Handlungen. Eine Kenntnis der ideologischen Ursprünge nimmt somit nicht nur einen Großteil aktueller Programmatik vorweg, sondern erlaubt auch Voraussagen, wie die Anhänger des Afrikaner-Nationalismus auf künftige politische Ereignisse reagieren könnten.

Ob das dabei zugrunde liegende Geschichtsbild den historischen Tatsachen entspricht,[8] ist irrelevant: Es wird von den beteiligten Menschen als richtig angenommen und damit als Grundlage der Afrikaner-Ideologien selbst zu einer eigenständigen Variablen in der Politik; die politische Macht, und teilweise auch Gefährlichkeit, der Afrikaner-Organisationen beruht nicht auf der historischen Richtigkeit ihrer Ideologie, sondern darauf, daß sie die Überzeugung ihrer Anhänger zum Ausdruck bringen.

Ihre eigene Geschichte stellt sich den Vertretern des burischen Nationalismus in erster Linie als stetiger Kampf der eigenen, von Gott auserwählten und unterstützten Gruppe gegen unfreundliche Umweltbedingungen und vor allem gegen andere, feindliche Gruppen wie die Briten, bestimmte schwarze Stämme, oder, in der zweiten Hälfte dieses Jahrhunderts, den 'Liberalismus' oder den 'Kommunismus' dar. Die relative Schwäche der Gruppe gegenüber den zumeist übermächtigen Feinden erforderte dabei einen hohen Grad an Gruppenkohäsion und bewirkte, daß trotz der ideologischen und organisatorischen Fragmentierung der Gedanke der Einheit aller Afrikaner (volkseenheid) eine geradezu 'mystische Qualität'[9] besitzt: Erfolge der Gruppe im Kampf gegen ihre Feinde traten immer nur dann ein, wenn der notorische 'Bruderkampf' (broedertwis) zugunsten der 'volkseenheid' zurückstand. Auch im Prozess der Transformation zum Neuen Südafrika bewegen sich die Organisationen des burischen Nationalismus im Spannungsfeld zwischen diesen beiden Polen; die Gräben untereinander sind oft künstlich, bzw. Resultate eskalierender Konkurrenzsituationen um ähnliche Ziele und um die gleiche Klientel. Die jeweils anderen werden als Spalter und Verräter an der 'volkseenheid' verachtet und geschmäht. Letztlich aber bleiben die unterschiedlichen organisatorischen und programmatischen Erscheinungsformen des Afrikaner-Widerstandes Ausdruck eines gemeinsamen Wunsches nach Selbstbestimmung für die Afrikaner, in welcher Form auch immer.

---

8 So spricht van Rooyen von einer durch Interpretation historischer Fakten begründeten 'nationalistischen Mythologie'. Johann van Rooyen: a.a.O., S. 39 ff. (eigene Übersetzung).

9 Van Rooyen: a.a.O., S. 7.

Die Phänomene des Kampfes und der eigenen Fragmentierung reichen zurück bis in die Tage der Kapkolonie mit dem Widerstand gegen die Anglisierungspolitik der britischen Besatzer, der 1815 in der sog. Slagtersnek-Rebellion einen gewalttätigen Höhepunkt fand und erste Märtyrer-Mythen im anti-britischen Freiheitskampf der Afrikaner begründete.

Zentrales, identitätsstiftendes, historisches Ereignis war jedoch der Große Trek, in dem zwei Gruppen[10], sog. Voortrekker, das Kap in Richtung Norden und Nordwesten verließen, um in Freiheit von britischer Kolonialherrschaft eigene Republiken zu gründen. 1838 kam es dabei zur sog. Schlacht am Blutfluß gegen eine große Zulu-Übermacht, nachdem der Anführer des Treks, Piet Retief, nach Verrat durch die Zulus ermordet worden war. In aussichtsloser Lage schworen die in einer Wagenburg, dem 'Laager', verschanzten Voortrekker, Gott im Falle eines Sieges jährlich zu ehren und gewannen den Kampf (mit Hilfe ihrer Feuerwaffen, über die die Zulus nicht verfügten). So wurde der sog. Tag des Schwurs (Day of the Covenant) am 16. Dezember bis heute zum Kerndatum in der Geschichte des Afrikaner-Nationalismus.[11] Der Mythos, als von den Briten vertriebenes, aber von Gott auserwähltes Volk in auswegloser Lage gekämpft, gesiegt und als Lohn das gelobte Land geschenkt bekommen zu haben, prägt das Geschichtsbild und die darauf beruhende Interpretation der Gegenwart der Afrikaner-Nationalisten. Die Symbolik der Wagenburg drückt sich bis heute unter vielen Afrikanern in einer Form der Lagermentalität gegenüber Veränderungen aus. Vor allem aus dem Mythos der Schlacht am Blutfluß erklärt sich auch der Glaube der militanten Afrikaner, aus einem großen Endkampf um Südafrika gegen jede Übermacht als Sieger hervorgehen zu können.

Ein weiteres identitätsstiftendes Element waren die Burenkriege mit der traumatischen Erfahrung der Niederlage der Zuid-Afrikaanse Republiek (Transvaal)

---

10 Auch hier zeigte sich eine inhaltliche und personelle Spaltung in Gruppen um Piet Retief und Gert Maritz auf der einen sowie Hendrik Potgieter und Piet Uys auf der anderen Seite.

11 Das Voortrekkermonument bei Pretoria dient regelmäßig als Sammlungs- und Propagandaort der burischen Rechten. Genauso werden am Denkmal in Paardekraal, das an die Kriegserklärung der Burenrepubliken an Großbritannien von 1899 erinnert, anti-englische Ressentiments gepflegt.

und der Vrijstaat Republiek (Oranje) gegen die Briten. Der unter den Buren in der Endphase des zweiten oder Großen Burenkrieges von 1899 bis 1902, in dem die britischen Truppen mit brutaler Härte gegen die burischen Guerillas und die Zivilbevölkerung[12] vorgingen, erbittert geführte 'broedertwis' zwischen den 'bittereinders' und 'hensopppers' über die Frage der Fortführung des Kampfes bildet die Keimzelle des nach dem Krieg entstehenden modernen Afrikaner-Nationalismus: Nur die anzustrebende 'volkseenheid', so die Erkenntnis, würde den Afrikanern die Stärke verleihen, sich gegen Briten und andere Feinde zu behaupten. Jedwede Kollaboration mit den Feinden sei 'veraad' und einziger Grund jeder Niederlage.

Dennoch war auch die Phase nach dem Krieg weiter vom 'broedertwis' geprägt. Zum Kriegsende bestanden drei regional getrennte Afrikaner-Parteien mit drei charismatischen Führern: Jan Hofmeyer im Kap (Afrikaner Bond); J.B.M. Hertzog im Freistaat (Orangia Unie) und Jan Smuts/Louis Botha im Transvaal (Het Volk). In der 1910 gegen den Willen eines großen Teiles der Afrikaner gegründeten Südafrikanischen Union (in der die schwarze Bevölkerung praktisch über keine Rechte verfügte) litt die Mehrheit der Buren unter dem Gefühl, im 'eigenen' Land materiell und psychologisch nur Bürger 2. Klasse zu sein.

Nachdem Briten und Afrikaner das Land zunächst gemeinsam geführt hatten, resultierte die Auseinandersetzung um Südafrikas Eintritt in den ersten Weltkrieg 1914 in einem weiteren traumatischen 'broedertwis'-Ereignis in der Geschichte des Afrikaner-Nationalismus: Regierungstruppen der Afrikaner unter Smuts und Botha schlugen gewaltsam eine Rebellion von Afrikaner-Nationalisten nieder, unter ihnen viele Helden des Burenkrieges, die gegen die Beteiligung Südafrikas auf britischer Seite rebelliert hatten.[13]

Im gleichen Jahr wurde die Nasionale Party (NP) als politischer Arm des neuen Afrikaner-Nationalismus von J.B.M. Hertzog gegründet. Vier Jahre später

---

12 So kamen in den britischen Konzentrationslagern ca. 28.000 burische Frauen und Kinder sowie über 14.000 Menschen schwarzer Hautfarbe ums Leben.

13 Vgl. van Rooyen: a.a.O., S. 44.

erfolgte mit der Gründung des Afrikaner Broederbondes ein weiterer wichtiger Schritt zur ethnischen Mobilisierung der Buren auf dem Weg der Afrikaner-Nationalisten zur Macht in Südafrika. Mit dem Sieg der NP im Jahre 1948 war der Triumph der politischen Revision des Ergebnisses des Burenkrieges perfekt, die NP übernahm die Regierung und begründete die Ära der Apartheid.

Neben der europäischen Abstammung, der calvinistischen Religion, der Beziehung zum erkämpften, bzw. von Gott geschenkten Boden und den verbindenden Erfahrungen des Kampfes gegen scheinbar übermächtige Gegner bildet schließlich die Sprache, Afrikaans, das letzte konstitutierende Element[14] des 'Afrikanerdoms'. Der Schutz der eigenen Sprache als Träger der kulturellen Identität und der Wunsch, daß ihre Kinder auch weiterhin an staatlichen Schulen in Afrikaans unterrichtet werden können, ist eine der wichtigsten Forderungen der rechtskonservativen VF. Sie vergleicht ihren Widerstand gegen die Sprachenpolitik des Neuen Südafrikas mit dem gegen die Anglisierungspolitik im Kap des 19. Jhdts.

III. Historische Kontinuitäten in der Entwicklung der Afrikaner-Parteien

Obwohl 1948 das Ideal der 'volkseenheid' erreicht schien und die NP bis zum Ende der Apartheid allein die Macht innehatte, gab es immer wieder Phänomene des 'broedertwis', die in Abspaltungen von der NP und der Gründung neuer Parteien am rechten Rand mündeten. Diese Abspaltungen erfolgten stets dann, wenn die regierende NP aus politisch-pragmatischen Gründen vom Weg der 'reinen Lehre' des Afrikaner-Nationalismus abwich. Solche Abspaltungen implizierten stets die Möglichkeit des Machtverlustes zugunsten der konservativen Neugründungen. Generell kann auf die Existenz eines dauerhaften Potentials an nicht modernisierungsorientierten Afrikaner-Nationalisten geschlossen werden.

Bereits die Ur-NP von 1914 wurde 1934 auf diese Weise von einer Herenigde, oder Gesuiwerde Nasionale Partie (HNP, gereinigte NP, später nur NP) als

---

14 Ein Überblick über alle Elemente, welche die ethnische Gruppe 'Afrikaner' ausmachen, findet sich im Kap. 'Ethnicity and Nationalism' bei van Rooyen: a.a.O., S. 35-49.

Exponent des wahren Afrikaner-Nationalismus abgelöst, nachdem Hertzog seine alte NP mit der eher liberalen SAP zur United Party fusioniert hatte, die Südafrika zum Unmut der burischen Nationalisten auf der Seite Großbritanniens in den Zweiten Weltkrieg führte. Die neue NP unter D.F. Malan stieg bis 1943 zur wichtigsten Afrikaner-Partei auf und errang 1948 die alleinige Macht.

Als die NP nach 1966 unter B.J. Vorster eine Politik der außenpolitischen Öffnung, der vorsichtigen Liberalisierung der Apartheid und der Annäherung an die englischsprachigen Weißen im Lande begann, setzte eine neue Phase des 'broedertwis', zunächst innerhalb der NP, ein. Die Spaltung der Partei in die 'verligte', die für eine flexible, der jeweiligen Situation angepaßte Apartheid eintraten und die starr auf der 'reinen Lehre' beharrenden 'verkrampte', führte in den folgenden Jahren zu verschiedenen Parteiaustritten bzw. -ausschlüssen von 'verkrampten' und entsprechenden Neugründungen auf der rechten Seite des Spektrums. 1969 gründeten Albert Hertzog und Jaap Marais die Herstigte Nasionale Party (HNP), die zahlreiche ehemalige NP-Politiker für sich gewinnen konnte. Nachdem 1973 landesweit die Gründung schwarzer Gewerkschaften zugelassen wurde und die HNP nicht den erhofften Wahlerfolg erzielen konnte, gründete der ehemalige HNP-Aktivist Eugene TerreBlanche[15] die AWB.

Der prominenteste Exponent der 'verkrampte' in der NP, Andries Treurnicht, versuchte trotz ständiger Konflikte mit den dominierenden 'verligte' bis 1982, seine Positionen zum reinen Afrikaner-Nationalismus innerhalb der Regierungspartei durchzusetzen. Erst als der 'verligte' Parteichef P.W. Botha eine Teilung der Macht mit Farbigen und Indern vorschlug, verließ er zusammen mit 21 anderen Abgeordneten die NP und gründete die Konserwatiewe Party (KP), die einen beachtlichen Teil der NP-Mitglieder an sich binden konnte und im folgenden der NP als rechtskonservative Oppositionspartei insbesondere im traditionell konservativen Transvaal schwer zusetzte. Obwohl die Positionen der HNP und der KP fast identisch waren, verhinderte die persönliche Feindschaft der beiden

15 Biographische Daten in 'Eugene Ney TerreBlanche'; in: Shelagh Gastrow: Who's Who in South African Politics, No. 5, Johannesburg 1995, S. 282-286.

Parteiführer Marais und Treurnicht eine Kooperation der Parteien.[16] Auch die HNP existiert weiterhin, verfügt aber kaum noch über aktive Anhängerschaft.

Die größeren rechten Afrikaner-Parteien sind also keineswegs neu in der Geschichte Südafrikas; bis auf die VF sind sie lange vor dem Ende der Apartheid entstanden. Die von allen Parteien in unterschiedlicher Form vertretene Ideologie des Afrikaner-Nationalismus ist ebenfalls nicht neu, sondern hat sich historisch entwickelt. Trotz der Tatsache, daß alle Parteien des 'weißen Widerstandes' aus einer gemeinsamen ideologischen Quelle schöpfen, ist auch die starke Fragmentierung des rechten Spektrums kein neues Phänomen. Der 'broedertwis' in Form persönlicher Fehden charismatischer Führer oder ideologischer Grabenkämpfe kennt ebenfalls viele historische Vorbilder.

Aus der ideologischen Nähe der Afrikaner-Organisationen zueinander folgt, daß für Afrikaner der Schritt von der Unterstützung der einen Gruppe zur anderen kleiner ist, als es die Unterschiede in der offiziellen Programmatik nahelegen; Sympathisantenpotentiale können sich mit politischen Ereignissen kurzfristig verschieben. Das Verhältnis der Bevölkerungszahlen der Afrikaner zu der Unterstützung für rechte Gruppen legt außerdem nahe, daß Doppelmitgliedschaften vorliegen. Geht man von einem festen Potential von Anhängern der Ideologie des Afrikaner-Nationalismus aus, so ist es wahrscheinlich, daß jeweils die Gruppen den stärksten Zulauf haben werden, die in der jeweiligen politischen Lage die größten Erfolge im Sinne dieser Ideologie erzielen können. Ein Versagen moderater Kräfte birgt damit die Gefahr einer Radikalisierung in sich. Das bedeutet aber auch, daß militant-radikalen Gruppen durch Zugeständnisse der regierenden schwarzen Mehrheit an moderate Afrikaner-Parteien leicht die Grundlage entzogen werden kann.

16 Vgl. van Rooyen: a.a.O., S. 20 und S. 75.

IV. Die drei größten Gruppen und der Transformationsprozeß seit 1990

Die als unnötig empfundene Aufgabe der Apartheid wurde bei den Nationalisten als neuer Fall von 'veraad' interpretiert. Da man die für alle - außer der Führung der NP[17]- absehbare Alleinherrschaft des ANC als existentielle Bedrohung betrachtete, gelang es nach dem Scheitern der Rechten im Referendum unter dem Weißen Anfang 1992[18] zunächst sogar noch, eine ethnienübergreifende Allianz gegen bilaterale Verhandlungen zwischen der NP und dem ANC über die Zukunft des Landes zu erreichen. An der im September 1992 begründeten sog. Concerned South African Group (Cosag) waren neben der KP und kleineren Afrikaner-Parteien auch die von den Zulus dominierte IFP und die Regierungen der 'unabhängigen' Staaten Ciskei und Bophuthatswana beteiligt. Die Cosag ging im July 1993 in der Freedom Alliance (FA) auf, die wegen ihrer heterogenen Mitgliederstruktur jedoch politisch handlungsunfähig blieb und keinen Einfluß auf den Transformationsprozeß nehmen konnte.

Im bis Mitte 1996 letzten Versuch zur Erreichung der 'volkseenheid' und zur Durchsetzung eines Afrikaner-'Volkstaats' schlossen sich im Mai 1993 die KP und 20 weitere rechte Gruppen zur Afrikaner Volksfront (AVF) zusammen. Die AVF zerbrach jedoch ein knappes Jahr später am 'broedertwis', der im Streit über die Teilnahme an den Wahlen im April 1994 kulminierte.

17 Zur nicht zu unterschätzenden Rolle internationalen Drucks und zum 'Scheitern F.W. de Klerks', vgl. z.B. Klaus von der Ropp: Vom Umbruch zum Zusammenbruch? - Das Post-Apartheid-Südafrika, in: Liberal, Mai 1996, S. 69-74.

18 Der Sieg der NP/DP-Kampagne im Referendum ist allerdings auf die fast einmütige Zustimmung der englischsprachigen Weißen zurückzuführen. Unter den Afrikanern konnte de Klerk keine Mehrheit für sich gewinnen.

Strukturen und Programmatik im Überblick

	Vryheidsfront	Konserwatiewe Party	Afrikaner Weerstandsbeweging
Militanz/ Gewaltbereitschaft	zunächst gering	mäßig bis hoch	sehr hoch
Bedeutung charismatischer Führer	sehr hoch	mäßig (unter Treurnicht hoch)	sehr hoch
Organisationsstruktur	normale Parteistrukturen auf nationaler- und Provinzebene[19]	Übernahme tradierter Parteistrukturen aus der Zeit vor 1991	paramilitärisch strukturierte, konspirative Führerpartei
grundsätzliche Akzeptanz der neuen Ordnung	ja	nein, aber Teilnahme an den Kommunalwahlen 1995/96	unbedingt nein
Einfluß bei aktiven/ ehemaligen Eliten: Verwaltung, Polizei, Armee	sehr hoch	mäßig	gering
Beziehungen zur Regierung	parlamentarische Opposition als single-issue party	außerparlamentarische politische Opposition (auch zum System)	militante Totalopposition
'Volkstaats'-Konzept	teilautonome Region, besondere Gruppenrechte, Einzelheiten verhandelbar	Sezession/völlige Trennung von RSA zur Errichtung eines rein-weißen Staates	Sezession/völlige Trennung von RSA Afrikaner-Staat (mit schwarzen Arbeitskräften)
Offenheit für moderne Industriegesellschaft	bedingt (nach Erreichung des Minderheitenschutzes)	kaum, Orientierung an ländlichem Gesellschaftsideal	kaum, Betonung sozialpopulistischer Konzepte
Zukunftsvision für Südafrika und die eigene Rolle	konstruktive politische Opposition zur Wahrnehmung burischer Interessen	defensiv-passive Rolle im erwarteten Bürgerkrieg	aktive Rolle im erwarteten/ erhofften Bürgerkrieg
Potential/Bereitschaft zur Erweiterung der Programmatik	ja (bürgerl.-konservative Mittelstandspartei mit Schwerpunkten Wirtschaft/Sicherheit)	gering (Vergangenheitsorientiert)	fraglich

19 Vgl. Vryheidsfront van Suid-Afrika: Grondwet, Pretoria, Mai 1995.

a) Rechtsextreme militant-faschistische Totalopposition - die AWB

Am dankbarsten für die internationale Medienberichterstattung über rechte Afrikaner sind die absurd-spektakulären Auftritte, Drohungen und Forderungen oder Terrorakte der rechtsextremistischen Afrikaner Weerstandsbeweging (AWB), von Eugene TerreBlanche. Gedankengut und Symbolik dieser Gruppe erinnern stark an die faschistischen bzw. nationalsozialistischen, Bewegungen Europas zu Beginn des 20. Jhdts.,[20] auch wenn stets jede Nähe zum Nationalsozialismus bestritten und die Symbolik mit dem Verweis auf religiöse Metaphorik erklärt wird.[21]

Trotz der völlig unverhohlen rassistischen Programmatik und Aktivitäten der AWB wird auch der Vorwurf des Rassismus mit dem Hinweis abgestritten, man sei nicht Rassist, sondern Nationalist; man liebe nur das eigene (weiße Afrikaner-) Volk, ohne das andere (schwarze) gleich zu hassen. Die AWB versteht sich nach eigener Aussage als Volksbewegung über Parteigrenzen hinweg, in Reaktion auf den empfundenen Niedergang und den Verrat an den traditionellen Werten des Afrikaner-Nationalismus, die mit 'Gott, Kultur und Nation' angegeben werden.

Die Reformen zur Aufhebung der Apartheid wurden von der AWB von Anfang an abgelehnt und als neuer 'veraad' an der eigenen Nation und Weg in Chaos und Bürgerkrieg empfunden. Auch die AWB bewegt sich ideologisch im Spannungsfeld zwischen 'broedertwis' und dem Wunsch nach 'volkseenheid': inhaltliche Kompromisse und moderate Afrikaner-Organisationen wie die Vryheidsfront werden als Verrat bzw. Verräter abgelehnt und bekämpft, gleichzeitig aber der Mangel an Einigkeit des Widerstandes beklagt.

---

20 Tatsächlich kann die in den 30er und 40er Jahren bestehende, offen mit dem Nationalsozialismus sympathisierende Afrikaner-Organisation Ossewa Brandwag (OB) als einer der geistigen Väter der AWB betrachtet werden. Vgl. van Rooyen: a.a.O., S. 45.

21 So soll das dem Hakenkreuz ähnliche AWB-Symbol nur die 'Drei-Siebenen', ein alttestamentarisches Symbol, darstellen; die verwendeten NSDAP-Farben Schwarz, Weiß und Rot sollen die Einheit des Afrikaner-Volkes mit dem Land symbolisieren.

Neben dem Sammeln von Waffen, paramilitärischem Training und spektakulären Propagandaveranstaltungen ist die AWB seit ihrer Gründung vor allem durch teroristische Aktivitäten hervorgetreten. Größte Aufmerksamkeit erzielte dabei die Ermordung des SACP-Anführers Chris Hani im April 1993. Dieser Anschlag drohte sogar kurzfristig, den Transformationsprozeß ernsthaft zu stören. Mit dem tragikomischen Scheitern einer AWB-Operation zur Rettung von Mangope, dem damaligen Präsidenten von Bophutatswana, im März 1994 und den politischen Erfolgen der VF erlitt die AWB jedoch einen schweren Rückschlag.[22]

Die Wiedererrichtung der bis zur Niederlage 1902 unabhängigen Republiken Transvaal und Oranje Freistaat zu einem rein weißen Staat stellt einen der zentralen Punkte in den Forderungen der AWB und auch einiger anderer extremer Afrikaner-Organisationen dar,[23] allerdings solle es auch Schwarzen gestattet sein, im AWB-Staat zu arbeiten. In der von der AWB erwarteten Zukunft spiegeln sich viele der Feindbilder, der historischen Mythen und der darauf beruhenden Gegenwartsinterpretationen des extremen Afrikaner-Nationalismus, aber auch die charakteristische Militanz dieser Organisation wider: Die unfähigen Schwarzen und Kommunisten des ANC/SACP würden das Land in den wirtschaftlichen Abgrund führen und bewaffnete Verteilungskämpfe der um ihre Hoffnungen betrogenen armen Schwarzen auslösen. Auch der Dauerkonflikt zwischen dem ANC und der Inkatha würde unweigerlich zum Bürgerkrieg führen. In dem erwarteten kriegerischen Chaos, in dem sich die Feinde zunächst gegenseitig umbringen würden, würde sich die militärisch gerüstete AWB behaupten und am Ende als Sieger in der Lage sein, die neue Burenrepublik zu errichten. Über die Verfassung dieser Burenrepublik gibt es keine genauen Vorstellungen, außer daß sie 'demokratisch' sein solle. An Wahlen hat sich die AWB selbst noch nie beteiligt; ihr 1988 gegründeter politischer Arm Blanke Volkstaat Party blieb ganz und gar bedeutungslos. Auffällig an den insgesamt

22 Vgl. Gastrow: a.a.O., S. 285.

23 Z.B. die Boerestaat Party (hier ist der Name Programm) Robert van Tonders, einer weiteren Epigone des extremen Afrikaner-Nationalismus. Vgl. van Rooyen: a.a.O., S. 43.

äußerst vagen AWB-Vorstellungen zum Burenstaat[24] und typisch für rechtsextremistische Ideologien ist die starke sozialpopulistische Komponente.

Unabhängig davon, ob sich der 1994 begonnene Niedergang der faschistischen Vereinigungen weiter fortsetzt, bleiben diese weiter existent und könnten möglicherweise von Mißerfolgen der gemäßigten Parteien profitieren.

b) Traditionelle Rechte zwischen Restauration und Pragmatismus: die KP

Die KP war von ihrer Gründung 1982 bis zu ihrem Wahlboykott 1994 und der Entstehung der VF das Zentrum und der bedeutendste Exponent des Afrikaner-Nationalismus.[25] Bei den letzten landesweiten Wahlen im Apartheid-System konnte sie 1989 noch 31% der Wählerstimmen für sich gewinnen; in der gleichen Größenordnung bewegte sich auch der Anteil der NEIN-Stimmen in der von der KP angeführten und gescheiterten NEIN-Kampagne bei der Abstimmung über die Reformen 1992. Ähnlich wie bei der AWB liegt die Machtbasis der KP im Bereich des ehemaligen Transvaal und Oranje Freistaats.

Als größte Afrikaner-Partei blieb auch die KP nicht vom 'broedertwis'-Phänomen verschont. So spalteten sich im August 1992 nach langjährigen innerparteilichen Konflikten die sog. 'volkstaaters' vom in der Partei dominanten Flügel der Apartheid-Traditionalisten ab und gründeten die Afrikaner Volksunie (AVU), deren Erfolg jedoch gering blieb.[26] Bei den 'volkstaaters' handelt es sich um gemäßigte Vertreter eines Konzepts der Afrikaner-Selbstbestimmung innerhalb eines kleineren, mit Südafrika in einer Föderation weiter eng verbundenen Territoriums. Kurz darauf verabschiedete sich auch die KP von der Idee des weißen Groß-Südafrika zugunsten eines kleineren, aber souveränen weißen 'Volkstaats'.

---

24 Vgl. Eugene TerreBlanche: Our Vision of Our Future State, in: Sweepslag, Vol. N1 No.1, September 1995, S. 11.

25 Vgl. van Rooyen: a.a.O., S. 63.

26 Vgl. van Rooyen: a.a.O., pp. 72-74.

Nach der Gründung der AVU und dem Tod des KP-Gründers und Führers Treurnicht Anfang 1993, der für das politische Zentrum der weißen Rechten stand, begann unter dem als hardliner bekannten neuen Vorsitzenden Ferdi Hartzenberg[27] eine Phase der Radikalisierung und des politischen Niedergangs der Partei. Obwohl die KP noch die Mehrheit der Führungsriege in der AVF stellte, konnte sie aufgrund ihres kompromißlosen Boykottkurses den Zerfall des Bündnisses nicht verhindern. Die Entscheidung, die Wahlen von 1994 zu boykottieren, erwies sich als folgenschwerer Fehler. Die neugegründete gemässigte VF zog mit den Stimmen der Afrikaner-Nationalisten als viertstärkste Partei in die Nationalversammlung und drei Provinzparlamente ein und löste die KP als führende Partei des weißen Widerstandes ab.

Der drohende Absturz in die Bedeutungslosigkeit hat auch bei der KP seit Mitte 1994 zu einem Umdenken geführt. Seitdem versucht sie vergeblich, die alte Position als stärkste Kraft des Afrikaner-Nationalismus von der VF zurückzuerobern.[28] Bei den Kommunalwahlen im November 1995 trat die Partei erstmals seit Ende der Apartheid wieder an, konnte aber nur noch 1,15% der Stimmen erringen. Bei den Kommunalwahlen in KwaZulu/Natal stimmten nur 0,08% für die KP.

Die derzeitigen radikalen politischen Inhalte und Zukunftsvisionen der KP ähneln denen der AWB. Sowohl Koos van der Merve, Gründungsmitglied der KP und Exponent des radikalen Fügels seiner Partei als auch TerreBlanche sind sich einig, daß der einzige gravierende Unterschied in der größeren Militanz der AWB liegt. Ein weiterer Detailunterschied liegt in der Frage des zukünftigen neuen 'Volkstaats': Der AWB würde schwarze Gastarbeiter dulden, die KP favorisiert einen reinen weißen, landwirtschaftlich geprägten Volkstaat, in dem sich die Weißen wieder auf ihre Wurzeln besinnen und auch einfache Arbeiten selbst verrichten. Da ein Teil der Klientel der KP auch aus englisch-sprachigen

---

27 Zur Person und dem Konflikt in der KP, vgl. Ferdinand Hartzenberg, in: Gastrow: a.a.O., S. 90-94.

28 Vgl. Jan Taljaard: Two CP proposals have one purpose, in: Weekly Mail & Guardian vom 19.08.1994, und ders.: CP back in race for rightwing, in: Weekly Mail & Guardian vom 20.12.1995.

Weißen besteht, wäre der Zugang zu diesem 'Volkstaat' primär durch die Hautfarbe, also rassistisch und weniger durch afrikaanse Ethnizität bestimmt.[29]

c) Der Versuch konstruktiver politischer Opposition: die VF

Als gemäßigte Partei der burischen Rechten ist die Vryheidsfront die einzige unter den Afrikaner-Organisationen, die erst nach dem Ende der Apartheid gegründet wurde und dennoch die auf Anhieb erfolgreichste. Der ehemalige südafrikanische Generalstabschef Constand Viljoen ist ihr Führer und zugleich die Integrationsfigur der gemäßigten Rechten.[30] Viljoen war bereits 1985 pensioniert worden. Nachdem das von Treurnicht hinterlassene Führungsvakuum und die Ermordung Chris Hanis im April 1993 zum Chaos zu führen drohten, trat er als Mitglied des sog. Komitees der Generäle in das politische Rampenlicht. Die rechte Sammlungsbewegung AVF wurde von dem auf Dialog mit ANC und NP setzenden Viljoen geführt, der wegen seiner konzilianten Haltung ständigen Attacken der radikalen Kräfte in der AVF ausgesetzt war. Als der 'broedertwis' innerhalb der AVF nicht mehr zu lösen schien, gründete Viljoen im März 1994 die Vryheidsfront und verlies die AVF.

Bei den Wahlen 1994 trat die Vryheidsfront als einzige Partei des Afrikaner-Widerstandes an. Sie konnte dabei mit 424.555 Stimmen 2,17% (= 9 Sitze) erringen, also ca. 20% der wahlberechtigten burischen Bevölkerung für sich gewinnen. Bei den Kommunalwahlen im November 1995 konnte die VF zunächst 4,03% der Gesamtstimmen erringen. Mit 0,18% der Stimmen war die VF auch in KwaZulu/Natal mehr als doppelt so stark wie die KP. Zentrales Ziel der VF ist ebenfalls die Selbstbestimmung der Afrikaner[31], vorzugsweise innerhalb eines 'Volkstaats', der sich aber deutlich von den radikalen Konzepten abhebt. Bevorzugt wird eine teilautonome Lösung in überwiegend von Afrikanern bewohnten Gebieten.

---

29 Vgl. van Rooyen: a.a.O., S. 53.

30 Zur Person: Constand Laubscher Viljoen, in: Gastrow, a.a.O., S. 298-301.

31 Vgl. Freedom Front: Core Manifesto, Lynwood Ridge, o.J., und Freedom Front: Policy, o.O., o.J.

Der von Viljoen gegenüber der Regierung vertretene Wunsch nach einem teilautonomen 'Volkstaat' wird doppelt begründet. Einerseits verweist man auf das international verbürgte Recht auf Selbstbestimmung von Minderheiten. Andererseits wird betont, daß die Anhänger der Partei von vitaler Bedeutung für die innere Stabilität Südafrikas sind, da sie über großen Einfluß in den Sicherheitsorganen, also Polizei und Armee, verfügen. Daher sei ihre positive Einbindung für das Land überlebenswichtig. Trotz der prekären inneren Sicherheitslage Südafrikas sind allerdings bedeutende Zugeständnisse des ANC, z.B. als Gegenleistung für die Loyalität bei der Stabilisierung des Landes[32], kaum noch zu erwarten. Ein solcher Handel wäre innerhalb des ANC nur durchsetzbar, wenn die Sicherheitsprobleme dramatisch zunähmen.

Bei einer Erweiterung des programmatischen Spektrums der VF über die 'Volkstaats'-Agenda hinaus, z.B. auf die Unterstützung einer freien Wirtschaftsordnung, könnte die VF möglicherweise auch Wähler außerhalb ihrer eigenen ethnischen Gruppe für sich gewinnen. Sie liefe dann aber ähnlich wie die NP Gefahr, ihre traditionelle Klientel zu entfremden.

V. Das wachsende Problem der Emigration

Neben denjenigen konservativen Afrikanern, die sich den militanten oder den politischen Organisationen des weißen Widerstandes anschließen, um für den Erhalt ihrer Gemeinschaft im Neuen Südafrika zu kämpfen, gibt es eine wachsende Zahl von Resignierern, die eine weitere, unpolitische Alternative wahrnehmen. Auch wenn es ihnen schwerer fällt als den liberalen englischsprachigen Weißen, geben sie ihre Heimat verloren und verlassen Südafrika. Im Juni 1996 hatten die Auswandererzahlen bereits die gleiche Größenordnung erreicht wie in den angespannten Tagen vor den Wahlen 1994. Die offizielle Zahl von 1417

32 So geht von der Ropp angesichts der ernsten Sicherheitslage im Land sogar von der Notwendigkeit eines vorübergehenden Notstandsregimes (wie es die Verfassung durchaus ermöglicht) aus und deutet an, der ANC könnte Viljoen als Gegenleistung für seine Unterstützung einer solchen Maßnahme den Volkstaat zugestehen. Vgl. von der Ropp: a.a.O, S. 73.

Personen[33] im Januar 1996 scheint nur die Spitze des Eisberges darzustellen, da in ihr nur diejenigen Südafrikaner erfaßt sind, die sich der formalen Emigrationsprozedur unterzogen haben.[34] Da es sich auch bei den burischen Emigranten überwiegend um hochqualifizierte Menschen[35] handelt, stellt der damit verbundene 'brain drain' ein ernstes Problem für das Land dar, das auch dem ANC große Sorgen bereitet[36] und einen weiteren Anreiz für Zugeständnisse der Regierung gegenüber den bleibewilligen Afrikanern liefern könnte.

VI. Die Arbeit des 'Volkstaatraads'

Einer der wichtigsten Bestandteile der von Viljoen am Vorabend der Wahlen erzielten Einigung mit dem ANC und der NP war die Einrichtung eines 'Volkstaatraads'[37], der Konzepte und Möglichkeiten für Formen burischer Autonomie sammeln, prüfen und als Vorschläge an die verfassungsgebende Versammlung einreichen sollte. Vorschläge für eine radikale Teilung des Landes nach rassischen oder ethnischen Kriterien sind nicht neu, haben aber mit der Arbeit des auch in der Übergangsverfassung nachträglich (Art. 184A und 184B)[38] verankerten 'Volkstaatraads' nichts zu tun: Als Verfassungsorgan ist der 'Volkstaatraad' der Einheit Südafrikas verpflichtet.

Legitimation für die Arbeit des 'Volkstaatraads' ist die auch für liberale Afrikaner selbstverständliche Annahme, daß es sich bei ihrer ethnischen Gruppe um

---

33 Vgl. Christo Volschenk: Emigrants up in January, in: The Star & SA Times International vom 15.05.1996.

34 Vgl. Peta Krost: Crime cited as emigration soars, in: The Star & SA Times International vom 26.06.1996.

35 Vgl. Winnie Graham: It's Afrikaners who opt for North America to hone skills; The Star & SA Times International vom 08.05.1996.

36 Vgl. Crime cited as emigration soars, a.a.O.

37 Accord on Afrikaner Self-Determination between the Freedom Front, the African National Congress and the South African Government/National Party; signed 23 April 1994.

38 Constitution of the Republic of South Africa, Act 200 of 1993, as amended by Acts 2, 3, 13, 14, 24 and 29 of 1994.

einen natürlichen Stamm in Afrika ('an indigenous people') handelt. Für diese gilt das unveräußerbare Recht auf Selbstbestimmung (constitutional principle Nr. 34); daraus wird wiederum der Anspruch auf eine teilautonome Region abgeleitet.

In den zwei Jahren von seiner Gründung bis zur Verabschiedung der neuen Verfassung wurden von den 20 Mitgliedern des 'Volkstaatraads' weltweit Modelle des Minderheitenschutzes studiert und ihre Übertragbarkeit auf die Situation der Afrikaner untersucht[39]. Die bisherigen Resultate sehen einen territorial definierten Schutzraum für die Afrikaner vor.[40] Ein Vorschlag, der für die um die Integrität des Gesamtstaates bemühte Regierung leichter zu akzeptieren wäre, nämlich nicht-territorial definierte Minderheitenrechte zu garantieren, wird für unzureichend gehalten. Die Afrikaner haben anders als andere nationale Minderheiten kein Heimatland, in das sie bei Gefahr fliehen können (wie dies z.B Frankreich für die weißen Siedler in Algerien, Portugal für die in Moçambik und Angola und Südafrika für die in Rhodesien waren). Um einen solchen sicheren Schutzhafen zu haben, bedürfe es neben gesicherten Gruppenrechten auch eines territorial definierten Schutzraumes, eines 'Afrikaner Israel', in dem die eigene Gruppe in der Mehrheit ist und ihre Welt selbst gestalten kann. Ungelöst bleibt aber bei allen territorialen Konzepten das Problem des Konflikts zwischen dem demokratischen Prinzip der Bewegungsfreiheit und dem Schutz vor einer schwarzen Majorisierung des 'Volkstaats'. Auch der 'Volkstaatraad' leidet an Erscheinungen des 'broedertwis'; der hohe Anteil an weniger kompromißbereiten KP-Mitgliedern unter den 20 Männern und Frauen des 'Volkstaatraads' und konkurrierende 'Volkstaats'-Konzepte haben bislang ein geschlosseneres Auftreten verhindert.[41]

---

39 Vgl. Volkstaat Council: Draft Report on Self-Determination: its nature, development and application - a survey, Pretoria Februar 1996.

40 Vgl. die demographischen Detailstudien in Volkstaat Council: First Interim Report, Pretoria Mai 1995.

41 Vgl. J. Taljaard: Volkstaat dream recedes, in: Weekly Mail & Guardian vom 26.05.1995.

VII. Afrikaner-Selbstbestimmung nach der Verfassung von 1996

Die hochfliegenden Hoffungen der VF und des 'Volkstaatraads' auf Erfolge in Form von in der Verfassung[42] verankerten Sonder- und Gruppenrechten für die burische Minderheit, mehr regionaler oder lokaler Autonomie vom zentralistischen Zugriff der Regierung oder gar eines 'Volkstaats' als 10. Provinz für die Afrikaner in einem dezentralen Südafrika wurden nicht realisiert. Die Argumente und die große Fleißarbeit des 'Volkstaatraads' wurden von der NP/ANC-Mehrheit in der verfassungsgebenden Versammlung ignoriert.

Zwar enthält die neue Verfassung auch eine Reihe von Zugeständnissen, die zumindest die wichtigsten Forderungen nach einem Schutz ihrer Kultur- und Sprachgemeinschaft zu erfüllen scheinen. So werden in den extensiv ausgeführten individuellen Grundrechten beispielsweise auch das Recht auf Unterricht (Art. 29 [2]) und Gerichtsverfahren in der eigenen Sprache, bzw. auf einen Übersetzer (Art. 35) garantiert. Das für die Afrikaner sehr bedeutende Recht auf Schulunterricht in der eigenen Sprache ist nur mit erheblichen Einschränkungen gesichert: So wird dieses Recht nur dort gewährleistet, wo es 'reasonably practicable' (Art. 29 [2]) ist und durch den Verweis auf die "Notwendigkeit, die Ergebnisse früherer rassendiskriminierender Gesetze und Praxis zu heilen" (Art. 29 [2], c) praktisch wieder aufgehoben: Dies betrifft natürlich in erster Linie das im Apartheid-Staat privilegierte Afrikaans. Das Recht nach Art. 29 [2] wird für die Afrikaner weiter dadurch relativiert, daß es natürlich auch für alle anderen Sprachen (aufgrund des Zieles der 'Heilung' sogar vorrangig) gilt. Der Schulsprachenstreit - wie auch die Einteilung der kommunalen Wahlkreise - zeigt deutlich, wie durch entsprechenden Zuschnitt von Schuldistrikten auch überwiegend afrikaanse Gemeinden majorisiert werden können. Durch entsprechende politische Entscheidungen kann also das Grundrecht auf Unterricht in der eigenen Sprache durchaus gegen die Interessen der Afrikaner wirken. Dies gilt umso mehr, als Art. 29 [3], a die Einrichtung einrassiger, also auch rein afrikaanser Privatschulen ausschließt.

---

42 Constitutional Assembly: Constitution of the Republic of South Africa as adopted by the Constitutional Assembly on 8 May 1996. Zu der extrem zentralistischen Ausgestaltung der Verfassung siehe die Analyse von Michael Phillippsen in diesem Band.

Afrikaans ist zwar nach Art. 6 eine von 11 offiziellen Landessprachen, der Staat ist aber verpflichtet, vorrangig und aktiv die 'indigenous languages' zu fördern. Es ist sehr unwahrscheinlich, daß sich der Verfassungsgeber die Auffassung des 'Volkstaatraads', Afrikaans sei eine solche Eingeborenensprache, da die Afrikaner zu den 'indigenous people' gehörten, zu eigen gemacht hat.

Daß fast alle der auf den ersten Blick beruhigenden Zugeständnisse für die Gruppe der Afrikaner durch Auslegung und politische Entscheidungen der schwarzen Mehrheit wirkungslos gemacht werden können, betrifft auch andere Verfassungsbestimmungen. So läßt sich auch Art. 6 [3] nach der die Kommunen die Sprachgewohnheiten und -präferenzen ihrer Einwohner berücksichtigen müssen, durch entsprechendes gerrymandering zum Nachteil der Afrikaner anwenden. Das Verbot von Diskriminierungen auf der Basis von "ethnic or social origin, [...] religion, [...] culture, language" nach Art. 9 [3] gilt ausdrücklich nur für 'unfaire' Diskriminierung; 'faire' Diskriminierung aufgrund der zitierten Merkmale hingegen ist nach Art. 9 [5] ausdrücklich erlaubt. Im Zusammenhang mit dem an mehreren Stellen in der Verfassung verankerten Bekenntnis zur Heilung vergangener Ungleichbehandlung[43] kann auch der Art. 9 für die Gruppe der Afrikaner auf politischem Weg ausgehebelt werden.

Mit der vom 'Volkstaatraad' aufgestellten Definition des Afrikaners, nach der es schwarze Afrikaner praktisch nicht geben kann, läßt sich auch eine Aufhebung des Grundrechtes auf eigene Sprache und Kultur sowie die Bildung eigener "cultural, religious and linguistic communities" aus Art. 31 für die Gruppe der Afrikaner rechtfertigen, weil diese Gemeinschaften nicht im Widerspruch zur übrigen Verfassung stehen, d.h. nicht diskriminierend sein dürfen.

Besonders problematisch, speziell für die burischen Farmer, sind die Bestimmungen des Art. 25. Ein Grundrecht auf Privateigentum wird in der Verfassung nicht garantiert, aber die Enteigung für 'öffentliche Zwecke' und im 'öffentlichen Interesse' nachdrücklich erlaubt. Unter 'öffentlichem Interesse' ist dabei die "nationale Verpflichtung zum Ziel der Landreform" (Art. 25 [4], a) zu verstehen. Da die Höhe der Kompensation für jede Enteignung von der 'Geschichte

43 Ein fundamentales Staatsziel ist nach der Präambel "to heal the divisions of the past".

des Landerwerbs' abhängig sein soll, sind auch Entschädigungen weit unter dem Wert des Landes denkbar. In diesem Sinne muß alles seit 1913 aufgrund von rassisch diskriminierenden Gesetzen (ex definitionem alle Gesetze der Union und der Republik) erworbene Eigentum zurückerstattet oder entschädigt werden. Wie bei allen anderen Bestimmungen bleibt es Entscheidungen der Politik überlassen, in welchem Umfang Afrikaner von diesen Regelungen betroffen werden.

Spezifische Gruppenrechte zum Schutz der Afrikaner-Minderheit, wie sie vom 'Volkstaatraad' als Minimum gefordert wurden, enthält der Grundrechtekatalog nicht. Die nach Art. 181 [1], c noch zu bildende 'Commission for the Promotion and Protection of Cultural, Religious and Lingiustic Communities' verbessert die Situation der Afrikaner nicht: Sie verfügt über keinerlei relevante Rechte (185 [2]), ist in jeder Hinsicht von der Gesetzgebung der Nationalversammlung abhängig, muß alle derartigen Gemeinschaften gleichzeitig und paritätisch repräsentieren und ist auf das extensiv auslegbare Ziel der nationalen Einheit verpflichtet. Eine sehr vage Hoffnung bleibt jedoch durch Art. 235 erhalten: Das Recht aller Südafrikaner auf Selbstbestimmung schließt die Anerkennung eines Rechts auf "self-determination of any community sharing a common cultural and language heritage, within a territorial entity in the Republic or in any other way, determined by national legislation" nicht aus. Der Gesetzgeber muß beweisen, ob diese Bestimmung mehr als nur eine Hinhaltetaktik bleibt. Eine einklagbare Verpflichtung zum Handeln besteht nicht.

Ähnliches gilt auch für den bisher fast gänzlich erfolglosen 'Volkstaatraad'. Versteckt in Anhang 6 unter den Übergangsbestimmungen findet sich der Hinweis, daß der 'Volkstaatraad' entsprechend bestehender Gesetze weiter tätig bleibt. Der nationale Gesetzgeber ist jedoch jederzeit in der Lage, den 'Volkstaatraad' mit einfacher Mehrheit aufzulösen. Damit ist auch der Erfolg Viljoens aus der Übergangsverfassung, den 'Volkstaatraad' verfassungsrechtlich abzusichern, faktisch aufgehoben.

VIII. Die Zukunft der nationalistischen Afrikaner-Organisationen

De jure stellt die Verfassung von 1996 für die Interessen der Afrikaner-Nationalisten gegenüber der Übergangsverfassung einen Rückschritt dar. Gruppenrechte existieren nicht, Artikel zum Minderheitenschutz können jederzeit durch Verfassungsinterpretation oder einfachen Parlamentsbeschluß wirkungslos gemacht werden. Der 'Volkstaatraad' hat seinen Verfassungsrang verloren und kann jederzeit aufgelöst werden. Die Kompetenzen der ohnehin schwachen Provinzen wurden gegenüber der übermächtigen Zentralregierung weiter beschnitten. In der Verfassungswirklichkeit ist über das Schicksal der burischen Minderheit jedoch noch nicht entschieden worden; diese Frage bleibt politischen Entscheidungen der ANC-Regierungsmehrheit vorbehalten. Ob sich der weiße Afrikaner-Widerstand gegen eine vollständige Majorisierung aller Lebensbereiche künftig in radikaler Militanz und Gewalt oder in konstruktiver parlamentarischer Opposition äußern wird, liegt seit Juli 1996, wie alle anderen Entscheidungen über die Zukunft des Landes, allein in der Hand des ANC. Die Leistung Constand Viljoens, durch die Aussicht auf Erfolge des 'Volkstaatraads' einen Großteil der Afrikaner-Nationalisten von Gewalt abgehalten und stattdessen in den politischen Prozeß des Neuen Südafrika integriert zu haben, wird hinfällig, wenn sich herausstellen sollte, daß auf diese Weise nichts zu erreichen ist. Dann besteht die Gefahr, daß die radikal-militanten Gruppen wie die AWB wieder Zulauf erhalten.

Es wäre leicht für den ANC, militanten Afrikaner-Organisationen die personelle Grundlage zu entziehen, indem er beweist, daß die Ängste der Afrikaner vor einem Untergang ihrer Kultur unberechtigt sind und das positive Engagement der VF als einziger ernsthafter politischer Alternative für die Afrikaner-Nationalisten belohnt. Ist Viljoen erfolgreich, wird er nicht nur Wähler auf der rechten Seite des Afrikaner-Spektrums an sich binden, sondern auch Stimmen von der NP, die sich immer mehr von ihrer traditionellen Klientel abwendet, an sich ziehen können. Die gemäßigte VF hätte damit gute Chancen, sich als stärkste Afrikaner-Partei dauerhaft zu etablieren.

DIE ROLLE VON INDERN UND MISCHLINGEN IM PROZEß DES 'NATION BUILDING'

Bettina Holtz

I. Inder und Mischlinge im Konzept der Regenbogengesellschaft

Nach der Apartheid ist der Prozess des 'nation building', d.h. der Aufbau einer sich als Nation empfindenden Gesellschaft aus den zahlreichen Ethnien im Rahmen der Staatsgrenzen eine zentrale Herausforderung. Eine Nation entsteht nicht aus sich heraus, sondern wird von Institutionen konstruiert.[1]

In kaum einem Land gibt es so viele unterschiedliche Ethnien wie in Südafrika. So verschieden ihre Kulturen, Sprachen und Religionen sind, so heterogen sind auch ihre Erwartungen gegenüber dem Neuen Südafrika. Um diese Interessen zusammenzufügen, versucht die Regierung Mandela verstärkt, die Gemeinsamkeit aller Südafrikaner herauszustellen. Es gibt unterschiedliche Gründe, die Minderheiten im südlichen Afrika zu motivieren, sich dem Staat, in dem sie leben, mehr verpflichtet zu fühlen als ihrer eigenen Volksgruppe. Südafrika befindet sich seit dem Ende der Apartheid in der Situation, seine Staatsbürger von der Notwendigkeit eines Zusammenhaltens zu überzeugen.

Das Neue Südafrika sieht sich gerne als farbenblind, und die Regierung versucht, Bestrebungen nach ethnischer Identität zu unterbinden oder zumindest ihre Bedeutung herunterzuspielen. "South Africans - Many Cultures, One Nation"[2] war dementsprechend das Motto bei Nelson Mandelas Amtseinführung als Staatspräsident im Mai 1994.

---

1 Nach Deutsch ist 'Nationenbildung' ein architektonisches oder mechanisches Modell. Ähnlich wie ein Haus aus Holz, Ziegeln und Mörtel, schnell oder langsam, nach verschiedenen Entwürfen, in verschiedenen Montagefolgen, teilweise unabhängig von der Lage und gemäß dem Wunsch, dem Willen und dem Vermögen seiner Bauherren errichtet werden kann, ebenso kann eine Nation aufgebaut werden." Karl W. Deutsch: Nationenbildung - Nationalstaat - Integration, Düsseldorf 1972, S. 17.

2 South African Communication Service: South Africa Yearbook 1995, 2. ed., Pretoria 1995, S. 1.

Bei einer Analyse der soziokulturellen Bevölkerungsstruktur Südafrikas fällt auf, daß die kleineren Gruppen der Mischlinge und der Asiaten in der Diskussion häufig vernachlässigt werden. Ist vom Zusammenwachsen Südafrikas die Rede, ist der Blick fast ausschließlich auf ein Schwarz-Weiß-Klischee gerichtet.

Beide Volksgruppen sind zwar zahlenmäßig klein, in der politischen Landschaft aber nicht unbedeutend. Die Gruppe der Mischlinge oder Coloureds macht mit einer Zahl von 3.354.200 ungefähr 8,5% der Bevölkerung aus. Sie bilden damit die viertgrößte Gruppe nach den Zulus, Xhosas und Weißen.[3] Sie sind eine ethnisch sehr heterogene Gruppe mit unterschiedlichen Wurzeln, die bis in das 17. Jahrhundert zurückreichen. Den größten Teil bilden die 'Cape Coloureds', die aus der Vermischung zwischen Bantu sprechenden Stämmen, Sklaven aus Westafrika und weißen Siedlern hervorgegangen sind. Sie leben hauptsächlich in den Kapprovinzen.

Außerdem gibt es noch zwei kleinere Gruppen, die auch zu den Mischlingen gerechnet werden, die Griquas und die Kap-Malaien. Die Griquas sind Mischlinge, deren Vorfahren Weiße und Bantu waren. Im Laufe der Zeit entwickelten sie eine eigene Kultur. Mittlerweile findet eine Vermischung mit dem Rest der Mischlinge statt. Die Kap-Malaien sind Nachfahren von Muslimen, die mit der Dutch East India Company ins Land kamen. Sie gehören dem Islam an. Griquas und Kap-Malaien sind gesonderte Gruppen der Mischlinge, die auch schon wegen ihrer geringen Zahl keine entscheidende Bedeutung besitzen.[4] Deshalb ist es naheliegend, sich auf die Cape Coloureds zu konzentrieren.

Auch unter den Asiaten gibt es Unterschiede. Die größte Gruppe bilden die Inder. Sie kamen 1860 als Vertragsarbeiter nach Natal, um auf den Zuckerrohrfeldern zu arbeiten. Neben ihnen kamen noch die 'passenger Indians', die so genannt wurden, weil sie ihre Schiffspassage selber zahlten, um in Südafrika

3 South African Communication Service: South Africa Yearbook 1994, 1. ed., Pretoria 1994, S. 96 f.

4 South African Bureau of National and International Communication: South Africa 1978, Official Yearbook of the Republic of South Africa, 5. Edition, Pretoria 1978, S. 93 f.

Handel unter ihren Landsleuten zu treiben.[5] Die Inder umfassen etwa 1 Mio. Menschen, d.h. 2,5% der Bevölkerung und leben größtenteils in Kwazulu/-Natal.[6] Eine weitere asiatische Gruppe bilden die Chinesen. Sie wurden in den 20er Jahren dieses Jahrhunderts für die Minenarbeit rekrutiert, sind später aber weitgehend repatriiert worden. Sie stellen nur eine kleine Minderheit dar.

Inder und Mischlinge nahmen im Südafrika der Apartheid eine gesonderte Stellung gegenüber den Schwarzen ein. Mit der Verfassung von 1983 wurde ein Parlament geschaffen, das aus drei Häusern bestand: dem House of Assembly (Weiße), dem House of Representatives (Mischlinge) und dem House of Delegates (Asiaten). Alle drei Kammern waren für die eigenen Angelegenheiten der Volksgruppen zuständig. Bei Uneinigkeit der drei Kammern entschied das President's Council, das zu gleichen Teilen aus den Mehrheiten der drei Kammern und vom Präsidenten ernannten Mitgliedern bestand. Damit lag die Macht nach wie vor bei den Weißen, d.h. bei der regierenden NP.[7] Von 'new dispensation', wie die Reformen oft genannt werden, konnte also kaum die Rede sein.

Die Wahlbeteiligung der Inder bei dieser ersten Wahl war sehr niedrig; nur 20,3% der registrierten Wähler gingen tatsächlich zur Wahl.[8] Ähnliches gilt für die Wahlbeteiligung der Farbigen mit 30,9%.[9]

---

5 Frene Ginwala: Indian South Africans, in: The Minority Rights Group Report No. 34, 1984, S. 4 f.

6 South African Institute of Race Relations: Race Relation Survey 1992/93, Johannesburg 1993, S. 254.

7 Siehe Werner Kaltefleiter: Einfache Antworten auf ein komplexes Problem?, in: Criticon 79, September/Oktober 1983, S. 205.

8 M.P. Couper, N.J. Rhoodie, C.P. de Kock: Indian attitudes towards the new constitutional dispensation and related issues, in: D.J. van Vuuren, N.E. Wiehahn, et al.: South Africa, A Plural Society in Transition, Durban 1985, S. 387.

9 De Wet Schutte: Socio-political perspectives on change in the Coloured sector of the South African population, in: D.J. van Vuuren, N.E. Wiehahn: South Africa, A Plural Society, a.a.O., S. 371.

Für dieses Verhalten werden in der Literatur mehrere Erklärungen angeboten. Die wahrscheinlichste ist die der massiven Einschüchterung der Wähler durch den ANC und andere Anti-Apartheidorganisationen. Aber auch Ablehnung der neuen Verfassung durch die Mehrheit der indischen Bevölkerung[10] oder schlichte Apathie stellen mögliche Erklärungen dar.

Nach dem Ende der Apartheid und mit dem Beginn der Regenbogengesellschaft stehen die Inder und die Mischlinge vor einer veränderten Situation. Ihre Parteien aus der Zeit des Drei-Kammer-Systems sind aus dem politischen Geschehen ausgeschieden, da sie an Unterstützung durch die Inder und die Mischlinge verloren haben. Warum aber haben die Inder und die Mischlinge ihre eigenen ethnischen Parteien aufgegeben? Welchen Einfluß hatte das Konzept der Regenbogengesellschaft auf diese Entwicklung?

Der Begriff der Regenbogengesellschaft wurde von Erzbischof Desmond Tutu geprägt und geht auf das Modell der 'common society' zurück. Dieses Ideal, das eine lange Geschichte in der Anti-Apartheidbewegung hat, baut auf die Werte der Einigkeit, der Toleranz und des Non-Rassismus. Die Ethnie eines Menschen spielt in diesem Ideal keine Rolle. Ellen Hellmann definiert die common society als eine Gesellschaft, in der "by the systematic extension of the economic, social and political opportunities, all the rights society has to offer can be won by it's citizens on the basis of achievement and worth but not on colour alone."[11] Ihm gegenüber stand das Modell der 'Nation der Minderheiten' in den späten 80er Jahren. In diesem Konzept sind es die Nationalitäten, die die Gesellschaft prägen. Diese Theorie wurde von der Regierung der National Party propagiert.[12] Auch wenn das Modell der Regenbogengesellschaft zum offiziellen Programm des Neuen Südafrikas wurde, halten noch wesentliche Gruppen an der Idee der 'Nation der Minderheiten', in der alle Ethnien nebeneinander einen Staat bilden, fest. General Constant Viljoen, Parteivorsitzender

10 M.P. Couper, N.J. Rhoodie, C.P. de Kock: Indian attitudes, a.a.O., S. 387.

11 Hermann Giliomee, Lawrence Schlemmer: From Apartheid to Nation Building, Capetown 1989, S. 159.

12 Ebda., S. 155.

der Freedom Front, sieht die Rolle der Afrikaner in Südafrika so: "We are therefore striving towards peaceful co-existence, because sharing one country means an interdependence that will grow as economic and other co-operations increase."[13]

Die Verfassung von 1996 ist trotz verschiedener Forderungen nach Berücksichtigung der ethnischen Gruppen auf Individualrechte ausgerichtet. Sie sieht vor, daß eine Kommission für kulturelle Fragen eingerichtet werden soll, diese wird aber nur beratende Funktion haben.[14] Alle anderen Rechte, die mit der Ethnie in Verbindung stehen, wie die freie Wahl der Religion, Kultur und Sprache, sind Rechte, die dem Einzelnen als Teil einer Gruppe gewährt werden und nicht der Gruppe an sich.[15] Die Frage ist, welche Auswirkungen diese verfassungsrechtlichen Regelungen auf die Gruppen der Asiaten und Mischlinge haben.

Ob das Konzept der Regenbogengesellschaft im Prozess des 'nation building' Erfolg haben wird, hängt davon ab, ob die unterschiedlichen Volksgruppen auf einer weiteren Beachtung ihrer Andersartigkeit gegenüber anderen Ethnien beharren und wie die Parteien auf diese Interessen eingehen werden. Die Bedeutung der Ethnien im Neuen Südafrika zu untersuchen, steht vor zwei Problemen: Erstens ist es nicht einfach, die ethnischen Gruppen zu identifizieren, und zweitens wird die Existenz der Ethnien und ihre Bedeutung für das politische System in Südafrika von wichtigen Akteuren abgelehnt[16], was z.B. auch dazu führt, daß entsprechende Statistiken und Daten nicht mehr erhoben werden oder zumindest nicht mehr nach ethnischen Gruppen getrennt aufbereitet werden.

---

13 Constand Viljoen, Keynote Adress, in: Volkstaatraad (ed.), Proceedings of the International Conference on Self-Determination, Somerset West, 6-7 March 1996, S. 8.

14 Constitution of the Republic of South Africa 1996 as adopted by the Constitutional Assembly on 8 May 1996, Art. 181 (1.c).

15 Art. 29, 30, 31.

16 Vgl. Arend Lijphart: The ethnic factor and democratic constitution-making in South Africa, in: Edmond J. Keller, Louis A. Picard: South Africa in Southern Africa, Boulder & London 1989, S. 13.

Dies erschwert auch die Analyse der Rolle von Mischlingen und Asiaten im Neuen Südafrika.

Der ANC hat in seiner Zeit als Widerstandsbewegung die Einteilung der Gesellschaft in Ethnien als künstlich empfunden. Die ehemalige Anti-Apartheidbewegung hat in vielen Bereichen neo-marxistische Elemente aufgenommen. Rassismus und die Ausbeutung der Arbeiterklasse wurden als Produkt des Kapitalismus angesehen.[17] Auch wenn die Regierungspartei nach 1994 von dieser Sicht abgerückt ist, blieb die Tendenz, ethnische Unterschiede als politisch bedeutungslos zu bezeichnen, bestehen.

Allerdings hat der ANC noch weitere und wesentlich praktischere Gründe, die ethnische Zugehörigkeit seiner Mitglieder zu vernachlässigen, was gerade auch für sein Verhältnis zu Mischlingen und Asiaten gilt. Nach dem Prinzip 'Einigkeit macht stark, Unterschiede schwach' hofft der ANC, seine Größe von 1994 zu bewahren. Die Mitglieder des ANC verfolgen sehr unterschiedliche politische Ansichten, auch in der ethnischen Zusammensetzung ist die Regierungspartei zerklüftet. Als Widerstandsbewegung zu Zeiten der Apartheid spielte das keine Rolle; der gemeinsame Feind ließ die Unterschiede verschwinden. Seit 1994 läuft der ANC Gefahr zu zerfallen, wenn ethnische und ideologische Unterschiede zu sehr in den Vordergrund rücken.

Ein weiterer Grund für die ablehnende Haltung gegenüber ethnischen Bindungen liegt in der Struktur des ANC. Die Führungsspitze der Organisation besteht hauptsächlich aus Xhosa, Indern und Weißen; damit sind andere Volksgruppen klar unterrepräsentiert. Mit der Leugnung der Rolle der Ethnizität versucht der ANC diese Tatsache herunterzuspielen.[18]

---

17 Lawrence Schlemmer: Between race, class and culture. Social divisions in South Africa's political transition and their policy implications, in: Uri Ra'anan, Maria Mesner, Keith Armes, Kate Martin: State and Nation in multi-ethnic societies, Manchester 1991, S. 180.

18 Lawrence Schlemmer: Between race, class and culture. Social divisions in South Africa's political transition and their policy implications, a.a.O., S. 191.

In der parteipolitischen Landschaft hält die Tendenz zur ethnischen Orientierung an. Auch wenn Parteien wie die NP und der ANC versuchen, ihre Wählerschaft aus allen Teilen der Bevölkerung zu rekrutieren, richtet sich das Elektorat hauptsächlich nach der Hautfarbe der Kandidaten. Zulus wählen IFP, Weiße die NP und der ANC ist eine Sammlungsbewegung für die städtischen Schwarzen, vor allem die Xhosa. Die Irrelevanz der Ethnizität, wie sie die Regierung gerne sieht, ist ein Mythos.

Wenn aber diese Gruppen mit Parteien in der politischen Landschaft vertreten sind, warum lösten sich die bestehenden Parteien der Inder und Mischlinge mit dem Ende des Drei-Kammer-Systems auf oder verschwanden in der Bedeutungslosigkeit? War diese ethnische Einteilung ein künstliches Werk der Apartheid? Die Inder und die Farbigen nehmen im heutigen Südafrika eine Sonderstellung ein, weil sie anders mit dem Thema der ethnischen Zugehörigkeit umgehen und ihre politischen Rechte anders wahrzunehmen scheinen.

II. Die Inder

Obwohl die indischstämmigen Südafrikaner seit ihrer Ankunft in Südafrika systematisch benachteiligt wurden, gelang es ihnen, den sozioökonomischen Abstand zu den Weißen mehr und mehr zu verringern. Durch Eigeninitiative und Kapitalbildung hatten sie zur Zeit der Apartheid bereits ein relativ hochwertiges Bildungssystem aufgebaut. Mit dieser zukunftsorientierten Politik haben die Inder seit dem Ende der Rassentrennung einen Vorsprung vor anderen nicht-weißen Gruppen. 1991 bestanden 17,1% der indischen Schüler die 'Matric' (Universitätsreife). Dreißig Jahre früher war es nur jeder hundertste Inder. Zum Vergleich: Die Zahl der weißen Schüler mit Matric verdreifachte sich im gleichen Zeitraum von 9,7% auf 31%.[19] Auch andere Indikatoren zeugen von der zielgerichteten Bildungspolitik der Inder. Die Lehrer-Schüler-Relation liegt mit 23 Schülern pro Lehrer nur wenig höher als bei den Weißen mit 20. Bei den Schwarzen kommen dagegen auf einen Lehrer 40 Schüler.[20]

---

19 Südafrikas Indischstämmige behaupten sich, in: NZZ vom 15.08.1995.

20 Statistisches Bundesamt (Hrsg.): Länderbericht Südafrika 1994, Wiesbaden 1995, S. 61.

Im Vergleich zu anderen Bevölkerungsgruppen sind die Inder überdurchschnittlich häufig im Handel, in Erziehungsberufen und der verarbeitenden Industrie tätig. Durch gute Bildung und höher qualifiziertere Berufe stehen sie nach dem Ende der Apartheid sehr viel besser da als andere Gruppen. 1993 betrug das monatliche Einkommen einer indischen Familie R 3261 und lag damit unter dem der weißen Familien (R 5602), war aber deutlich höher als das der schwarzen (R 996).[21]

Indische Südafrikaner besitzen, verglichen mit anderen Ethnien in Südafrika, ein starkes Gruppenbewußtsein. Kulturelle Bindungen zur indischen Lebensform haben die über hundertjährige Trennung von Indien überdauert. Die ausgeübten Religionen, Hinduismus und Islam, stehen in einem friedlichen Konkurrenzverhältnis zueinander. Sprachlich allerdings haben sich die indischen Südafrikaner schon weit von ihrer Abstammung entfernt. 75% von ihnen sprechen Englisch, nur wenige von ihnen Tamil oder Hindi. Sitten, Traditionen und Familie nehmen einen großen Platz in ihrem Leben ein. Traditionell sind Bildung, Sicherheit und Wohlstand das wichtigste Ziel der indischen Gemeinschaft.[22]

Bei der Wahl 1994 und auch bei den späteren Kommunalwahlen wandte sich die Mehrheit der Inder der NP zu. Zwei Drittel der Inder unterstützen den ehemaligen Gegner. Ihre eigenen Parteien aus der Zeit des Drei-Kammer-Systems, die National People's Party und die Solidarity Party gewannen gemeinsam nicht mehr als 15% der Unterstützung ihrer früheren Wählerschaft.[23] Aber nicht nur die alten Parteien verloren an Unterstützung, auch die außerparlamentarischen Organisationen 'Transvaal Indian Congress' und 'Natal Indian Congress' standen vor dem Problem, sich entweder aufzulösen oder zur Wahl anzutreten. Sie entschieden sich für einen Mittelweg, indem sie zwar nicht selbst antraten, aber den ANC bei der Wahl unterstützten. Die beiden Congresses haben eine lange Tradition in der Anti-Apartheidbewegung und standen

---

21 Vgl. Die Indischstämmigen sichern sich ihre Wirtschaftsbasis, in: HB vom 15.08.1995.

22 Südafrikas Indischstämmige behaupten sich, in: NZZ vom 15.08.1995.

23 Vgl. Bertil Odén, Thomas Ohlson, et al.: The South African Tripod, Uppsala 1994, S. 46.

dem ANC schon immer nahe. Jetzt bietet er den Mitgliedern der indischen Gemeinschaft eine gute Möglichkeit, im ANC Karriere zu machen.

Der ANC vereinte zwar nur 7% der Stimmen der Inder bei der Parlamentswahl auf sich, aber verhältnismäßig viele Inder nehmen hohe Positionen im ANC ein. Ein Grund für diesen Erfolg der Inder liegt in der Unterstützung begründet, die die Inder in schwierigen Zeiten der Widerstandsbewegung oft auch unter persönlichen Opfern gewährten. Dieses Verhalten hat der ANC nach der Wahl mit Regierungsposten belohnt. Frene Ginwala ist heute die Parlamentspräsidentin und einige Kabinettsposten wurden an Indischstämmige, wie Jay Naidoo (Minister im Büro des Präsidenten), Kader Asmal (Wasser und Forstwirtschaft) und Dullah Omar (Justiz und Nachrichtendienst), vergeben. Vor allem das Bekenntnis zur nichtrassischen Gesellschaftsordnung und die Subsumierung von Indern und Mischlingen unter der Bezeichnung 'schwarz', macht den ANC für Inder mit dem Wunsch nach politischer Karriere attraktiv. Die indische Bevölkerung hatte oft das Problem, daß sie von beiden Seiten diskriminiert wurden. Durch ihre starke ökonomische Stellung sind sie sowohl bei Schwarzen als auch bei Weißen als Konkurrenz gefürchtet.

Der ANC sieht sich als nicht-rassistisch, weist aber gleichzeitig auf die ethnische Repräsentierung durch seine Partei hin. "The ordinary man, no matter to what population group he belongs, must look to our structures and see that 'I, as a coloured man, am represented. I have got Allan Boesak there whom I trust.' And an Indian must also be able to say: 'There is Kathadra - I am represented.'"[24] Einer der Gründe, warum die Mehrheit der Inder den ANC nicht gewählt hat, scheint darin zu liegen, daß sie gerade nicht nach ethnischen Gesichtspunkten repräsentiert werden wollen.

90% der Inder leben in Kwazulu/Natal, das mehrheitlich von der Inkatha Freedom Party regiert wird. Obwohl es in den 50er Jahren zu schweren Übergriffen von Zulus auf Inder gekommen war, ist das Verhältnis zwischen beiden Volks-

---

24 Robert Mattes, Hermann Giliomee, Wilmot James: The Election in the Western Cape, in: R.W. Johnson & Lawrence Schlemmer: Launching Democracy in South Africa, New Haven/London 1996, S. 122.

gruppen relativ entspannt. Als sich das Ende der ethnischen Selbstverwaltung abzeichnete, schlossen sich viele indische Lokalpolitiker der IFP an.

Seit 1994 mußte sich die Partei den Vorwurf gefallen lassen, mit den indischen Politikern nur auf Stimmenfang unter deren Volksgruppe gegangen zu sein und ihnen nach der Wahl keine Entfaltungsmöglichkeiten mehr einzuräumen. Sagadava Naidoo, ein indisches IFP Mitglied sagt dazu: "Wir Indischstämmigen sind doch nur Alibifiguren für die Inkatha, wir werden ausgenutzt."[25]

Wichtiger als alle Argumente für oder gegen ANC und Inkatha ist die Haltung der Inder, sich aus parteipolitischen Streitereien herauszuhalten. Gerade in Kwazulu Natal, wo der Kampf zwischen ANC und IFP bürgerkriegsähnliche Ausmaße angenommen hat, wollen sich die indischen Geschäftsleute nicht auf eine Seite festlegen, zum einen um ihre Kunden nicht zu verlieren, zum anderen um nicht in den Strudel der Gewalt gerissen zu werden.[26]

Den größten Zulauf indischer Wähler verzeichnete die NP 60% der Inder wandten sich ihr zu, weil sie ihre Interessen durch die NP am besten vertreten sahen. Die NP sieht sich selbst als Anwältin der Minderheiten und tritt für Föderalismus, Subsidiarität und Selbstbestimmung der Minderheiten auf kulturellem Gebiet ein. Entscheidender als alle Wahlversprechen ist aber die Tatsache, daß die Inder der NP eine bessere Führung des Landes zutrauen als dem zerklüfteten und von vielen Interessen beeinflußten ANC. Indische Südafrikaner sind größtenteils ideologisch moderat, und mehr als die Hälfte bevorzugt die Marktwirtschaft. Die Programme der NP entsprechen mehr dieser Gesinnung als die Ideen des ANC.[27]

In der indischen Gemeinschaft lassen sich zwei unterschiedliche Gruppen erkennen. Die eine Gruppe folgt den traditionellen Werten wie Sicherheit und Ordnung. In ihr finden sich Geschäftsleute und Händler wieder, denen die

25 Südafrikas Indischstämmige behaupten sich, in: NZZ vom 15.08.1995.

26 Vgl. Die Indischstämmigen sichern sich ihre Wirtschaftsbasis, a.a.O.

27 Vgl. Bertil Odén, Thomas Ohlson, et al.: The South African Tripod, a.a.O., S. 46.

politische Situation nur etwas bedeutet, wenn sie Auswirkungen auf die wirtschaftliche Lage hat. Dieser Teil der indischstämmigen Bevölkerung ist politisch nicht aktiv, wählt die NP und hofft, damit sozioökonomische Verbesserungen für ihre Gemeinschaft und ganz Südafrika zu schaffen. Trotzdem ist der Erfolg der NP bei der Mehrzahl der Inder keine ethnische Wahl. Dieser Bevölkerungsteil bildet die dünne, nicht-weiße Mittelschicht Südafrikas, und Mittelschichten tendieren dazu, konservativ zu wählen.

Der andere Teil zeichnet sich dadurch aus, daß er politisch aktiv ist. Im Vergleich zu ihrem Bevölkerungsanteil sind verhältnismäßig viele Inder in Führungspositionen von Parteien. Diese politisch aktiven Inder entscheiden sich für die Partei, für die sie antreten, nach ihren persönlichen Interessen und nicht nach denen der indischen Gemeinschaft.

III. Die Mischlinge

Auch die Coloureds oder Mischlinge weichen von der durch Ethnizität gekennzeichneten Entwicklung des Landes ab. Als Nachfahren von Khoi, San (afrikanischen Ureinwohnern), weißen Einwanderern und malaiischen Sklaven hatten sie einen besonderen Status zu Zeiten der Apartheid, der zwischen weißen Vorrechten und schwarzer Benachteiligung lag. Die Definition ihrer Gruppe nach ethnischen Gesichtspunkten fand nach dem Ausschlußprinzip statt und zeigt zugleich, wie schwierig es auch für die heutigen Mischlinge ist, ihre Identität zu bestimmen. Coloured war nach dem Population Registration Act von 1950 jeder, der weder Schwarzafrikaner noch Weißer oder Asiate war. Das zeigt das Bild von einem Menschen, dessen eigene Kultur bereits in der Kolonialzeit zerstört wurde und der sich Stück für Stück Teile seiner Identität aus der Überlagerungskultur zusammensuchte. Diese Zwittersituation haben die Mischlinge nie überwunden.[28]

Der Versuch der Assimilierung, mit dem Ziel in der weißen Gesellschaft vollständig aufzugehen, mißlang. Von den Weißen wurden die Mischlinge nie

28 Jakes Gerwel: Zwischen den Stühlen. Die Coloureds - Südafrikas plötzlich umworbene Mischlinge, in: NZZ Folio, April 1994.

anerkannt. Diese Assimilierungstendenz hatte aber zur Folge, daß die Mischlinge eine enge kulturelle Bindung zu den Weißen aufweisen. 75% der Mischlinge sprechen Afrikaans, der Rest Englisch, und die meisten gehören der Dutch Reformed Church an. Die Beziehung zu den Schwarzen gestaltet sich ebenfalls schwierig. Für die Schwarzafrikaner sind die Mischlinge aufgrund fehlender Stammesbindungen Außenseiter.

Die wirtschaftliche Situation der Mischlinge ist besser als die der Schwarzen, aber längst nicht zufriedenstellend. Die Arbeitslosenrate liegt bei 21% und damit weitaus niedriger als die der Schwarzen (38%).[29] Das durchschnittliche jährliche Einkommen ist mehr als doppelt so hoch wie das der Schwarzen. Wie die schwarzafrikanische Bevölkerung sind Mischlinge in Führungspositionen der Wirtschaft deutlich unterrepräsentiert. Mischlinge leben hauptsächlich in der Stadt und sind am stärksten im heutigen Dienstleistungssektor vertreten. Dort arbeiten sie etwa in den Geldinstituten, im Staatsdienst, im Hotelgewerbe, im Schuldienst, in der Krankenpflege und ähnlichen Bereichen.

Nach Schätzungen lebt etwa eine Halbe Million Mischlinge, das ist ein Sechstel der Bevölkerungsgruppe, unter dem Existenzminimum. Aber die letzten zehn Jahre haben eine stetige Verbesserung der Bildungschancen gebracht und damit einen kleinen Mittelstand geschaffen. Die Lehrer/Schülerrelation beträgt bei den Mischlingen 1:24 (im Vergleich zu 1:20 bei den Weißen).[30]

Seit 1994 laufen die Mischlinge Gefahr, die mühsam erarbeiteten Lebensverbesserungen wieder zu verlieren. Seit die Regierung des ANC mit gezielten affirmative action-Programmen eine Umstrukturierung der Führung in Politik, Verwaltung und Wirtschaft anstrebt, geraten die Mischlinge wieder einmal zwischen die Stühle. Fast alle Projekte der Regierung zur Verbesserung der Lebenslage der bislang Unterdrückten konzentrieren sich auf die Schwarzen und diskriminieren damit bewußt andersfarbige Bewerber. Häufig werden dabei Sprachkenntnisse vorgeschoben. Wenn aber im Western Cape, dem vorrangigen

---

29 Coloured and trapped, in: The Economist vom 13.04.1996.

30 Statistisches Bundesamt (Hrsg.): Länderbericht Südafrika 1994, a.a.O. S. 61.

Siedlungsgebiet der Mischlinge, dort nicht gesprochene Sprachen wie Xhosa verlangt werden, wird deutlich, daß Schwarze vorgezogen und Mischlinge diskriminiert werden sollen. Nach einer Umfrage sehen alle Befragten die Schwarzen als die Gewinner der affirmative action, aber nur 13% glauben, daß die Bedürfnisse der Inder und Mischlinge hinreichend berücksichtigt werden.[31] Häufig wird das Problem dieser Bevölkerungsgruppe auf die Formulierung gebracht: "Früher waren wir zu schwarz, um weiß zu sein, und jetzt sind wir zu weiß, um schwarz zu sein."

Diese Aussage verdeutlicht zugleich das Fehlen eines ethnische Gruppengefühls unter den Mischlingen. Die meisten wissen nur ziemlich genau, was sie nicht sind und nicht sein wollen: schwarz. Ihnen fehlt es an gemeinsamen nationalen Symbolen und ihre Gruppe besitzt kaum ethnische Vorbilder. Nur etwa die Hälfte der Bewohner einer von Mischlingen bewohnten Stadt (49,8%) glauben, daß sie einer Gemeinschaft mit einer bestimmten Kultur angehören. Zum Vergleich sind es bei Schwarzen 83,7% und bei Weißen 73,9%.[32]

Dennoch wurde seit den Wahlen 1994 ein gesteigertes kulturelles Bewußtsein beobachtet, das sich in wenigen Fällen bis hin zu einem militanten Ethno-Nationalismus entwickelte. Gründe hierfür sind die Angst vor einer erneuten Diskriminierung und die Tatsache, daß die solange vernachlässigte Gruppe der Mischlinge vor den Wahlen plötzlich Beachtung fand.

Die radikalen ethnischen Mischlingspartein, wie die Kleurling Weerstandsbeweging (Coloured Resistance Movement), spielen in der politischen Landschaft Südafrikas und in der Gruppe der Mischlinge keine Rolle. Weniger als 3% der Befragten gaben an, daß sie zu dieser Partei wechseln wollen, weil sie dem Volk der Mischlinge bessere Chancen verspricht.[33] Grund hierfür ist nicht nur der schlechte kulturelle Zusammenhalt unter den Mischlingen, sondern

31 Willem van Vuuren: Ethnicity and Coloured Voters, in: Political Issues, Vol. 6, No. 1, Januar 1996, S. 1.

32 Ebda., S. 2.

33 Ebda., S. 2.

auch die unübersichtlichen Ziele der radikalen Bewegungen. Während sich einige dieser Organisationen darauf beschränken, die farbigen Interessen und Kultur fördern zu wollen, gehen andere soweit, einen eigenen Staat für die Mischlinge zu fordern.[34]

Der Grund für das plötzliche Interesse politischer Parteien für das ehemalige Stiefkind 'Coloureds' ist die demographische Situation am Kap. In der Provinz Western Cape stellen die Mischlinge mit 56% die Bevölkerungsmehrheit. Damit bilden sie das entscheidende Wählerpotential in dieser Region und sind ursächlich für den dortigen Sieg der NP verantwortlich. Obwohl sich auch der ANC bemühte, Stimmen unter der Gruppe der Mischlinge zu gewinnen und ihre kulturellen Eigenarten sowie ihre Ängste und Hoffnungen zu verstehen, wandten sich die Mischlingen der NP zu.

Trotz der massiven Nachteile, denen die Mischlinge zu Zeiten der Apartheid ausgesetzt waren, blicken sie nicht auf eine große Tradition des Widerstandes in den Reihen des ANC zurück. Ebensowenig unterstützen sie die Regierungspartei nach 1994. Nur 24,6% der Mischlinge wählten den ANC im Western Cape.[35] Die Tatsache, daß der ANC die Bezeichnung 'schwarz' auch auf sie anwendet, stößt bei den Mischlingen auf Widerstand. Sie selbst sehen sich nicht als schwarz; zudem glauben sie, in der tatsächlichen Politik des ANC benachteiligt zu werden. Ihre Werte und Ziele sind sehr stark von der weißen Kultur geprägt, und so findet der zunehmende Afrikanismus im ANC bei ihnen keinen Anklang. Eine Umfrage ergab, daß Mischlinge glauben, der ANC ermutige politische Gewalt (32%), arbeite gegen Recht und Gesetz (24%), entmutige ausländische Investitionen (23%) und lege keinen Wert auf Erziehungspolitik (17%).[36] Diese schlechte Einschätzung der Politik des ANC zeigt, daß die Entscheidung gegen den ANC nicht einer irrationalen anti-afrikanischen Haltung entspricht, sondern eine interessenorientierte Wahl war.

---

34 Coloured and trapped, in: The Economist vom 13.04.1996.

35 R. Mattes, H. Giliomee, W. James: The Election in the Western Cape, a.a.O., S. 145.

36 Willem van Vuuren: Ethnicity and Coloured Voters, a.a.O., S. 3.

So ist es nicht erstaunlich, daß 68,7% der Mischlinge im Western Cape die NP wählten.[37] Wirtschaftlich bilden die Mischlinge den unteren Mittelstand im Western Cape; diese Position sehen sie durch die Politik der Regierung gefährdet. Die NP setzt sich besonders für die Minderheiten in einer geeinten südafrikanischen Nation ein.[38] Da sich die Regierung mit ihrer Politik der affirmative action an die benachteiligte Mehrheit des Landes richtet, fühlen sich die Mischlinge bei der NP besser aufgehoben. Als wichtigstes Problem sehen die Mischlinge die Themen Gewalt, Verbrechen und Arbeitslosigkeit. Der NP trauen sie eher zu, diese Probleme in den Griff zu bekommen.

Ein weiterer Grund für die Wahl der NP ist die enge kulturelle Verbundenheit mit den Afrikanern. Hierbei handelt es sich aber nicht um eine schlichte Zuwendung zum 'weißen Bruder', sondern vielmehr um den ähnlichen Gebrauch der Medien zur politischen Information. Während Schwarze ihre politischen Informationen beinahe zur Hälfte aus politischen Versammlungen und Gemeindeorganisationen beziehen, sind diese Quellen unwichtig für Weiße und Mischlinge. Sie informieren sich eher aus den Medien und im Freundes- und Familienkreis.[39] Wegen der Information durch gleiche Medien, fand eine weitere Annäherung der Mischlinge an die Werte der Weißen statt.

Oftmals wird behauptet, daß sich die Wahl der Mischlinge auf die Entscheidung reduziere, sich entweder mit der schwarzafrikanischen Mehrheit oder mit der bis 1994 herrschenden weißen Schicht zu identifizieren und dadurch Anschluß zu suchen.[40] Diese Ansicht entspricht nicht den tatsächlichen Entscheidungen der Mischlinge. Sie handelten bei den Wahlen vielmehr aus pragmatischen Gründen, indem sie sich für die Partei entschieden, die ihren Interessen am meisten zu entsprechen schien. Die Wahl der Mischlinge ist also nicht Ausdruck eines ethnischen Zugehörigkeitsgefühls; noch weniger ist sie rassistisch geprägt.

---

37 R. Mattes, H. Giliomee, W. James: The Election in the Western Cape, a.a.O., S. 145.

38 Die Nationale Partei sieht sich als Anwältin für Minderheiten, in: HB vom 24.01.1995.

39 Willem van Vuuren: Ethnicity and Coloured Voters, a.a.O., S. 3.

40 Jakes Gerwel: Zwischen den Stühlen. Die Coloureds - Südafrikas plötzlich umworbene Mischlinge, a.a.O.

IV. Die Bedeutung der Inder und Mischlinge für die politische Entwicklung in Südafrika

Mit ihren Entscheidungen für die NP und gegen den ANC haben die Minderheiten der Inder und Mischlinge ein Zeichen für die zukünftige Entwicklung in Südafrika gesetzt. Während sich die meisten anderen Volksgruppen der Republik hauptsächlich nach ethnischen Kriterien für ihre Parteien entschieden, läßt sich bei den Indern und Mischlinge die Tendenz beobachten, daß sie nach individuellen Interessen wählten. Zwar befürchten sie wie die Weißen, bei einer Afrikanisierung des Landes ihre Stellung in der Gesellschaft zu verlieren, sie neigen aber nicht dazu, sich mit eigenen Parteien oder ethnischen Organisationen Gehör zu verschaffen. Ein wichtiger Grund hierfür ist die Tatsache, daß eine reine Inderpartei gar keine und eine Mischlingspartei schon aus quantitativen Gründen kaum Chancen auf Regierungsbeteiligung hätten.

Das zentrale Thema beider Gruppen ist, daß die wirtschaftlichen, rechtlichen und politischen Bedingungen für den Mittelstand bewahrt und verbessert werden. Dieser Mittelstand setzt sich fast ausschließlich aus Weißen, Indern und Mischlingen zusammen. Ein gebildeter und wirtschaftlich stabiler Mittelstand neigt dazu, vorsichtige Positionen gegenüber Rasse und Ethnie einzunehmen.[41] Mit dieser Haltung tragen Inder und Mischlinge zur politischen Stabilität bei.

Ein breiter Mittelstand mit sicheren wirtschaftlichen Aussichten ist die Grundlage für eine funktionierende Demokratie. In den kleinen und mittleren Unternehmen werden die Arbeitsplätze geschaffen, die das Land so dringend benötigt. So nehmen die Inder und die Mischlinge eine wichtige Rolle die Entwicklung ein, auch wenn ihre Zahl klein ist. Sie lehnen die Überbewertung der ethnischen Zugehörigkeit ab. Sie wollen weder die Leugnung ihrer Bedeutung für die gesellschaftliche und politische Entwicklung der Regenbogengesellschaft noch ihre Überbewertung durch nationalistische Parteien und Organisationen. Die Inder wissen, daß ihre Zahl zu klein für eine Durchsetzung ethnischer Inter-

41 Lawrence Schlemmer: Between race, class and culture. Social divisions in South Africa's political transition and their policy implications, a.a.O., S. 195.

essen ist und konzentrieren sich auf das Erreichen persönlicher Ziele, während die Mischlinge befürchten, bei einer erneuten Aufwertung der Gruppenzugehörigkeit wieder durch das Raster zu fallen und diskriminiert zu werden.

Beide Gruppen bringen die Voraussetzungen mit, Wechselwähler im südafrikanischen Parteiensystem zu werden. Wenn der ANC eine liberale Wirtschaftspolitik verfolgt und von dem diskriminierenden Konzept der affirmative action Abstand nimmt, steht einer stärkeren Hinwendung der Inder und Mischlinge zum ANC nichts im Wege. Bei den Wahlen 1994 wandten sie sich den Parteien zu, die in ihrer Perzeption ihre individuellen Rechte und Forderungen vertraten, und nicht die ihrer Volksgruppe. Sollte dieses Beispiel Schule machen, wäre Südafrika auf dem Weg zur Überwindung der ethnisch fragmentierten Gesellschaft. Dann bestände die Chance, daß aus der Regenbogengesellschaft eine pluralistische Demokratie wird.

DIE ROLLE DER GEWERKSCHAFTEN ZWISCHEN POLITIK UND WIRTSCHAFT

Arne Stanneck

I. Der Gewerkschaftsverband COSATU

'One Federation, One Country' war das Motto zur Gründung des gewerkschaftlichen Dachverbandes COSATU (Congress of South African Trade Unions) am 30.11.1985.[1] Ziel dieses Zusammenschlusses war es, die Macht der Gewerkschaften zu bündeln und somit zu stärken. Auf zwei Grundprinzipien sehen sich alle angeschlossenen Gewerkschaften verpflichtet:

- die Ablehnung von Rassentrennung und damit die Partizipation nicht-schwarzer Gewerkschaftler, sowie
- die Vertretung der Arbeitnehmer durch eine einzelne Gewerkschaft in jedem Wirtschaftszweig.

Unter diesem Dachverband vereinigten sich ursprünglich 33 Gewerkschaften mit rund 460.000 Mitgliedern. Die Zahl der Einzelgewerkschaften wurde bis 1996 durch Zusammenschlüsse auf 15 reduziert, die Zahl der Mitglieder stieg bis zum Jahr 1991 auf rund 1,2 Mio. und steigt seitdem deutlich langsamer. 1996 ist ein Stand von ungefähr 1,4 Mio. erreicht. Damit sind rund die Hälfte aller gewerkschaftlich organisierten Arbeiter in Südafrika Mitglieder von COSATU. Die vom COSATU vertretenen Arbeitnehmer haben in der Regel eine mehrjährige Schulbildung und eine Berufsausbildung.[2]

Die Gewerkschaft war in den 80er Jahren Partner des ANC im Kampf gegen die Apartheid und ergänzte den bewaffneten Kampf der ANC-Guerillas durch

---

1 Eine ausführliche Dokumentation zur Gründung des Cosatu findet sich bei Elzane Verster: The Super Federation?, in: Willy Bendix (Ed.): South African Industrial Relations of the Eighties, I.P.C. cc, Kapstadt, 1988.

2 Rund 15% waren 3-5 Jahre in der Schule, 44% 6-8 Jahre und 30% 9-10 Jahre. 30% haben keine formale Berufsausbildung, 30% sind teilweise geschult, und 35% haben eine abgeschlossene formale Ausbildung. Vgl. D. Ginsburg: Taking Democracy Seriously, University of Natal, Durban 1995 für demographische Daten.

Streiks. Diese wurden zusammen mit der United Democratic Front[3] konzipiert und richteten sich gegen das Homeland-System, die Paßgesetze und den Ausnahmezustand, besonders aber gegen die ungleiche Behandlung der einzelnen Bevölkerungsgruppen. Auch bei der traditionellen Aufgabe von Gewerkschaften, der Durchsetzung höherer Löhne, wurden Erfolge erzielt. Die Lohnabschlüsse in den späten 80er Jahren lagen im Durchschnitt rund 5 Prozentpunkte über der Produktivitätssteigerung.[4]

Zu Zeiten des Freiheitskampfes war der COSATU aufgrund seiner starken Machtbasis einflußreicher als der verbotene ANC. Eine enge Verschmelzung der Führungsstrukturen wurde zu diesem Zeitpunkt von seiten der Gewerkschaften abgelehnt, da der ANC nicht nur die Interessen der Arbeiter, sondern die einer Vielzahl von Bevölkerungsgruppen vertrete.

In der Vorstellung der meisten Mitglieder sind Apartheid und Kapitalismus identisch, und sozialistische Ideen genießen nach wie vor hohes Ansehen. Viele Mitglieder des COSATU, darunter fast die gesamte Führung, sind gleichzeitig Mitglieder der South African Communist Party (SACP). Zu ihnen zählt sich beispielsweise der Vorsitzende des COSATU, Sam Shilova, der 'Kommunist und Revolutionär'[5] bleiben möchte.

In der Zeit des Freiheitskampfes wurden zahlreiche programmatische Positionen des COSATU formuliert:

- Die Gesellschaft soll durch Umverteilung des Reichtums so umstrukturiert werden, daß wirtschaftliche Produktion Bedürfnisbefriedigung und nicht dem Profitstreben dient.[6]

---

3 Die UDF ist eine 1983 gegründete Basisbewegung, die besonders in den Kommunen aktiv war. 1988 wurde die UDF verboten. Die Integration der ehemaligen UDF-Strukuren gelang dem ANC 1990 nur unvollständig, ein Hauptgrund für seine zeitweilige organisatorische Schwäche.

4 Vgl. Siegmar Schmidt: Schwarze Gewerkschaften zwischen Parteipolitik und Befreiungskampf, in: Michael Behrens, Robert von Rimscha (Hrsg): Südafrika nach der Apartheid, Baden-Baden 1994, S.199.

5 Vgl. Ein Wachmann im Zentrum der Streiks am Kap, in: Handelsblatt vom 12./13.8.1994.

6 Vgl. Cosatu - Forward to Poverty, in: Financial Mail vom 3.4.1992

- Nationalisierung (Verstaatlichung) der großen Unternehmen,[7]
- Staatliche Preiskontrolle und andere 'legislative Interventionen',[8]
- Arbeitermitbestimmung bzw. die 'Demokratisierung' von Unternehmen,
- Schaffung von Arbeitsplätzen durch erhöhte staatliche Nachfrage und daraus resultierende Steigerung der Konsumkraft.

COSATU mußte einige dieser Positionen, wie beispielsweise den Ruf nach Verstaatlichung, als nicht durchsetzbar aufgeben. Andere Forderungen, wie die nach Demokratisierung der Unternehmen und der Arbeitsplatzschaffung durch massive staatliche Arbeitsbeschaffungsprogramme, sind unverändert in den Programmen zu finden.[9]

1. Die Rolle des COSATU seit 1990

Nach der Einleitung der Wende zum Neuen Südafrika 1990 war die Erwartungshaltung der schwarzen Gewerkschaftler, wie der gesamten schwarzen Bevölkerung, sehr hoch. Der politische Sieg schien errungen - nun sollten die materiellen Vorteile folgen. Der ANC vertrat zu diesem Zeitpunkt noch eine radikale sozialistische Politik der Umverteilung und der Verstaatlichung. Nach Meinung vieler ANC-Mitglieder sollte der Reichtum der Bevölkerungsgruppen, die von der Apartheid profitiert hatten, an jene Gruppen verteilt werden, welche ausgebeutet worden waren. Mandela sagte am Tag seiner Freilassung im Februar 1990[10]: "The nationalization of the mines, banks and monopoly industry is the policy of the ANC and a change or modification of our views in this regard is inconceivable." und wird von Johnson[11] zitiert: "Nationalization is a demand which is reasonable from our point of view. Where do we get the capital

---

7 Ebda.

8 Ebda.

9 Vgl. Social Equity and Job Creation-Proposals by the South African Labour Movement 1996, S. 34 und S.11.

10 Sowetan, vom 5.3.1990.

11 S. Johnson: The ANC and the N-Word, in: The Star vom 17.10.1991.

and resources to tackle the national issues facing us?" Diese Forderungen entsprachen den Erwartungen von COSATU und SACP.

Dem ANC fehlte durch die Jahre, die er nur im Untergrund operieren konnte, eine ausreichende organisatorische Struktur, und man war deshalb auf die Unterstützung des COSATU angewiesen. In Harare wurden im Frühjahr 1990 von 30 Delegierten des COSATU und 28 Delegierten der SACP Gespräche über die Gründung einer Drei-Parteien-Allianz zwischen COSATU und den bereits verbündeten ANC und SACP geführt. Am 27. Juni 1990 wurde die Allianz durch die drei Generalsekretäre der Bündnispartner unterzeichnet.
Die Allianz einigte sich auf vier Grundsätze:

1. Das Gesamtziel ist eine breitgefächerte Organisation mit einem gemeinsamen Programm, das auf der Freedom Charter[12] basiert.
2. Der ANC ist der Führer der Allianz.
3. Die Allianz trifft Entscheidungen nur im Konsens.
4. Jeder Partner der Allianz ist unabhängig.

Aufgrund der im Februar 1990 gestellten Forderungen Mandelas geriet der ANC unter beträchtlichen Druck von wirtschaftspolitischen Sachverständigen, ausländischen und einheimischen Unternehmen sowie von Organisationen und Regierungen, die die Freiheitsbewegung unterstützt hatten. Auch der Zusammenbruch der Staatswirtschaften in Osteuropa trug zur Diskreditierung dieser Positionen bei. Der ANC war deshalb gewillt, sein Programm moderater zu gestalten und auf die Interessen der Wirtschaft Rücksicht zu nehmen. Bereits 1990 warnte der ANC in einem internen Papier vor den Kosten und der Ineffizienz von verstaatlichten Unternehmen.

Um trotzdem die verschiedenen Strömungen des Bündnisses zusammenzuhalten, integrierte der ANC in sein erstes ökonomisches Programm[13], das im Septem-

12 Die Freedom Charter wurde auf einer Tagung von ca. 3.000 Delegierten im Juni 1955 in Kliptown bei Johannesburg als Programm für ein zukünftiges Südafrika verabschiedet. Im März 1956 erklärte der ANC diese Charter zu seinem offiziellen Programm.

13 ANC Discussion Document on Economic Policy (DDEP), DEP Workshop, Harare 1990 (von ANC und Cosatu ausgearbeitet).

ber 1990 veröffentlicht wurde, Forderungen nach Umverteilung, Umstrukturierung und teilweiser Verstaatlichung der Wirtschaft sowie staatlicher Einflußnahme auf den Finanzmarkt. Ausländische Investitionen sollten umgelenkt werden mit der Begründung, "the current capital market does not direct sufficiently direct savings into productive activity or into critical areas of infrastructure."[14]. Die Wirtschaft sollte durch Einführung hoher Löhne und damit verbundene Nachfragesteigerungen angekurbelt werden. Für den COSATU war besonders wichtig, daß den Gewerkschaften eine zentrale Rolle in der Ausarbeitung und Umsetzung aller ökonomischen Fragen zugestanden werden sollte.[15] Unter dem Einfluß der aufstrebenden schwarzen Mittelklasse wurde auch die Forderung nach dem Aufschnüren der Konglomerate (unbundling) in das Programm integriert, um schwarzen Unternehmern den Markterfolg zu ermöglichen.

Die ANC-Führung wurde im Jahre 1991 trotz dieses Programmes in wirtschaftlichen Fragen zunehmend moderater,[16] da man erkannte, daß ausländische Investitionen in Südafrika benötigt wurden und man aus diesem Grund zufriedenstellende Rahmenbedingungen garantieren mußte. Radikale Lösungen, wie beispielsweise die Verstaatlichung von Unternehmen, waren unter diesen Umständen kontraproduktiv. In zwei ökonomischen Schriften, die die Grundlage für ein Wirtschaftsprogramm des ANC bilden sollten und in den Jahren 1991 und 1992 veröffentlicht wurden[17], wurde u.a. auf die Einführung der Hochlohnwirtschaft und die staatliche Kontrolle über die Finanzmärkte verzichtet. Außerdem wurde die Privatisierung von Staatsunternehmen in Aussicht gestellt. Auch die in den Verfassungsverhandlungen mit der Regierung im Jahre 1993 vom ANC aufgegebenen Positionen, wie z. B. ein Kompromiß bei der Frage der Machtverteilung zwischen Zentralstaat und Provinzen, entsprachen nicht den

---

14 Ebda, S. 12

15 Ebda, S. 16.

16 Die deutsche Friedrich-Ebert-Stiftung scheint daran erheblich mitgewirkt zu haben.

17 ANC: Draft Resolution on Economic Policy, Mai 1991 und Draft Policy Guidelines, Frühjahr 1992; beide wurden zu Vorbereitung der ANC-Konferenz im Mai 1992 geschrieben.

Vorstellungen des COSATU. So fühlte sich nicht nur die aktivistische Basis des ANC in diesen Jahren von ihrer Führung übergangen, sondern auch COSATU und die SACP. Raymond Mhlaba, Vorsitzender der 'Internal Leadership Group' der SACP, stellte 1991 fest: "The ANC and COSATU need to be very close together. The ANC on the other hand, is a mixed bag where you have got capitalists, as well as workers and peasants. When we say we want to set up a socialist republic the capitalists in the ANC do not agree, but the SACP and COSATU are very good partners."[18]

Aus diesem Konflikt ergab sich, daß in der Folgezeit die Schaffung einer vom ANC unabhängigen Machtbasis das wichtigste Ziel des COSATU wurde.

COSATU verlangte die Schaffung eines 'National Economic Forum' (NEF), das sich mit der Restrukturierung der Wirtschaft befassen sollte. Anfang November 1991 protestierte der COSATU mit einem landesweiten Streik gegen die Einführung der Mehrwertsteuer auf Grundnahrungsmittel, medizinische Dienstleistungen, Wasser und Elektrizität. Eine rege Beteiligung am Streik stärkte die Position des COSATU innerhalb der Dreierallianz. Das Hauptziel des Streiks, nämlich das Mitspracherecht in ökonomischen Fragen, konnte im November 1992 mit der Aufnahme der Arbeit des NEF erreicht werden. Außerdem erhielt COSATU einen Platz in der 'National Manpower Commission', welche sich mit Fragen des Arbeitsmarktes beschäftigte. Beide Institutionen bestanden aus Vertretungen von Wirtschaft, Regierung und Gewerkschaften (COSATU) und besaßen ein Vorschlagsrecht bei der Gesetzgebung. Damit besaß COSATU eine unabhängige und einflußreiche Machtbasis. Beide Gremien sind am 18.2.1995 zum National Economic Developement and Labour Council (Nedlac) zusammengefaßt worden.

Als sich in diesen Jahren die Spannungen zwischen ANC und COSATU immer mehr verstärkten, wurde in den Medien auch über eine mögliche Trennung von

---

18 Vgl. South African Institute of Race Relations: Race Relations Survey 1991/92, Johannesburg 1992, S. 50.

ANC und COSATU spekuliert.[19] Der ANC war nicht bereit, sich seine Wirtschaftspolitik vom COSATU vorschreiben zu lassen, und COSATU drohte, dem ANC die Unterstützung zu entziehen, falls dieser die Rechte und die Rolle der Arbeiter unterminiere.[20] Keiner vobeiden aber wollte vor der Wahl von 1994 die gemeinsame Machtübernahme gefährden; deshalb nahm der COSATU die Einladung des ANC an, führende Gewerkschaftsmitglieder in die Regierung der Nationalen Einheit zu entsenden. Rund zwanzig COSATU-Funktionäre bekamen sichere Listenplätze, insgesamt sind mindesten 60 Mitglieder des COSATU ins Parlament eingezogen. In der Übergangsverfassung ist festgelegt, daß Fraktionsmitglieder, die ihre Partei verlassen, auch ihr Mandat verlieren. Aus diesem Grunde waren die COSATU-Funktionäre, die auf ANC-Listen ins Parlament kamen, in gewissem Maße vom ANC abhängig und konnten keine Politik verfolgen, die auschließlich auf die Interessen der Gewerkschaften ausgerichtet waren.

Die wichtigste Bedingung des COSATU, auf die man schon während der Verfassungsgespräche hingearbeitet hatte, war die Schaffung eines großen staatlichen Aufbauprogrammes zur Förderung von Infrastruktur, Arbeits- und Ausbildungsplätzen, medizinischer Versorgung und vielem mehr. Dieses Reconstruction and Developement Programme (RDP) mußte sechs Mal überarbeitet werden, da COSATU und SACP eine Reihe sozialistischer Ideen wie die Verstaatlichung wichtiger Industrien oder die staatliche Kontrolle über Investitionsentscheidungen einbringen wollten, diese Ziele wurden aber durch internationalen Druck und den Widerstand der Wirtschaft verhindert.

Die bedeutendsten in die Regierung übergewechselten Gewerkschaftsfunktionäre sind:

- Jay Naidoo, bis dahin Generalsekretär des COSATU, wurde 'Minister in the Office of the President' und verantwortlich für die Umsetzung des RDP.
- Cyril Ramaphosa, der Generalsekretär der Minengewerkschaft, wurde ANC-Generalsekretär und Vorsitzender der verfassungsgebenden Versammlung.

---

19 Vgl. Coming to the end of the line?, in: Financial Mail vom 22.4.1994.

20 Sam Shilova, zitiert nach Weekend Argus vom 19./20.6.1992.

Ramaphosa gab diese Position zugunsten einer Tätigkeit in der Privatwirtschaft, beim National Empowerment Consortium (NEC), im Sommer 1996 auf. Weitere prominente Gewerkschaftsmitglieder in der Regierung sind Sydney Mufamadi (Polizeiminister) und Alec Erwin (Vizefinanzminister). Ihre Nachfolger in der Gewerkschaftsführung sind fast durchweg Mitglieder der SACP.

In der Folgezeit hielten die Spannungen an. Auch öffentlich wurde bereits über eine Trennung vom ANC diskutiert (COSATU National Congress in Soweto, September 1994), aber eine Spaltung zunächst abgelehnt. Allerdings soll eine regelmäßige Überprüfung der Beziehungen stattfinden. Auch die Regierung weiß um die Fragilität der Beziehung. Dies konnte man z.B. an einer Teilnahme Mandelas an einer Gewerkschaftskundgebung im Juni 1995 ablesen, bei der er sich gewerkschaftsfreundlich gezeigt hat; dies ist auch aus privaten Gesprächen mit Ministern bekannt.

Der nächste für die Beziehungen beider Organisationen wichtige Punkt waren die Verhandlungen zur endgültigen Verfassung von 1996. Auf einige umstrittene Fragen hatte der COSATU dabei maßgeblichen Einfluß. Dies ist z. B. im Bereich des Arbeitsrechtes zu erkennen, wo dem in der Verfassung verankerten Recht der Arbeitnehmer auf Streiks nicht das Recht der Arbeitgeber auf Aussperrung entgegengestellt wurde. Ob diese Regelung verfassungskonform ist, beschäftigte im Sommer 1996 noch das Verfassungsgericht.

Außerdem setzte COSATU durch, daß Land enteignet werden darf, das durch 'rassistische Gesetze oder Aktionen' in der Vergangenheit (d.h. in der Zeit der Apartheid) erworben worden ist. Die auch von dem radikaleren Teil der ANC-Basis lange geforderte Landreform ist damit möglich geworden.

Auch die in der Verfassung für alle Südafrikaner festgeschriebenen Rechte auf einen Arbeitsplatz, auf Nahrung, auf Unterkunft, auf medizinische Versorgung und soziale Dienste für alle sind auf den Einfluß COSATUs zurückzuführen. Letztgenannte Rechte sind in absehbarer Zeit nicht zu verwirklichen. Sie sind bestenfalls als Staatszielbestimmungen zu interpretieren, deren Nichterfüllung zu einer Diskreditierung der Verfassung beitragen kann.

2. Die internen Schwierigkeiten des COSATU

Seit 1990 ergaben sich für den COSATU eine Reihe von internen Problemen. Das bedeutendste ist der Verlust von Führungskräften. Es waren nicht nur Spitzenfunktionäre, die dem COSATU durch die Wahl 1994 verlorengingen. Viele mittlere und untere Kader verließen die Gewerkschaften im Zuge der 'affirmative action', der gezielten Personalpolitik zur Bevorzugung von Minderheiten. Schon bald nach 1990 hatten sich viele Firmen durch die Einstellung von schwarzen Managern bemüht, sich als nicht-rassistisch darzustellen. Gewerkschaftsfunktionäre erscheinen im Umgang mit Menschen geübt und deshalb besonders geeignet. Auch Verbände und Kirchen warben Gewerkschaftler reihenweise ab, eine große Anzahl wechselte auch in die Lokalpolitik, z.B. zu den Kommunalwahlen im November 1995. Aus Port Elizabeth wird berichtet, daß die Gewerkschaften in sechs der sieben örtlichen Autofabriken im Jahr 1995 ihre gesamte Führung verloren.[21]

Die Gründe dafür sind nicht nur die besseren Verdienstmöglichkeiten, die in anderen Berufen locken. Ging es zuvor um den politischen Kampf gegen die Firmenleitungen und die Regierung, so läßt sich dieses Feindbild seit 1994 nicht mehr aufrechterhalten, da einerseits der verbündete ANC in der Regierung ist und es andererseits nicht mehr darum gehen kann, den Sozialismus durchzusetzen, sondern eine Marktwirtschaft für das Neue Südafrika zu gestalten. Dieser Prozeß des Umdenkens ist noch nicht abgeschlossen, und es findet sich regelmäßig sozialistisches Gedankengut in den Programmen der COSATU. Allerdings kann man in den letzten Jahren eine Abschwächung von Positionen feststellen, die durch die schwere Rezession zu erklären ist. Zum Beispiel ist die Gewerkschaft zunehmend zu Lohnzurückhaltung bereit, um die Ausbildung junger Arbeitskräfte zu fördern. Auch mit den neuen Anforderungen an die Wettbewerbsfähigkeit der Wirtschaft haben die Gewerkschaftsfunktionäre häufig Probleme. Wichtige Fragen sind Rationalisierung und Effizienzsteigerung, nicht mehr die ihnen bekannte leninistische-marxistische Ideologie.

---

21 Vgl. David Honigmann: Same as the old boss, in: Prospect, London 12/1995.

Auch mit den Forderungen der Basis haben die Gewerkschaften eine schwere Bürde. Seit den Wahlen hat sich die wirtschaftliche Situation der Arbeiter und der Gewerkschaftsfunktionäre kaum gebessert. Nach dem politischen Sieg schien die Zukunft vielversprechend, aber es stellt sich die Frage, ob eine wirtschaftliche Besserung in absehbarer Zeit überhaupt zu erwarten ist. Die Schwarzen sehen den scheinbar ungeminderten Reichtum vieler Weißer und fragen, was ihnen ihr Sieg gebracht hat. Die Gewerkschaften verweisen in ihren Programmen[22] immer wieder auf die Gehälter für Weiße, die sich an Standards der ersten Welt orientierten, und die Dritte-Welt-Gehälter für schwarze Arbeiter. Nach ihren Angaben gehen nur 40 Prozent der Lohnsummen in der Industrie an die Arbeiter, aber sechzig Prozent an das Management. Aus diesen Gründen kam es bereits zu Streiks, von denen in den Zentralen der Gewerkschaften nichts bekannt war, wie z.B. wilde Streiks von Krankenschwestern und städtischen Arbeitern im Herbst 1995.

Als letztes Problem ist die Involvierung des COSATU in die politische Gewalt, besonders in der Provinz KwaZulu/Natal zu nennen. Dort hatte beispielsweise die COSATU-Gewerkschaft Numsa (National Union of Metal Workers of South Africa) den Verlust von rund 50 Gewerkschaftsfunktionären pro Jahr durch politischen Mord zu beklagen.[23] Ob diese Zahlen nach den Kommunalwahlen im Juni 1996 zurückgehen werden, ist eine offene Frage.

Aus diesen Gründen beurteilen viele Funktionäre ihre Lage als schwieriger als in den 80er Jahren. Allerdings gibt es auch Hinweise, daß sich die inneren Strukturen des COSATU im Jahre 1996 gefestigt haben. Die neue Führung hat durch ihren Einfluß auf den ANC bei kritischen Fragen der neuen Verfassung Durchsetzungsfähigkeit bewiesen und Sympathien bei den Mitgliedern gewonnen. Die Zahl der wilden Streiks ist deutlich zurückgegangen und auch die Rekrutierung neuer Führungskräfte in den Firmen macht Fortschritte.

---

22 Vgl. Social Equity and Job Creation - Proposals by the South African Labour Movement, 1995.

23 Vgl. David Honigmann: Same as the old boss, in Prospect, London, 12/1995.

II. Der Einfluß von COSATU auf die Wirtschaftspolitik

Die schwarze Mehrheit der Bevölkerung hatte sich nach der Erringung der Freiheit und großer politischer Macht auch materielle Vorteile erhofft und ist von den Resultaten enttäuscht. Die Arbeitslosigkeit liegt offiziell bei mehr als 40 Prozent, bei der schwarzen Bevölkerung sogar nahe 50 Prozent. Das Wirtschaftswachstum der letzten Jahre ist zwar kontinuierlich gestiegen, hat aber für den Großteil der Bevölkerung noch keine spürbaren Veränderungen erbracht.

Wirtschaftswachstum (BIP) in Südafrika seit 1991:[24]

1991	1992	1993	1994	1995	1996
-0,6%	-2,1%	1,5%	2,7%	3,5%	3,5% bis 4% (geschätzt)

Diese Steigerungsraten des Bruttoinlandsproduktes lassen auf den ersten Blick einen deutlichen Aufschwung vermuten; wenn man aber das hohe Bevölkerungswachstum (+ 2,7%) und die hohe Zuwanderungsrate von Wanderarbeitern aus den Nachbarländern einkalkuliert, gewinnen die Zahlen eine andere Qualität. Besonders problematisch ist auch, daß der Anstieg der Beschäftigung deutlich geringer ist als das Wirtschaftswachstum. Derzeit steigt die absolute Zahl der Arbeitssuchenden in Südafrika. Um allen ins arbeitsfähige Alter kommenden Arbeitssuchenden eine Arbeit zu verschaffen, wäre ein Wirtschaftswachstum von mindestens sechs Prozent erforderlich.[25]

Den COSATU kann man wegen seiner politischen Verbindung zum ANC als mächtigste wirtschaftliche Interessenvertretung Südafrikas bezeichnen. Der COSATU stand immer für ein sozialistisches Programm und vertritt solche Forderungen offiziell nach wie vor. Die Gewerkschaft bezeichnet sich häufig als

---

24 Daten aus: (hfe), Die Republik Südafrika hofft auf eine Wirtschaftsbelebung, in: FAZ vom 14.2.1996.

25 Für Einzelheiten vgl. den Beitrag von Birgitta Eggers: Die wirtschaftlichen Grundlagen des Neuen Südafrika, in diesem Band.

Vertretung der Armen und der Unterdrückten und strebt nach eigenen Angaben eine gleichmäßige Verteilung des gesellschaftlichen Reichtums an.

Allerdings ist Sozialismus heute auch in Südafrika nicht mehr zu realisieren, und COSATU ist sich dieser Tatsache bewußt. In Südafrika wird eine Form der Marktwirtschaft eingeführt, und es geht um deren Ausprägungen. COSATU verfolgt deshalb häufig pragmatische Ansätze zum Wohle der eigenen Mitglieder, wenn diese auch gesamtwirtschaftlich schädlich sind. Durch seine Mitsprache im wichtigsten wirtschaftlichen Gremium Südafrikas, dem Nedlac, hat COSATU eine unabhängige Machtbasis in allen wirtschaftlich relevanten Fragen, nicht nur den Fragen des Arbeitsrechtes. Darüber hinaus ist COSATU durch seinen politischen Einfluß in der Lage, die Haushaltsplanung des Staates mitzubestimmen. Der Haushalt 1996 wurde erst nach ausführlichen Gesprächen zwischen COSATU und der Regierung verabschiedet.[26] Durch seine Machtfülle ist der COSATU in der Lage, die wirtschaftliche Entwicklung des Landes entscheidend mitzubestimmen.

1. Die südafrikanische Version des Runden Tisches: Nedlac

Nedlac (National Economic Developement and Labour Council) ist eine offizielle Institution der Regierung und wird vom Arbeitsministerium bezahlt. Vertreten sind die Regierung durch den Arbeitsminister, die Arbeitgeber durch BSA (Business South Africa) und Nafcoc (National African Chamber of Commerce), die größten Gewerkschaften[27] sowie als Beobachter und Ratgeber die Zentralbank. Auch die Provinzregierungen sowie provinzielle Einrichtungen zur Wirtschaftsförderung sollen in die Entscheidungsfindung einbezogen werden. Die Aufgabe des Nedlac als vermeintlich repräsentativ besetzte Einrichtung ist, eine wirtschaftspolitische Diskussion und Konsensfindung aller beteiligten Gruppen zu ermöglichen. Alle wirtschaftlich relevanten Entscheidungen der

---

26 Vgl. James Lamont: Cosatu to meet government to discuss Budget, in: The Mercury vom 5.3. 1996.

27 Cosatu, Nactu (schwarze Gewerkschaft mit rund 500.000 Mitgliedern, die sich an der Idee der 'black consciousness' orientiert) und Fedsal (gemischte Gewerkschaft mit rund 250.000 Mitgliedern und gemäßigter politischer Orientierung).

Politik müssen zuerst im Nedlac besprochen werden, bevor sie dem Parlament zur Abstimmung vorgelegt werden dürfen. In vier Diskussionsforen sollen alle Fragen der Wirtschaftspolitik beraten werden.

Die im Nedlac getroffenen Entscheidungen werden von der Politik zumeist umgesetzt. Problematisch ist natürlich die Dominanz von Interessengruppen wie BSA, Nafcoc und COSATU, die eigene Interessen verfolgen. Die südafrikanischen Industrieverbände werden von wenigen Konglomeraten dominiert, und diese sind natürlich nicht für eine Verschärfung der Wettbewerbsgesetze, die den volkswirtschaftlichen Nutzen erhöhen würde. Auch die Besetzung seitens der Arbeitnehmer ist fragwürdig. Es sind zwar die drei stärksten Gewerkschaften repräsentiert, aber viele andere Gewerkschaften, die entweder unabhängig sind oder der Inkhata Freedom Party nahestehen, finden kein Gehör.

2. Die Privatisierung der Staatskonzerne

Südafrika besitzt eine Reihe von Staatskonzernen. Obwohl der ANC traditionell immer für die Verstaatlichung weiterer Unternehmen war, trat nach der Wahl von 1994 ein Sinneswandel ein: Man erhoffte, durch die Erlöse der Privatisierung das Haushaltsdefizit verringern zu können. Die wichtigsten Betriebe, gegen deren Privatisierung sich COSATU sträubt, sind Eskom (Energie) und Telkom (Telekommunikation).

Diese Politik war aber gegen den Willen der ANC-Basis und der COSATU, die dies als 'Verkauf von Familiensilber'[28] betrachteten, nicht durchzusetzen. Shilova warf Schwarzen, die sich für die Privatisierungen aussprachen, Diebstahl und Willen zur Bereicherung vor.[29] Die zuständige Ministerin, Stella Sigcau, redet deshalb nicht mehr von Privatisierung, sondern nur noch von 'Umstrukturierung des öffentlichen Sektors'. Als Grund wird genannt, daß man den Erfolg des RDP nicht gefährden wolle. Anscheinend glaubt die Ministerin nicht an die Möglichkeit eines gewinnbringenden Geschäftes von Versorgungs-

---

28 Sam Shilova, seit 1994 Generalsekretär des Cosatu.

29 Vgl. Cracks in the monolith, in: Financial Mail vom 22.12.1995.

unternehmen in den schwarzen Gebieten. Eine Umsetzung der Privatisierungen ist nicht in Sicht.

3. Die Verflechtung der Wirtschaft

Die Wirtschaft Südafrikas ist größtenteils unter Kontrolle von wenigen Konglomeraten, deren Besitzer zumeist Weiße sind. Nach der Machtübernahme des ANC bestand dessen Interesse darin, den Anteil des Besitzes der schwarzen Bevölkerungsgruppe zu steigern. Um schwarzen Unternehmen und ausländischen Unternehmen, die aus Furcht vor marktmächtigen Konglomeraten von Investitionen in Südafrika absehen, den Markterfolg zu ermöglichen, sollte eine strikte Wettbewerbsgesetzgebung die kompliziert verschachtelten Holdings aufbrechen und den Wettbewerb fördern[30]. Der Minister für Handel und Industrie, Trevor Manuel, begann mit der Ausarbeitung eines Wettbewerbsgesetzes, das die Macht der bereits bestehenden, aber schwachen Wettbewerbsbehörde[31] stärken sollte. Eine Gesetzgebung nach europäischem Vorbild wurde diskutiert.

Die Wirtschaft sah die drohende Gefahr und ergriff Gegenmaßnahmen. Dabei wurde sie von Teilen der Presse, wie z.B. der Financial Mail, unterstützt, die die großen Firmen als volkswirtschaftlich nützlich darstellte.[32]

- Weiße Holdings versuchten, den Druck von sich zu nehmen, indem sie sich freiwillig von Beteiligungen und Tochterunternehmen trennten.[33] Dieses Konzept wird mit 'unbundling' bezeichnet.

---

30 Vgl. Mirryena Deeb: Anti Trust Policy - On hold for now, in: Financial Mail vom 3.6. 1994.

31 Vgl. Competition Board - Would more power help?, in: Financial Mail vom 16.10.1992, sowie Braced for a blast of competition, in: Financial Times vom 1.8.1995.

32 Vgl. Competition Board - Would more power help?, in: Financial Mail vom 16.10.1992 und Mirryena Deeb: Anti Trust Policy - On hold for now, in: Financial Mail vom 3.6.1994.

33 Vgl. Frank Räther: Oben anfangen, in: Wirtschaftswoche vom 28.9.1995.

- Sie verstärkten die 'affirmative action' und holten Schwarze, besonders Gewerkschaftler, in ihre Firmen.
- Konglomerate wurden gefördert, die im Besitz von Schwarzen sind. Sogar die schwarzen Gewerkschaften besitzen Anteile an solchen Konglomeraten.[34]
- Die Vertreter der Wirtschaft betonten immer wieder, daß gerade die großen Staatsunternehmen zu wenig Wettbewerb ausgesetzt seien und die Umsetzung der Wettbewerbsgesetzgebung zuerst bei ihnen ansetzen müßte.[35] Bei der Privatisierung von Staatsunternehmen würde für viele Gewerkschaftsmitglieder die Arbeitslosigkeit drohen, und deshalb sind die Gewerkschaften strikt gegen diese Politik.

Durch diese Aktionen gelang es, die COSATU auf die Seite der Wirtschaft zu bringen, da nun auch ihre Pfründe in Gefahr gerieten. Ende 1995 kündigte Manuel an, den Entwurf des Gesetzes im Nedlac vorzulegen. Verabschiedet worden ist es bis Juni 1996 nicht. Trevor Manuel wurde Ende März 1996 auf den Posten des Finanzministers beordert und sein Nachfolger ist Alec Erwin, ein Kommunist und ehemaliger Gewerkschaftsfunktionär. Durch den dominierenden Einfluß von BSA, Nafcoc und COSATU im Nedlac und die Unterstützung der Presse ist eine wettbewerbsfreundliche Gesetzgebung in weite Ferne gerückt.

4. Der Arbeitsmarkt

Mangel an Arbeitsplätzen ist das zentrale Problem der südafrikanischen Volkswirtschaft, und bei den derzeitigen Wachstumsraten ist Besserung kaum zu erwarten. Außerdem macht sich immer mehr das Phänomen des 'jobless growth', also Wachstum ohne gleichzeitige Schaffung von Arbeitsplätzen, bemerkbar.

---

34 Vgl. Mark Ashurst: Little Progress in unbundling, in: Financial Times vom 28.3.1996.

35 Vgl. Roger Matthews: Braced for a blast of competition, in: Financial Times vom 1.8.1995.

Diese Entwicklung läßt sich auf die Macht der Gewerkschaften zurückführen: In vielen Branchen wurden Flächentarife durchgesetzt, so z.B. in der Kraftfahrzeugindustrie und der chemischen Industrie. Durch das erzwungene Lohnniveau werden Unausgebildete aus dem Arbeitsmarkt ausgegrenzt. Sie haben keine Möglichkeit, die notwendigen Fähigkeiten jemals zu erlernen. Der Anteil der arbeitssuchenden Bevölkerung ohne jegliche Ausbildung beträgt aber rund 87%.

5. Die Handelspolitik

Die südafrikanische Wirtschaft wurde in der Zeit der Sanktionen mit hohen Importzöllen geschützt. Die meisten dieser Zölle sollen langsam reduziert werden, um Exportbeschränkungen anderer Länder zu verhindern. Beispielsweise sollen die Zölle für Textilien von 89% im Jahre 1995 auf 40% im Jahre 2000 fallen und die Zölle auf Fahrzeuge von 65% im Jahre 1995 auf 40% in 2002. Auch Käse, Fleisch, Teigwaren, pharmazeutische Erzeugnisse und Kosmetika unterliegen hohen Zöllen.[36] Der Industrie gelingt es anscheinend aber zunehmend, nichttarifäre Handelshemnisse durchzusetzen, wie z.B. die Begrenzung des Einfuhrvolumens von Autoreifen auf das Niveau von 1988. Auch Bestimmungen zur Erhöhung des 'local content' setzen sich im Kraftfahrzeugbereich immer mehr durch. Durch solche nicht-tarifären Handelshemmnisse werden Importeure gezwungen, bestimmte Mengen an zur Produktion notwendigen Komponenten von südafrikanischen Zulieferern zu kaufen. Industrie und Gewerkschaften arbeiten bei der Durchsetzung solcher Bestimmungen zusammen.[37]

Die Gewerkschaften wollen die Arbeitsplätze ihrer eigenen Mitglieder sichern und verschlechtern so die Versorgung der Bevölkerung mit preiswerten Gütern. Der ANC begründet in seinen Policy Guidelines von 1992 den Abbau der Handelsbarrieren folgendermaßen: "Trade barriers will be adjusted within an agreed framework to prevent the destruction of domestic production, jobs, and,

36 Vgl. Bundesstelle für Außenhandelsinformation: Nachrichten für Außenhandel, Eschborn vom 18.1.1996.

37 Vgl. Foreign Trade Special Report: Global game imposes harsh rules, in: Financial Mail vom 4.8.1995.

exploitation of South African consumers" und "We envisage a dynamic private sector, employing the skills and acumen of all South Africans , making a major contribution to the provision of good quality, attractive and competitively priced goods and services for all South Africans". Damit ist er deutlich konsumentenfreundlicher als COSATU, der sich in seinen policy guidelines von 1991 für die Beschränkung der Einfuhr von gebrauchter Kleidung ausspricht und damit gerade den Armen den Zugang zu preiswerter Kleidung erschwert.

III. Wirtschaftspolitik im Machtkartell

Während der Zeit der Unterdrückung durch das System der Apartheid hatten die Gewerkschaften die wichtige Aufgabe, die Verteilung des Reichtums weniger einseitig zu gestalten und für die schwarze Bevölkerungsgruppe materielle Vorteile zu erstreiten. Zu dieser Zeit gab es keinen funktionierenden Arbeitsmarkt, wo sich durch Angebot und Nachfrage ein Marktpreis für Arbeit hätte bilden können. Die Einkommensverteilung auf dem Arbeitsmarkt ist auch nach 1994 noch extrem asymmetrisch. Der größere Teil der in der Industrie gezahlten Gehälter geht an die Unternehmensführung. Aus diesem Grund glauben die Gewerkschaften auch heute noch, daß sie Gerechtigkeit auf dem Arbeitsmarkt erkämpfen müssen. Also versuchen sie, die Tarife zu erhöhen und die Arbeitsplätze durch Zölle vor ausländischer Konkurrenz zu schützen.

Auf den Vorwurf, daß diese Maßnahmen zu erhöhter Arbeitslosigkeit führen, wird entgegnet, daß man ohne die Flächentarifverträge deutlich weniger verdienen würde. Ein eventueller Verlust an Arbeitsplätzen würde dieselbe Bevölkerungsgruppe treffen. Da die Beschäftigten durch den engen Zusammenhalt der schwarzen Familien für die Arbeitslosen sorgen, würde dieser Verlust wieder aufgewogen.[38]

Nicht berücksichtigt wird bei dieser Argumentation die Preisbildung. Durch die hohen Flächentarife wird die Güterproduktion verteuert, was sich direkt auf die Verbraucher auswirkt. Die Zollschranken gegen ausländische Güter haben den

38 Für einen ausführlichen Einstieg in diese Argumentation vgl. Jeremy Baskin (ed.): Unions in Transition, Naledi, Johannesburg 1994, S.67 ff.

gleichen Effekt. Auch auf ausländische Investitionen wirkt sich die Macht der Gewerkschaften negativ aus. Wenn das Klima für ausländische Investitionen günstiger wäre, würde erhöhte Konkurrenz für ein verbessertes Angebot preiswerter Güter sorgen. Ob bei einer verstärkten Nachfrage ausländischer Investoren nach Arbeitskräften die Löhne für Fachkräfte stärker sinken würden als die Preise, ist fraglich. Allerdings müßten in einem solchen Falle die Firmenleitungen beweisen, daß ihre Produktivität internationalen Ansprüchen genügt. Es verwundert nicht, daß die Firmenleitungen solch eine Anpassung möglichst lange hinauszögern möchten und sich deshalb ebenfalls für Schutzzölle engagieren.

COSATU vertritt einen großen Teil der Schwarzen, und zwar vornehmlich die Menschen, die Arbeit besitzen und denen es verhältnismäßig gut geht. Der COSATU sieht sich jedoch auch als Vertreter der Armen, aber gerade diese haben unter seiner Politik der Flächentarife zu leiden, da den unqualifizierten Menschen der Weg auf den Arbeitsmarkt versperrt wird und die Preise für Verbrauchsgüter hoch sind. Außerdem versteht der COSATU es gut, seine Klientel in Regierungsämtern und Staatsbetrieben auf Kosten der Staatsfinanzen zu schützen.

Besonders ausländische Investitionen werden dringend benötigt; sie beschränken sich heute zumeist auf Portfolio-Investitionen, die sich auch schnell wieder abziehen lassen. Die Furcht vieler potentieller Investoren vor der Macht der Gewerkschaften und den marktmächtigen südafrikanischen Industriekonglomeraten sind abgesehen von der Kriminalität die wichtigsten Gründe, auf Anlageinvestitionen in diesem Land zu verzichten.

In einigen Bereichen der Wirtschaftspolitik ist eine Zweckallianz der südafrikanischen Wirtschaft und dem COSATU zu erkennen. Beide Interessengruppen haben im Nedlac große Macht über die Wirtschaftspolitik und nutzen diese zum Schaden der Verbraucher. Diese Position kann man nur als Machtkartell bezeichnen. Die Innovations- und Wandlungsfähigkeit des politischen und wirtschaftlichen Systems ist geschwächt, die Folge ist Stagnation.

Durch die stärkere Einbindung des COSATU in die wirtschaftspolitische Entscheidungsfindung durch den Nedlac hatte der ANC wahrscheinlich gehofft, daß dadurch COSATUs Verantwortung für die Gesellschaft als Ganzes gestärkt würde und er von extremen politischen Zielsetzungen abzubringen sei. Diese Hoffnung hat sich nicht bestätigt. Der ANC versteht sich noch immer als Einheitspartei und Sammlungsbewegung unterschiedlicher politischer Strömungen. Er macht lieber Zugeständnisse an die Gewerkschaft, als das Risiko einer Trennung einzugehen. Diese Politik wird möglicherweise die Dominanz des ANC in Südafrika konservieren, aber eine dauerhafte Politik der Umverteilung und des Interventionismus ist zu erwarten. Auch die großen Zugeständnisse des ANC an den COSATU bei der Verfassungsentwicklung deuten darauf hin, daß die Verbindung beider Partner noch bestehen bleibt. Ob so das dringend nötige Wirtschaftswachstum zu erreichen ist, bleibt fraglich.

Das Urteil des Verfassungsgerichts vom 6. September 1996, in dem auch die die Tarifparteien betreffende Regelungen (Streikrecht für die Gewerkschaften, aber kein Aussperrungsrecht für die Arbeitgeber) für unvereinbar mit den Verfassungsprinzipien von 1993 erklärt wurden, eröffnet die Chance, den ordnungspolitischen Rahmen neu zu definieren und damit auch das politische Gewicht der Gewerkschaften mehr im Sinne einer pluralistischen Gesellschaft[39] auszubalancieren. Wenn dies gelingt, werden die Chancen für ausländische Investitionen und Wirtschaftswachstum vergrößert.

---

39 Vgl. zu diesem Konzept John Kenneth Galbraith: American Capitalism: The Concept of Countervailing Power, Boston 1952. Dtsch. Ausgabe: Der Amerikanische Kapitalismus im Gleichgewicht der Wirtschaftskräfte, Stuttgart/Wien 1956.

DIE WIRTSCHAFTLICHEN GRUNDLAGEN DES NEUEN SÜDAFRIKA

Birgitta Eggers

Die wirtschaftliche Entwicklung Südafrikas ist für die politische Stabilität des Landes von zentraler Bedeutung. Die in fast allen Gesellschaftsbereichen ungleiche Verteilung von Gütern birgt ein großes Potential an sozialem Sprengstoff. Ohne eine langfristig prosperierende Wirtschaft wird die politische Stabilität und damit der Demokratisierungsprozeß nicht gewahrt werden können.

I. Daten zur wirtschaftlichen Situation Südafrikas

Die wirtschaftliche Entwicklung Südafrikas ist zwischen 1985 und 1989 durch relativ geringes Wachstum gekennzeichnet. Wie Tabelle 1 zeigt, beliefen sich die Wachstumsraten des Bruttoinlandsprodukts in diesen Jahren im Mittel auf 1,5%. Die Jahre 1990 bis 1992 zeichnen sich hingegen sogar durch eine Schrumpfung aus. 1990 und 1991 sank das BIP um ca. jeweils ein halbes Prozent, 1992 sogar um 2,1%. Erst ab 1993 gab es wieder Wachstumsraten, 1994 belief sich das BIP-Wachstum auf durchschnittlich 2,7%, 1995 auf ca. 3,1%.

Noch drastischer spiegelt das Pro-Kopf-Einkommen die negative Entwicklung wider: Das hohe Bevölkerungswachstum von 2,3% bewirkte, daß das Bruttosozialprodukt pro Kopf z. B. im Jahr 1990 um 11,3% sank.[1] Begründet wird die schlechte wirtschaftliche Entwicklung zur Zeit der Apartheid u.a. mit den internationalen Sanktionen als eine direkte Antwort auf die Ablehnung Präsident Bothas, schwarze Volksvertreter im Parlament zu akzeptieren. Mit den Folgen hat die südafrikanische Wirtschaft bis zur Gegenwart zu kämpfen. Der Paria-Status zwang Südafrika, die Rolle eines Nettokapitalexporteurs anzunehmen: Es konnte seine Importe nicht durch gleichwertige Exporte bezahlen, weil viele südafrikanische Waren vom Ausland boykottiert wurden. Daß es keine Möglichkeiten gab, auf dem internationalen Finanzmarkt neues Kapital zu erwerben,

1 Vgl. Graham Larcombe: Economic policy debates in South Africa, in: National Economic Review, No. 34, October 1995, S. 2.

begründet das Defizit in der Leistungsbilanz.[2] Die im Inland knapp gehaltene Geldmenge induzierte die schwere Rezession.

Der Zustand der Wirtschaft zu Beginn der 90er Jahre ist vor allem auch als Konsequenz einer Dürreperiode zu sehen. Der Agrarsektor hatte gewaltige Produktionseinbußen zu verzeichnen. Obwohl Südafrika im Vergleich zum gesamten Kontinent das höchste Pro-Kopf-Einkommen zu verzeichnen hatte, sank das BSP ab 1989 kontinuierlich und erreichte 1992 das Niveau von 1972.[3] 1990 lebten nach Schätzungen 16 von 41 Mio. der Gesamtbevölkerung unterhalb der Armutsgrenze und verdienten pro Familie/Monat weniger als 600 Rand.

Tabelle 1
Wachstums- und Inflationsraten[4]

Jahr	%	%
1985	- 1,2	16,4
1986	0	18,5
1987	2,1	16,2
1988	4,2	12,7
1989	2,3	14,7
1990	- 0,5	14,4
1991	- 0,4	15,3
1992	- 2,1	13,9
1993	1,1	9,7
1994	2,7	8,9
1995	3,1	8,1
1996	3,8	6,9

2 Vgl. Anver Versi: Focus on South Africa, in: African Business von 12/95, S. 9.

3 Vgl. Bernd Schnatz: South Africa's Economic Prospects after the Elections, in: Intereconomics 05/06 1994, S. 119.

4 Zahlen für Wachstumsraten: 1985-1992: UN Statistical Yearbook 1995, 1993: Länderbericht Südafrika 1994, 1994: Quarterly Bulletin (SA Reserve Bank), 1995/96: Schätzung/-Prognose der Geschäftsbank Nedcor, zitiert nach bfai, Länderreport vom 19.03.1996. Quelle für Inflationsraten: Investing in South Africa, in: Financial Times vom 28.03.1996.

Tabelle 1 zeigt, daß die Inflation von 1985-1992 stets zweistellig war, erst 1993 unterschritt sie zum ersten Mal mit 9,7% die 10%-Marke. Dies war die Folge einer sehr restriktiven Geldpolitik der Zentralbank. 1994 und 1995 stabilisierte sich dieser Trend, die Inflationsrate lag stets unter 10%.

Die Arbeitslosenrate wird 1996 nach offiziellen Statistiken mit 46%[5] angesetzt und signalisiert am deutlichsten die ökonomischen Probleme des Landes und den darin enthaltenen sozialen Sprengstoff. Dabei ist der formale vom informalen Sektor zu trennen. Der informale Sektor nimmt einen Teil der Arbeitslosen auf. Nach Schätzungen könnten dies bis zu 20% sein.[6] Die Gründe für diese hohen Arbeitslosenzahlen sind u.a. in dem hohen Lohnniveau Südafrikas zu sehen, welches wiederum ausländische Investoren abschreckt. Durch die Rezession versuchten die Unternehmen auf kapitalintensive Produktion umzusteigen. Die Arbeitslosenzahlen stiegen weiter an. Die Produktivität des Faktors Arbeit erreichte in den 80er Jahren Steigerungsraten von nur 0,5%. Gleichzeitig gewannen die Gewerkschaften an Macht und Ein-fluß und forderten Löhne weit über den Produktivitätsraten ein. Die hohen Lohnkosten förderten wiederum die kapitalintensive Produktion, was in diesem arbeitsreichen Land verhängnisvoll für den Arbeitsmarkt war und ist. Der gleiche Fehler wurde 1995 nach einem ersten Mini-Boom wiederholt, als die Lohnforderungen erneut den Produktivitätsfortschritt überstiegen.

Die Vernachlässigung der Ausbildung schwarzer Arbeitskräfte während der Apartheid wird dazu führen, daß bis zum Jahr 2005 die Zahl der ausgebildeten Arbeitskräfte um 92.000 zurückgehen wird. Hingegen werden zusätzlich 11,5 Mio. un- oder halbausgebildete Kräfte um Arbeit nachfragen. Im gleichen Zeitraum wird die Bevölkerung von derzeit 41 auf 58,4 Mio. im Jahr 2010 wachsen. 1970 betrug die Bevölkerung nur 22,5 Mio. Menschen.[7] Der kumulierte Effekt ist, daß Südafrika nicht annähernd so produktiv und wettbewerbs-

5 Vgl. Anver Versi: Focus on South Africa, a.a.O., S. 8.

6 Vgl. Bernd Schnatz: South Africa's Economic Prospects, a.a.O., S. 119.

7 Vgl. Anver Versi: Focus on South Africa, a.a.O., S. 9.

fähig ist, um auf internationalen Märkten, z. B. mit den asiatischen Tigern, mithalten zu können.

II. Probleme des Investitionsklimas

Das Investitionsklima hängt von verschiedenen Variablen ab. Dazu gehören zunächst politische Ereignisse. Der Rücktritt Chris Liebenbergs als Finanzminister Ende März 1996 z.B. führte zur ersten größeren Kabinettsumbildung, die von Investoren und Ökonomen genauestens beobachtet wurde. Zum ersten Mal gelangte das Finanzministeriums in die Hände des ANC.[8] Bislang war dieses und andere ökonomische Ressorts von wirtschaftlich für kompetent gehaltenen Weißen geführt worden, was das internationale Vertrauen in eine kontinuierliche Wirtschafts- und Finanzpolitik gestärkt hatte.

Wie der personelle Wechsel unter den Investoren langfristig aufgenommen wird, bleibt abzuwarten. Die Finanz- und Devisenmärkte reagierten mit einem Kursverfall des Rands gegenüber dem Dollar, der unter die historische Marke von 4.11 Rand fiel bzw. mit einem Kursrückgang der Aktien und Anleihen.[9] Die Tatsache, daß der neue Finanzminister Manuel ein schwarzer Anti-Apartheidaktivist war, könnte ihm helfen, gegenüber dem Gewerkschaftsflügel des ANC angesichts der dringenden Proble- me des Landes unpopuläre Maßnahmen zu fordern. Daß die Zuständigkeit der Mittelverwaltung des RDP seit März 1996 in den Kompetenzbereich des Finanzministeriums fällt, könnte aufgrund der dringenden Notwendigkeit, die Staatsausgaben zu senken, positive Resonanz erzeugen. Der Austritt der NP aus dem GNU zum 30. Juni 1996 verursachte erhebliche Unruhe auf den Märkten. Unmittelbar nach der Ankündigung fiel der

---

8 Seit Frühjahr 1996 wird das Finanzressort von Trevor Manuel geführt, ehemals zuständig für die Bereiche Handel und Industrie.

9 Seit Februar 1996 verlor der Rand gegenüber dem US$ ca. 20% seines Wertes. Für den Kursverfall sind u.a. Gerüchte um den Gesundheitszustand Mandelas, Ausschreitungen in Kwa/Zulu Natal sowie widersprüchliche Erklärungen von Regierungsvertretern zu wirtschaftlichen Passagen der Verfassung von 1996 verantwortlich. Die Definition wirtschaftlichen Eigentums und die Entschädigung bei Enteignung haben Investoren verunsichert. Zwischen Südafrika und Deutschland sowie anderen Staaten gibt es bilaterale Investitionsschutzabkommen, die u.a. eine internationale Eigentumsgarantie festschreiben.

Rand um knapp 4%, der Kurs für Industrieaktien erreichte seinen niedrigsten Stand seit fünf Monaten.[10]

Durch die extensiven staatlichen Interventionen in die Faktor- und Gütermärkte fehlt es Südafrika an ausreichenden Technologieinvestitionen und Risikokapital.[11] Die Mitglieder der Regierung sind sich darüber einig, daß es bis zum Jahr 2000 ein jährliches Wirtschaftswachstum von mindestens 6% geben muß; um 300.000 bis 500.000 neue Arbeitsplätze im Jahr zu schaffen, bedarf es einer ca. 10%-igen Exportsteigerung außerhalb des Gold-Sektors und erheblicher privater und staatlicher Investitionen. Durch das Budgetdefizit und die niedrige inländische Sparquote[12] der privaten Haushalte sind vor allem ausländische Direktinvestitionen erforderlich.[13] Die Investitionstätigkeit fiel auch nach dem Wechsel von 1994 mäßig aus. 1995 erhöhten sich die realen Direktinvestitionen im Vergleich zum Vorjahr um nur 1,3%. Abgesehen von einem Volumen von 20 Mrd. Rand für Aktien und Anleihen registrierte das Handels- und Industrieministerium seit April 1994 nur Direktinvestitionen in Höhe von 3 Mrd. Rand. Dies sind vor allem Investitionen von nach der Beendigung der Apartheid zurückgekehrten Firmen. Bislang haben 160 Unternehmen nach der Phase der Desinvestition Mitte der 80er Jahre erneut investiert; dabei haben sich aber nur wenige für langfristige Investitionen entschieden.[14]

Massenarmut, Massenarbeitslosigkeit und hohe Kriminalität stellen einen Teufelskreis dar, den zu durchbrechen eine Zusammenarbeit aller politischen und sozialen Kräfte verlangt. Die politische Frage ist, ob eine solche breite Koalition zustandekommen kann. Solange dies nicht geschieht, werden ausländische In-

---

10 Vgl. Mandela will die Wirtschaftspolitik auch allein fortsetzen, in: FAZ vom 11.05.1996.

11 Vgl. Bernd Schnatz: South Africa's Economic Prospects, a.a.O., S. 119.

12 Nach makroökonomischen Analysen muß mindestens 25% des BSP gespart werden, um ein Wachstum von ungefähr 5% zu erzielen, Südafrika hat eine Sparquote, die bei ca. 16,7% liegt. Vgl. Investing in South Africa, in: Financial Times vom 28.03.1996.

13 Vgl. Consolidating the successes, in: Financial Times vom 28.03.1996.

14 Vgl. Shock therapy to lure investors, in: Financial Times vom 28.03.1996.

vestoren, die bereit wären, im Land zu investieren, u.a. durch die Kriminalität abgeschreckt.[15]

Nicht nur in der besonders spannungsgeladenen Provinz KwaZulu/Natal, sondern auch in Johannesburg ist die Kriminalitätsrate überdurchschnittlich hoch. Mit 41 Morden pro 100.000 Einwohnern jährlich liegt Südafrika weltweit an der Spitze.[16] Ohne ausländische Direktinvestitionen wird der wirtschaftliche Aufschwung sich erheblich verzögern, so daß Massenarmut und Massenarbeitslosigkeit tendenziell zu weiterer Kriminalität führen.

Thabo Mbeki, Vizepräsident des Landes und stellvertretender ANC-Vorsitzender, macht neben der hohen Arbeitslosigkeit das fast vollkommen fehlende soziale Sicherungssystem für die hohe Gewaltbereitschaft verantwortlich. Die Polizei ist mit der Verbrechensbekämpfung überfordert. Allein in der Region Gauteng fehlen 12.000 Beamte.[17] Besonders in den ehemaligen Townships ist das Stellen von Verbrechern aufgrund der Straßenverhältnisse praktisch unmöglich. Deswegen setzt die Polizei inzwischen Helikopter und Pferde ein. Hinzu kommt, daß die Polizeikräfte aufgrund ihres Status in den Jahren der Apartheid immer noch wenig Unterstützung aus den Reihen der zivilen schwarzen Bevölkerung bekommen. Entsprechend der Politik der affirmative action wurden seit 1994 schlecht oder nicht ausgebildete Personen rekrutiert, so daß die Leistungsfähigkeit der Polizei weiter beeinträchtigt wird. Außerdem wurde seitdem das Budget der Polizei landesweit um real 4% gekürzt.

Um die Investitionsbereitschaft zu fördern, hat sich die Regierung darüber hinaus verpflichtet, die Devisenverkehrskontrollen aufzuheben. Aber wie im

---

15 Auch der Chef der Deutsch-Südafrikanischen Handelskammer, Klaus Schuurmann, sieht hierin die Hauptursache für die Verunsicherung internationaler Investoren. Vgl. In Südafrika kommt der Aufschwung nur in Trippelschritten, in: Die Welt vom 10.04.1996.

16 Vgl. Desmond Tutu: Die Welt braucht eine südafrikanische Erfolgsstory, in: Handelsblatt vom 01./02.12.1995.

17 Vgl. Shadow over Mandels's smile, in: Financial Times vom 02./03.03.1996.

Bereich der Privatisierung soll ein sehr vorsichtiger Kurs eingeschlagen werden.[18] Inzwischen wurde der gespaltene Devisenmarkt aufgehoben. Es bestehen für Devisenausländer keine Restriktionen mehr, für Deviseninländer wurden ebenfalls Erleichterungen bzw. Ausnahmen geschaffen. Trotzdem bleibt die Kapitalausfuhr im wesentlichen verboten. Die Zentralbank begründet diese Maßnahmen mit den geringen Währungsreserven von nur ca. 15 Mrd. Rand, was nach gängigen Kriterien als ungenügend bezeichnet werden kann. Dies ist eine weitere Folge der internationalen Sanktionen der 80er Jahre. Da sich das Nachholbedürfnis der inländischen Investoren nach Angaben der Reserve Bank in einer Größenordnug von ca. 50 Mrd. Rand bewegt, könnte eine Freigabe des Kapitalverkehrs über Nacht eine nicht zu deckende Nachfrage nach Devisen zur Folge haben. Wie die ausländischen Investoren auf diese zögerlichen Zeichen reagieren, bleibt abzuwarten.

Die Ankündigung, bis zum Jahre 2002 die Importzölle gemäß des GATT (mit dem 1.1.1995 wurde das General Agreement on Tariffs and Trade in die World Trade Organization, WTO, umgewandelt) auf 40% zu reduzieren,[19] zog einige ausländische Investitionen nach sich. So gehen BMW, Toyota und Nissan davon aus, daß durch solche Maßnahmen protektionierte Unternehmen ihren künstlichen Wettbewerbsvorteil verlieren, so daß sich bereits getätigte sowie zukünftige Investitionen rentieren werden.

III. Das Programm zum Wiederaufbau und Entwicklung (RDP)

Das vom ANC im April 1994 ins Leben gerufene 'Reconstruction and Development Programme' (RDP) hatte das ehrgeizige Ziel, die sozioökonomischen Lebensbedingungen der während der Apartheidjahre benachteiligten Bevölkerungsgruppen zu verbessern. Die gesetzten Ziele umfassen im wesentlichen zwei Bereiche: strukturelle Anpassungsmaßnahmen zum Wiederaufbau der Wirtschaft

---

18 Vgl. Consolidating the successes, in: Financial Times vom 28.03.1996.

19 Die Senkung einiger Importsteuern wirkte sich positiv auf die Preissteigerungsrate aus, die sich damit auf dem niedrigsten Niveau seit 1972 befand, vgl. dazu und zu weiteren Gründen ABSA Bank, Internet (http:/www.is.co.za/absa), Inflation vom 07/1996.

sowie zur Erzeugung von Wirtschaftswachstum und die Befriedigung der elementarsten Bedürfnisse der Bevölkerung.

Sein Hauptaugenmerk legt das Programm auf die Schaffung von Arbeitsplätzen und Wohnraum und die Umverteilung von Land. Ebenso soll der Ausbau der Infrastruktur des Landes vorangetrieben werden, z. B. die Wasserversorgung, die Elektrifizierung sowie die Telekommunikation. Aber auch das Gesundheitswesen und die Ausbildungsmöglichkeiten der Bevölkerung sollen mit Hilfe des RDP entscheidend verbessert werden.

Zwei Kritikpunkte am RDP gab es von Anbeginn.[20] Kritiker bezeichnen das Programm als eine 'wish list' oder als eine 'shopping list'[21], die ohne jede strukturierte Prioritätenangabe aufgestellt wurde. Zudem läuft sie der Zusage der Regierung zuwider, sich einer disziplinierten Ausgabenpolitik zu verpflichten, ohne die das Budgetdefizit des Landes nicht zu kontrollieren ist, was wiederum Auswirkungen auf die wirtschaftliche Entwicklung des Landes hat. Den einzelnen Bereichen des RDP wurden Summen zugewiesen, ohne daß deren Finanzierung hinreichend gesichert ist. Somit bleibt offen, ob die finanziellen Mittel durch eine Steuererhöhung finanziert werden oder ob damit gerechnet wird, daß sich in den nächsten Jahren die Staatseinnahmen durch den wirtschaftlichen Aufschwung ausreichend erhöhen. Ebenso wäre eine Umverteilung der staatlichen Mittel, z. B. zu Lasten der Verteidigungsausgaben, möglich, was auf erheblichen Widerstand der South African National Defence Force stößt, die vor dem schwierigen Problem der Integration der alten Streitkräfte mit den früheren Armeen der Befreiungsbewegungen steht.

Das größte Problem bei der praktischen Durchführung des Programms ist aber die Verwaltung und Verteilung von Geldern. Insbesondere in den Provinzen, aber auch in den nationalen Ministerien zeichnen sich die Administrationen durch Diskontinuität und Zentralisierung aus. Durch eine starke Fluktuation und

20 Vgl. Wish List off to a slow start, in: Financial Times vom 21.11.1995.

21 Vgl. G.J. Kershoff: A Critical Evaluation of the Reconstruction and Development Programme, Occasional Research Paper/Bureau for Economic Research, University of Stellenbosch 1994, S. 1.

mangelnde Erfahrung in der Zuteilung von öffentlichen Geldern arbeitet die Bürokratie so ineffektiv, daß bewilligte Gelder häufig nicht an ihrem Bestimmungsort ankommen. So versuchte der damals verantwortliche Minister Jayaseelan Naidoo im November 1995 die Ausgabe von 2 Mrd. Rand[22] durch ein weiteres Programm zu beschleunigen.[23]

Das RDP wirft darüber hinaus weitere Probleme auf. Die sog. 'non-governmetal organizations' (NGOs) befürchten ein teilweises 'crowding-out' mit dem Effekt, daß es zu weiterer Ressourcenverschwendung durch die ineffiziente Arbeitsweise des Staates kommt. Selbsthilfestrukturen, wie sie sich aus der Not in den Gemeinden zum Teil aufgebaut haben, wären in Gefahr. Es sind inzwischen Kooperationen mit privaten Unternehmen vorgesehen. Sie sollen die Gemeinden vor Ort beraten und die Umsetzung der Projekte gewährleisten. Entscheidend für den Erfolg des RDP ist also zuerst die Sicherung der Allokation von Geldern, im zweiten Schritt geht es um die inhaltliche Ausgestaltung der Projekte. Dort, wo Verwaltungsstrukturen bestehen, ist die Distribution der Mittel am ehesten gesichert.

Es ist ersichtlich, daß aufgrund der staatlichen Planung die Bedürfnisse und finanziellen Möglichkeiten der Bevölkerung nicht ausreichend beachtet werden. So sind drei Viertel der Bevölkerung nicht in der Lage, sich den Typ Haus, der durch das RDP zur Verfügung gestellt wird, finanziell zu leisten. Dazu wäre mindestens das dreifache Einkommen notwendig. Diese Art der Planung ist somit ein klassisches Beispiel für Staatsversagen. Von den versprochenen 300.000 Wohnungen, die im ersten Jahr bereitgestellt werden sollten, sind weniger als 11.000 tatsächlich gebaut worden.[24] Im Gegensatz dazu konnte die Regierung de Klerk 1992 insgesamt 50.000 Häuser erstellen lassen.

---

22 Ebda.

23 Inzwischen werden die RDP Mittel vom Finanzministerium verwaltet, nachdem Mandela das für das Programm zuständige Ressort abgeschafft hatte. Vgl. Präsident Nelson Mandela gestaltet die Wirtschaftsressorts neu, in: FAZ vom 01.04.1996.

24 Vgl. Learning from mistakes, in: Financial Mail vom 08.12.1995.

Daraus wird deutlich, daß das Programm zwar eine Berechtigung hat, daß es aber keine angemessene Wirtschaftspolitik substituieren kann. Die Umstrukturierung der südafrikanischen Gesellschaft und Wirtschaft wird kein Wirtschaftswachstum fördern, das in nennenswertem Umfang Arbeitsplätze schafft. Das RDP ist zuallererst als ein Sozial- oder Wohlfahrtsprogramm zu verstehen, das die grundlegenden Bedürfnisse der ländlichen Bevölkerung und der Menschen in den Townships zu befriedigen versucht. Das RDP kann auch als ein Rahmen betrachtet werden, in dem eine Vielzahl von Maßnahmen untergebracht werden können, die zu höherem Wirtschaftswachstum und größerer sozialer Gerechtigkeit führen sollen. In diesen Rahmen fallen u.a. Geld- und Fiskalpolitik, Handels- und Industriepolitik, eine Politik, die das Humankapital fördert, Maßnahmen zur Reform des Arbeitsmarkt sowie eine effektive Wettbewerbspolitik.[25]

Von politischer Bedeutung ist, daß der Erfolg des RDPs von der Bevölkerung an der kurzfristig gesteigerten Wohlfahrt gemessen wird. Dem entgegen steht die Notwendigkeit zu privatisieren und die Staatsausgaben zu senken, um langfristig die privaten Investitionstätigkeiten zu stimulieren.[26] Auch auf eine Liberalisierung des Außenhandels kann zur Förderung der wirtschaftlichen Entwicklung des Landes nicht verzichtet werden. Eine solche Politik wird in einzelnen Bevölkerungsgruppen auf Widerstand stoßen. Vom empfundenen Erfolg des Programms wird im erheblichen Maße abhängen, wie lange die Bevölkerung den Wiederaufbau ihres Landes friedlich verfolgt und soziale Spannungen gedämpft werden können. Aus politischer Sicht hat das RDP also eine herausragende Rolle im Demokratisierungsprozeß des Landes.

IV. Politische Rahmenbedingungen der Wirtschaftspolitik

Die South African Foundation, ein Zusammenschluß der 50 größten Unternehmen, hat Ende Februar 1996 das Reformprogramm 'Growth for all'[27] in Form

25 Ebda.

26 Vgl. Growth rather than welfare, in: Financial Mail vom 08.12.1995.

27 Vgl. South African Foundation (ed.): Growth for all. An economic strategy for South Africa, Johannesburg, Februar 1996.

eines Forderungskatalog veröffentlicht, in dem es folgende Punkte als besonders notwendig erachtet:

- die rasche Bekämpfung der Kriminalität,
- eine schnelle Lockerung der Devisenkontrollen,
- die zügige Privatisierung von Staatsbetrieben,
- drastische Kürzungen im Staatsbudget,
- eine Flexibilisierung des Arbeitsmarkt,
- eine Steuerreform,
- die Ankurbelung des Exports.

Die Organisation befürchtet für fast jeden Sektor, daß die Regierung auf die Probleme der Wirtschaft zu langsam reagiert oder sogar falsche Akzente setzt. Dies gilt z. B. bei dem neuen "Labour Relations Act", der den Arbeitern breitere Mitbestimmungsrechte in der Unternehmensführung zugesteht.[28]

Problematisch ist, daß der ANC eng mit dem Gewerkschaftsbund COSATU verbunden ist und seine Rücksichtnahme auf dessen Mitglieder nicht unerheblich ist.[29] Dies verhindert eine Politik, um das notwendige Wirtschaftswachstum von mindestens 6% anzukurbeln. Nach der Diskriminierung auch der schwarzen Gewerkschaften während der Zeit der Apartheid ist es naheliegend, daß es im Zuge der angestrebten Versöhnung und Einigung der Nation zu Zugeständnissen an die Gewerkschaften kommt. COSATU hat als Antwort auf die wirtschaftspolitischen Vorschläge der South African Foundation einen eigenen Forderungskatalog aufgestellt, der sich als krasses Gegenteil zum Programm 'Growth for all' präsentiert.[30] Darin wird u.a. gefordert:

- staatliche Arbeits- und Wohnungsprogramme,
- Arbeitszeitverkürzungen,

---

28 Vgl. Shadow over Mandela's smile, in: The Financial Times vom 02./03.03.1996.

29 Der Aufruf der Dachorganisation zum Generalstreik, mit dem erfolgreich verhindert wurde, daß das Recht auf Aussperrung in der Verfassung verankert wurde, dokumentiert diese politische Einflußnahme von Cosatu. Vgl. Streit um die Eigentumsrechte, in: HB vom 02.05.1996.

30 COSATU (ed.): Social Equity and Job Creation. The key to a stable future, Proposals by the South African Labour Movement, o.O., o.J.

- Schutz vor ausländischer Konkurrenz,
- Erhöhung der staatlichen Nachfrage,
- Schaffung eines Rahmens zur Verbesserung der Produktivität,
- Neuverteilung von Land zur Förderung von Kleinstfarmen,
- eine weniger restriktive Geldpolitik zur Nachfragesteigerung,
- Erhöhung der Körperschaftssteuer,
- eine einkommensgestaffelte Mehrwertsteuer,
- stärkere Besteuerung der sog. 'super rich',
- drastische Verbesserung der Mitspracherechte der Arbeitnehmer.

Inzwischen mehren sich die Stimmen, daß es der ANC angesichts des weiter sinkenden Vertrauens der Investoren nicht wird vermeiden können, eine klare Trennungslinie zwischen der eigenen Wirtschaftspolitik und den Vorstellungen des mit ihm verbündeten Gewerkschaftsbunds zu ziehen. Die Gewerkschaften vertreten in erster Linie die Gewerkschaftsmitglieder mit Arbeitsplatz und nehmen bei ihren Lohnforderungen keine Rücksicht auf Arbeitslose. In ihrem Verhalten spiegelt sich der klassische Insider-Outsider-Konflikt wider. Gerade ein Hochlohnland wie Südafrika ist aber, um international wettbewerbsfähig zu werden, darauf angewiesen, Lohnzurückhaltung zu üben und seinen Arbeitsmarkt flexibel zu gestalten.

Im Vergleich mit anderen afrikanischen Staaten hat Südafrika eine relativ gut ausgebildete Arbeiterschaft. Trotzdem bleibt als gravierendes Problem, daß jedes Jahr ca. 400.000 schwarze Jugendliche auf den Arbeitsmarkt stoßen.[31] Als Kampf gegen die Apartheid entstand die Kampagne 'Freedom now, education later'. Sie hat dazu geführt, daß es einen erheblichen Anteil der Jugendlichen gibt, der keine ausreichende Schulbildung besitzt. Der Ausbildung der schwarzen Bevölkerung kommt eine Schlüsselstellung zu, um politische Spannungen abzubauen und die Voraussetzung für potentielles Wachstum der Wirtschaft zu schaffen. Südafrika verfügt über den höchsten Grad an Humankapital im südlichen Afrika, gemessen mit dem 'Human Development Index'. Dieser Index setzt sich zusammen aus der Lebenserwartung, dem realen Pro-Kopf-Einkommen sowie dem Ausbildungsniveau eines Landes.

---

31 Vgl. Anver Versi: Focus on South Africa, a.a.O., S. 8.

Dabei ist allerdings zu berücksichtigen, daß die Einkommensverteilung, die der Index nicht erfaßt, in Südafrika extrem ungleichmäßig ist und daß ein solcher Index, der nur für die schwarze Bevölkerung erhoben wird, ein anderes Bild offenbart. Die Weltbank konstatiert, daß Südafrika eine der extremsten Einkommensverteilungen der Welt hat.[32]

Tabelle 2
Human Development Index[33]

	Human Development Index 1989	Analphabetenrate 1990 in %
Südafrika	0,673	30,0
Mosambik	0,154	67,1
Simbabwe	0,398	32,1
Lesotho	0,431	22,0
Botswana	0,552	26,4
Thailand	0,715	7,0
Südkorea	0,872	3,7
Malaysia	0,790	21,7
Deutschland	0,957	1,0

Desweiteren ist aus Tabelle 2 auch ersichtlich, daß die menschliche Leistungsfähigkeit in Südafrika, die der 'Human Development Index' widerspiegelt, nicht die der asiatischen Staaten erreicht. Schätzungen zu Folge verlassen ein Viertel der schwarzen Schüler die Schule nach nur einem Jahr, ohne in dieser Zeit ausreichende Grundkenntnisse im Lesen und Schreiben erworben zu haben. Das Resultat ist eine Analphabetenrate von ca. 30%[34], die höher ist als in allen vergleichbaren Ländern in Südostasien sowie Lateinamerikas. Botswana und

32 Vgl. Graham Larcombe: Economic policy debates in South Africa, in: National Economic Review, No. 34, October 1995, S. 3.

33 Zahlenangaben nach Bernd Schnatz: South Africa's Economic Prospects after the Elections, a.a.O., S. 119.

34 Vgl. Anver Versi: Focus on South Africa, a.a.O., S. 8.

Malaysia haben z. B. geringere Analphabetenraten. Langfristig ist die Schaffung eines adäquaten Ausbildungssystems von zentraler Bedeutung für die wirtschaftliche Entwicklung des Landes.

Die Politik der 'positiven Diskriminierung' zugunsten der Nicht-Weißen ist konzipiert, um die Verzerrungen der Vergangenheit zu beheben. Dies soll vor allem am Arbeitsplatz geschehen. Stellen werden solange mit Schwarzen besetzt, bis diese ihre Quote erbracht haben. Die Angst, daß es dabei zu Effizienzverlusten kommt, ist groß und berechtigt, denn die Besetzung erfolgt oft nicht unter Berücksichtigung beruflicher Qualifikation. Das Ausmaß und die Folgen, die die 'affirmative action' z. B. im Staatsapparat annimmt, sind erheblich. So ist es inzwischen notwendig, für etliche Positionen im gehobenen Dienst einen Berater einstellen zu müssen, der die Fähigkeiten des eigentlichen Stelleninhabers ergänzt oder gar ersetzt.[35] Die Monatsgehälter, die den Finanz- oder Wirtschaftsberatern gezahlt werden, belaufen sich in Größenordnungen von 8.872 bis 16.836 Rand monatlich. Es wird außerdem befürchtet, daß die Fehler der Vergangenheit nun mit umgekehrten Vorzeichen wiederholt werden. Wiederum benachteiligt werden offensichtlich die Farbigen und Inder. Sie wurden nicht nur schon zu Apartheidzeiten diskriminiert, sondern erneut benachteiligt, weil sie in der Gesellschaft weder als Weiße noch als Schwarze gelten.

Das Neue Südafrika hat aus den Jahren des Apartheid-Regimes ein erhebliches Budgetdefizit übernommen, wie Tabelle 3 zeigt.

Tabelle 3
Budgetdefizit in % vom BIP[36]

1990/91	1991/92	1992/93	1993/94	1994/95
2,5	4,3	8,3	6,9	6,6

Die Fiskal-Krise entstand aus den steigenden Kosten zur Erhaltung des Staatsapparates. Die Rezession führte darüber hinaus zu verminderten Staatseinnah-

35 Vgl. One job for the price of two, in: Sunday Times (Metro) vom 23.06.1996.

36 Zahlenangaben aus: Statistisches Bundesamt (Hrsg.): Länderbericht Südafrika 1994, Wiesbaden 1995, S. 159.

men. Die Finanzierung der Staatsausgaben, vor allem wenn diese im Zuge des Wiederaufbaus des Landes expandiert werden, ist äußerst problematisch. Solange die Reserve Bank autonom von Weisungen der Regierung handelt, wird die Regierung keine Finanzierung durch das Konzept der Inflationssteuer durchsetzen können. Zudem ist die Anwendung einer solchen Finanzierungsform aufgrund der Verunsicherung der Wirtschaftssubjekte ökonomisch problematisch. Aufgrund der bereits relativ hohen Steuerlast, die von Unternehmen und privaten Wirtschaftssubjekten getragen wird, ist auch die Erhöhung der Steuern keine Option der Finanzierung. COSATU verhinderte erfolgreich die Erhöhung der Mehrwertsteuer um einen Prozentpunkt. Das Budgetdefizit beläuft sich auch 1996 noch auf 6% des BIPs, obwohl es in den letzten drei Jahren einen wirtschaftlichen Aufschwung zu verzeichnen gab.[37]

Die Geldpolitik der Zentralbank in den Jahren 1991-96 findet internationale Anerkennung. Angelehnt an die Arbeitsweise der Deutschen Bundesbank verfolgt sie einen sehr restriktiven Kurs, um die Geldwertstabilität zu sichern. So konnte die Inflationsrate deutlich und stabil unter 10% gedrückt werden. Die Reserve Bank realisiert eine Hochzinspolitik, um die Kreditnachfrage und somit die Inflation auf einem niedrigen Niveau zu halten. Im Frühjahr 1996 betrug der Diskontsatz 15%. Die Zentralbank mußte in den vergangenen Monaten des öfteren Stützungskäufe für den Rand durchführen, wodurch die seit 1994 neu gebildeten Währungsreserven fast vollständig verbraucht wurden.

Nach Jahren der Autarkie ist eine offene Außenhandelspolitik ein entscheidender Schritt für die wirtschaftliche Entwicklung des Landes. Die ehemals verfolgte Strategie, Importsubstitutionen zu fördern, war der Grund für einen Teil der wirtschaftlichen Stagnation Ende der 80er Jahre. Die Öffnung des Handels ist für den Anschluß auf dem Weltmarkt unabdingbar. Mit dieser Liberalisierung geht der Zwang einher, eine internationale Wettbewerbsfähigkeit herzustellen. Dies stellt wiederum eine Bedrohung für die einheimischen Industrien dar. In einem solchen Umstrukturierungsprozeß wird es automatisch zu erneuter Arbeitslosigkeit kommen, die destabilisierend wirkt, wenn sie von populistischen Kräften politisch aufgegriffen wird.

---

37 Vgl. Absa Bank, Internet, a.a.O., Government Finance vom 07/1996.

V. Der ordnungspolitische Rahmen

In der Eröffnungsrede zur neuen Parlamentssession am 9. Februar 1996 sprach sich Mandela für die Sicherung des Wirtschaftswachstums aus, in dem er auf die Notwendigkeit einer verstärkten Privatisierung der Staatsbetriebe hinwies. Den Anstoß für dieses Vorhaben hatten die Weltbank und der Internationale Währungsfonds gegeben.[38] Mit der Privatisierung solle Südafrika in die Lage versetzt werden, sein Haushaltsdefizit von 6% des BSP zu reduzieren.

Der Umfang der geplanten Privatisierung ist politisch umstritten. Von Seiten des ANC wurde festgestellt, daß gewisse Schlüsselindustrien wie Stromerzeugung und Telekommunikation weiterhin unter staatlicher Kontrolle stehen sollen. Bis zum Jahreswechsel 1996/97 sollen aber etwa 30% der Telkom veräußert werden.[39] Dagegen stehen Unternehmen wie die Waffenfabrikanten Denel und die Armscor-Gruppe im Gespräch, vollständig privatisiert zu werden. Ebenso sollen die Fluggesellschaften South African Airways (SAA), Transkei Airways und Sun Air möglicherweise aus der staatlichen Hand gegeben werden.[40]

Die staatlichen Betriebe sind noch durch die Isolationsphase Südafrikas geprägt. So fehlt es an der notwendigen Einstellung, sich durch innovative Produkte einen Platz im internationalen Wettbewerb zu erkämpfen und zu halten. An hierfür notwendigen Erfahrungen mangelt es allzuoft. Durch die Zeiten der teilweise Isolation vom Weltmarkt hat sich vielfach eine Unternehmenspolitik verbreitet, die nicht am Wettbewerb ausgerichtet ist. Die verarbeitende Industrie stellt fest, daß ein Produkt, das in Südafrika z. B. für 20 $ hergestellt wird, in Südostasien für nur 7 $ produziert werden kann.[41]

---

38 Vgl. Die Republik Südafrika hofft auf eine Wirtschaftsbelebung, in: Blick durch die Wirtschaft vom 14.02.1996.

39 Vgl. Südafrika treibt Privatisierungen voran, in: FAZ vom 24.06.1996.

40 Eine Teilprivatisierung von South African Airways ist erst dann geplant, wenn das Pensionsfondsdefizit der Muttergesellschaft Transnet abgebaut ist, ebda.

41 Vgl. Anver Versi: Focus on South Africa, a.a.O., S. 12.

Die Weltbankorganisation International Finance Corporation (IFC) sicherte Südafrika im Februar 1996 US$ 200 Mio. zu, insbesondere um die Privatisierung von Staatsbetrieben zu unterstützen.[42] Damit soll vor allem schwarzen Unternehmern die Möglichkeit gegeben werden, an der Privatisierung teilzunehmen und sich in die entsprechenden Unternehmen einzukaufen. Konflikte zwischen der Regierung Mandelas und dem Gewerkschaftsdachverband COSATU werden von der IFC als natürlich angesehen. Experten bezeichnen die Frage der Privatisierung als 'sehr sensitiv'[43] und damit automatisch auch als sehr zeitintensiv. Die Gewerkschaften drohten der Regierung, die eine Beschlußfassung des Privatisierungskonzeptes anstrebt, wiederholt mit einem Generalstreik, so daß es mehrmals zur Aufschiebung des Privatisierungskonzeptes kam. Grundsätzlich geht es den Gewerkschaften nicht um das 'Ob', sondern um die Art und Weise der Einbindung der Arbeitnehmer in den Privatisierungsprozeß. Zu den Privatisierungsplänen der Regierung Ende Juni 1996 äußerte sich die COSATU hingegen verhaltener als allgemein erwartet wurde.[44]

Während sich der ANC jahrzehntelang für eine Nationalisierung und weitgehende Planwirtschaft ausgesprochen hatte und auch kurz nach der Wahl 1994 noch für die weitere Verstaatlichung der Unternehmen plädierte, kam es in kürzester Zeit zur Kehrtwende. Die Minen sind z. B. als einer der Sektoren genannt worden, die hätten verstaatlicht werden sollen. Die Regierung versucht inzwischen weitgehend, eine marktwirtschaftliche Politik zu verfolgen, da sie erkannt hat, daß sonst keine internationalen Investoren angezogen werden können.

Nach Finanzminister Trevor Manuel, ehemals Minister für Handel und Industrie, ist die Marktmacht der südafrikanischen fünf größten Konglomerate ein zentrales Problem. 1996 soll es zur Formulierung einer Wettbewerbspolitik kommen, um einen Mißbrauch der dominierenden Position der Konglomerate zumindest einzuschränken.[45]

---

42 Vgl. Schleppendes Tempo beim Aufbruch am Kap, in: BZ vom 03.02.1996.

43 Ebda.

44 Vgl. Südafrika treibt Privatisierungen voran, in: FAZ vom 24.06.1996.

45 Vgl. Shock therapy to lure investors, in: Financial Times vom 28.03.1996.

Die fünf größten Konglomerate beherrschen weiterhin mehr als drei Viertel der Wirtschaft. Es sind die Konzerne 1.) Anglo American/De Beers, 2.) Sanlam, 3.) Rembrandt/Remgro 4.) Old Mutual, und 5.) Liberty Life. Eine Basis mittelständischer Unternehmen fehlt hingegen. Der Bedarf an neuen, kleinen, von Schwarzen geführten Betrieben, die den großen Unternehmen z. B. Serviceleistungen anbieten könnten, ist groß. In den Jahren der Apartheid wuchsen die fünf großen Unternehmen zu riesigen, lateral diversifizierten Konglomeraten an, weil sie nicht außerhalb Südafrikas investieren konnten. Zudem waren die Investitionen mehr durch den Erwerb von Akquisitionen geprägt als durch Investitionen, die zur Steigerung der Produktivität der Betriebe getätigt wurden. Es wäre für die südafrikanische Wirtschaft förderlich, wenn diese Großunternehmen in neue Bereiche investieren würden. Die Konglomerate verfügen über eine erhebliche Liquidität, die für Investitionen zur Verfügung gestellt werden könnte.[46] Die Regierung sieht die Gefahr, daß diese Unternehmen nur darauf warten, daß die Währungskontrollen erleichtert werden, um das Kapital außer Landes zu bringen.

VI. Wirtschaftliche Perspektiven

Einschätzungen der südafrikanischen Entwicklung sind zum einen sehr ermutigend, zum anderen aber auch weniger optimistisch. Aufgrund diverser Indikatoren erwarten einige Konjunkturbeobachter für 1996 mit 3 bis 3,5% ein höheres wirtschaftliches Wachstum als in 1995. So wird die private Nachfrage sowie die Investitionsnachfrage der Unternehmen zu Beginn des Jahres 1996 als 'recht rege' beschrieben. Aufgrund der starken Niederschläge zur Jahreswende wird es der Agrarproduktion nicht an Wasser fehlen. Es floß außerdem weiterhin Kapital ins Inland. Unter den Annahmen, daß die landwirtschaftliche Erzeugung zufriedenstellend verläuft, der Goldpreis nicht unter 410 US$ je Feinunze fallen wird, die Absatzbedingungen auf den wichtigsten Exportmärkten weiterhin günstig bleiben und die Notenbank ihre Leitzinsen senken kann, schätzte Chris Stals, Chef der Reserve Bank, Anfang Februar 1996 ein wirtschaftliches Wachstum von über 4%.

---

46 Vgl. Anver Versi: Focus on South Africa, a.a.O., S. 11 f.

Die Konjunkturbeobachter der ABSA Bank Ltd. äußern sich dagegen verhaltener. Sie prognostizieren eine leicht unter der in 1995 erzielten Wachstumsrate von 2,1%. Sie führen dafür u.a. an, daß sich der private Verbrauch abschwächen würde, weil viele Haushalte hoch verschuldet sind, und daß die Realzinsen im internationalen Vergleich anhaltend hoch liegen. Andere geben außerdem zu bedenken, daß der Kapitalzufluß zwar positiv zu beurteilen sei, aber weiterhin überwiegend in Portfolioinvestitionen und weniger in Direktinvestitionen fließen. Im Falle einer Krise könnte dieses Geld schnell aus dem Land abgezogen werden. Hinsichtlich der Wachstumsrate sind sich die Wirtschaftsbeobachter einig, daß das angestrebte Ziel, jedes Jahr eine Wachstumsrate von 6 % zu generieren, weder 1996 noch in den folgenden Jahren realisiert wird, wie Tabelle 4 zeigt.

Tabelle 4[47]

	BIP-Wachstum in %		Inflationsrate in %		Leitzinssatz zum Jahresende	
Institution	1996	1997	1996	1997	1996	1997
ABSA	2,1	1,9	9,0	9,0	18,0	16,75
AHI	3,0	2,5	10,0	8,5	17,5	15,5
BER	3,1	2,5	9,0	11,4	19,5	19,0
Frankel	3,3	2,5	7,5	6,5	18,5	17,5
Nedbank	3,9	1,9	8,7	10,4	19,5	18,5
Old Mutual	4,0	2,5	8,0	9,0	19,5	17,5
RMB	3,5	3,3	6,8	8,0	17,5	16,5
Sanlam	3,0	2,0	7,0	8,0	17,5	16,5
Southern	3,5	3,5	7,5	9,5	18,5	16,5
Standard	2,7	-	7,0	-	17,5	-
Durchschnitt	3,2	3,2	8,1	8,9	18,3	17,2

Demnach beurteilen die Experten die wirtschaftlichen Aussichten relativ skeptisch. Insbesondere bei der Einschätzung des BIP-Wachstums für 1997 zeigen

47 Zahlenangaben aus Financial Mail, Johannesburg vom 08.12.1995.

die Prognosen ein relativ einheitliches Bild.[48] Höhere Abweichungen zwischen den prognostizierten Werten gibt es hingegen für das BIP-Wachstum für 1996, die geschätzten Inflationsraten und die Leitzinssätze.

Das Zinsniveau des Kapitalmarktes wird sich nach Meinung der ABSA weiterhin zwischen 14,8% und 15,8% bewegen.[49] Außerdem stellt die Bank fest, daß das momentane Investitionsklima eindeutig weniger zuversichtlich ist als noch vor einem Jahr.

Eine erste Voraussetzung, um das benötigte Wirtschaftswachstum von jährlich 6% zu erreichen, ist die Verbesserung der ordnungspolitischen Rahmenbedingungen. Dies ist die Alternative zu den interventionistischen Wirtschaftsprogrammen, die den Konzepten von ANC und den Gewerkschaften traditionell entsprechen. Zu den ordnungspolitischen Rahmenbedingungen gehört zunächst, ein ausbalanciertes Kräfteverhältnis zwischen Gewerkschaften und Arbeitgebern. Die Verfassung von 1996 hatte zunächst eine Assymetrie zugunsten der Gewerkschaften vorgesehen, denen eine Verfassungsgarantie des Streikrechts zugesprochen wurde, während ein Aussperrungsrecht für die Arbeitgeber nicht in der Verfassung vorgesehen war. Die Verfassung verwies in diesem Zusammenhang nur auf das Labour Relations Act von 1995. In seinem Urteil vom 6. September 1996 hat das Verfassungsgericht dieses Ungleichgewicht als unvereinbar mit den Verfassungsprinzipien von 1993 bezeichnet. Damit ist die Chance eröffnet, den ordnungspolitischen Rahmen in diesem Bereich in einer der Marktwirtschaft angemessenen Form neu zu definieren.

Nicht weniger wesentlich ist, die Privatisierung voranzutreiben. Damit untrennbar verbunden ist, daß die neuen wie alten privaten Unternehmen jede Möglichkeit wahrnehmen, ihre Produktivität zu erhöhen, um die internationale Wettbewerbsfähigkeit zu erlangen. Die zweite Voraussetzung ist ein gemäßigtes

---

48 Die Prognosen weichen in den verschiedenen Quellen je Institution immer wieder voneinander ab, je nachdem, welche politischen Ereignisse gerade stattfinden. So gibt es eine Tendenz zu beobachten, daß die Prognosen für das Jahr 1996 sowie auch für 1997 im Laufe des ersten Halbjahres verhaltener werden.

49 Vgl. ABSA, Internet, a.a.O., Prospects vom 07/1996.

Verhalten der Gewerkschaften, ohne daß der Entwicklungsprozeß der südafrikanischen Wirtschaft nachhaltig gestört wird. Die dritte Voraussetzung ist das Einwerben ausländischer Investitionen, wozu neben der Mäßigung der Gewerkschaften drei ordnungspolitische Bedingungen erfüllt sein müssen: die uneingeschränkte Garantie des ausländischen Eigentums, die uneingeschränkte Möglichkeit, erzielte Gewinne zu transferieren und deutliche steuerliche Anreize, Gewinne im Lande zu reinvestieren.

Diese ordnungspolitische Orientierung ist nicht nur von wirtschaftlicher, sondern von allgemein politischer Bedeutung. Gelingt es dem südafrikanischen Staat nicht, der schwarzen sowie auch einem Teil der weißen Bevölkerung, der sich zunehmend in seiner Existenz bedroht sieht oder bereits seinen Arbeitsplatz verloren hat, zu einem moderaten Wohlstand zu verhelfen, dann kann die Geduld der Bevölkerung ein schnelles Ende finden. Bürgerkriegsähnliche Zustände können in diesem Fall nicht ausgeschlossen werden, der Demokratisierungsprozeß wäre gefährdet. Neben aller internationalen Anerkennung für den 'sanften Übergang' von 1990-1994 wäre es leichtfertig, das Augenmerk nicht verstärkt auf die ökonomischen Erfordernisse zu lenken.

DAS BANKENSYSTEM ZUM AUFBAU VON SCHWARZEM MITTELSTÄNDISCHEN UNTERNEHMERTUM

Alexandra Brockhoff

I. Ökonomische, gesellschaftliche und politische Funktion des Mittelstandes

Mittelständische Unternehmer treffen täglich einzelwirtschaftliche Entscheidungen, die durch mehr oder weniger große Unabhängigkeit, auf jeden Fall aber durch ein hohes Maß an persönlicher Freiheit gekennzeichnet sind. Die Vielzahl dieser wirtschaftlichen Einzelentscheidungen gewährleistet eine unabhängige und dezentrale marktwirtschaftliche Steuerung. Gleichzeitig werden regionale und lokale Selbstverwaltung sowie die Gesamtheit der demokratischen Strukturen des Staates gestärkt.[1] Der durch die wirtschaftlichen Einzelentscheidungen entstandene ökonomische Wohlstand und eine marktwirtschaftliche Ordnung sind Faktoren, die zur Schaffung eines demokratischen Systems beitragen.[2] Somit kann der Mittelstand auch als Garant dieser marktwirtschaftlichen Ordnung und einer freiheitlichen, auf Machtdezentralisation gegründeten Gesellschaftsordnung bezeichnet werden.[3]

Die Schlüsselrolle des Mittelstandes liegt im Aufbau leistungsfähiger Wirtschaftsstrukturen. Die vorteilhafte Wirkung mittelständischer Wirtschaftsstrukturen auf Wettbewerb, Innovationen, Beschäftigung, Einkommen für die Arbeitnehmer, Vielfalt des Angebots an Waren und Dienstleistungen und Wohlstand für die gesamte Bevölkerung ist vielfach dokumentiert (ökonomische Funktion).[4]

---

1 Vgl. Wolfram Gruhler: Wirtschaftsfaktor Mittelstand. Wesenselement der Marktwirtschaft in West und Ost, hrsg. vom Institut der Deutschen Wirtschaft, 2., überarb., erg. u. akt. Aufl., Köln 1994, S. 92 f.

2 Vgl. Seymour Martin Lipset: Political Man, The Social Bases of Politics, New York 1963, S. 61.

3 Vgl. Gerhard Zeitel: Hauptprobleme der Mittelstandsforschung, in: Eberhard Hamer, Mittelstand, Garant der Marktwirtschaft, Minden 1987, S. 167.

4 Vgl. Eberhard Hamer: Marktwirtschaft durch Mittelstand, Essen 1990, S. 216.

Mittelständische Wirtschaftsstrukturen fördern innenpolitische Stabilität (gesellschaftliche Funktion). Geht man von der These aus: "only those who have nothing to lose ever revolt",[5] dann kann innenpolitische Stabilität erreicht werden, wenn die Mehrzahl der Bevölkerung etwas zu verlieren hat, z. B. ein eigenes Unternehmen und den damit verbundenen höheren Lebensstandard.

Demokratie kann verstanden werden als Herrschaft auf Zeit, sie lebt vom Wechsel der Parteien.[6] Das heißt, der Machtwechsel ist für die Legitimation und Akzeptanz des demokratischen Systems notwendig. Damit der Machtwechsel gewährleistet ist, muß sich die Idee, daß es im Prinzip gleichgültig ist, welche Partei die Regierung stellt, bei den Wählern durchsetzen. Die Anhängerschaft von Regierung und Opposition darf nicht durch antagonistische Konflikte voneinander getrennt sein.[7] Ein typischer antagonistischer Konflikt ist eine stark unterschiedliche Einkommensverteilung in der Bevölkerung. Idealerweise sollte das Einkommen so verteilt sein, daß eine substanzielle Benachteiligung bestimmter Bevölkerungsgruppen nicht vorliegt.[8] Diese Situation liegt in Südafrika noch nicht vor.[9] Um nachhaltigen Fortschritt zu erreichen, sollte das vorhandene Einkommen aus verschiedenen Gründen[10] jedoch nicht nur umverteilt, sondern durch wirtschaftliche Entwicklung erhöht werden. Hierzu eignet sich besonders eine breite Schicht mittelständischer Unternehmer. So tragen mittelständische Wirtschaftsstrukturen zur Etablierung des demokratischen Systems bei (politische Funktion).

In Südafrika kommt es bei einer Bevölkerung von 5 Mio. Weißen und ca. 32 Mio. Schwarzen insbesondere darauf an, schwarzes mittelständisches Unter-

---

5 Alexis de Tocqueville: Democracy in America, New York 1945, S. 258.

6 Vgl. Werner Kaltefleiter: Oppositionsstrategie im parlamentarischen System, in: APuZ, B 31, 1973, S. 3.

7 Ebda., S. 4.

8 Vgl. Seymour Martin Lipset: Political Man, a.a.O., S. 51 f.

9 Vgl. Ulrike Schumacher: Politische Formen für fragmentierte Gesellschaften. Das Beispiel Südafrika, Berlin 1994, S. 60 ff.

10 Vgl. Friedrich A. Hayek: The constitution of liberty, London 1960, S. 48 f.

nehmertum zu fördern, da dort sowohl der größte Fehlbedarf als auch das größte Potential besteht. Damit der schwarze Mittelstand die ökonomische, gesellschaftliche und die politische Funktion erfüllen kann, müssen entsprechende Rahmenbedingungen vorliegen. Ein unternehmerischer Entscheidungsfreiraum ist eine notwendige Bedingung. Dies schließt die Disposition über das Produktionsprogramm, die Ressourcen und den Vertrieb ein. Darüber hinaus muß ihnen ein Anreiz gegeben werden, das Risiko der Selbständigkeit einzugehen. Dies ist zum einen der Gewinnanreiz, zum anderen die Einkommensgarantie. Der Gewinnanreiz liegt darin, daß der vom Unternehmer erzielte Gewinn "ihm gleichsam als besonderer Leistungsertrag für die Nutzung besonderer Chancen und das Eingehen besonderer Risiken öffentlich zugebilligt"[11] wird. Da sich die Erzielung von Gewinn nur lohnt, wenn dieser auf Dauer gesichert werden kann, ist die Gewährleistung eines dauerhaften, ausschließlichen Verfügungsrechts unerläßlich. Die Eigentumsgarantie des Staates ist in der neuen Verfassung Südafrikas nur mit Einschränkungen enthalten.[12] Die Diskussionen im Vorfeld der Verabschiedung der Verfassung[13] zeigen ebenfalls, daß der ANC die Bedeutung von Privateigentum für eine prosperierende Wirtschaft nicht erkannt hat.

Neben diesen globalen Rahmenbedingungen müssen Bedingungen zur Stärkung der Marktkräfte erfüllt sein. Aus ordnungspolitischer Sicht stellen sich dabei folgende Probleme: Vorteilhaft zur Förderung des wirtschaftlichen Strukturwandels in der Fläche ist die lokale Reallokation angelegter Gelder. Dies kann durch dezentral tätige Institute eher erreicht werden als durch Großbanken. Deren Zentralen ziehen Gewinne aus ländlichen Räumen ab, um sie dort anzulegen, wo der höchste Gewinn erzielt wird. So kommt es zu einem Abfluß finanzieller Mittel aus der Region. Das Betreiben von Banken in ländlichen Gebieten kann ermöglicht werden, indem die Kosten der Risikobereitschaft ebenso wie die ungedeckten Fixkosten aufgrund des geringen Geschäftsvolumens entgolten werden. Sonst bietet sich kein Anreiz, die kredit-

---

11 Eberhard Hamer: Mittelstand, Garant der Marktwirtschaft, Minden 1987, S. 74.

12 Vgl. Jan Techau: Südafrika auf dem Weg zum Rechtsstaat?, in diesem Band.

13 Vgl. Streit um die Eigentumsrechte, in: HB vom 2.5.1996.

wirtschaftliche Versorgung in strukturschwachen ländlichen Regionen sicherzustellen. Mit höheren Kreditrisiken behaftete Kredite erfordern höhere Zinsen. Aufgrund des Unvermögens kleiner und mittelständischer Unternehmer, die hohen Zinsen zu zahlen, ist dies ohne Subventionen jedoch praktisch nicht durchsetzbar. Für die Lösung der Probleme gibt es Instrumente. Theoretisch denkbar wären Steuervergünstigungen, Schutzzölle oder die Vergabe eines öffentlichen Auftrags. Um die Wettbewerbsfähigkeit der Institute zu erhalten, müssen diese Maßnahmen aufgehoben werden, sobald sie nicht mehr benötigt werden. Allerdings bestehen in Theorie und Praxis Uneinigkeit sowohl über die Bestimmung dieses Zeitpunktes als auch über die konkrete Messung notwendig erscheinender Förderungsmaßnahmen. Nichtsdestoweniger ist es unerläßlich für den Aufbau mittelständischen Unternehmertums, daß das Bankensystem den Anforderungen dieser Unternehmer entspricht.

II. Anforderungen zum Aufbau mittelständischen Unternehmertums

Kapitalmangel wird als 'struktureller Mangel'[14] der südafrikanischen Wirtschaft bezeichnet. Um zu gewährleisten, daß bisher durch Apartheid benachteiligte Bevölkerungsgruppen Kredite auch ohne Sicherheiten erhalten, forderte der ANC von Banken eine Aufstellung gewährter Kredite nach Hautfarbe und Geschlecht sowie Gründe für abgelehnte Kreditanträge.[15] Diesem Vorschlag wurde nicht entsprochen, da er einen tiefen Eingriff in die Autonomie der Geschäftsführung privatwirtschaftlicher Unternehmen darstellt. Schwarze Kleinunternehmer[16] nennen als Hauptproblem bei der Unternehmensgründung den Mangel an Krediten,[17] der unterschiedliche Gründe haben kann:

---

14 o. V., Stals: Der Wirtschaftsaufschwung in Südafrika festigt sich, in: FAZ vom 14.2.1996.

15 Vgl. Tony Hawkins: Five Challenges ahead, in: The Financial Times vom 18.7.1994.

16 Die für Einzelbetrachtungen sinnvolle Unterscheidung zwischen Mikro-Unternehmen sowie kleinen und mittelgroßen Unternehmen wird nicht benötigt. Vgl. Thyra A. Riley: South Africa. Characteristics of and Constraints facing Black Businesses in South Africa. Survey Results, in: The World Bank. Southern Africa Department (Ed.), Discussion Paper Nr. 5, Washington D.C. 1993, S. IX.

17 Vgl. B. J. Moore, G. A. Schombee: Bank Credit to the informal sector. Challenge and reward, in: Development Southern Africa, 3/1995, S. 347.

- Diskriminierung schwarzer Kreditnehmer
- Perzeption eines hohen Ausfallrisikos aufgrund fehlender Sicherheiten und Referenzen
- Geringe Rentabilität von Kleindarlehen aufgrund hoher fixer Stückkosten
- Das High-Tech-Image und die traditionell weiße Kultur von Banken und Bankern im formellen Sektor schreckt schwarze Kreditnehmer ab.

Bei Vorliegen einer vergleichbaren Risikosituation wird das Kleinkreditgeschäft von privaten Banken auch in anderen Ländern nicht betrieben.

Ein weiteres Problem schwarzer Unternehmensgründer ist der Mangel an Management-Fähigkeiten, Geschäftsräumen und Produktionsstätten. Die Lösung derartiger Probleme zählt nicht zu den Kernkompetenzen von Banken. Hier liegt das Beschäftigungsfeld von Entwicklungsgesellschaften, die als Spezialinstitute des Bankensystems auch die Kreditvergabe übernehmen.

Die Erreichbarkeit von Banken und Entwicklungsgesellschaften ist ebenfalls ein entscheidendes Problem. Die Verteilung der schwarzen Bevölkerung über 16 Jahre auf Wohnorte unterschiedlicher Größe stellt sich wie folgt dar (1992):

	Bevölkerungsanzahl
Siedlungen mit weniger als 500 Einwohnern	9 Mio.
Dörfer und Städte mit 500-250.000 Einwohnern	3,5 Mio.
Großstädte mit mehr als 250.000 Einwohnern	4 Mio.

Folglich sollten Banken und Entwicklungsgesellschaften primär in kleinen bis mittelgroßen Dörfern und schwarzen Townships präsent sein. Ansonsten sinkt die Bereitschaft (zumindest die der Anleger), eine Geschäftsverbindung einzugehen. Die Präsenz in Siedlungen mit weniger als 500 Einwohnern ist dagegen kaum sinnvoll, da dort keine Einkommenshöhe realisiert wird, die die Errichtung einer Filiale betriebswirtschaftlich rechtfertigt.

Als politisch dringendste Herausforderung des Finanzsektors in Südafrika wird neben affirmative action die Reaktion der Banken auf die neuen Anforderungen bezeichnet. Diese liegen in der Bereitstellung von kreditwirtschaftlichen Leistungen "for the small man and the small enterprise"[18].

III. Das südafrikanische Bankensystem

Das südafrikanische Bankensystem zeigt starke Ähnlichkeit zum angelsächsischen Trennbankensystem. Der Banks Act von 1990 unterscheidet zwar einzelne Bankengruppen nicht mehr, trotzdem sind sie noch als discount houses, banks oder building societies tätig.[19] Durch zahlreiche Übernahmen haben sich die Grenzen in den 80er Jahren zunehmend verwischt,[20] so daß der Trend in Richtung auf ein Universalbankensystem unverkennbar ist.[21]

Der Anteil der auf ein Tätigkeitsfeld spezialisierten Banken am gesamten bilanzwirksamen Bankgeschäft in Südafrika beträgt mehr als 50 %, auch hier zeigt sich die Dominanz des Trennbankensystems.[22] Zu den Spezialbanken zählen z. B. Merchant Banks, Discount Houses, Hire Purchase Banks, Savings Banks sowie zentrale Sparinstitute (wie National Finance Corp.). Bausparkassen spielen im Finanzsystem Südafrikas eine untergeordnete Rolle.[23] Zur Finanzierung eines schwarzen Mittelstandes kommen sie nur in Frage, wenn dieser über noch beleihungsfähiges Grundvermögen und ein gewisses Maß an Eigenmitteln verfügt.

---

18 Tony Hawkins: Five Challenges ahead, in: The Financial Times vom 18.7.1994.

19 Vgl. South African Communication Service: South African Yearbook 1995, 2nd ed. Pretoria 1995, S. 244f.

20 Vgl. Leslie Holstrom: Getting together to get it together, in: Euromoney, 12/1990, S. 65-74.

21 Vgl. Bundesstelle für Außenhandelsinformation (bfai), Nachrichten für Außenhandel vom 26.11.1990.

22 Zum Vergleich: Im deutschen Universalbankensystem entfallen nur 25 % der zusammengefaßten Bilanzsumme aller deutschen Banken auf die Spezialbanken wie Realkreditinstitute, Teilzahlungskreditinstitute, Bausparkassen und Postgiroämter.

23 Vgl. M. V. Kelly: Financial Institutions in South Africa. Financial, Investment and Risk Management, Ndabeni 1993, S. 493.

Der südafrikanische Bankenmarkt ist durch eine sehr hohe Konzentration geprägt. Er besteht aus einer Zentralbank, vier großen Bankengruppen, zahlreichen kleineren Kreditinstituten und verschiedenen Spezialinstituten. Ende 1994 vereinten die vier großen Bankengruppen Amalgamated Banks of South Africa (ABSA Bank Limited), Standard Bank of South Africa Limited, First National Bank of Southern Africa Limited (FNB) und Nedcor Bank Limited 77 % der gesamten Bilanzaktiva des Bankenmarktes auf sich.[24] Diese Konzentration entstand durch die Übernahme mehrerer kleiner Institute durch die Großbanken. Ende 1994 betrug die zusammengefaßte Bilanzsumme aller Banken in Südafrika 344,6 Mrd. Rand.

Der Finanzsektor Südafrikas ist hochentwickelt. So wurden bereits vor zehn Jahren Geldausgabeautomaten eingesetzt, die nach jeder Transaktion automatisch einen Kontoauszug ausdrucken. Dennoch wird das südafrikanische Bankensystem als deutliches Erbe der Apartheid und Unterentwicklung beschrieben: Während die weißen städtischen Gebiete aufgrund einer hohen Konzentration von Bankfilialen als 'overbanked' gelten, sind die ländlichen Regionen 'underbranched'.[25] Die Banken konstatieren, daß bei der Vergabe von Krediten an Schwarze Verluste programmiert seien. Dabei wird auf Erfahrungen aus der Vergangenheit verwiesen. Beklagt wird vor allem das mangelnde Verständnis für die pünktliche Zinszahlung, das zwar auch auf mangelnde Bildung bzw. Analphabetentum zurückgeführt, häufig aber als nicht änderbare Charaktereigenschaft verstanden wird.

Ein Großteil der wirtschaftlichen Tätigkeit in Südafrika, nach Schätzungen bis zu 40 % des BIP,[26] findet im informellen Sektor statt. Dieser besteht aus selbständigen Händlern, die an den Straßen ihre Waren anbieten, den Inhabern ehemalig verbotener Shebeens-Kneipen oder schwarzer 'peoples-taxis' sowie aus allen Personen, deren Tätigkeit nicht registriert ist und die daher

---

24 Vgl. SARB (Hrsg.): Bank Supervision Annual Report 1994, S. 50 f.

25 Vgl. o. V. Apartheid's legacy, in: The Banker, 8/1993, S. 36, sowie Leslie Holstrom: Getting together to get it together, in: Euromoney, 12/1990, S. 65.

26 Vgl. bfai, Nachrichten für Außenhandel vom 26.11.1990.

auch keine Steuern zahlen.[27] Dabei handelt es sich fast nur um Schwarze. Die Bedeutung des informellen Sektors steigt: Seit Abschaffung der Apartheid stagnierte der formale Wirtschaftssektor, während die Beschäftigung im informellen Sektor jährliche Zuwachsraten von 24 % verzeichnete.[28] Dies ist auf wachsende Arbeitslosigkeit, Landflucht, stagnierende Beschäftigung im Bergbau und mangelnde Ausbildung vieler Schwarzer zurückzuführen.[29]

Im Finanzbereich repräsentieren die sog. Stokvels den informellen Sektor. Ihre Integration in den formalen Bankensektor soll durch kommunale Banktätigkeit gefördert werden. Aufgrund der gestiegenen Nachfrage nach kommunaler Banktätigkeit wurde 1994 der Mutual Banks Act erlassen. Dieser stattet die Kommunen mit Zugangsrechten zum hochentwickelten Bankwesen aus und erlaubt zugleich eine Konzentration der Geschäftstätigkeit auf die jeweilige Gemeinde.[30] Dadurch könnte verhindert werden, daß die von den Anlegern eingebrachten Gelder nicht wieder zur Förderung anderer Bereiche in der Kommune zur Verfügung gestellt werden, sondern ein Kapitalabfluß aus der Region stattfindet.[31] Die Bedeutung von "local, on-the-spot, in-depth knowledge of the community"[32] wurde schon vor einiger Zeit erkannt und fand auch Eingang in das Weiß-Papier der Regierung über die Entwicklung mittelständischen Unternehmertums. Bisher sind jedoch noch zu wenig Institutionen und Banken in der Fläche präsent. Die Community Bank war bis 1996 die einzige unter dem Mutual Banks Act registrierte Bank.

---

27 Die im informellen Sektor gewährten Kredite werden als informelle Kredite bezeichnet. Es handelt sich um ein parallel zum formellen Bankensektor bestehendes System.

28 Vgl. Thyra A. Riley: South Africa, a.a.O., S. IX.

29 Vgl. bfai, Nachrichten für Außenhandel vom 26.11.1990.

30 Vgl. South African Communication Service: South African Yearbook 1995, a.a.O., S. 245.

31 Vgl. Andrew Khehla Lukhele: Stokvels in South Africa. Informal savings schemes by blacks for the black community, Johannesburg 1990, S. 55.

32 Ebda, S. 60.

1. Banken

a. Reserve Bank

Die Reserve Bank ist die Zentralbank Südafrikas. Ihre Hauptaufgabe ist es, den Wert des Rand im In- und Ausland sichern. Sie ist Bank, Berater und Vermittler der Zentralregierung und der Provinzverwaltungen. Sie formuliert die Währungspolitik und führt sie aus, gibt Banknoten heraus, führt in- und ausländische Transaktionen durch, hält sämtliche Bargeldreserven, die eingetragene Finanzinstitute bei ihr hinterlegen müssen und kauft und verkauft die Produktion der Goldminen. Die Zentralbank legt den Diskontsatz gemeinsam mit dem Finanzministerium fest und führt Offenmarktoperationen durch.

Das Direktorium der Reserve Bank besteht aus 14 Direktoren. Sieben davon, darunter der Vorstandsvorsitzende und seine drei Stellvertreter, werden von der Regierung ernannt. Die restlichen sieben repräsentieren privatwirtschaftliche Anteilseigner aus Handel, Finanzen, Industrie und Landwirtschaft. Die Zentralbank wird als relativ unabhängige Institution angesehen. Sie arbeitet eng mit dem Finanzminister zusammen, hat aber ein Mandat des Parlaments zur eigenständigen Gestaltung der Geldpolitik.[33] Der Rolle einer Zentralbank entsprechend stellt die Reserve Bank Rahmenbedingungen bereit; die unmittelbare Aufnahme von Geschäften mit Unternehmern ist zweckmäßigerweise nicht vorgesehen.

b. Private Bankengruppen

Unter dem Motto "Taking microchips to townships"[34] gründeten Standard Bank und Nedcor Bank im Jahr 1995 Tochtergesellschaften, die Filialnetze in schwarzen Townships aufbauen sollen. E-Bank, die Standard Bank-Tochter, startete mit 16 Filialen und beabsichtigt, diesen Bestand weiter auszubauen. Es handelt sich um eine Elektronische Bank, also Direktbank. Dieser Weg

33 Vgl. SARB (Hrsg.), Quarterly Bulletin Nr. 197, 1995, S. 28.

34 Taking microchips to townships, in: The Economist vom 8.7.1995.

könnte geeignet sein, die Menschen zunächst an Banken generell zu gewöhnen, damit es ihnen später leichter fällt, sich an diese zu wenden. Die Nedcor-Tochter Peoples Bank eröffnete 108 Filialen.

Die Herausforderung für die Banken liegt darin, den Massenmarkt rentabilitätsorientiert zu bearbeiten. Dazu wird das Angebot standardisiert, Angestellte werden durch Maschinen ersetzt. Allerdings kann anfangs auf Personal nicht verzichtet werden, da die Nutzung der Automaten erklärungsbedürftig ist und zunächst eine Barriere darstellt.

Der Anreiz für die Banken liegt darin, daß der heutige arme Schwarze der potentielle mittelständische Unternehmer von morgen ist. Die Bank, die am Anfang vor Ort ist und sich als zuverlässiger Partner beim Aufbau florierender Wirtschaftsstrukturen profilieren kann, gewinnt dadurch einen später durch andere Banken kaum wieder aufzuholenden Vertrauensvorsprung.

Alle Großbanken haben Abteilungen für mittelständische Unternehmen gegründet, die auch Schulungen und Beratung anbieten. Da sie aber nicht in der Fläche vertreten sind, können sie die Schwarzen nur schwer erreichen. Einige Großbanken verlangen Mindestumsätze[35] auf Konten, die die meisten Schwarzen nicht erfüllen können. Der Beitrag privater Bankengruppen beim Aufbau schwarzen mittelständischen Unternehmertums ist damit beschränkt.

c. Ausländische Banken

In Südafrika sind 40 Vertretungen ausländischer Banken zugelassen. Diese zielen nicht darauf ab, das Land mit Bankdienstleistungen zu versorgen:[36] In erster Linie betätigen sich die Banken im Akkreditiv,- Kredit- und Finanzierungsgeschäft sowie im Devisenhandel. Darüber hinaus wickeln sie den Zahlungsverkehr mit ihren Heimatländern ab, betreiben Außenhandelsfinanzierungen oder wollen im Rahmen von Emissionskonsortien an der Privatisie-

35 Die Standard Bank verlangt z.B. R 2.000 pro Monat.

36 Vgl. bfai, Nachrichten für Außenhandel vom 14.9.1992.

rung der südafrikanischen Staatsbetriebe teilhaben. Sie sind an vermögenden Firmenkunden und nicht am bankmäßig unterbesetzten Rand des Marktes interessiert.[37] Daher werden meist nur Ein-Personen-Repräsentanzen ohne Schaltergeschäft in Johannesburg und keine Filialen an anderen Orten eröffnet. Die bisher vorhandenen Investmentfonds unterstützen weder potentiell produktive schwarze Unternehmen noch das Handwerk oder die soziale oder ökonomische Infrastruktur. Bevorzugt werden die sicheren Minen und die kurzfristigen Immobiliengeschäfte oder finanzielle Spekulationen.[38] Somit leisten ausländische Banken keinen bedeutenden Beitrag zur bankmäßigen Versorgung der Bevölkerung bzw. des schwarzen Mittelstandes.

Eine Umstrukturierung des Bankenmarktes durch die ausländischen Banken ist ebenfalls nicht zu erwarten. Südafrikanische Banken befürchten zwar einen Druck auf die Margen durch Nachteile im langfristigen Kredit- und Außenhandelsgeschäft, sehen ihre Marktanteile aufgrund ihrer näheren Beziehungen zu örtlichen Unternehmen, einem besseren Verständnis der lokalen Marktbedingungen und eines auf dem Lande besser ausgebauten Geschäftsstellennetzes jedoch nicht gefährdet.[39]

d. African Bank

Die 1975 von einem Schwarzen gegründete private Bank verkaufte ihre Aktien an schwarze Privathaushalte. Die Filialgründung[40] erfolgte vor allem in den Homelands, wobei Berufstätige und Beamte als Zielkunden galten.

---

37 Vgl. The Economist Intelligence Unit (Hrsg.): Country Profile South Africa 1994-1995, London 1995a, S. 25.

38 Ebda., S. 25.

39 Vgl. Tammy Lloyd: Slicing a bigger Pie, in: Financial Mail (Johannesburg) vom 17.2.1995.

40 Ende 1994 existierten 36 Filialen, fünf bis sechs sollten jedes Jahr neu eröffnet werden. Vgl. Frank Räther: Rätselhafter Kollaps der African Bank, in: BZ vom 23.9.1995, sowie o. V., Apartheid's legacy, in: The Banker, 8/1993, S. 38.

Die African Bank sieht sich als Bank für die Kommunen, nicht als eine nur für eine Gemeinde tätige Kommunalbank. Sie will als Partner ländlicher Entwicklungsgesellschaften deren Bankfunktion übernehmen. Während von anderen Banken in diesem Bereich aufgrund des hohen Risikos keine Konkurrenz zu erwarten sei, könne die African Bank ihren Risikoausgleich durch regional breit gefächerte Filialen erreichen.[41]

Prinzipiell scheint der Ansatz der African Bank erfolgversprechend. Die Tätigkeit in einem Bereich mit hohem Kreditrisiko läßt Instrumenten der Risikobeurteilung besondere Bedeutung zukommen. Deren konsequente Anwendung ist nicht immer geschehen; die Folge war, daß die Bank im September 1995 von der Reserve Bank aufgrund drohender Illiquidität unter Zwangsverwaltung gestellt wurde. Wenig später wurde sie von einem Konsortium aus Nail (New Africa Investments Ltd.), Metropolitain Life und NBS (Natal Building Society) übernommen.[42] Die Vielzahl der Unternehmen des schwarzen Mittelstandes, die zum Kundenkreis der Bank zählten, wurde durch die zeitweise Einfrierung der Konten in ihrer Geschäftstätigkeit stark betroffen.[43] Angeblich war die Bank ihrer Politik der affirmative action zum Opfer gefallen.[44] Bei der Vergabe von Krediten wurde mehr auf die Hautfarbe als auf die Bonität geachtet, so daß eine Anhäufung zweifelhafter und notleidender Kredite zum Kollaps führte.

e. Community Bank

Während der Aufbau einer genossenschaftlichen Bankengruppe von der Konrad-Adenauer-Stiftung aufgrund der mangelnden Rahmengesetzgebung und der bürokratischen Verwaltung weniger effektiv als Sparclubs angesehen

---

41 Vgl. o. V., Apartheid's legacy, a.a.O., S. 39.

42 Vgl. The Economist Intelligence Unit (Hrsg.): Country Report South Africa. 4th Quarter 1995, London, S. 18.

43 Vgl. Roger Matthews: Black-owned S African Bank rescued, in: The Financial Times vom 19.10.1995.

44 Vgl. Das Kreditinstitut wird vorübergehend geschlossen, in: HB vom 20.9.1995.

wird, empfahl die Weltbank in einer Studie die Förderung des Genossenschaftswesens.[45] Als dezentrale Institute und Partner der mittelständischen Wirtschaft vor Ort haben sich Genossenschaftsbanken auch in hochentwickelten Ländern sehr gut bewährt.

Community Bank ist die erste Bank, die Mitte 1994 unter dem Mutual Banks Act registriert wurde. Als genossenschaftliche Bank mit fast 7.000 Mitgliedern[46] liegt ihre Zielsetzung in der Bereitstellung von bankwirtschaftlichen Leistungen für Gruppen mit niedrigem Einkommen. Damit soll eine Verbindung zwischen dem informellen und dem formellen Banksektor geschaffen werden.[47] Mit sechs eröffneten Geschäftsstellen 1996 ist eine flächendeckende Ausbreitung zwar bei weitem nicht erreicht, aber angestrebt. Vor Eröffnung einer Geschäftsstelle werden umfangreiche Workshops mit Stokvels, Frauengruppen und Verbänden durchgeführt. Geschult wird die Bedeutung von Sparen und Zinsen sowie die Konsequenzen ausbleibender Zinszahlung von Kreditnehmern. Diese Grundlagen des Bankwesens sollen Bestandteil der sozialen Infrastruktur der Gemeinde werden[48] und eine Sparkultur auch in benachteiligten Gebieten etablieren. Mitarbeiter und Vorstände der Filialen werden nicht von der Zentrale entsandt, sondern vor Ort ausgewählt.[49] In den ersten sechs Monaten ihres Bestehens dürfen die Filialen nur Einlagen entgegennehmen. Erst dann erfolgt die Kreditvergabe. Der Schwerpunkt im Kreditgeschäft liegt in der Vergabe von Baukrediten und Krediten für kleine Unternehmer. So trägt die Bank zur Verwirklichung der Ziele des RDP bei.

Die Bank ist in treuhänderischem Eigentum des Community Banking Trust, der Kreditgelder in Höhe von 197 Mio. Rand aufgenommen hat. Mit 110

---

45 Vgl. bfai, Nachrichten für Außenhandel vom 16.3.1994.

46 Jeder Kontoinhaber wird zum Erwerb eines Anteilscheines im Wert von R 20 verpflichtet.

47 Vgl. o. V., Apartheid's legacy, in: The Banker, 8/1993, S. 36.

48 Vgl. Money, Money, Money, in: Martin Schneider (ed.): Portfolio of Black Business in Southern Africa published by Portfolio Business Publications (Pty) Ltd., S. 78.

49 Vgl. Community Bank: Annual Report 1995, o.O., o. J., S. 1-3.

Mio. Rand ist die DBSA der größte Kreditgeber, es folgt mit 40 Mio. Rand die IDC. Die vier großen Bankengruppen sind mit je 5 Mio. Rand beteiligt.

Die Bank hatte mit einigen Anlaufschwierigkeiten zu kämpfen und einen größeren Verlust erlitten als geplant war, es seien aber Schritte unternommen worden, die Ausgaben des nächsten Jahres im Rahmen des Budgets zu halten.[50] Die weitere Entwicklung und Bedeutung der Bank beim Aufbau schwarzen mittelständischen Unternehmertums bleibt abzuwarten.

f. Land and Agricultural Bank of South Africa (Land Bank)

Die 1912 gegründete Land Bank ist autonom, d. h. sie ist keinem Ministerium verantwortlich. Allerdings werden die Vorstandsmitglieder vom Staatspräsidenten ernannt.[51]

Im langfristigen Bereich gewährt die Land Bank Hypotheken und Darlehen zum Erwerb von Ländereien, im kurzfristigen Bereich Vorschüsse zur Erntefinanzierung für die Landwirte. Daneben leistet die Land Bank Hilfestellung bei der Vermarktung landwirtschaftlicher Produkte und assistiert landwirtschaftlichen Genossenschaften. Die Land Bank nimmt Geld auf durch Überziehungskredite von anderen Banken, durch Ausgabe von Schuldverschreibungen und Aktien sowie durch Beleihung von Wertpapieren. Zinsen werden nur in solcher Höhe verlangt, daß die Zahlungsfähigkeit der Bank sichergestellt ist. Die Land Bank ist eine Non-Profit-Organisation. Sie benutzt in beträchtlichem Maße externe Kreditaufnahme und muß ihre Zinssätze auf diesem Gebiet den Gegebenheiten des Markes anpassen. Landesinterne Quellen sprechen den Finanzaktivitäten der Land Bank eine wichtige Rolle für die Landwirtschaft in Südafrika zu. Für den Aufbau schwarzen mittelständischen Unternehmertums ist ihre Bedeutung allerdings nur gering.

---

50 Ebda., S. 2.

51 Vgl. M. V. Kelly: Financial Institutions in South Africa. Financial, Investment and Risk Management, Ndabeni 1993, S. 489 f.

2. Spezialinstitute

a. Development Bank of Southern Africa (DBSA)

Die DBSA wurde 1983 gegründet. 100%iger Anteilseigner ist die Regierung. Der Vorstandsvorsitzende wird vom Finanzministerium ernannt. Als Non-Profit-Organisation zahlt die DBSA keine Steuern oder Dividenden. Die DBSA bietet nationalen, regionalen und kommunalen Regierungen und Verwaltungen im südlichen Afrika, ihren Entwicklungseinrichtungen und den in diesem Bereich tätigen Organisationen Kredit, Unterstützung bei der Vorbereitung und technische Unterstützung für wirtschaftliche Entwicklungsprojekte. Schwerpunkte liegen dabei in der städtischen, ländlichen und landwirtschaftliche Entwicklung sowie der technischen Unterstützung und seit Einführung des RDP verstärkt auch im Bereich der Verbesserung menschlicher Lebensbedingungen, besonders bei bisher benachteiligten Bevölkerungsschichten. Die enge Zusammenarbeit mit Regierungsinstitutionen enthält auch beratende und unterstützende Tätigkeiten, z. B. bei der Erstellung eines 'Weiß-Papiers' zur Entwicklung kleiner und mittelständischer Unternehmen. Als Entscheidungsunterstützung für die Regierung entwickelte die DBSA einen Analyserahmen zur Restrukturierung der Entwicklungsgesellschaften. Dies entstand aus der übereinstimmenden Ansicht von Regierung und DBSA über das ungeordnete und häufig korrupte Netzwerk von Entwicklungsagenturen im Land.[52]

Die Bilanzsumme der DBSA beträgt 6.250 Mio. Rand. Im Jahr 1995 wurden 1.147,2 Mio. Rand an Fördermitteln bereitgestellt.[53] Die Mittel gehen an Organisationen, die in den Provinzen und Gemeinden tätig sind und die Mittel entsprechend weiter verteilen. Die unmittelbare Aufnahme von Geschäften mit dem schwarzen Mittelstand ist somit ausgeschlossen. 917 Mio. Rand flossen 1995 in städtische und ländliche Infrastruktur. 96 Mio. Rand wurden

52 Vgl. o. V., Buy the beloved country, in: Euromoney, September 1994, S. 176.

53 Vgl. Development Bank of Southern Africa: Annual Report for the Year to 31 March 1995, S. 11-21.

zur unternehmerischen Entwicklung von kleinen und mittelständischen Unternehmen eingesetzt und 94,3 Mio. Rand im Bereich Humanentwicklung, d. h. für umfangreiche Schulungsmaßnahmen, Berufsausbildung, formal und non-formal education. Bei der Vergabe der Gelder wird darauf geachtet, daß vor allem lokale Institutionen und der lokale Arbeitsmarkt von den geförderten Projekten profitieren. 6 Mio. Rand der gesamten Fördermittel wurden als Subvention zur Stärkung der Kapazität zahlreicher Regierungs- und Nichtregierungsorganisationen gewährt. Die im Finanzjahr 1995 gewährten Mittel flossen in 258 neue Projekte mit einem Gesamtwert von 863 Mio. Rand.

Die DBSA sieht sich nicht nur als Kreditgeber, sondern als Entwicklungsinstitut. Neben den genannten Investitions-Projekten unternimmt die Bank umfangreiche Unterstützungsmaßnahmen.[54] Da ineffektive und ineffiziente Verwaltungen in den Gemeinden als Haupthindernis jeglicher Entwicklung angesehen werden, unterstützt die DBSA die Entwicklung lokaler Institutionen, Entwicklungsgesellschaften und ziviler Einrichtungen durch Schulungen und Workshops. Daneben hilft sie den Gemeindeverwaltungen. Mitarbeiter der Bank leisten technische Unterstützung bei der strategischen Planung, Finanzplanung und Kontrolle von Nichtregierungsorganisationen und die DBSA leistet dem privaten Sektor Hilfestellung, z.B. bei der Risikobeurteilung von Projekten.

Als 'verlängerter Arm der Regierung' in Entwicklungsangelegenheiten wird der DBSA eine bürokratische Schwerfälligkeit nachgesagt, die zu verzögerter Bereitstellung von Fördermitteln führt.[55] Zusammenarbeit mit Nichtregierungsorganisationen (NRO) und privaten Unternehmen findet kaum statt: Nur 1,48 % der Kreditnehmer sind NRO, 0,03 % sind private Unternehmen.[56]

---

54 Ebda., S. 23-27.

55 Vgl. Anne Marynczak: Les PME en République sud-africaine: Développement et instruments de soutien, in: Caisse Francaise de Développement (Hrsg.), Notes & Etudes Nr. 52, 1994, S. 55.

56 Vgl. DBSA: Annual Report 1995, S. 8.

Die DBSA spielt eine Rolle beim Setzen von Rahmenbedingungen, die der Entwicklung kleiner und mittelständischer Unternehmen dienlich sein können.

b. Small Business Development Corporation (SBDC)

Die Entwicklungsgesellschaft für Kleinunternehmen wurde 1981 als Gemeinschaftsunternehmen des öffentlichen und privaten Sektors gegründet. Im Hintergrund stand dabei die Erkenntnis, daß die Entwicklung von kleinen und mittelständischen Unternehmen wesentlicher Bestandteil jeglicher Strategien zur breiten Generierung von Wohlstand und Arbeitsplätzen ist.

Als Kleinunternehmen gelten selbständige Betriebe mit einem Vermögen von weniger als 15 Mio. Rand, die von einer Person mit Erfahrung, Wissen und Unternehmergeist und -geschick beaufsichtigt werden sollten und deren ökonomisches Konzept realisierbar erscheint und gewinnorientiert ist. Auf das Vorweisen von Sicherheiten wird verzichtet, da die meisten Antragsteller, vor allem Schwarze, keine Sicherheiten vorweisen können. Der Zinssatz in Höhe von 17,5 % liegt damit im März 1996 ein Prozent unter dem Marktzins. Vorzugsweise gefördert wird im Bereich Handel (45 % der Gesamtfinanzierungen), Handwerk (42 %) und Dienstleistung (13 %). Die Laufzeit der Kredite wird in Abhängigkeit ihrer Höhe individuell vereinbart.

Die Hauptgeschäftsfelder der SBDC sind neben Finanzierungen das Bereitstellen von Bürgschaften, Geschäftsräumen, Unterstützung und Beratung, Promotion-Aktivitäten und Rechtsbeistand.[57] Die SBDC stellt Geschäftsräume, unter anderem Einkaufszentren, Industrieparks und Fabrikeinheiten zu günstigen Konditionen zur Verfügung. Im Jahr 1994 wurden 700.000m² an 5.274 Unternehmer vermietet. Als Bewertungskriterien dienen die Schaffung von Arbeitsplätzen, Förderung und Einbeziehung kommunaler Stellen in kommunale Entwicklung sowie die Profitabilität des Projekts.

Das emittierte Grundkapital der SBDC in Höhe von 285.132 Rand wird zu gleichen Teilen von der Regierung und der Privatwirtschaft gehalten, doch

57 Vgl. Small Business Development Corporation, Ltd.: Annual Report 1995, S. 6 ff.

wird die Gesellschaft nach unternehmerischen Kriterien geführt; im Verwaltungsrat verfügt die Privatwirtschaft über eine Stimmenmehrheit. Die größten Anteilseigner sind Goldminen, aber auch die Versicherungsgesellschaft Sanlam und die vier großen Bankengruppen sind mit beträchtlichen Anteilen beteiligt. Die Bilanzsumme betrug im Finanzjahr 1994 1.146.624 Rand.

Die SBDC ist dezentral organisiert, sie unterhält neben der Hauptstelle in Johannesburg Regionalbüros in Johannesburg, Pretoria, Durban, Kimberley, Bloemfontein, Port Elizabeth und Kapstadt. Darüber hinaus gibt es 26 Geschäftsstellen mit Servicezentren und 31 eigenständige Servicezentren, 19 davon allein in der Region Westkap. Alle Büros, Geschäftsstellen und Servicezentren unterhalten eine enge Zusammenarbeit mit den für Kleinunternehmen zuständigen Abteilungen der Großbanken und einigen Nichtregierungsorganisationen. Andere Entwicklungsgesellschaften, wie die Industrial Development Corporation of SA Ltd. (IDC) oder die Development Bank of Southern Africa (DBSA), unterstützen die SBDC mit zinslosen oder zinsbegünstigten Krediten.

Die SBDC ist ein Institut, das für den Aufbau von schwarzem mittelständischen Unternehmertum von großer Bedeutung ist. Im Finanzjahr 1994 wurden rund zwei Drittel der gewährten Kredite im Gesamtwert von 347,7 Mio. Rand an Schwarze, Asiaten oder Mischlinge vergeben. Insgesamt wurden im Finanzjahr 1994 7.811 Kredite gewährt und dadurch fast 36.400 Arbeitsplätze geschaffen. Bei der Finanzierung von Unternehmensneugründungen ist die SBDC damit in Südafrika führend.[58]

Der Erfolg der Entwicklungsgesellschaft definiert sich durch die vereinbarungsgemäße Rückzahlung eines gewährten Kredits. Die Rückzahlungsquote liegt bei 90%. Von den seit 1990 im Wert von 209 Mio. Rand gewährten Bankgarantien[59] mußten nur 1,7 Mio. Rand ausgezahlt werden. Das entspricht einer Ausfallquote von 0,8%, ein weiterer Beleg für den Erfolg des Unternehmens.

---

58 Ebda., S. 16.

59 Maximalwert pro Garantie: 400.000 Rand.

c. Industrial Development Corporation of South Africa Ltd. (IDC)

Die IDC ist eine sich selbst finanzierende Entwicklungs- und Beteiligungsgesellschaft. Jeder zweite der seit ihrer Gründung 1940 in der Privatwirtschaft entstandene Arbeitsplatz ist nach Schätzung von IDC-Manager Johann Kriek auf das Engagement der IDC zurückzuführen.[60] Die IDC stellt Risikokapital für kleine und mittlere arbeitsintensive Industrieunternehmen, meist Exportunternehmen für Fertigprodukte, bereit.[61] Dabei werden i.d.R. Minderheitsbeteiligungen eingegangen. Beteiligungen mit über 50 % am Gesellschaftskapital erfolgen meist in Kooperation mit Banken. Da im Vordergrund die Anschubfinanzierung steht, zieht sich die IDC mittelfristig aus dem Geschäft zurück. Aus Verkäufen aus dem Unternehmensbestand oder aus Gewinnabführungen der Tochterunternehmen erzielte Erlöse bilden das Eigenkapital. Gewährte Kredite sind durch niedrige Zinsen gekennzeichnet.

Das privatwirtschaftlich geführte, aber zu 100 % in Staatsbesitz befindliche Unternehmen zahlt Steuern und eine Dividende an den Staat. Dadurch ist das bei Gründung der IDC vom Staat eingesetzte Kapital schon lange wieder an den Staat zurückgeflossen. Im Jahr 1995 stellte die IDC 4 Mrd. Rand bereit, das gesamte Investment beläuft sich auf 13 Mrd. Rand. Es ist in 800 Industrieunternehmen angelegt. Mithilfe der in 1995 bereitgestellten Mittel wurden Investitionen im Gesamtwert von 7,3 Mrd. Rand ermöglicht und damit rund 14.000 Arbeitsplätze geschaffen. Die IDC ist an ca. einem Drittel aller neugegründeten Industrieunternehmen fördernd beteiligt, was die große Bedeutung dieser Institution auch für den schwarzen Mittelstand untermauert.

d. Development Corporations der Provinzen

Sechs von neun Provinzen verfügen über eigene Entwicklungsgesellschaften.[62] Sie definieren ein kleines oder mittelständisches Unternehmen als je-

---

60 Vgl. o. V., Kapital für den wirtschaftlichen Wiederaufbau in Südafrika, in: HB vom 3.5.1996.

61 Vgl. bfai, Nachrichten für Außenhandel vom 14.9.1992.

62 So z.B. die North West Development Corporation (NWDC).

des informelle, halbformelle oder formelle Unternehmen, das nicht von Großunternehmen abhängig ist und deren unabhängige Eigentümer aktiv im Geschäft sind. Es werden weniger als 100 Personen beschäftigt, der Jahresumsatz beträgt weniger als 20 Mio. Rand, und die Vermögensgegenstände vor Finanzierung betragen weniger als 5 Mio. Rand. Die Gesellschaften zielen nicht nur auf den Bedarf größerer mittelständischer Unternehmen ab, sondern unterstützen gerade den informellen Sektor. Durch einen dezentralen Aufbau mit Haupt,- Regional- und Unterregionalbüros wird die Fläche abgedeckt. Berater und Marketing-Experten sind für die Kunden in den Büros vor Ort ansprechbar, um Informationen und Rat einzuholen, z. B. über Marketing, Franchising oder die Beschäftigung von Sub-Unternehmern.

Ziel der Entwicklungsgesellschaften ist die Förderung und Teilhabe an nachhaltiger geschäftlicher und menschlicher Entwicklung, die 'economic empowerment', Schaffung von Arbeitsplätzen und Verbesserung der Lebensqualität speziell bisher benachteiligter Menschen bewirken soll. Als solche werden Schwarze allgemein, aber auch weiße Frauen angesehen. Ein Mittel zur Erreichung dieses Ziels wird im Aufbau eines Entwicklungsprogramms für kleine und mittelständische Unternehmen gesehen, wobei besondere Bedeutung ländlichen Gebieten und informellen Strukturen zukommen soll.

Der Schwerpunkt der Förderaktivitäten im Bereich kleiner und mittelständischer Unternehmen liegt im informellen Sektor, kleinen Vertragspartnern im Baubereich, neuen Unternehmen, Unternehmen in bisher vernachlässigten ländlichen Regionen und Unterstützungsservices. Die Entwicklungsgesellschaften stellen Geschäftsgebäude zu Wettbewerbsmieten zur Verfügung. Sie verfügen über verschiedene Arten von Fabriken sowie Industrieworkshops und Flächen für Handelsunternehmen, z. B. Einkaufszentren.

Die Entwicklungsgesellschaften bieten auch umfangreiche Schulungen für potentielle und tatsächliche Unternehmer an: Der 'Township-MBA'[63] richtet sich hauptsächlich an Straßenhändler. Er lehrt die Teilnehmer in einem

63 Master of Business Administration, an Hochschulen im englischsprachigen Raum verliehenes Diplom für Betriebswirtschaftslehre.

Fünf-Tages-Kurs Verkaufstechniken, Kostenrechnung, Preispolitik, den Umgang mit Taschenrechnern, Finanzmanagement und das Schreiben eines Geschäftsplanes. In einem Zehn-Tages-Kurs wird die Frage beantwortet, wie man sein eigenes Unternehmen startet, zum Laufen und Überleben bringt. Im Rahmen eines Programms für Schüler können diese versuchen, ein eigenes Unternehmen, etwa einen Verkauf selbstgefertigter T-Shirts, aufzubauen.

e. Stokvels

Stokvels[64] sind eine Besonderheit von Südafrika und ein integraler Bestandteil der schwarzen Gesellschaft. Als Kreditgenossenschaften haben sie den Charakter von Selbsthilfegruppen und gelten als NROs. Sie werden dem informellen Sektor zugerechnet. Diese wichtige Kreditquelle für schwarze Privatpersonen besteht üblicherweise aus ca. 12 Mitgliedern, die ihre Ersparnisse in eine Kasse einzahlen. Das eingezahlte Geld wird meist bei einer Bank hinterlegt. Die Auszahlung erfolgt gemäß fester Regeln in einem Rotationssystem oder wenn ein Mitglied dringend Geld benötigt. Die Stokvel-Vereinbarung, aufgrund derer das Geld eingezahlt wird, liegt häufig nicht in schriftlicher Form vor. Vertrauen, Ehrlichkeit und Verläßlichkeit sind wichtige Erfordernisse für eine Mitgliedschaft. Neue Mitglieder werden auf persönliche Empfehlung hin aufgenommen, wodurch hohe Zahlungsdisziplin und eine geringe Ausfallrate gesichert sind.

Die Integration des informellen in den formellen Bankensektor mittels Stokvels oder Genossenschaften wird in Südafrika vielfach als Mittel gesehen, wie Schwarzen der Zugang zum formellen Bankensektor erleichtert werden kann. Aufgrund der fehlenden Zinszahlung sind Stokvels zur Erfüllung dieser Aufgabe nur beschränkt geeignet. Die Anlage der gesammelten Sparbeträge ist für Banken ein interessantes und lukratives Geschäftsfeld; der Umfang der in Stokvels angelegten Gelder wird insgesamt auf mehr als 1,6 Mrd. Rand ge-

64 Vgl. Andrew Khehla Lukhele: Stokvels in South Africa. Informal savings schemes by blacks for the black community, a.a.O., S. 1 ff.

schätzt.[65] Diese Chance wurde als erstes von der South African Permanent Building Society, inzwischen eine Abteilung der Ned Perm Bank Ltd., erkannt. Sie bietet Stokvels in einem sog. Club-Konto Sonderkonditionen an, z.B. steigende Zinsen mit steigendem Guthaben, Verzicht auf Gebühren oder Mindestguthaben. Da die Initiative in einer Auftaktveranstaltung marktgerecht präsentiert wurde, war sie von großem Erfolg gekennzeichnet.[66]

Aufgrund des geringen Mittelaufkommens sind Stokvels für den gewerbsmäßigen schwarzen Mittelstand wenig bedeutend. Anders ist dies bei kleinen informellen Unternehmen. Nach einer Umfrage verfügen solche, meist als Ein-Personen-Unternehmen geführte Geschäfte, über ein Kapital von 200-1.500 Rand. Nahezu die Hälfte aller Befragten berichteten, daß sie zum Aufbau des Unternehmens Stokvels in Anspruch genommen hätten.[67]

f. Rural Foundation

Die Rural Foundation verfügt über ein Stiftungskapital von 11,6 Mio. Rand. Als Non-Profit-Organisation kann sie aufgrund ihrer Organisationsstruktur mit einem privatwirtschaftlichen Unternehmen verglichen werden.[68] 1995 stellt die Regierung 54% des Gesamtbudgets, 11,7 Mio. Rand, zur Verfügung. Die Rural Foundation unterstützt in den Gemeinden Initiativen zur Verbesserung von Lebens- und Arbeitsbedingungen im ländlichen Raum. Auf Anforderung der Gemeinden werden Technologien, Personal, Schulung, Beratung, Facilities, Lobbying und Finanzierungen zur Verfügung gestellt. Kommunale Entwicklung soll so unterstützt werden, daß die Menschen den Willen und die Fähigkeit zur Selbstverwaltung und Verbesserung ihrer Lebensbedingungen erhalten. Daher stellen Schulungen, z. B. vor Wahlen, den Hauptbestandteil der Arbeit dar. Die ursprüngliche Zielgruppe der Rural Foundation waren

65 Vgl. Gary van Staden, Malcolm Stewart: Financial markets and the availability of credit facilities, in: Minnie Venter (Ed.), Prospects for progress. Critical choices for Southern Africa, Cape Town 1994, S. 93.

66 Vgl. Andrew Khehla Lukhele: Stokvels in South Africa, a.a.O., S. 56 f.

67 Ebda., S. 26.

68 Vgl. Rural Foundation: Annual Report 1994/95, S. 4.

Landarbeiter im kommerziellen landwirtschaftlichen Sektor von ca. 3500 Höfen. Seit zwei Jahren umfaßt sie in einem Pilotprojekt auch Kleinbauern, die Subsistenzwirtschaft und ländliche Siedlungen, so daß insgesamt 1,25 Mio. Menschen von der Stiftung betreut werden. Die Rural Foundation arbeitet mit den Ministerien für ländliche Angelegenheiten, Landwirtschaft, Gesundheit, Wohlfahrt, Hausbau und RDP und mit den Provinzregierungen von Northern und Western Cape, Mpumalanga und Free State zusammen. Diverse Projekte werden in Zusammenarbeit z.B. mit der Konrad-Adenauer-Stiftung durchgeführt. Die Rural Foundation ist in ländlichen Gebieten in allen neun Provinzen mit insgesamt 140 Anlaufstellen vertreten.

IV. Das Bankensystem im Überblick

Tabelle 1
Funktionsweise des Bankensystems

	Banken						Entwicklungsges.						
Anforderungen	Reserve Bank	Private Banken	Ausländische Banken	African Bank	Community Bank	Land Bank[1]	DBSA	SBDC	IDC	Development Corp.	Stokvels	Rural Foundation	Khula
Schaffung von Rahmenbedingungen	+	-	-	-	-	-	+	+	-	+	-	-	+
Vergabe von Krediten zu günstigen Konditionen	-	+	-	+	+	+	+[5]	+	+	+	+	+	+
Durchführung von Schulungen/Beratung	-	+	-	-	+	-	-	+	-	+	-	+	+
Bereitstellen von Geschäftsräumen	-	-	-	-	-	-	-	+	+[4]	+	-	-	-
Präsenz vor Ort	-	-[2]	-	-	-[3]	-	-	+	-	+	+	+	-

Quelle: Eigene Erstellung

1) Ausschließlich im landwirtschaftlichen Sektor
2) Nur im Direktgeschäft
3) Im Aufbau begriffen
4) Indirekt durch Zusammenarbeit mit Development Corp.
5) Über NRO

Inwieweit ist das südafrikanische System von Banken und Entwicklungsgesellschaften in der Lage, die skizzierten Anforderungen zu erfüllen? Nur wenige Institute sind in der Lage, den Anforderungen schwarzer mittelständischer Unternehmer ganz oder teilweise gerecht zu werden. Die skizzierten Banken und Entwicklungsgesellschaften sind auf unterschiedlichen Stufen des politischen Systems tätig. National arbeiten als Wholesaler[69] neben der DBSA und der Land Bank die IDC und die Khula Finance Corporation. Hierbei handelt es sich um einen im November 1995 als nachgeordnete Gesellschaft der auf Empfehlung im Weiß-Papier gegründeten Ntsika Enterprise Promotion Agency begründeten Fonds im Umfang von 250 Mrd. Rand. Über Ergebnisse aus der Geschäftstätigkeit kann noch nichts berichtet werden, da die Ausgabe von Mitteln erst im April 1996 begann.

In einer Gesamtbeurteilung läßt sich die Effektivität von Banken und Entwicklungsgesellschaften wie folgt darstellen:

Tabelle 2
Effektivität des Bankensystems

	Öffentlicher Sektor		Privater Sektor	
Zentralregierung	DBSA IDC Khula Land Bank	+ + ? -	SBDC Private Großbanken Ausländische Banken	+ o -
Provinzregierungen	Utilities Development Corp.	o +	Rural Foundation	o
Gemeindeverwaltungen	Local authorities	-	Community Bank Stokvels NRO	o + +

(- = keine Effektivität, o = geringe Effektivität, + = hohe Effektivität, ? = fraglich)
Quelle: eigene Erstellung.

Die Effektivität der Institutionen zum Aufbau schwarzen mittelständischen Unternehmertums ist bei den meisten begrenzt. Einige sind nur in einem Sek-

69 Wholesaler vergeben Kredite an andere Institutionen im Entwicklungsbereich, während Retailer ihre Kreditgeschäfte direkt mit den Unternehmern abschließen.

tor, z.B. der Landwirtschaft, tätig, andere sind nicht in der Fläche vertreten oder -wie Local authorities oder Stokvels- zu klein. Generell ist die Effektivität von Wholesale-Institutionen gegenüber Retailern geringer.

Einige Utilities sind aktiv bei der Förderung mittelständischen Unternehmertums, jedoch beschränkt auf ihr enges Geschäftsfeld. Local Authorities können Genehmigungen zur Übernahme öffentlicher Aufgaben durch private Unternehmer, z.B. bei der Müllabfuhr, vergeben. Verbunden mit einer begünstigten Kreditaufnahme für derartige Unternehmer könnten so vereinzelt Chancen für mittelständische Unternehmer geschaffen werden. Daneben sind Local Authorities an der Finanzierung regionaler Entwicklungsgesellschaften beteiligt, die als eines ihrer Ziele die Schaffung von 'black economic empowerment'[70] angeben und hauptsächlich unterstützend für Entwicklungsgesellschaften wirken. NRO und Utilities gibt es z. B. im Transportbereich. Auch hier wäre eine privatwirtschaftliche Organisationsform denkbar.

Auf ländliche Entwicklung gerichtete Organisationen wie Rural Foundation und DBSA erhalten in nicht unerheblichem Maße Unterstützung aus dem Ausland. Aus Deutschland kommt Geld u.a. von der GTZ, Konrad-Adenauer Stiftung und der Deutschen Stiftung für internationale Entwicklung.

Die südafrikanische Regierung greift stark in den Markt der Entwicklungsgesellschaften ein. Die hohe Anzahl von geschätzt 150 Institutionen in den Provinzen, von denen viele nach Ansicht der Regierung ineffizient arbeiten, soll restrukturiert werden. Bei Mißerfolg der Maßnahmen droht die Schließung einzelner Gesellschaften. Diese Vorgehensweise wird mit der fiskalischen Belastung der Staatshaushalte durch Defizite der Entwicklungsgesellschaften begründet. IDC, DBSA und Land Bank haben sich den Restrukturierungsmaßnahmen bereits erfolgreich unterworfen. Obwohl die Regierung die SBDC als private Entwicklungsgesellschaft anerkennt, übernimmt sie keine Garantien mehr für Partnerschaften zwischen privatwirtschaftlichen Unternehmen und SBDC bei Entwicklungsprojekten.[71]

---

70 Wesgro: Annual Review 1995, S. 3.

71 Vgl. Robyn Chalmers: Finance Institutions to 'restructure or close', in: Business Day vom 15.3.1996.

V. Banken, Entwicklungsgesellschaften und der Aufbau eines schwarzen Mittelstandes

Das Bankensystem Südafrikas erfüllt bisher kaum die institutionellen Voraussetzungen zum Aufbau schwarzen mittelständischen Unternehmertums. Die Vielzahl der Institute reflektiert nicht die Effizienz des Systems. Der Schwerpunkt der Förderaktivitäten liegt noch in den Sektoren Landwirtschaft und Industrie. Viele Entwicklungsgesellschaften vertreten die Ansicht, Händler seien in Südafrika genug vorhanden, was im Land gebraucht werde, seien produzierende Unternehmen. Dies verdeutlicht einerseits den Entwicklungsstand des Landes. Andererseits ist es für die Erfüllung der wirtschaftlichen, gesellschaftlichen und politischen Funktion des Mittelstandes zweitrangig, in welchem Sektor, Industrie oder Dienstleistung, dieser angesiedelt ist. Angesichts der Notwendigkeit, Südafrika nach der durch die Sanktionen bestimmten Periode der Autarkie in die internationale Wettbewerbsfähigkeit hineinzuführen, ist es allerdings unwahrscheinlich, daß sich im Bereich der Industrie mittelständische Strukturen behaupten können. So bleiben Handwerk, Handel und andere Formen der Dienstleistung als Betätigungsfeld mittelständischer Unternehmen. Dabei zeigt die Entwicklung in anderen Ländern, daß dem Dienstleistungssektor langfristig die größte Bedeutung zukommt. An dieser Aufgabe beteiligen sich die südafrikanischen Banken in keinem erkennbaren Umfang.

Südafrika ist noch weit vom Schritt in eine Dienstleistungsgesellschaft entfernt. Aufgrund der zumeist noch ländlichen Strukturen dieses Flächenstaates wird es noch erheblicher Anstrengungen bedürfen und viel Zeit in Anspruch nehmen, bevor dieses Ziel - und damit ein leistungsfähiger Mittelstand - erreicht werden kann.

DIE EINBINDUNG SÜDAFRIKAS IN DAS SÜDLICHE AFRIKA

Julia Plehnert

I. Problemstellung: Von der Konfrontation zur Partnerschaft

Mit dem Begriff 'Integration' wird der Beitritt Südafrikas zur südafrikanischen Entwicklungsgemeinschaft (SADC) am 29. August 1994 verbunden, der neben den sogenannten Frontstaaten, also Angola, Botswana, Lesotho, Malawi, Mozambique, Sambia, Simbabwe, Swasiland, Tansania und seit 1990 Namibia auch Mauritius angehört, das im August 1995 beigetreten ist.[1]

Durch diesen Beitritt wurden aus Gegnern formal Partner. Zu Zeiten der Apartheidpolitik Südafrikas übernahmen die ehemaligen Frontstaaten einerseits durch ihre Unterstützung des Kampfes gegen das Apartheidsystem, andererseits durch ihr Bestreben, wirtschaftlich und infrastrukturell unabhängig von der Republik Südafrika zu sein, die Rolle des Gegners Südafrikas. So ergab sich ein großer Teil der außenpolitischen Orientierung des alten Südafrikas aus einer Bedrohungsperzeption, die sich auf diese Staaten richtete, die dabei bis 1990 auf die Unterstützung der Sowjetunion rechnen konnten. Hieraus läßt sich der Schluß ziehen, daß sowohl die Transformation des politischen und gesellschaftlichen Systems Südafrikas als auch der Beitritt zur SADC eine außenpolitische Komponente hat.

II. Die wirtschaftliche Dimension

Seit dem Beitritt Südafrikas zur SADC, ist unter den Mitgliedstaaten, aber auch in westlichen Ländern die Hoffnung verbreitet, daß Südafrika als einziger

1 Für die Integration Südafrikas in das südliche Afrika ist von diesen Ländern Tansania wirtschaftlich nur von bedingter Bedeutung, seine Mitgliedschaft ist jedoch politisch von großer Wichtigkeit, da Tansania für die Frontline States in dem Kampf gegen das Apartheidsystem die zentrale politische und militärische Basis darstellte. Die Mitgliedschaft von Mauritius ist für die Fragestellung dieser Arbeit irrelevant. Dieses Land kommt aufgrund seines Wohlstandes, der den Südafrikas noch übertrifft, eher als Kapitalgeber und als Abnehmer von Produkten der übrigen SADC-Staaten in Frage.

Industriestaat der Region eine wirtschaftliche Lokomotivfunktion für den Subkontinent ausüben könnte und sich dadurch deren wirtschaftliche Situation verbessern wird. Die Zielsetzung der SADC ist, Impulse für eine derartige Entwicklung zu setzen, um so zu einer Wohlstandssteigerung in der Region zu gelangen.

Wesentlich für die Perspektiven der SADC ist es, zu erkennen, daß Südafrika innenpolitisch durch Entwicklungstendenzen gekennzeichnet ist, die klare Konturen noch kaum wahrnehmen lassen. Das Land ist in eine Volkswirtschafts- und Gesellschaftsstruktur der Ersten und der Dritten Welt gespalten.

Tabelle 1[2]
Verteilung des monatlichen Haushaltseinkommens
in der Republik Südafrika nach Bevölkerungsgruppen für 1991 in %

in Rand/ pro Monat	Schwarze	Mischlinge	Asiaten	Weiße
1-399	36,1	17,5	4,1	1,5
400-699	22,0	13,8	5,6	3,0
700-1199	25,8	21,8	19,9	6,0
1200-1999	9,1	20,5	20,5	9,5
2000-2499	3,1	7,4	11,2	8,1
2500-3999	2,6	10,4	24,0	20,9
4000-5999	1,0	6,7	9,3	24,0
6000+	0,2	1,8	5,4	27,0

Diese Spaltung drückt sich durch extreme Ungleichheit an Einkommen, Besitz und Lebenschancen zwischen, aber auch innerhalb der einzelnen Bevölkerungsgruppen aus. Weitgehend verläuft die Spaltung entlang der alten Grenzen

2 Alle Zahlenangaben für diese Tabelle aus: South African Institute of Race Relations (Hrsg.): Race Relations Survey 1992/93, Johannesburg 1993, S. 192. Die offiziellen Statistiken der Republik Südafrika gelten seit der letzten Volkszählung von 1991 als farbenblind. Deshalb beruhen die Zahlen für das monatliche Haushaltseinkommen auf Umfragen von Marktforschungsunternehmen. Ferner muß berücksichtigt werden, daß die sozialen Strukturen in den einzelnen Bevölkerungssegmenten stark variieren.

zwischen weißer und nichtweißer Bevölkerung. Hinzu kommt ein krasses Stadt-Land-Gefälle: Extreme Armut und Unterernährung auf dem Land, vor allem in den ehemaligen Homelands und sog. TBVC-Staaten, kontrastieren mit modernen Dienstleistungs- und Industriezentren wie Johannesburg oder Kapstadt.[3]

Wenn auch diese Durchschnittszahlen verdecken, daß es ebenso weiße Armut und die Ansätze eines schwarzen Mittelstandes gibt, so verdeutlichen sie doch die grundsätzliche ökonomisch-soziale Spaltung des Landes, die es zu überwinden gilt, will man zu dauerhafter politischer Stabilität und wirtschaftlichem Wachstum finden. Erst wenn dies erreicht ist, wird Südafrika der Erwartung gerecht werden können, sich mit der Zukunft Schwarzafrikas zu identifizieren und mit seiner im Vergleich zu den Anrainern modernen Industrie und Infrastruktur sowie seinem realen und potentiellen Reichtum den Niedergang Schwarzafrikas zumindest im südlichen Afrika im Rahmen seiner wirtschaftlichen Möglichkeiten aufzuhalten. Die anderen Mitgliedstaaten der SADC sind dagegen weitgehend Entwicklungsländer und gehören darüber hinaus überwiegend, wie ganz Schwarzafrika, zu den ärmsten Entwicklungsländern dieser Welt.[4]

Aus der Spaltung Südafrikas in eine Industrie- und Entwicklungsgesellschaft ergibt sich, daß trotz der im Vergleich zu den anderen SADC-Mitgliedern gewaltigen Wirtschaftskraft das Land nicht über die finanziellen Mittel verfügt, durch massive Kapitalhilfe an die anderen Mitgliedsstaaten einen Entwicklungsschub auszulösen.

Nimmt man das Bruttoinlandsprodukt aller SADC-Staaten ohne die Republik Südafrika, so kommt man bei einer mehr als doppelt so großen Bevölkerungs-

---

3 Vgl. Hanns W. Maull: Vorwort, in: Michael Behrens, Robert von Rimscha (Hrsg.): Südafrika nach der Apartheid, Baden-Baden 1994, S. 9.

4 Ausnahmen hiervon sind Mauritius mit einem Pro-Kopf-Einkommen, das über dem Südafrikas liegt und das häufig als Musterland hingestellte Botswana. Auch das Pro-Kopf-Einkommen Namibias, das seit 1920 bis zur Unabhängigkeit im Jahre 1990 als Südwestafrika/Namibia von der Wirtschaftskraft der Republik Südafrika abhing, liegt deutlich über dem der anderen SADC-Staaten.

zahl auf ein BIP, das nur ein Viertel des BIPs Südafrikas ausmacht. Dieses Bild täuscht jedoch, da Südafrika selbst durch Kapitalknappheit gekennzeichnet ist und seine Ressourcen dringend benötigt, um die Spaltung des Landes in die zwei Gesellschaften zu überwinden.[5]

Tabelle 2[6]

BIP, Bevölkerungzahl und Pro-Kopf-Einkommen in den SADC-Mitgliedstaaten

Land	BIP 1994 (in Mio. US$)	Bevölkerung-zahl (in Mio.)	Pro-Kopf-Einkommen 1994 (in US$)
Angola	6.000	10,7	590
Botswana	4.035	1,5	2.800
Lesotho	1.400	2,0	700
Malawi	1.560	10,8	140
Mauritius	3.510	1,1	3.180
Mozambique	1.330	16,6	80
Namibia	3.050	1,5	2.030
Swaziland	1.050	0,9	1.160
Tanzania	2.100	28,8	90
Zambia	3.200	9,2	370
Zimbabwe	5.425	11,0	490
Gesamt	32.660	94,1	--
Südafrika	125.200	41,6	3.000
SADC	157.860	135,7	--

Aufgrund der fehlenden Möglichkeit Südafrikas, seinen Nachbarn finanzielle Mittel als klassische Entwicklungshilfe zur Verfügung zu stellen, ist zu fragen,

5 Darüber hinaus muß nach den Erfahrungen der westlichen Industriegesellschaften mit Entwicklungshilfe über vier Jahrzehnte die Frage gestellt werden, ob Entwicklungspolitik, die auf Kapitalhilfen beruht, wirksam oder möglicherweise sogar kontraproduktiv ist.

6 Zahlen aus International Bank for Reconstruction and Development, The World Bank, Washington: World Bank Atlas 1996 und Economist Intelligence Unit der entsprechenden Länder.

ob eine wirtschaftliche Integration durch intensive Handelsverflechtungen erreicht werden kann. Diese Art von Entwicklungspolitik ermöglicht, die wohlstandssteigernden Effekte der internationalen Arbeitsteilung zu nutzen. Selbst wenn ein Land bei der Herstellung aller zum Handel anstehenden Erzeugnisse produktiver und damit kostengünstiger ist, kann Außenhandel sinnvoll sein, wenn die Arbeitsteilung in der Form erfolgt, daß das überlegene Land sich auf die Produktfelder konzentriert, in denen seine Überlegenheit relativ am größten ist.[7] So können sich auf diese Weise auch für die weniger produktiven Länder komparative Kostenvorteile ergeben, auf deren Grundlage Handel, internationale Arbeitsteilung und eine daraus resultierende Wohlstandssteigerung möglich ist.

Dieses Konzept der internationalen Arbeitsteilung widerspricht der allgemeinen Vorstellung, "if South Africa prospers, the region will prosper", da diese Vorstellung davon ausgeht, daß Südafrika seinen SADC-Partnern im klassischen Sinne Entwicklungshilfe leisten könnte. Dazu aber ist das Land nicht in der Lage. Darüber hinaus bedeutet nur ein erarbeiteter, nicht ein transferierter Wohlstand eine anhaltende Wohlstandssteigerung.

Wenn die SADC das Konzept der internationalen Arbeitsteilung im südlichen Afrika einzuleiten vermag, ist dies ein entscheidender Impuls für den Integrationsprozeß, von dem alle Beteiligten profitieren. Allerdings stößt dieses Konzept in der Ausgangssituation auf erhebliche Schwierigkeiten, die sich einerseits aus der Ungleichheit der zwölf Mitgliedstaaten der südafrikanischen Entwicklungsgemeinschaft im Hinblick auf ihre wirtschaftliche Leistungskraft, andererseits aus der Struktur des Außenhandels ergibt.

Dazu nur wenige Beispiele von den wichtigsten Partnerländern Südafrikas in der SADC: Namibia importiert zu 87% aus Südafrika, aber nur 27% der Exporte gehen nach Südafrika. Der wichtigste Abnehmer für Namibia ist Großbritannien. Bei den Importen handelt es sich schwerpunktmäßig um Lebensmittel, Transportgeräte, Mineralölprodukte, Investitionsgüter und Chemieprodukte. Die

7 Auf diesen Tatbestand hat schon Ricardo 1817 hingewiesen. Vgl. David Ricardo: On the Principles of Political Economy and Taxation, London 1817.

wichtigsten Exportgüter Namibias sind Diamanten, andere Mineralien, Fisch, sowie Fleisch und Fleischprodukte.

Botswana bezieht 85% seiner Importe aus Südafrika, aber nur 7% seiner Exporte gehen nach Südafrika. Wichtigster Abnehmer für die Produkte Botswanas ist mit großem Abstand Europa. Die Importe bestehen im wesentlichen aus Lebensmitteln, Transportgeräten, Investitionsgütern sowie Chemie- und Gummiprodukten. Seine Exporte bestehen fast ausschließlich aus Diamanten.

Schon anders sieht die Struktur Zaires aus. Es importiert nur 7% seiner Produkte aus Südafrika, aber fast ein Drittel aus der ehemaligen Kolonialmacht Belgien. Die Importstruktur spiegelt das wider. Es handelt sich im wesentlichen um Konsumgüter, deutlich geringer ist die Rolle von Investionsgütern. Dafür spielen Rohmaterialien und Energieprodukte eine größere Rolle. In seinen Exporten spielen auch Diamanten die größte Rolle, gefolgt von Kaffee, Kupfer und Kobalt.

Für die Importe Sambias ist Südafrika zwar das wichtigste Land, nimmt aber mit 22% keine dominierende Rolle ein. Für seine Exporte spielt Südafrika praktisch keine Rolle, wichtigstes Abnehmerland ist Japan. Sambias Importe bestehen fast ausschließlich aus Rohöl, Düngemitteln und elektrischen Strom. Auf der Exportseite nimmt Kupfer eine dominierende Rolle ein, hinzu kommen Kobalt und Zink.

Für Simbabwe spielt Südafrika bei den Importen mit 38% zwar eine große, aber auch keine dominierende Rolle. Das gilt noch stärker für die Exporte, von denen nur 17% nach Südafrika gehen. Seine Importe bestehen vor allem aus Investitionsgütern der verschiedensten Art, Fertigprodukten, Ölprodukten, Elektriziät und Chemieprodukten. Die Exporte werden dominiert von Tabak, gefolgt von Produkten zur Stahlveredelung und Asbest.[8]

---

8 Angaben aus Rolf Hofmeier, Institut für Afrika-Kunde (Hrsg.): Afrika-Jahrbuch 1994, Opladen 1995. Der Fischer Weltalmanach 1996, Frankfurt/M. 1995. Statistisches Bundesamt, Wiesbaden (Hrsg.): Länderberichte der entsprechenden Länder und The Economist Intelligence Unit: Country Reports der verschiedenen Länder, London 1995.

Diese wenigen Beispiele verdeutlichen die Problematik. Südafrika nimmt für einige Länder eine dominierende, aber stets eine wichtige Position für die Importe ein, ist dagegen für die Ausfuhr fast irrelevant. Daraus ergibt sich, daß ein beträchtliches Handelsungleichgewicht zwischen Südafrika und seinen Nachbarn besteht. Zur Zeit exportiert Südafrika, das knapp 80 % des gesamten Bruttoinlandsproduktes der SADC-Staaten erwirtschaftet, fast fünfmal mehr in die Staaten des südlichen Afrika, als es aus ihnen einführt.[9]

Ein Ausgleich dieses Handelsbilanzüberschusses Südafrikas verlangt den Aufbau verstärkter Handelsbeziehungen der SADC-Länder untereinander. Zwar ist derzeit absolut ein verstärkter Handel zwischen Südafrika und seinen Nachbarn zu verzeichnen, er ist prozentual nach wie vor aber unbedeutend.

Trotz verstärkter Bemühungen in den vergangenen Jahren, die Struktur seiner Exportgüter zu diversifizieren, ist Südafrika nach wie vor abhängig vom Export von Rohstoffen und Halbfertigwaren in die Industrieländer des Westens, die ca. drei Viertel des gesamten Exports ausmachen. Die wichtigsten Handelspartner sind dabei Großbritannien, die USA, Deutschland, Japan und die Schweiz. Südafrikas Importe bestehen überwiegend aus Industriegütern wie Werkzeugmaschinen, Autos und Fernsehern sowie technologisch hochwertigen optischen Geräten und Meßinstrumenten.

Damit zeigt auch die Handelsbilanz Südafrikas das typische Bild eines Entwicklungslandes. Da die Wirtschaftsstruktur der anderen SADC-Länder der Südafrikas sehr ähnlich ist, sind die Aussichten auf einen verstärkten Handel nicht günstig. Sie verfügen im wesentlichen über vergleichbare Rohstoffe, produzieren, konsumieren, ex- und importieren die gleichen Güter, wenn man von dem industrialisierten Sektor Südafrikas, der zur Ersten Welt gehört, einmal absieht.

Auch dazu nur wenige Beispiele: Über Diamanten verfügen Angola, Botswana, Namibia. Kupfer, Kobalt und Nickelmineralien bieten Botswana, Namibia,

---

9 Vgl. South African Communications Service: South Africa Yearbook 1995, 2nd. ed., Pretoria 1995, S. 170.

Sambia und Simbabwe an. Über Goldreserven verfügen darüber hinaus noch Namibia und Simbabwe.

Aus dieser Wirtschaftstruktur ergibt sich, daß ein Handelsaustausch zwischen den SADC-Ländern insbesondere zwischen Südafrika und den anderen Mitgliedsländern sich nur auf der Grundlage des Konzeptes der komparativen Kostenvorteile nach dem Modell Ricardos entwickeln kann. Dabei ist zu beachten, daß dies nur dann möglich ist, wenn solche komparativen Kostenvorteile bestehen und es diesen durch ein System des freien Handels erlaubt ist, sich zu entfalten und nicht Zölle oder andere protektionistische Maßnahmen die weniger produktiven Wirtschaftszweige in den einzelnen Ländern schützen. Das bedeutet für die Region des südlichen Afrikas eine grundsätzliche Neuausrichtung der bisherigen Wirtschaftspolitik. Mittlerweile werden einige Länder der Region dieser Neuorientierung in Ansätzen gerecht. Sie haben mit dem Abbau einer Reihe von Handelsschranken begonnen, die sie in den letzten Jahrzehnten zum Schutz ihrer Wirtschaft errichtet hatten. Das Konzept einer Freihandelszone ist also im Prinzip von den Ländern des SADC-Raumes akzeptiert. Deshalb arbeitet die SADC gegenwärtig an einem Vertrag, der den Abbau aller internen Handelsbarrieren und Exportsubventionen in der Region bis zum Jahre 2000 vorsieht. Das Dokument soll zum nächsten Gipfel der SADC im August 1996 zur Unterschrift vorliegen.[10]

Dennoch bereitet die Umsetzung des Konzeptes einer Freihandelszone erhebliche Schwierigkeiten. Dies ist nicht zuletzt in der ökonomischen Situation Südafrikas begründet. Im Vergleich zu den anderen Ländern der SADC verfügt Südafrika über ein gut entwickeltes Gewerkschaftssystem und ist dementsprechend auch im internationalen Vergleich eher ein Hochlohnland: Die Arbeitskosten in der Industrie Süafrikas liegen bei ca. $ 5 pro Stunde. Das ist doppelt so hoch wie in Mexiko und Brasilien und achtmal so hoch wie in China. Ein ähnlich großer, zum Teil noch größerer Abstand, besteht gegenüber den anderen Ländern der SADC.

---

10 Vgl. Südafrika baut die Zollschranken zu den Nachbarn nur halbherzig ab, in: HB vom 21.03.1996.

Die daraus resultierenden Wettbewerbsnachteile hat Südafrika während der Zeit der Konfrontation mit den ehemaligen Frontstaaten durchaus erfolgreich kompensieren können. Hierzu dienten zahlreiche protektionistische Maßnahmen wie die hohen Zölle, die Südafrika auch heute nur zögerlich bereit ist, abzubauen. Südafrika verfolgte aufgrund der Sanktionspolitik der UN sowie dem verstärkten Druck der westlichen Industriegesellschaften seit Anfang der 80er Jahre gegen die Apartheidpolitik eine autarkieorientierte Wirtschaftspolitik. Die hoch entwickelte Wehrtechnik oder auch die Technologie zur Verflüssigung von Kohle sind dafür nur zwei bekannte Beispiele. Eine derartige Politik führt aber zu einer Kostenstruktur, die für eine internationale Arbeitsteilung grundsätzlich nicht günstig ist. Deshalb muß die Überwindung einer autarkieorientierten Wirtschaftsstruktur durch die Errichtung einer Freihandelszone im langfristigen Interesse Südafrikas sein. Denn nur auf diese Weise kann das Land an den Vorteilen einer internationalen Arbeitsteilung partizipieren.

Der Übergang zu einer Freihandelszone verlangt von den Mitgliedstaaten der SADC, aber insbesondere von Südafrika, erhebliche Umstrukturierungsprozesse. Südafrikas hohes Lohnniveau hat dazu geführt, daß seine Rohstoffindustrie kaum mit der der anderen SADC-Mitgliedsländer wettbewerbsfähig sein kann. Die Umstrukturierungsprozesse zur Schaffung einer Freihandelszone in der Region werden von Südafrika erhebliche Anstrengungen erfordern, die, zumindest für eine längere Übergangsphase, mit einer steigenden Arbeitslosigkeit verbunden sein werden.[11]

Apartheidbedingte Mißwirtschaft, Sanktionen, die Flucht aus- und inländischen Kapitals sowie die Verunsicherung der Geschäftswelt über die künftige Wirtschaftspolitik führten in Südafrika zu einer Arbeitslosenquote, die mit rund 40 % angegeben wird. Diese Zahl legt die Frage nahe, ob die arme, d.h. die meist arbeitslose schwarze Bevölkerung, die aufgrund der Versprechen des Reconstruction and Development Programm (RDP) teilweise übersteigerte Erwartungen hegt, einen derartigen Umstrukturierungsprozeß friedlich mitverfolgen wird.

---

11 Hier kann auf Erfahrungen in den neuen Bundesländern und den Staaten Osteuropas nach 1990 verwiesen werden: Überall war der Übergang zur Marktwirtschaft zunächst mit erheblich steigender Arbeitslosigkeit verbunden, die erst langsam abgebaut werden kann.

Mit der politischen Umgestaltung des Landes war die Hoffnung auf zumindest einen bescheidenen Wohlstand erwachsen.

Dieser Erwartungshaltung gerecht zu werden, ist zur Zeit ökonomisch unmöglich. Allein aufgrund der Zahlenrelation ist eine verstärkte Umverteilung von Weiß zu Schwarz, wie sie der ANC fordert, nicht möglich. Den ca. 7 Mio. Weißen, Mischlingen und Indern stehen mehr als 30 Mio. Schwarze gegenüber. Diese Zahlenrelation bedeutet, daß jeder Nichtschwarze mehr als vier Rand zusätzliche Steuern bezahlen müßte, um das Pro-Kopf-Einkommen jedes Schwarzen um einen Rand steigern zu können. Angesichts der ohnehin hohen Steuersätze in Südafrika würde eine solche Politik der Umverteilung die Sparquote zerstören und damit jeder binnenwirtschaftlichen Investitionstätigkeit den Boden entziehen. Langfristig können die ökonomischen Erwartungen der armen schwarzen Bevölkerung nur durch ein stetiges Wirtschaftswachstum, welches deutlich oberhalb des Bevölkerungswachstums liegen muß, erfüllt werden. Die jährliche Wachstumsrate von derzeit knapp 4 %, die gerade dem Bevölkerungswachstum entspricht, reicht nicht aus, um genügend Arbeitsplätze zu schaffen, die zur Verbesserung der Lebensbedingungen dieser Menschen führen.

Aufgrund dieser binnenwirtschaftlichen Situation ist ein Umstrukturierungsprozeß, der in der Übergangsphase zwangsläufig mit einem Anstieg der Arbeitslosigkeit verbunden ist, nicht durchsetzbar. So kann dem Konzept der von der SADC verfolgten Freihandelszone kurz- und auch mittelfristig kein Erfolg beschieden sein. Die Folgen einer jahrzehntelangen Isolation Südafrikas und der damit verbundenen autarkieorientierten Wirtschaftspolitik lassen sich kurzfristig nicht überwinden. Südafrikas sozio-ökonomische Situation verlangt nach ökonomischen Formen des Transformationsprozesses, die jedoch nur über einen langfristigen Zeitraum erfolgversprechend sind. Politisch durchsetzbar ist zur Zeit aber nur, was kurzfristige Erfolge verspricht. Für langfristige Erfolgsaussichten fehlt unter den Bedingungen des Landes die innenpolitische Akzeptanz.

Verbunden hiermit ist ein anderer Aspekt des Arbeitsmarktes. In Südafrika arbeitet eine erhebliche Zahl von legalen und illegalen Wanderarbeitern aus den Anrainerstaaten. Die Einkommen der Arbeiter aus diesen Ländern, die zu großen Teilen im südafrikanischen Bergbau tätig sind, haben für die staatlichen und privaten Haushalte dieser Länder große Bedeutung. Schätzungen gehen von 2 Mio. und mehr illegalen Wanderarbeitern aus.[12] Angesichts der angespannten Lage auf dem Arbeitsmarkt in Südafrika befindet sich die Regierung aufgrund des Drucks seitens der eigenen Bevölkerung in der prekären Situation, die hohe Arbeitslosigkeit nur durch einen Immigrationsstop und durch Rückführung der sich bereits im Lande befindlichen ausländischen Arbeitskräfte abbauen zu können. Jedes Jahr strömen 400.000 Südafrikaner auf den Arbeitsmarkt. Zwischen 1985 und 1989 konnten jährlich aber nur 31.000 Arbeitsplätze entstehen.[13] Auch wenn davon auszugehen ist, daß nach dem Wegfall der Sanktionen, also seit 1994, mehr zusätzliche Arbeitsplätze nachgefragt werden, so ist gleichzeitig zu betonen, daß sich aus der Struktur des Außenhandels für Südafrika ergibt, seine Wettbewerbsfähigkeit in der Weltwirtschaft mit höchster Priorität anzustreben. Dies aber verlangt eine erhöhte Kapitalintensität, was zugleich mit Wachstum ohne zusätzlichen Arbeitskräftebedarf verbunden ist.

Dieser Tatbestand verdeutlicht, daß es dem arbeitsmarktpolitischen Interesse Südafrikas entspricht, zumindest die illegalen Einwanderer zurückzuführen. Für die betroffenen SADC-Partner würde dies eine wirtschaftliche Katastrophe bedeuten. Daß eine solche Rückführung auch dem Integrationsziel der SADC widersprechen würde, nachdem zur Freihandelszone auch ein freier grenzübergreifender Arbeitsmarkt gehört, bedarf keiner weiteren Erläuterung.

III. Die politische Dimension

Schon die Tatsache, daß Südafrika Mitglied der SADC geworden ist, stellt eine politische Dimension in dem Beziehungsgeflecht des südlichen Afrikas dar. Der Beitritt hat zu einer veränderten Rolle Südafrikas auf dem Kontinent geführt; stärker als früher orientiert sich die südafrikanische Außenpolitik nach Afrika. Jedoch löst die Mitgliedschaft allein nicht alle Probleme, die zwischen den neuen Partnern bestehen.

---

12 Vgl. Greg Mills: South Africa and Southern Africa, in: The Courier, No. 153, September/Oktober 1995, S. 59-62, hier S. 61.

13 Ebda, S. 60.

Zunächst ergibt sich aus der dominanten Position, die Südafrika trotz seiner innenpolitischen Schwierigkeiten besitzt, ein strukturelles Mißtrauen der anderen Partner gegenüber Südafrika. Eine Einbindung Südafrikas in die Staatengemeinschaft des südlichen Afrika kann nur verwirklicht werden, wenn das Mißtrauen vor der Dominanz des neuen Partners in der SADC abgebaut werden kann. Dieses ist in der wirtschaftlichen und militärischen Stärke Südafrikas begründet. Einige wenige Beispiele mögen das erläutern. Bei der Stromversorgung erhält Lesotho 97% seines Eigenbedarfs aus Südafrika, Swaziland 83%, im Falle Namibias sind es 62% und in dem Mozambiques 55%. Allein die Kapazität des neuen Elektrizitätswerks bei Johannesburg reicht aus, um nahezu den gesamten Energiebedarf der übrigen SADC-Staaten zu decken.[14]

Zu Zeiten der Apartheidpolitik waren es teilweise ganze Sektoren der Wirtschaft der Länder im südlichen Afrika, z. B. der Bergbau, aber auch große Teile der verarbeitenden Industrie, die von der Republik Südafrika abhängig waren. Auch heute bestehen diese Abhängigkeiten weiter. Das gilt auch für die Infrastruktur. Sechs der neun Frontstaaten sind Binnenstaaten, die für ihre Im- und Exporte auf das südafrikanische Straßen-, Schienen- und Hafennetz angewiesen sind. Hinzu kommen die Devisen, die durch die Überweisungen der in Südafrika tätigen Wanderarbeiter diesen Staaten zufließen.

Die militärische Stärke Südafrikas in der Region ergibt sich aus der modernen Wehrtechnik nach westlichem Standard.[15] Zwar sind die südafrikanische Luftwaffe und Marine nach westlichem Standard veraltet, sie sind den SADC-Partnern jedoch hoch überlegen. Diese waren ausschließlich durch sowjetische Waffen ausgerüstet, die seit dem Zusammenbruch der Sowjetunion nur noch gegen Devisen zu beschaffen sind, die diese Länder nicht besitzen, so daß die einst durchaus moderne sowjetische Waffentechnik zunehmend veraltet.[16]

---

14 Vgl. Thomas Knemeyer: Mandela ruft SADC-Staaten zur Integration auf, in: Die Welt vom 30.08.1995.

15 Südafrika war bis 1994 Nuklearmacht und hat als erstes und bislang einziges Land diesen Status vor Beginn der Transformation aufgegeben.

16 Im Fall Angolas kommt hinzu, daß die sowjetischen Waffen von Kubanern bedient wurden, die aber während des Unabhängigkeitsprozesses Namibias abgezogen wurden.

Die dominante Stellung Südafrikas hat einerseits bei seinen Partnern Mißtrauen gegenüber Hegemoniebestrebungen ausgelöst. Andererseits hat diese Stellung zu einem Gefühl der Minderwertigkeit geführt, das Südafrika gelegentlich bewußt oder unbewußt zu einem Verhalten verleitet, das seine Partner als arrogant empfinden. Ein Beispiel hierfür ist die Selbstverständlichkeit, mit der Mandela nach seinem Amtsantritt als Präsident der Republik Südafrikas eine Führungs- und Sprecherrolle für das südliche Afrika einnahm. Dies hat bei anderen Führungspersönlichkeiten der Region, z.B. dem Präsidenten Zimbabwes, Mugabe, Verstimmungen ausgelöst. Ein weiteres Beispiel war die Abwesenheit der südafrikanischen Minister bei der abschließenden Sitzung der SADC-Konferenz in Midrand. Von den Delegationen der anderen SADC-Mitglieder wurde das Nichterscheinen als eine Geringschätzung dieser Länder durch Südafrika empfunden. Botswanas Vizepräsident und Finanzminister, Festus Mogae, drückte die Stimmung der SADC-Partner mit den Worten "we don't feel bullied; we feel ignored" aus.[17] Diese Haltung Südafrikas widerspricht der Zielsetzung der SADC einer politischen Integration aller Nationen des südlichen Afrikas.

Während das Hauptanliegen der anderen in Afrika existierenden subregionalen Organisationen, also die Inter-Governmental Authority (IGADD) im Osten Afrikas, die Economic Community of Westafrican States (ECOWAS), die Maghreb Union im Norden oder die Economic Community of Central African States (ECCAS), die ökonomische Entwicklung der Regionen ist, erweiterte die SADC ihre Ausrichtung um das Ziel einer regionalen Außen- und Sicherheitspolitik. Dies wird damit begründet, daß Kriege und fehlende Sicherheit den ökonomischen Fortschritt und die soziale Wohlfahrt gefährden.[18]

Für das südliche Afrika gibt es keine gemeinsame Bedrohungsperzeption. Die vielfältigen Konfliktherde in Schwarzafrika, z. B. die Bürgerkriege in Liberia, die Militärdiktatur in Nigeria, der Völkermord in Ruanda usw., werden das

17 Vgl. Tony Hawkins: Trade agreement stalled, in: The Financial Times vom 28.03.1996.

18 Vgl. Founding Statement of the Southern African Development Community, in: Jakkie Potgieter: Peacekeeping in Southern Africa. A Regional Model, in: Christopher Smith, Peter Batchelor, Jakkie Potgieter (eds.): Disarmament and Conflict Resolution Project-Small Arms Management and Peacekeeping in Southern Africa, United Nations publication, New York, Geneva 1996, S. 99.

südliche Afrika aus geographischen Gründen nicht erreichen.[19] Unabhängig von diesen regionalen Krisen ist das Problem der organisierten Kriminalität, für deren Bekämpfung eine regionale Zusammenarbeit notwendig erscheint. Die mit militärischen Mitteln ausgetragenen Konflikte der letzten Jahrzehnte haben im südlichen Afrika zahlreiche Waffen hinterlassen. Die Region ist überschwemmt mit Waffen und Munition, die über die Landesgrenzen hinweg überall und jederzeit verfügbar sind. Es besteht ein hohes politisch oder kriminell motiviertes Gewaltpotential, das zu einer Zunahme internationaler krimineller Organisationen geführt hat, die durch Waffenschmuggel oder Drogenhandel die Stabilität der Region gefährden. Eine Beschränkung der politischen Zusammenarbeit auf Konsultationsmechanismen, die dem Aufbau eines Vertrauenspotentials der Staaten untereinander dienen und deshalb relevant sind, reicht in der konkreten Situation der Bekämpfung der organisierten Kriminalität nicht aus.

Die Organization of African Unity (OAU), die seit Beginn der 90er Jahre verstärkt ein afrikanisches Krisenmanagement anstrebt, befürwortet die Aufstellung einer gemeinsamen Schutztruppe zur Förderung von Frieden und Sicherheit im südlichen Afrika.[20] Sie wird darin von der SADC unterstützt. Im südlichen Afrika wird ein solches Vorhaben, auch wenn die Betonung der Friedenserhaltung im Vordergrund steht, zu einem verstärktem Mißtrauen gegenüber Südafrika führen, da allein Südafrika über die entsprechenden Kapazitäten zur Aufstellung einer Friedenstruppe verfügt. Hinzu kommt, daß der gegenwärtige Umstrukturierungsprozeß der südafrikanische Armee noch einige Zeit beanspruchen wird,[21] ehe sie langfristig in eine gemeinsame Schutztruppe integriert werden kann. Die Erfolgsaussichten für dieses Vorhaben der SADC sind zumindest kurzfristig gering.

---

19 Lediglich das SADC-Mitglied Tansania ist im Konflikt mit Burundi und Uganda involviert.

20 Vgl. Dieter Blumenwitz: Krisengebiete Afrikas. Bilaterale Vertragslage und Schutz deutscher Interessen, IPIS-Studie, Februar 1996, S. 11.

21 Derzeit wird durch die Integration von acht verschiedenen Armeen die künftige südafrikanische Armee geformt. Hierzu gehört die Zusammenlegung der alten SADF mit den ehemaligen Guerillaverbänden des ANC, Kämpfern des PAC sowie den Truppen der früheren Homelands.

Die Zusammenarbeit der SADC-Länder im Bereich der Sicherheitspolitik beschränkt sich weitgehend auf Konsultationen. Die SADC begegnet dieser komplexen Problematik nur mit einer Programmatik, die ideologische Zielsetzungen, wie die Souveränität aller Mitgliedsländer, Solidarität, Frieden und Sicherheit etc. beschreibt, diese aber nicht in konkrete Vorschläge umsetzt. Darüber hinaus wird die SADC in erheblichem Umfang von organisatorischen Problemen in Anspruch genommen. Ein Beispiel ist die Gründung der Association der Southern African States (ASAS). Sie folgt damit den Vorgaben der OAU, die während ihres Gipfeltreffens in Tunis 1995 den Aufbau eines kontinentalen Konfliktlösungsmechanismus beschlossen hat. Die Außenminister der SADC-Mitgliedstaaten befürworten dementsprechend den im März 1995 in Harare getroffenen Vorschlag zur Gründung der ASAS als politischen Arm der SADC. Die ASAS soll als Mechanismus zur Konfliktprävention und -lösung dienen. Einzelheiten zur Struktur und Organisation, sowie darüber, wer den Vorsitz der Vereinigung haben wird, sollten beim Gipfeltreffen der SADC im August 1995 in Johannesburg entschieden werden. Diese Entscheidung wurde dort um ein Jahr verschoben,[22] aber am 28. Juni 1996 auf der Konferenz in Gabarone (Botswana) getroffen. Das Kommuniqué bestätigt die vielfältigen Absichtserklärungen und das Prinzip der intergouvernementalen Zusammenarbeit (Konsultationen). Der Präsident von Simbabwe, Robert Mugabe, wurde zum ersten Vorsitzenden gewählt, wobei zugleich eine Rotation des Vorsitzes vereinbart wurde.[23]

Auf dieser Konferenz wurde auch beschlossen, das Interstate Defence and Security Committee (ISDSC) in die SADAC einzugliedern. Das ISDSC ist ein von den damaligen Frontlinienstaaten im Jahre 1983 gegründetes Forum der Minister für Verteidigung, Inneres und öffentliche Sicherheit. Seit geraumer Zeit wurde - wie in Garbone beschlossen - die Möglichkeit erörtert, daß das ISDSC Teil der SADC werden könnte. Die Ziele des ISDSC sind u. a. die Bekämpfung der grenzüberschreitenden Kriminalität, der Stop des illegalen Waffenhandels und die Ausrüstung der Streitkräfte zur Beseitigung von Landminen sowie zum

22 Vgl. Jakkie Cilliers: The evolving security architecture in southern Africa, unveröffentlichte Studie des Institute for Defence Policy, Halfway House, South Africa, S. 16.

23 Vgl. AdG vom 28.06.1996, S. 41191 und 41192.

gegenseitigen Beistand in Katastrophenfällen.[24] Diese sich auf konkrete Aufgaben beziehende sicherheitspolitische Kooperation der SADC-Mitgliedstaaten kann langfristig dazu beitragen, daß sich ein gegenseitiges Vertrauen und eine größere Stabilität in der Region entwickelt. Die South African National Defence Force (SANDF) war bereits an einigen friedensunterstützenden und konfliktverhütenden Operationen in Lesotho, Angola und Mozambique beteiligt. Beispielhaft kann die Beseitigung der Minen in Angola und Mozambique genannt werden, sowie die geleistete humanitäre Unterstützung in Ruanda.

IV. Der südafrikanische Spagat

Die Perspektiven für die Eingliederung des Neuen Südafrikas in das südliche Afrika werden entscheidend davon bestimmt werden, ob Südafrika einen Kompromiß zwischen zwei auf den ersten Blick unterschiedlichen Zielsetzungen seiner Außenpolitik findet. Diese unterschiedlichen Zielsetzungen ergeben sich aus der wirtschaftlichen und geographischen Situation des Landes.

Südafrika ist für seine wirtschaftliche Entwicklung auf die Unterstützung westlicher Industrienationen angewiesen. Ohne deren Hilfe in Form von Technologien und Kapital, insbesondere aber in Form von Investitionen wird Südafrika nicht zu der notwendigen sozio-ökonomischen Stabilität gelangen, die zu Absicherung des politischen Wandels erforderlich ist. Südafrika lebte in der Vergangenheit mit der Vorstellung, ein Vorposten der westlichen Welt zu sein. Da Südafrika aber geographisch auf dem afrikanischen Kontinent liegt, ist es mit den Erwartungen seiner neuen Partner in der Region auf wirtschaftliche Hilfe konfrontiert. Seit dem Wechsel von 1994 wird zumindest ein stärkeres Interesse an Afrika und afrikanischer Solidarität artikuliert, so wurde z.B. angekündigt, Südafrika werde dem Aufbau regionaler friedenssichernder Kapazitäten besondere Beachtung schenken.[25] Daraus ergibt sich ein Widerspruch

---

24 Ebda., S. 29.

25 Vgl. Michael Behrens: Perspektiven südafrikanischer Außenpolitik. Vom Mythos des "laagers" zur "Neuen Diplomatie", in: Michael Behrens, Robert von Rimscha (Hrsg.): Südafrika nach der Apartheid, a.a.O., S. 42 und Mandela will die Außenpolitik mehr auf den afrikanischen Kontinent ausrichten, in: HB vom 25.05.1994.

zu dem bestehenden Selbstverständnis der weißen und wirtschaftlichen Eliten, Mitglied der westlichen Staatenwelt zu sein.

Aber auch diese Eliten können das Interesse Südafrikas nicht ausschließlich in einer Westorientierung definieren; es liegt auch im Interesse des Landes, zu Strukturen zu finden, die zu politischer und wirtschaftlicher Stabilität in der Region führen. Die Verarmung der anderen SADC-Länder hat unausweichlich Rückwirkungen auf die wirtschaftliche und soziale Situation in Südafrika. Südafrika kann nur schwer als eine Wohlstandsinsel zwischen Armut und Instabilität überleben. Die Stabilität seiner Umwelt wird für Süafrika dadurch erschwert, daß die Region südlich der Sahara zu den Weltgegenden gehört, in denen die Wirtschaft am langsamsten wächst, auch wenn nach einer Studie der Weltbank das südliche Afrika im vergangenen Jahr das bisher stärkste Wirtschaftswachstum der 90er Jahre erzielt hat.[26]

Migrationsbewegungen, wie sie z.B. durch die Bürgerkriege in Mozambique und Angola ausgelöst wurden, stellen für Südafrika einen sozialen Sprengstoff dar, der zu einer politischen Destabilisierung führen kann. Schätzungen ergaben, daß allein die infrastrukturelle Versorgung (Unterbringung, Erziehung, gesundheitliche Versorgung etc.) der Immigranten aus Mozambique für die Wirtschaft Südafrikas bis zum Jahr 2000 eine Last in Höhe von 900 Mio. Rand bedeutet.[27] Um dem Zustrom von Immigranten entgegenzuwirken, zeigt Südafrika Interesse an dem sich in Planung befindlichen Entwicklungskorridor, der bereits 1997 die Provinzen Gauteng (Großraum Johannesburg) und Mpumalanga (Osttransvaal) mit der mozambiquanischen Provinz Maputo verbinden soll. Dieses Projekt beabsichtigt, künftig einen höheren Prozentsatz der Exportgüter aus

---

26 Im Rahmen ihrer jährlich erscheinenden Studie hat die Weltbank für die Region Afrika südlich der Sahara erstmals seit 1989 ein reales Pro-Kopf-Wachstum der Wirtschaft errechnet. Danach expandierte das durchschnittliche BIP in der Region um 3,5 bis 4 Prozent. Zurückzuführen sei diese Entwicklung u.a. auf die guten Weltmarktpreise für Rohstoffe in den vergangenen zwei Jahren. Vgl. The World Bank: Global Economic Prospects and the Developing Countries, Washington D.C., Vol. 6, 1996.

27 Vgl. Chris Maritz: Conflict regions around the world: Southern Africa, in: Werner Kaltefleiter, Ulrike Schumacher (Hrsg.): Five years after the fall of the Berlin Wall, papers presented at the International Summer Course 1995 on National Security, S. 179.

Gauteng durch Maputo zu verschiffen und eine Stärkung der Industrie in beiden Regionen zu erreichen.[28]

Untrennbar mit dem Migrationsproblem verbunden ist das Problem der steigenden Kriminalität in Südafrika, die sowohl politische als auch wirtschaftlich-soziale Ursachen hat. Die Chancen, die Wirtschaft mit Hilfe von ausländischen Investitionen anzukurbeln, werden durch die Kriminalität minimiert. Daraus ergeben sich Belastungen für die Fortführung des Transformationsprozesses. Die Konsequenz ausbleibender ausländischer Investitionen aufgrund zunehmender politischer Instabilität wird sein, daß das Land den Weg, durch erhöhtes Wirtschaftswachstum die ökonomische und soziale Lage der Bevölkerung zu verbessern, nicht erfolgreich verwirklichen kann. Trotz der veränderten Lage Sub-Sahara Afrikas seit dem Ende der Apartheidpolitik und dem Beitritt Südafrikas zur SADC kann es unter diesen Bedingungen zu einer Desintegration zwischen Südafrika und den anderen Ländern der Region kommen.

Gelingt es Südafrika aber, eine enge Zusammenarbeit mit den westlichen Industriegesellschaften zu erreichen, kann das Land zu einem Aufschwung seiner Wirtschaft gelangen, seinen sozialen Sprengstoff entschärfen, zu einer langfristigen politischen Stabilität finden und damit auch sein außenpolitisches Umfeld positiv beeinflussen. Unter diesen Bedingungen stellt der offensichtliche Spagat Südafrikas zwischen der westlichen Industriegesellschaft und Teilen Schwarzafrikas keinen Widerspruch dar. An einem wirtschaftlich und politisch stabilen Südafrika können sich seine SADC-Partner aufrichten.

---

28 Vgl. Pretoria und Maputo ergreifen die Initiative, in: HB vom 21.03.1996.

SÜDAFRIKAS BEZIEHUNGEN ZU MOZAMBIQUE UND ANGOLA

Andrea Ostheimer

Eingebettet in die Konfliktstrukturen des südlichen Afrika waren Südafrikas Beziehungen zu Angola und Mozambique stets von besonderer Art. Die Entwicklungen in Südafrika, das Ende der Apartheid-Regierung, die Implementierung eines Friedensprozesses in Mozambique und die wiederholten Versuche, auch in Angola zu einer friedlichen Übereinkunft zu gelangen, schufen eine veränderte Ausgangssituation. Grundsätzlich lassen sich Südafrikas Beziehungen zu diesen Ländern in drei Phasen einteilen:

- die Beziehungen zu den portugiesischen Überseeprovinzen Angola und Mozambique,
- die post-koloniale Periode, die überwiegend von Konfrontation geprägt war, und
- die Phase der Konsolidierung, die sowohl Südafrikas Rolle in den jeweiligen Friedensprozessen als auch seine Interessen in den Beziehungen zu Angola und Mozambique betrifft.

Die Beziehungen zu Angola und Mozambique können als Wechsel von der Konfrontation zur Kooperation verstanden werden.

I. Südafrikas Beziehungen zu den portugiesischen Überseeprovinzen Angola und Mozambique

Bis in die 70er Jahre bildeten die weißen Kolonien Angola, Mozambique und Rhodesien einen 'cordon sanitaire' für Südafrika, dessen Herrschaftselite infolge der nach dem II. Weltkrieg einsetzenden Unabhängigkeitskämpfe um ihre Machtposition zu fürchten begann.[1] Bereits im Februar 1961 hatte die MPLA (Movimento Popular de Libertação de Angola) mit ihrer 'revolução nacional', den Aufständen gegen die portugiesische Kolonialmacht begonnen[2], und 1964

1 Siehe Heinz Brill: Die Region Südliches Afrika und ihre sicherheitspolitischen Probleme. Von der Destabilisierung zur Kooperation, in: Michael Behrens, Robert von Rimscha (Hrsg.): Südafrika nach der Apartheid - Aspekte des politischen, sozio-ökonomischen und kulturellen Wandels in der Ära de Klerk, 1. Aufl., Baden-Baden 1994, S. 43.

2 Siehe WS van der Waals: Portugal's war in Angola 1961-1974, Rivonia 1993, S. 56.

initiierte FRELIMO (Frente de Liberação de Mocambique) einen Guerillakrieg gegen die portugiesische Kolonialherrschaft in Mozambique.[3]

Die anhaltende Bedrohung der weißen Regierungen im südlichen Afrika führte zu einer engen, aktiven Kooperation zwischen Südafrika, Portugal und Rhodesien, die sich zu einer politischen, ökonomischen und militärischen Entente, Fortschritts- oder ASPRO-Allianz[4] genannt, zusammenschlossen.

II. Südafrikas Außenpolitik in der post-kolonialen Periode

Nach Auflösung der politischen, ökonomischen und militärischen Entente zwischen Südafrika, Portugal und Rhodesien infolge der Dekolonialisierung der portugiesischen Überseeprovinzen Angola und Mozambique und der Etablierung von marxistisch-leninistischen Regimen in diesen Nachbarländern war Südafrika politisch in der Region isoliert und verlor seinen einstigen 'cordon sanitaire'. Die Position Südafrikas wurde 1980 durch die Gründung der SADC, deren Ziel es u.a. war, die wirtschaftliche Abhängigkeit von der regionalen Vormacht zu verhindern, gefährdet.[5]

Nachdem Südafrikas traditionelle Pufferzone weggefallen war und sich in den Nachbarländern Angola und Mozambique Regime etablierten, die ihre Politik an Moskau ausrichteten, von der UDSSR unterstützt wurden und ihrerseits die Widerstandsbewegungen ANC und SWAPO förderten, bemühte sich Südafrika zunächst darum, das eigene Territorium vor Guerrilla-Infiltrationen aus seinen Nachbarländern, insbesondere des militanten ANC-Flügels, zu sichern.[6] Sowohl zur Verteidigung des status quo in Namibia als auch in Südafrika selbst entwickelte die NP-Regierung ihr geo- und machtpolitisch ausgerichtetes Konzept

---

3 Siehe T. Ohlson, S. J. Stedmann: The New Is Not Yet Born. Conflict Resolution in Southern Africa, Washington D.C. 1994, S. 46.

4 Africa do Sul, Portugal, Rhodesia = ASPRO.

5 Siehe Bernhard Weimer: Der Konflikt im Südlichen Afrika. Eine Kommunikationsstörung?, in: Dieter Senghaas (Hrsg.): Regionalkonflikte in der Dritten Welt. Autonomie und Fremdbestimmung, 1. Aufl., Baden-Baden 1989, S. 208.

6 Siehe ebda., S. 89.

der 'total national strategy'. Man bediente sich dabei ökonomischen Druckes, militärischer Interventionen und unterstützte oppositionelle Gruppierungen mit dem Ziel, ANC-Basen in den kommunistischen Ländern zu verhindern oder zumindest in ihrer Wirksamkeit zu begrenzen.

Als 1978 der ANC verstärkt vom südlichen Mozambique aus infiltrierte, wurde die ursprünglich von Rhodesien aus operierende und gegen die ZANU gerichtete RENAMO ab 1978 von Südafrika unterstützt.[7] Da RENAMO nach dem Lancaster-Hause Abkommen nicht mehr in Simbabwe bleiben konnte, wurde Südafrika zur operationellen Ausgangsbasis. Strategisches Ziel in Mozambique war es, die FRELIMO-Regierung durch die RENAMO so unter Druck zu setzen, daß sie jegliche Unterstützung südafrikanischer Befreiungsbewegungen aufgeben würde.

Im Rahmen seines außenpolitischen Konzeptes verbündete sich Südafrika in Angola mit der Befreiungsbewegung Jonas Savimbis UNITA, um ein ungestörtes Operieren der SWAPO von Angola aus zu verhindern und einer Unterstützung sowohl der SWAPO als auch des ANC entgegenzuwirken. Von den Streitkräften Südafrikas in Namibia erhielt die UNITA Waffen und logistische Unterstützung.[8] Neben der verdeckten Unterstützung der UNITA bildeten direkte Angriffe mit dem Ziel, Angriffen des ANC oder anderer Befreiungsbewegungen die Basen zu entziehen, einen weiteren Bestandteil der südafrikanischen Politik gegenüber Angola.

Anfang der 80er Jahre geriet Südafrika zunehmend in eine internationale Isolation, die zu einer Bedrohung des langfristigen Wirtschaftswachstums mit negativen Auswirkungen auf die innere Ordnung und Sicherheit führte. Um seinen Paria-Status in der internationalen Politik zu verlieren, entwickelte Südafrika die Strategie der 'cooptive domination', d. h. Ziel der regionalen Politik wurde es,

---

7 Siehe Alex Vines: RENAMO. Terrorism in Mozambique, London 1991, S. 17 f.

8 Siehe Keith Somerville: The Failure of Democratic Reform in Angola and Zaire, in: Survival, Vol. 35, No. 3, Autumn 1993, S. 51-77, hier S. 53.

mit den Nachbarstaaten Kooperationsabkommen zu schliessen.[9] Mit der Lusaka-Vereinbarung mit Angola vom Februar 1984 und dem Nkomati-Akkord mit Mozambique vom März des gleichen Jahres gelang Südafrika die völkerrechtliche Interpretation des Apartheidkonfliktes als eine 'innere Angelegenheit'[10] und eine deutliche Verbesserung seines internationalen Ansehens. Die innenpolitische Situation führte jedoch zu einer Rückkehr zu der alten Strategie.[11]

Veränderungen der internationalen Rahmenbedingungen ermöglichten 1988 das New Yorker Abkommen über die Unabhängigkeit Namibias. Südafrika stimmte dem Abkommen und damit dem Ende seiner Unterstützung der UNITA unter der Bedingung zu, daß die ANC-Basen in Angola geschlossen und die kubanischen Truppen zurückgezogen wurden.

III. Die Phase der Konsolidierung

Die Jahre 1991/92 wurden für Angola und Mozambique zu den ereignisreichsten seit dem Ausbruch des Bürgerkrieges. Das Ende des systemischen Konfliktes, der regionale Friedensprozeß und der innenpolitische Umbruch in Südafrika schafften ein Klima der Veränderung.

1. Angola

Unter Mitwirkung der Großmächte und nach zähen Verhandlungen von April 1990 bis Mai 1991, die von zahlreichen militärischen Aktionen unterbrochen

---

9 Siehe Robert M. Price: South Africa and Afro-Marxim. Pretoria's Relations with Mozambique and Angola in Regional Perspective, in: Edmont J. Keller et. al.: Afro-Marxist regimes, Ideology and public policy, Boulder, Colorado 1987, S. 257-277, hier S. 264 f.

10 Siehe W.-C. Peter: Regionale Kooperation und der Konflikt im südlichen Afrika. Zur Bedeutung der Southern African Development Coordination Conference (SADCC), Hamburg 1987, S. 138.

11 In der Schlacht von Cuito Cuanavale mußte Südafrika jedoch erkennen, daß seiner Machtprojektion in der Region Grenzen gesetzt waren. Eine Pattsituation entstand. Siehe Greg Mills, Simon Baynham: South African Foreign Policy, 1945-1990, in: Greg Mills (ed.), From Pariah to Participant. South Africa's evolving Foreign Relations, 1990 - 1994, Johannesburg 1994, S. 10-36, hier S. 31.

waren, mit denen beide Parteien hofften, ihre Verhandlungspositionen zu verbessern, gelang es schließlich, ein Friedensabkommen zwischen MPLA und UNITA in Bicesse zu vereinbaren. Als sich jedoch bei den Parlamentswahlen im September 1992, die wahrscheinlich zumindest teilweise gefälscht waren, eine Niederlage Savimbis abzuzeichnen begann, griff die UNITA erneut zu den Waffen, sicherte ihre Machtposition im Süden und begann, neue Gebiete zu erobern.[12] Südafrika, das unter den veränderten Rahmenbedingungen auch seine Regionalpolitik grundlegend modifizierte, engagierte sich in den angolanischen Friedensverhandlungen. Vergeblich versuchte Außenminister Pik Botha, durch Pendeldiplomatie zwischen Dos Santos und Savimbi zu vermitteln.

Als der Friedensprozeß im Oktober 1992 die ersten Brüche aufwies, schlug Südafrikas Außenminister Pik Botha einen Friedensplan 'afrikanischer Art' vor, der eine umfassende Machtteilung beider Parteien bis hin zur Präsidentschaft vorsah. Auch wenn Kritiker Botha vorwarfen, sein Vorschlag unterlaufe das Bicesse-Abkommen und sei gänzlich eigennützig, da man eine solche Lösung auch zuhause dem ANC verkaufen wolle[13], so läßt sich doch feststellen, daß die im Bicesse-Abkommen verankerte 'the winner takes all'-Option den Friedensprozeß in Angola scheitern ließ, während der Regierung der Nationalen Einheit in Südafrika zumindest ein friedlicher Übergang gelang.

2. Mozambique

In Mozambique standen sich Anfang der 90er zwei inzwischen kriegsmüde Parteien gegenüber, die zudem mit der schwersten Dürre des Jahrhunderts konfrontiert wurden und seit dem Ende der 80er Jahre auch ihre Helfer verloren hatten: FRELIMO die Unterstützung durch den Ostblock und die RENAMO die Südafrikas. Obgleich die ersten Schritte zum Frieden mühsamer und zögerlicher waren als in Angola, da das Ausland kaum wirtschaftliche Interessen im ärm-

---

12 Siehe Peter Meyns: Angola, in: Dieter Nohlen, Franz Nuscheler (Hrsg.): Handbuch der Dritten Welt, Bd. 5, Ost- und südliches Afrika, Bonn 1993, S. 320-338, hier S. 334.

13 Insbesondere von Portugal kamen scharfe Töne der Kritik, siehe M. Venacio: Angola and Southern Africa: The Dynamics of Change, in: Paul B. Rich, a.a.O., S. 175-198, hier S. 195 f.

sten Land der Welt und auch RENAMO nicht das internationale Ansehen der UNITA Savimbis besaß, so erwiesen sich die erzielten Abschlüsse in der Folge als weitaus stabiler.[14]

Eine maßgebliche Rolle bei den Verhandlungen spielte Italien. Südafrika engagierte sich auf ausdrücklichen Wunsch der FRELIMO-Führung, die befürchtete, daß Waffen aus südafrikanischen Quellen weiterhin an die RENAMO fließen könnten.[15] Stärker als in Angola konnte Außenminister Botha seinen Einfluß nutzen, um den RENAMO-Führer Dhlakama, der kurz vor der Unterzeichnung des Waffenstillstandsvertrages in Rom einen Rückzug zu beabsichtigen schien, zur Unterschrift zu drängen.

IV. Interessenschwerpunkte Südafrikas in den Beziehungen zu Angola und Mozambique

Südafrika hat sowohl in Angola als auch in Mozambique erhebliche Interesse am Gelingen des Friedensprozesses.

1. Angola - der status quo vom 1. Mai 1996

Am 2. März 1996 trafen Angolas Präsident José Eduardo Dos Santos und UNITA-Führer Jonas Savimbi zum zweiten Mal seit der Unterzeichnung des Friedensabkommens von 1994 zu einem Vier-Augen-Gespräch zusammen. Gegenstand der Verhandlungen in Libreville (Gabun) waren die Bildung eines 'government of national unity' im Juni/Juli dieses Jahres sowie die Demobilisierung der Truppen Savimbis (60.000) und deren Integration in die Forças Armadas Angolanas (FAA). Nach Angaben der portugiesischen Nachrichtenagentur LUSA wurde Jonas Savimbi der Posten eines Vizepräsidenten angeboten.[16] Angesichts der Erfahrungen aus der Vergangenheit scheint bei dieser

---

14 Siehe Robert von Lucius: Brüchiger Frieden in Angola und Mosambik, in: Forschungsinstitut der Deutschen Gesellschaft für Auswärtige Politik (Hrsg.): Die internationale Politik 1991-1992, München, Oldenbourg 1994, S. 340-348, hier S. 345.

15 Siehe ebda., S. 347.

16 Vgl. Savimbi - Dos Santos deal on government, in: The Citizen vom 02.03.1996.

Annäherung verhaltener Optimismus angebracht zu sein. Bereits im Mai 1995 erzielte man in Lusaka eine Übereinkunft über die Bildung eines Kabinettes der Nationalen Versöhnung.[17] Die folgenden Ereignisse enttäuschten allzu optimistische Erwartungen. Angola fiel in den Zustand des 'No peace - No war' zurück.

Entscheidendes Hindernis auf dem Weg zu Frieden und Stabilität ist die Demobilisierung der UNITA-Truppen, an die die weitere Partizipation von UNITA-Mitgliedern in Regierung und Verwaltung gekoppelt ist.[18] Erklärtes Ziel war es, bis zum Februar 1996 16.500 UNITA-Soldaten zu demobilisieren. Bis Dezember 1995 waren jedoch in den speziell von der UN eingerichteten Camps lediglich 400 registriert worden.[19] Hinzukommt, daß UNITA noch immer in erheblichem Maße von Zaire aus mit Waffen im Austausch für Diamanten versorgt wird. Der Verdacht drängt sich auf, daß Savimbi wie bereits 1992 zwar formale Zugeständnisse macht und auf Verhandlungen eingeht, die Mehrheit seiner Kämpfer jedoch unter Waffen behält und jeglichen Demobilisierungsbemühungen entzieht. "UNITA can both finance its operations through the illegal diamond trade and get access to arms, amunition and supplies to enable it to hold out against full implementation of the peace process and keep weapons and other war supplies ready in case the Lusaka accord breaks down completely."[20] Dies veranlaßte Südafrika bereits 1993, Waffenlieferungen durch Armscor an Zaire zu stoppen, nachdem bekannt geworden war, daß Sese Seko solche Waffen an Savimbi weitergab.[21]

---

17 Siehe Ende des Bürgerkrieges zugesagt, in: FAZ vom 08.05.1995.

18 Vgl. P. Pierson-Mathy: The prospects for consolidating the peace in Angola, in: The Courier, No. 153, September-October 1995, S. 53-55, hier S. 55.

19 Vgl. Angola - another last chance, in: The Economist vom 16.12.1995, S. 41 f.

20 Keith Somerville: Demobilisation stumbles, in: New African, No. 339, March 1996, S. 26.

21 Vgl. Charlene Smith: Mandela into Mozambique. Regional peace initiative to begin in Angola, too, in: Finance Week, July 7-13, 1994, S. 22 f.

Sollte es zur Demobilisierung der UNITA kommen, könnte Angola auf die in Südafrika gewonnenen Erfahrung mit der Integration und Demobilisierung ehemaliger MK- und APLA-Truppen zurückgreifen.[22] Am 24./25. Februar 1996 schloß der Oberbefehlshaber der südafrikanischen Streitkräfte, General G.C. Meiring, in Luanda ein Militärabkommen, dessen Schwerpunkt in der Ausbildung, Ausrüstung und strukturellen Organisation liegt. Nach General Meiring wird es keinerlei Intervention in den angolanischen Friedensprozeß von Seiten Südafrikas geben.[23] Dieser ist und bleibt Aufgabe der UNAVEM III Mission, an der Südafrika aus historischen Gründen nicht beteiligt ist.

Insbesondere im Bereich der Minenräumung werden die SANDFs jedoch wie in der Vergangenheit[24] Hilfestellung leisten, da eine kommerzielle Räumung durch südafrikanische Spezialfirmen für Angola nicht finanzierbar ist. 10 bis 20 Millionen Landminen liegen noch immer im Boden und behindern sowohl die Repatriierung der ca. 3,5 Millionenen 'deslocados' als auch die Wiederaufnahme der landwirtschaftlichen Produktion in den fruchtbaren Anbaugebieten.[25] Neben der Ausbildung zur Minenräumung erfolgten bereits Kurse für FAA-Angehörige[26] im Bereich der medizinischen Versorgung durch den SAMS (South African Medical Service).

---

22 Südafrika, das vor der Herausforderung steht, Truppenteile aus sieben Streitkräften (SADF, MK, APLA plus Streitkräfte der TBVC-Staaten), insgesamt ca. 46.000 Mann, integrieren zu müssen, gelang es bisher (Stand: 26.01.96) 18.728 Soldaten, größtenteils aus MK und APLA-Truppen in entsprechenden Einheiten unterzubringen. (Datenmaterial aus: Briefing Major General Dean Mortimer on Integration and Demobilisation at South African National Defence Headquarter, 28.02.1996)

23 General G.L. Meiring am 28. Februar 1996 im Hauptquartier der National Defence Forces, Pretoria.

24 Von April bis Juni 1992 wurden 30 FAPLA (Forças Armadas Populares de Libertaçao Angolana - MPLA) und 30 FALA (Forças Armadas de Libertação Angolana - UNITA) Soldaten von südafrikanischen Spezialisten auf dem Gebiet der Minenräumung ausgebildet. Nach dem Wiederausbruch des Bürgerkrieges im November 1992 wurden die südafrikanischen Staatsangehörigen aus Sicherheitsgründen zunächst abgezogen.

25 Angola urged to reduce mines, in: Jane's Defence Weekly vom 20.03.1996.

26 Forças Armadas Angolanas, angolanische Armee, die bis zur Demobilisierung der UNITA lediglich aus Truppen der Regierung Dos Santos besteht.

Obwohl Mitte Januar 1996 300 Südafrikaner von der angolanischen Regierung nach Hause geschickt wurden, geht die UN davon aus, daß sowohl UNITA als auch FAA noch 'foreign instructors' in ihren Reihen haben.[27] UNITA leugnete bislang stets die Rekrutierung ausländischer Söldner. Seit längerem ist allerdings bekannt, daß auch Savimbi sowohl von südafrikanischen Söldnern und Luftfrachtpiloten als auch von Spezialisten aus Belgien, Israel, Marokko, Frankreich, Deutschland und Simbabwe unterstützt wird, die UNITA-Truppen im Norden des Landes an der Grenze zu Zaire auszubilden.

Die entscheidende Schlüsselposition im Machtkampf MPLA versus UNITA nimmt jedoch die südafrikanische Söldnerorganisation 'Executive Outcomes' ein. Das Eingreifen der Executive Outcomes (EO), auf Seiten der angolanischen Regierung führte zur Verschiebung des Mächtegleichgewichts zugunsten der FAA. Da viele von ihnen früher an der Seite der UNITA gekämpft haben, sind ihnen die Stärken und neuralgischen Punkte der Befreiungsbewegung bekannt.[28]

Hinter der Organisation der 'Executive Outcomes' verbirgt sich eine Truppe von ungefähr 5.000 hochqualifizierten Personen. Die EO sind in der Regel ehemalige Angehörige der SADF, die entweder entlassen wurden oder selbst ihren Dienst quittierten. Sie verstehen sich primär als Techniker ohne eine politische Ideologie, die Herrschaftssysteme nur noch desillusioniert belächeln. Da die EO über ein infrastrukturelles Netz von erheblichen Dimensionen verfügen, das in der Regel auf ehemalige Verbindungen zu Militär- und Intelligence-Kreisen auf der ganzen Welt zurückgeht, birgt diese unkontrollierbare Organisation ein Gefahrenpotential und wird von Seiten der südafrikanischen Regierung mit äußerstem Mißtrauen beobachtet. Da die EO auf Seiten des ehemaligen ANC-Verbündeten MPLA stehen, zögert man, rechtliche Schritte gegen diese Organisationen zu unternehmen.

---

27 Vgl. Keith Somerville: Demobilisation stumbles, a.a.O., S. 26.

28 Siehe Al J. Venter: Mercenaries fuel next round in angolan war, in: Jane's International Defence Review, 3/1996, S. 63-65, hier S. 63.

Südafrika besitzt nicht nur aus regionaler und militärischer sondern auch aus ökonomischer Sicht ein Interesse an einem dauerhaften Friedens- und Stabilisierungsprozeß in Angola. Angola gehört zu den am reichsten mit natürlichen Rohstoffen ausgestatteten Ländern Afrikas. Eisen-, Mangan-, Kupfer-, Uranerze, Granit, Quarz, Marmor, Bauxit und Phosphat gehören ebenso dazu wie Diamanten und Rohöl, die Haupteinnahmequellen des Landes.[29] Wie die Energieministerin Albina Assis im Januar 1996 mitteilte, beträgt die Fördermenge des Rohöls 620.000 barrel pro Tag.[30] Angola wäre für Südafrika eine ideale Quelle, um sich aus kürzester Entfernung mit Rohöl zu versorgen. Noch scheint es Südafrika allerdings nicht gelungen zu sein, sich in das fest in amerikanischer Hand befindliche Ölgeschäft zu drängen. Wie man auf einer Pressekonferenz im Januar mitteilte, gehen 68,7 % der Ölexporte in die Vereinigten Staaten, gefolgt vom Fernen Osten mit 17,5 % und Europa mit 13,8 %.[31]

Auch wenn die instabile Lage im Lande und die anhaltenden Kämpfe zwischen FAA und UNITA kein investitionsfreundliches Klima schaffen, so gereichen sie vor allem den Diamantenhändlern zum Vorteil. Savimbi beherrscht ca. 90 % der ländlichen Gebiete, darunter zahlreiche Diamantenfelder, und finanziert sich fast ausschließlich aus deren Verkauf. Da er auf den Erlös angewiesen ist und nicht auf günstige Marktsituationen warten kann, werden die Steine häufig unter Wert verkauft. 1995 wurde von UNITA ein weißer Brilliant (51 Karat) für US $ 17 Mio. auf den Markt gebracht - ein Bruchteil seines wahren Wertes.[32]

2. Die Lage in Mozambique im Mai 1996

Nach 30 Jahren Befreiungskampf und Bürgerkrieg durchläuft Mozambique eine Periode der Versöhnung und langsamen Rekonvaleszenz. In den ersten formal

---

29 Vgl. Statistisches Bundesamt (Hrsg.): Angola 1993 - Länderbericht, Wiesbaden 1993, S. 66.

30 Siehe Keith Somerville: Oil and Security, in: African Business, Nr. 208, March 1996, S. 21-22, hier S. 21.

31 Ebda.

32 Siehe Al J. Venter: Mercenaries fuel, a.a.O., S. 64.

freien, aber wahrscheinlich manipulierten Wahlen im Oktober 1994[33] gewann die regierende FRELIMO eine komfortable Mehrheit von 129 Sitzen. Dhlakama, an dessen RENAMO 112 Sitze fielen, akzeptierte das Ergebnis und scheint sich, im Gegensatz zum UNITA-Führer Savimbi, mit der Rolle des Oppositionsführers zufrieden zu geben.[34] RENAMO verfügt über eine äußerst schwache Parteiorganisation, ihr ist im Grunde der Transformationsprozeß von der Guerillabewegung zur Partei nicht gelungen. Dies mag einerseits daran liegen, daß Dhlakama zwar Mobilisierungsfähigkeiten, aber keine Organisationskapazitäten besitzt, andererseits verfügt die RENAMO nicht über einen ethnisch homogenen Unterbau wie UNITA.[35]

Während sich die Führung der RENAMO primär aus dem Stamm der Ndaus rekrutiert, ist die Basis ethnisch so heterogen wie Mozambique selbst. Die Ndaus, die zur Sprachgruppe der Shonas gehören, bilden nur einen geringen Anteil von 5-7% in der mozambiquanischen Bevölkerung.[36] Mozambiques Hauptproblem ist, daß zwar ein Maß politischer Stabilität erreicht wurde, das eine tragfähige Ausgangsbasis bilden könnte. Es handelt sich jedoch um eine Mehrparteiendemokratie, deren ökonomische Situation sich in einem absolut desolaten Zustand befindet. Es gibt keine gesellschaftlichen Kräfte, die in der Lage wären, oppositionelle Parteien zu unterstützen. Nach Angaben der Weltbank gilt Mozambique als das ärmste Land der Welt mit einem Bruttoinlandsprodukt von US $ 80 p.c.[37] Die Inflationsrate, von der EU-Kommission als

---

33 Südafrika ermöglichte, wie bereits 1992 in Angola, auch in Mozambique eine erfolgreiche Durchführung der Wahlen. Die südafrikanische Luftwaffe sorgte dafür, daß auch die entlegensten Gebiete mit Wahlscheinen versorgt werden konnten. Vgl. The National Defence Force in Transition, in: Annual Report, Financial Year 94/95, S. 28.

34 Vgl. Guy Arnold: Mozambique. A Year of Hope, in: African Business, No. 208, March 1996, S. 23-24, hier S. 23.

35 Die UNITA ist als relativ homogene Organisation zu sehen, die ihre primäre Unterstützung aus der Ovimbundu-Bevölkerung erhält, die mit 38 % die größte Ethnie innerhalb der angolanischen Bevölkerung stellt. Siehe Peter Meyns: Angola, a.a.O., S. 320.

36 Siehe William Finnegan: A complicated war. The harrowing of Mozambique. Berkeley, Los Angeles, Oxford 1992, S. 64 ff.

37 Siehe Guy Arnold: Mozambique, a.a.O., S. 23.

primäres ökonomisches Problem gesehen, pendelte 1995 um Werte zwischen 40 und 45%.[38] Die Arbeitslosenrate lag Anfang des Jahres 1995 zwischen 60 und 70% bezogen auf die arbeitsfähige Bevölkerung.[39]

Verschärft wird das Problem der Arbeitslosigkeit zum einen durch die ca. 95.000 FRELIMO und RENAMO Kämpfer, die es zu demobilisieren galt und deren Resozialisierung noch dadurch erschwert wird, daß viele nichts anderes gelernt haben als zu kämpfen.[40] Darüber hinaus werden die im Rahmen von Repatriierungsprogrammen zurückkehrenden 'refugiados' (ca. 1,5 Mio. Auslandsflüchtlinge) zu einer zusätzlichen Belastung des ohnehin fragilen Arbeitsmarktes.[41]

Schon unter dem Aspekt des großen wirtschaftlich bedingten Migrationspotentials aus Mozambique hat Südafrika Interesse an einer politischen und wirtschaftlichen Konsolidierung Mozambiques. "People regard refugees and refugee work as charity. It is not charity. It is part of our own future security."[42] Nach Schätzungen der S.A. Police Services halten sich zwischen 2-9 Mio. illegaler Immigranten, die Mehrheit davon aus Mozambique, in Südafrika auf. Dies kostete die südafrikanische Regierung 1994 2 Mrd. Rand.[43] Während es in der Vergangenheit häufig ethnisch-tribale Bindungen zu den in Gazankulu und KaNgwane lebenden Stämme waren, die die Mozambiquaner nach Südafrika brachten, waren es ab 1983/84 vor allem die eskalierenden Auseinandersetzun-

---

38 Siehe Leandro Paul: Ainda nao temos economia de mercado, in: SAVANNA-Maputo vom 24.11.1995.

39 Siehe Guy Arnold: Mozambique, a.a.O., S. 23.

40 Siehe Mozambique: tough times ahead, in: Southern African Economist, Vol. 7, No. 10, November 1994, S. 7-8, hier S. 7.

41 Vgl. Hans-Joachim Wenzel: Flüchtlinge und Flüchtlingsintegration in Mosambik, in: Afrika-Spectrum, Vol. 30, No. 2, 1995, S. 206-223, hier S. 213.

42 UN-Vermittler Thorvald Stoltenberg, zitiert in: Simon Baynham: Regional security issues in post cold war Southern Africa, in: Africanus, Vol. 24, No. 1, 1994, S. 6-20, hier S. 13.

43 Siehe Greg Mills: Challenges for South Africa, paper presented at the Conference: Wohin geht Südafrika?, Wildbad Kreuth 1995, S. 8.

gen zwischen RENAMO und FRELIMO, die die Menschen flüchten ließen. Nach dem Ende des Bürgerkrieges ist es primär die ökonomische Situation, die zu illegalen Grenzübertritten durch den Kruger National Park, das Ingwavuma Gebiet im nördlichen Natal und die Grenze Mozambique/KaNgwane führt.[44] "They are a new generation of refugees. Hunger, not war, has brought them to South Africa."[45] Um dem wachsenden Flüchtlingsproblem Herr zu werden, sichert Südafrika einen Teil der Grenze mit einem 60 000 Volt Elektrozaun, der ca. 2 m tief in die Erde reicht. Doch weder die Löwen des Kruger Nationalparks noch 'the Snake', wie der Elektrozaun genannt wird, konnten die illegalen Grenzübertritte bislang stoppen.

Mit dem 'Basic Agreement' zwischen ANC und NP von 1993 erhielten illegal in Südafrika lebende Mozambiquaner die Möglichkeit, sich als Flüchtlinge registrieren zu lassen.[46] Damit standen sie unter dem Schutz des UNHCR und genossen Immunität gegenüber Verhaftungen und Deportationen.[47] Gleichzeitig vereinbarte Südafrika im Oktober 1993 mit Mozambique die freiwillige Repatriierung von 35 000 Mozambiquanern. Bereits im Januar 1994 hat Südafrika mit der Ausweisung von Flüchtlingen begonnen. Nach Angaben des

---

44 Siehe Marlene van der Merwe: Refugees and illegal aliens with specific reference to Mozambican citizens in the RSA, in: Strategic Review for Southern Africa, Vol. X, No. 2, November 1988, S. 75-95, hier S. 87.

45 Dudley Moloi: Journey to uncertainty, in: New Ground, No. 19, Autumn 1995, S. 19-23, hier S. 21.

46 Zuvor wurden mozambiquanische Bürgerkriegsflüchtlinge gemäß dem Aliens Control Act als illegale Immigranten betrachtet, die man nach ihrem Aufgriff deportierte. Allerdings gab es für die homelands KaNgwane und Gazankulu aufgrund der engen ethnischen Verbindungen zu Mozambique Ausnahmegenehmigungen. Mit Wirkung vom 03.12.1985 bzw. 01.04.1986 stellte das Department of Home Affairs vorläufige Aufenthaltsgenehmigungen für sechs Monate aus, die sich jedoch auf die beiden homelands beschränkten und nicht für das gesamte südafrikanische Territorium Gültigkeit besaßen. Siehe Marlene van der Merwe: Refugees, a.a.O., S. 87 f.

47 Dieses Repatriierungsprogramm der UN lief Mitte 1995 aus. Alle Mozambiquaner, die sich nun noch illegal im Land befinden, müssen damit rechnen, wie alle anderen illegalen Immigranten festgenommen zu werden. Siehe Dudley Moloy: Journey to uncertainty, a.a.O., S. 23.

Home Affairs Department repatriierte man 50.000 Mozambiquaner im Oktober und November 1994.[48]

Der Kampf gegen die illegale Migration ist zu einer Kraft auf der Suche nach gemeinsamen nationalen Werten im Neuen Südafrika geworden. Das Bild, das man von Migranten zeichnet, ist in allen gesellschaftlichen Schichten und Gruppierungen gleichermaßen negativ.[49] Sozio-kulturelle Spannungen werden durch die Angst der arbeitenden Bevölkerung vor Arbeitslosigkeit forciert. Es entsteht ein hochexplosives Gemisch aus Nationalismus und Fremdenfeindlichkeit. Die sich mehrenden Viehdiebstähle entlang der Grenze zu Mozambique im östlichen Transvaal (an einem Wochenende stellte man 53 illegale Grenzübertritte durch Viehdiebe fest), führten zwangsläufig zu einer Radikalisierung der weißen Farmer.[50] Selbst jenen Mozambiquanern, die sich legal im Land aufhalten, begegnet man mit äußerstem Mißtrauen, da sie die Lohnforderungen südafrikanischer Arbeiter unterbieten und oftmals bereit sind, für eine warme Mahlzeit täglich auf einer der Farmen entlang der Grenze zu arbeiten.

Die Fremdenfeindlichkeit geht bereits so weit, daß regelrechte Hetzkampagnen gegen Ausländer in den Townships gestartet wurden und man diese z. T. trotz gültiger Aufenthalts- und Arbeitsgenehmigungen einsammelte und über die Grenze brachte. Die südafrikanische Regierung sieht sich damit einer äußerst sensitiven Situation und regionalpolitischen Herausforderung ausgesetzt. "This influx has also revealed the unacceptable face of nationalism in a region which -certainly formally - is intent on forging a unity of purpose".[51]

---

48 Siehe M. Smith-Morris: Mozambique - Recent History, in: Africa South of the Sahara 1995, a.a.O., S. 633-639, hier S. 639.

49 Siehe Peter Vale: Security Southern Africa, in: The Courier, No. 153, September - October 1995, S. 66-67, hier S. 66.

50 Siehe Charlene Smith: Mandela into Mozambique, in: Finance Week, July 7-13, 1994, S. 22-23, hier S. 23.

51 Peter Vale: Security Southern Africa, a.a.O., S. 66.

Auf der einen Seite stellt der wachsende Migrationsstrom mit Zielrichtung Südafrika ein erhebliches Problem für das Land dar, zumal davon auszugehen ist, daß sich die Anziehungskraft Südafrikas mit einer Verschärfung der Krise im restlichen Afrika vergrößert. Auf der anderen Seite steht insbesondere der ANC in der Schuld vieler dieser Länder, die ihm während der Zeit des Apartheid-Regimes Zuflucht gewährten und dadurch in die Konfrontation mit Südafrika gerieten. Südafrikas zukünftige Außenpolitik in der Region und insbesondere gegenüber Nachbarländern wie Mozambique wird damit zu einem außenpolitischen Drahtseilakt.

Forcierte Repatriierung, verstärkte Grenzkontrollen bis hin zum Einsatz elektrischer Zäune sind zwar Möglichkeiten, die Migration einzudämmen, man bekämpft damit jedoch lediglich Symptome der Krankheit und nicht die eigentliche Ursache. In Südafrika konnte man damit zwar die 'legale' Migration eindämmen, illegale Grenzübertritte finden allerdings nach wie vor statt. Eine dauerhafte Lösung des Problems wird nur möglich, in dem man die Migrationsursachen bekämpft, d. h. daß Südafrika konkrete Beiträge zur politischen und ökonomischen Stabilisierung von Ländern wie Mozambique leistet. Damit begibt sich Südafrika in einen sensitiven Bereich. Mit einem BSP, das fünfmal höher ist als das aller anderen SADC Mitglieder, wird Südafrika zum Wirtschaftsriesen in der Region und weckt damit in den Nachbarländern latente Befürchtungen einer neuen Kolonialisierung und Hegemonie durch Südafrika. Trotz dieser Stärke besitzt Südafrika genügend eigene Probleme im Bereich des RDP, die es der Regierung fast unmöglich machen, großzügige Hilfsprogramme in Nachbarländern zu finanzieren.

Südafrika leistet auch in Mozambique, ähnlich wie im Falle Angolas, militärische Unterstützung beim Aufbau und der Konsolidierung des Landes. Ca. 4 Mio. Landminen gehören in Mozambique zum Erbe des Bürgerkrieges. Die SANDF beteiligen sich auch hier im Rahmen eines von der Weltbank finanzierten Minenräumprojektes.[52] Die Forças Armadas de Defesa de Mozambique (FADM) befinden sich in einem äußerst desolaten Zustand. Weder gelang es bisher, die angestrebte Soll-Stärke von 30.000 Mann zu erreichen, noch war es

52 Siehe Charlene Smith: Mandela into Mozambique, a.a.O., S. 22.

möglich, entsprechende Kommandostrukturen zu etablieren. Innerhalb der Bevölkerung herrscht eine Kriegsmüdigkeit, die die FADM zu einem Anathema werden läßt.[53] Viele Kriegsveteranen begnügten sich mit ihrem mageren Demobilisierungspaket, das durch die UNO finanziert wurde, und zogen das Heer der Arbeitslosen den Forcas Armadas vor.[54]

Um eine Resozialisierung dieser demobilisierten Soldaten zu ermöglichen, richtete Südafrika Zentren in Mozambique ein, in denen den Soldaten die Möglichkeit geboten wird, ein ziviles Handwerk zu erlernen.[55] Auch beim Aufbau der FADM leistet Südafrika speziell im Ausbildungsbereich (Pilotenausbildung) Hilfestellung. Da die FADM weder in der Lage sind, die gemeinsame Grenze noch den eigenen Küstenbereich zu kontrollieren, wurde Südafrika auch hier um Unterstützung gebeten. Im Rahmen eines Liaison Forums werden im 6-Wochen-Turnus beiderseitige Interessenschwerpunkte herausgearbeitet und die Zusammenarbeit koordiniert. Primäre Problemfelder mit Handlungsbedarf sind neben der Migration, organisierte Kriminalität und illegaler Waffenschmuggel.

Schätzungen gehen davon aus, daß sich das organisierte Verbrechen seit dem Amtsantritt der neuen südafrikanischen Regierung verdoppeln konnte. Nach Angaben der South African Police Services (SAPS) operieren zur Zeit ca. 500 "extremely well financed and superbly armed crime syndicates" in und von Südafrika aus.[56] Mozambique entwickelte sich zu einer Haupttransitroute für Heroin, Kokain, Haschisch und Mandrax für die Republik und das südliche Afrika. Der Drogenhandel ist häufig Ausgangspunkt und Finanzquelle für

53 Siehe Eduardo Serpa: The Mozambican elections, in: ai-bulletin, Vol. 34, No. 5, 1994, S. 1-4, hier S. 4.

54 Bis Ende August 1995 hatten sich lediglich 4.296 ehemalige Regierungssoldaten weiter verpflichtet. Hingegen nahmen 52.108 am Demobilisierungsprogramm teil. Für die RENAMO ergeben sich entsprechende Zahlen: 18.227 wurden demobilisiert, 3478 traten den FADM bei.

55 Siehe: Charlene Smith: Mandela into Mozambique, a.a.O., S. 23.

56 Siehe Mark Shaw: A cut throat business, in: Crime and Conflict, No. 4, Summer 1995, S. 1-4, hier S. 1.

weitere illegale Aktivitäten. Sowohl für weltweit operierende Verbrechersyndikate als auch für gewöhnliche Kriminelle ist Mozambique eine Hauptbezugsquelle für Schußwaffen.[57] Schätzungsweise 1,5 Mio. Kalashnikovs sind in Mozambique im Umlauf, bereits für 1 kg Zucker konnten diese den Besitzer wechseln. In Südafrika selbst werden AK-47 für den Preis von ca. 150 Rand verkauft und verschärfen in den schwarzen Townships die Fähigkeit zur Anwendung von Gewalt.[58] Vor dem Hintergrund einer steigenden Kriminalitätsrate und angesichts einer weiterhin instabilen Situation in KwaZulu/Natal, das durch die gemeinsame Grenze direkten Zugang zum mozambiquanischen Waffenarsenal bietet, besitzt eine Lösung dieses Problems für Südafrika regionalpolitische Priorität. 1995 konfiszierte die SAPF 305 000 AK-47 in ganz Südafrika.

Sehr viele illegale Immigranten bringen die Waffen aus Mozambique mit, um sie auf dem südafrikanischen Markt zu verkaufen. Damit wird diese Form der Proliferation zu einem Teil der Migrationsproblematik und trägt zu deren Verschärfung bei. Für viele Mozambiquaner und für die Immigranten ganz speziell ist die Waffe oftmals der einzige Wertgegenstand, den sie besitzen und verkaufen können. Südafrikas Angebot an die UN, die in Mozambique zirkulierenden Waffen aufzukaufen, scheiterte bereits auf dem Vorwege, da die angebotenen Beträge mit den Schwarzmarktpreisen nicht konkurrieren konnten. Mit den Operationen Rachel I und Rachel II startete Südafrika einen weiteren Versuch, den illegalen Waffenhandel in Kooperation mit Mozambique zu bekämpfen. Südafrika ließ in Mozambique konfiszierte Schußwaffen vernichten.[59]

Mozambique, dessen Bruttosozialprodukt sich zu 80% aus Finanzhilfen der Internationalen Gemeinschaft zusammensetzt, ist mehr als jedes andere Land in der Region auf ausländische Investitionen und eine enge wirtschaftliche Kooperation mit den Nachbarländern angewiesen. Auch Südafrika hat ein Interesse an

---

57 Siehe ebda., S. 3.

58 Siehe Simon Baynham: Regional security issues, a.a.O., S. 14.

59 Siehe Jakkie Cilliers: The evolving security architecture in Southern Africa, S. 2, unpublished paper.

einem Minimum an wirtschaftlicher Prosperität im Nachbarland. "If our economy strengthens steadily while theirs don't, their people will continue flocking to S.A."[60] Wie das südafrikanische Department of Trade & Industry 1992 mitteilte, bestanden zwischen Südafrika und Mozambique bereits in der Ära der Sanktionen Handelsbeziehungen. Diese sind auch heute noch exemplarisch für den Warenaustausch eines entwickelten Industrielandes mit einem der ärmsten der Welt und symptomatisch für die Region. Südafrika exportiert primär Industrieprodukte und Konsumgüter - im Falle Mozambiques im Jahre 1994 im Werte von ca. 1,4 Mio. Rand - und importiert hauptsächlich Edelmetalle, Edelsteine, Eisenerze, Agrarprodukte und Tabak im Wert von nur 100.000 Rand.[61] Insbesondere im Agrarbereich wird Mozambique für Südafrika zukünftig an Bedeutung gewinnen, da Mozambique über ca. 36.000 ha fruchtbares Ackerland verfügt.[62] Dies sind 45% der Gesamtfläche Mozambiques (799.380 km^2). In Südafrika hingegen können lediglich 12 % (14.652 ha) der Gesamtfläche landwirtschaftlich genutzt werden.[63] Dies bedeutet, daß Südafrikas Agrarindustrie bei einem jährlichen Bevölkerungswachstum von 2,5 % die eigene Bevölkerung in Kürze nicht mehr versorgen kann.[64]

Im Bereich der Elektrizitätsgewinnung durch das Cahora-Bassa-Wasserkraftwerk knüpft Südafrika an die bereits zu Kolonialzeiten begonnene Kooperation mit Mozambique an. Neben der Versorgung der Provinz Gauteng mit Elektrizität[65] gewinnt das Cahora-Bassa-Projekt auch zunehmend für südafrikanische Firmen an Bedeutung. Das Bergbau-Konsortium GENCOR, das in Maputo eine

---

60 Route to the East - SA's future as a regional power linked to that of the subcontinent, in: Financial Mail, Vol. 22, 27.10.1995.

61 Ebda.

62 Welches aufgrund der zahlreichen Minen bislang nur eingeschränkt zur Verfügung steht.

63 Davon gelten lediglich 4% als 'high potential' Ackerland.

64 Vgl. Richard Cornwell: Route to the East, Financial Mail, Vol. 22, 27.10.1995.

65 Zwei 533 Kilo-Volt Hochspannungsleitungen bringen den Strom über 1.400 km hinweg zur Verteilerstation Apollo in der Nähe von Pretoria. Siehe Elfreede Du Preez: Südafrikas Verbindungen zum südlichen Afrika unter besonderer Berücksichtigung Mosambiks, in: DASP-Hefte, Sonderband 6, Nr. 30/31, S. 21-36, hier S. 32.

Aluminium-Schmelze im Wert von 4 Mrd. Rand plant, verhandelt über den kostengünstigen Bezug von Elektrizität durch das Cahora-Bassa-Wasserkraftwerk. Damit umgeht GENCOR den einheimischen Anbieter Eskom, dessen in Kohlekraftwerken erzeugter Strom teurer ist als der mozambiquanische.[66] Überragendes Großprojekt in der Kooperation beider Länder stellt zur Zeit jedoch der Ausbau des Hafens von Maputo und die infrastrukturelle Verbesserung des Korridors Gauteng-Maputo dar. 1,25 Mrd. Rand fließen in dieses Projekt, das spätestens im August 1997 fertiggestellt sein soll. Damit wird Durban seine Monopolstellung im Bereich des Güterumschlages aus der Gauteng-Region verlieren, weil die neue Verbindung kürzer und wahrscheinlich auch billiger sein wird. Wenn Maputos Hafen, der zur Zeit 5% der Exporte Gautengs abwickelt, an die Quoten der 70er Jahre, als 40 % der Exporte aus der Region Johannesburg-Pretoria über Maputo liefen, anknüpfen kann, wird er zu einem ernsthaften Konkurrenten für Durban werden. Trotz dieser einzelnen Projekte wirtschaftlicher Zusammenarbeit ist das südafrikanische Engagement, insbesondere des privaten Sektors, bislang noch eher verhalten, obwohl die fortschreitende Privatisierung staatseigener Betriebe in Mozambique vielfältige Möglichkeiten für ausländische Investoren bietet.[67]

Zudem finden sich in Mozambique wenige Gewerkschaften, die so gut organisiert sind wie die südafrikanischen. Entsprechend niedrig ist das Lohnniveau.[68] Angesichts des auf den ersten Blick positiv anmutenden Investitionsklimas stellt sich unweigerlich die Frage nach dem Grund für die Zurückhaltung südafrikanischer Investitionen. Entscheidendes Hemmnis sind die teilweise noch vorhandenen Strukturen sozialistischer Wirtschaftweise. Mit dem Gabinete de promoção do investimento estrangeiro (GPIE) wurde zwar eigens ein Instrument

---

66 Siehe Brendon Ryan: Feeling the Furnaces, in: Finance Week, Feb 29-March 6, 1996, S. 15.

67 Alleine für März/April standen fünf Betriebe zur Disposition. Für 11 weitere ist die Privatisierung bis Ende des Jahres geplant. Siehe hierzu Annonce des Ministry of Planning and Finance, in: Finance Week, Feb. 29-March 6, 1996, S. 72.

68 Der Mindestlohn lag im November 1995 bei 218 000 Meticais (umgerechnet ca. 31,38 DM), siehe Alexandre Chiure: O pesadelo de viver num pais inviavel, in: SAVANNA, Maputo vom 17.11.1995.

zur Förderung ausländischer Investitionen geschaffen. Dabei handelt es sich jedoch zunächst um einen weiteren bürokratischen Wasserkopf. So fordert das GPIE in der Regel bei Investitionen jeglicher Art, daß mindestens 26% des Gesamtvolumens durch lokale Partner erbracht werden. Im Fischereisektor beträgt diese Quote sogar 51%.[69] In Anbetracht der äußerst dünnen Kapitaldecke Mozambiques ist dies ein weiteres Hindernis auf dem Weg zur wirtschaftlichen Konsolidierung. Die Regierung versucht gerade mit solchen Maßnahmen jene Kritiker zu besänftigen, die einen Ausverkauf des Landes befürchten. Eine weitere Investitionsbarriere stellt ein kaum zu durchdringendes System an Steuern und Abgaben dar. Unter anderem sind im Rahmen der Direitos Aduaneiros für Exporte Steuern in Höhe von 0,5 % des Warenwertes zu zahlen.[70] Darüber hinaus hält auch das Fehlen einer harten Währung potentielle Investoren ab.

Südafrikas ökonomische Entwicklung ist in die der Region eingebettet. In Südafrika gibt es einen Überschuß weißer Farmer, Mozambique dagegen hat zwar fruchtbare Böden, ist selbst jedoch nicht in der Lage, die eigene Nahrungsmittelversorgung sicherzustellen. Deshalb machte General Viljoen im Sommer 1995 den Vorschlag, weiße Farmer in Mozambique und anderen afrikanischen Ländern anzusiedeln.[71] Das Vorhaben fand sofort breite Zustimmung sowohl bei Präsident Nelson Mandela als auch auf Seiten der Europäischen Union, die zu einem der Hauptfinanziers werden soll. Nach Angaben der South African Chamber for Agricultural Development in Africa (SACADA), die das Projekt koordiniert, gibt es ca. 1.000 Leute, die desillusioniert von dem Neuen Südafrika, sich auf den Treck nach Mozambique begeben wollen.[72]

---

69 Siehe Paul de Sousa (KPMG Peat Marwick Mozambique), in: Corporate Location, o.O., o.J, S. 16.

70 Siehe: Joao Coutinho (KPMG Peat Marwick Mozambique), in: Corporate Location, o.O., o.J., S. 15.

71 Bereits vor den Wahlen in Mozambique im Herbst 1994 hatte RENAMO den Vorschlag gemacht, daß sich 5.000 Farmer ansiedeln könnten, insofern man bereit sei, eine Wahlhilfe in Höhe von US$ 20 Mio. zu zahlen.

72 Siehe Marion Edmunds: EU backs boers' trek to Mozambique, in: The Weekly Mail vom 01.12.1995.

Nach General Viljoen sollten sich die ersten Siedler (in einer Größenordnung von 100 bis 500 Personen) bereits im Mai 1996 in Mozambique niederlassen. Ebenfalls im Mai sollte es zu einer vertraglichen Absicherung der Siedlungsmöglichkeiten durch die Präsidenten beider Länder, Joaquim Chissano und Nelson Mandela, kommen. Als Siedlungsgebiete werden neben der Provinz Niassa im Norden des Landes weitere Provinzen mit niedrigem Gewaltprofil - Gaza, Cabo Delgado, Zambézia und Tete - genannt.[73]

Zur Finanzierung des Projektes stellte die südafrikanische Regierung bereits 15 Mio. Rand aus dem Fond des RDP zur Verfügung.[74] Weitere finanzielle Hilfen erwartet man außer von der EU auch von der Weltbank und der SA Development Bank. Obwohl SACADA ankündigte, daß für je zwei Siedler ein Mozambiquaner im Agrarsektor ausgebildet würde, häuften sich bereits kritische Stimmen, die von einem Ausverkauf des Landes sprechen. Angesichts der desolaten wirtschaftlichen Situation des Landes ist dieses Angebot für Präsident Chissano jedoch unwiderstehlich. Im Lande selbst verstärkt sich ein Gefühl des Widerstandes gegen dieses als Versuch der Rekolonialisierung perzipierte Projekt Südafrikas. "(...) a negotiator from Mozambique's agricultural ministry has been quoted on several occasions as saying Afrikaner farmers were neither needed nor wanted in large numbers."[75]

Auch auf Seiten der RENAMO wird das Projekt als Verrat an der Unabhängigkeit interpretiert und mit der Begründung abgelehnt, daß schwarze Farmer mit dem entsprechen Kapital auch in der Lage seien, diese Aufbauarbeit zu leisten. Darüber hinaus ist bei RENAMO auch gekränkte Eitelkeit im Spiel, da man sich bei den ganzen Verhandlungen übergangen fühlte. Obwohl 80% der Provinz Niassa durch die RENAMO kontrolliert werden, hatte General Viljoen keine direkten Verhandlungen mit Dhlakama geführt. Wahrscheinlich waren es auch die z. T. überzogenen Forderungen der weißen Siedler (eigener Sicher-

---

73 Siehe Boletim Informativo da Camara de Comercio Portugal Mozambique, No. 8, 29 de Abril de 1996.

74 Siehe ebda.

75 Marion Edmunds: EU backs, a.a.O.

heitsdienst, eigene Waffen), die die Ressentiments in Mozambique gegen dieses Projekt steigen ließen.

Was beabsichtigt Südafrika mit diesem Projekt, welche Intentionen verfolgen Nelson Mandela und Constand Viljoen mit diesem Schulterschluß? Ist hierin ein Angebot an das ärmere Nachbarland zu sehen, einen Beitrag zur Aufbauhilfe zu leisten oder verfolgt man Eigeninteressen? Von Seiten des ANC spricht für dieses Projekt zunächst, daß man eine Möglichkeit gewinnt, weiße Südafrikaner, die ein mögliches Unruhepotential bilden könnten, außerhalb der Grenzen Südafrikas anzusiedeln und gleichzeitig damit freiwerdendes, ehemals weißes Farmland an Schwarze weiter verteilt werden könnte. General Constand Viljoen präsentierte das Projekt als eine Möglichkeit, die Lage in Mozambique zu verbessern und damit den anhaltenden Strom der Flüchtlinge nach Südafrika einzudämmen. Darüber hinaus kann die Etablierung eines agrarischen 'Speckgürtels' durch weiße Farmer in Ländern mit entsprechendem Potential (wie Angola, Sambia und Mozambique) langfristig zu einer Abhängigkeit Südafrikas im Agrarbereich führen und damit zu einem innenpolitischen Hebel der in diesen Ländern ansässigen Weißen werden.

Es ist zweifelhaft, ob das Vorhaben erfolgreich sein kann. Es erhält kaum Unterstützung von Seiten der mozambiquanischen Bevölkerung. Die in der ausgewählten Provinz Niassa herrschende Partei RENAMO lehnt es ab, und der zwischen Präsident Chissano und Nelson Mandela geschlossene Vertrag verstößt gegen die mozambiquanische Verfassung. Da das Land nur gepachtet werden kann, erscheint es fraglich, ob die benötigten Investitionen erfolgen werden. Die Aussiedler sind in der Regel gescheiterte Existenzen, die einen Neuanfang wagen. Großfarmer, die sich wie in Botswana ein zweites Standbein schaffen und auch investieren, bilden eher die Ausnahme.

Eine erfolgreiche kommerzielle Landwirtschaft setzt sowohl Zugang zu Märkten als auch Käufer voraus. Nach Aussage von General Viljoen hat man auf der Suche nach neuen Absatzmärkten sowohl China als auch die GUS im Auge. Vorhaben solcher Dimensionen bedürfen jedoch auch einer adäquaten Infrastruktur, die insbesondere im Norden des Landes nicht vorhanden ist. Eine Produktion preiswerter Nahrungsmittel für den südafrikanischen Markt würde diesen kurz über lang zerstören. Selbst wenn es gelingen sollte, weiße Inseln des Wohlstandes in Mozambique aufzubauen, sind bereits weitere Konflikte und Frustrationen der schwarzen Bevölkerung Mozambiques programmiert.

V. Kooperation zwischen regionaler Hegemonie und Abhängigkeit

Südafrika nimmt aufgrund seiner ökonomischen Stärke im Vergleich zu anderen Ländern des südlichen Afrika eine dominante Position ein. Auch wenn dies von der südafrikanischen Führung nicht beabsichtigt ist, ist nicht auszuschließen, daß politisches und ökonomisches Engagement in Ländern wie Mozambique dort von Teilen der Bevölkerung als Hegemonie und Rekolonialisierung perzipiert werden. Mozambique ist auf ausländische Hilfen angewiesen, aber die Beziehungen zu Südafrika sind durch wechselseitige Interessen geprägt. Dies gilt z.B. für die Proliferations- und Migrationsproblematik, bei der Südafrika auf die Kooperation Mozambiques angewiesen ist. In den Beziehungen zu Angola ist eine Normalisierung eingetreten. Südafrika besitzt keine geostrategischen Interessen mehr an Angola. Die ANC-Regierung fühlt sich jedoch verpflichtet, dem ehemaligen Verbündeten beim Aufbau und bei der Befriedung des Landes zu helfen.

DER AFRIKANISCHE WEG ALS SCHICKSAL?

Ulrike Schumacher

I. Trends in der politischen Entwicklung Afrikas

Der Begriff 'afrikanischer Weg'[1] hat zunächst eine politische Dimension, die allerdings untrennbar mit der wirtschaftlichen Entwicklung verknüpft ist. Jede Diskussion der politischen Entwicklung Afrikas beginnt in der Regel mit dem Prozeß der Dekolonialisierung Ende der 50er/Anfang der 60er Jahre.[2] Es wäre jedoch verfehlt, das Datum des Abschüttelns der kolonialen Herrschaft als eine Stunde Null zu verstehen. Mit dem Abzug der Kolonialherren sind tradierte Strukturen und Konflikte, die zum Teil weit in die vorkoloniale Epoche hineinreichen, wieder an die Oberfläche getreten und prägen die politische Entwicklung seit der Dekolonialisierung mit.

In unterschiedlicher Form haben die Kolonialherren versucht, die von ihnen in die Unabhängigkeit entlassenen Staaten als Demokratien westlicher Prägung zu hinterlassen. Das gilt am ausgeprägtesten für die britischen Kolonialherren, die in ihrer symbolischen Politik soweit gingen, den Präsidenten der neu installierten Parlamente sogar eine Kopie der Perücke des Sprechers des englischen Unterhauses zu überlassen. Das andere Extrem stellen zweifellos die Portugiesen dar, die als letzte Kolonialmacht, nämlich erst im Prozeß der Überwindung der eigenen Diktatur, 1974 die Unabhängigkeit gewährten. Dies geschah dann auch überhastet: Man übergab die Herrschaft an eine Guerillabewegung, ohne den Versuch zu machen, demokratische Institutionen zu etablieren.

---

1 Für eine durch persönliche Erfahrung geprägte und damit teilweise provokative Darstellung siehe Axelle Kabou: Weder arm noch ohnmächtig - Eine Streitschrift gegen schwarze Eliten und weisse Helfer, Basel 1995. Der französische Originaltitel charakterisiert die Argumentationsweise treffender als die deutsche Übersetzung: Et si l'Afrique refusait le développement?, Paris 1991.

2 Vgl. hierzu Prosser Gifford, WM. Roger Louis (eds.): The Transfer of Power in Africa: Decolonization, 1940-1960, New Haven 1982, sowie dies.: Decolonization and African Independence, The Transfer of Power, 1960-1980, New Haven, London 1988.

Aber auch in den Ländern, in denen die Kolonialherren formal demokratische Institutionen hinterließen, erfolgte sehr bald eine Transformation zu Einparteiensystemen oder zu Militärdiktaturen. Beides war häufig mit blutigen Bürgerkriegen verbunden. Nigeria und Zaire, also das frühere Belgisch Kongo, sind in der ersten Dekade nach Abschluß der Dekolonialisierung die beiden besonders augenfälligen Beispiele.

Die Folge dieser Entwicklung war, daß zunächst die Frage gestellt wurde, ob die politischen Institutionen westlicher Demokratie für Afrika überhaupt geeignet seien, d.h. es wurde gefragt, ob die tradierten politisch-sozialen Strukturen und Kulturen Afrikas mit den westlichen demokratischen Institutionen kompatibel seien. Das gilt in erster Linie für Schwarzafrika, obwohl auch im arabischen Norden Demokratie bis in die Gegenwart hinein keine Wurzeln schlagen konnte. Diese Entwicklung hat dann dazu geführt, daß vielfach die These vertreten wurde, Einparteiensysteme oder Militärdiktaturen seien die natürlichen, d.h. der politischen Kultur der Länder entsprechende Regierungsformen. Vor diesem Hintergrund ist die Frage zu sehen, ob das Neue Südafrika in der Lage sein wird, stabile plurale demokratische Institutionen zu entwickeln, oder ob der Weg der übrigen Staaten des Kontinents nach der Dekolonialisierung auch für Südafrika als Schicksal vorgezeichnet ist.

Eine solche Verallgemeinerung der afrikanischen Geschichte seit der Dekolonialisierung wird jedoch einer Reihe von komplexen Prozessen nicht gerecht. Sechs Trends kennzeichnen die jüngsten Entwicklungen in Sub-Sahara-Afrika, wobei der arabische Norden bewußt ausgeklammert ist, weil das dort dominierende Problem, die Entwicklung und politischen Einflußchancen des Islam, südlich der Sahara von wenigen Ausnahmen abgesehen keine Rolle spielt.

1. Nicht nur die demokratischen Institutionen, die die Kolonialherren versuchten zu hinterlassen, sind im postkolonialen Afrika weitgehend zusammengebrochen. Dies ist auch in dem kolonialen Erbe begründet, das zwar westlich konzipierte Verfassungen, aber keine von der eigenen Bevölkerung getragenen effizienten Verwaltungsstrukturen und erst recht keine demokratisch strukturierten politischen Parteien umfaßte. Nicht weniger wichtig ist auch der Zusammenbruch fast aller für die wirtschaftliche und gesellschaftliche Ent-

wicklung der Staaten relevanten Einrichtungen. Dies gilt für große Bereiche der Infrastruktur, die wegen unzureichender Pflege und Ersatzinvestitionen verrotteten. Ähnliches gilt für das Bildungssystem und die Ansätze einer arbeitsteiligen Wirtschaft. Vereinfacht formuliert sind die ländlichen Gebiete durch Subsistenzwirtschaft gekennzeichnet; dementsprechend sind sie nicht in der Lage, die urbanen Ballungszentren zu ernähren. Da aber diese urbanen Zentren für den Machterhalt der jeweiligen Regime wichtig sind, versuchen nahezu alle Diktatoren des Kontinents, die dortigen Bevölkerungsmassen durch billige Lebensmittel zu pazifizieren, was den Niedergang der eigenen Landwirtschaft beschleunigt. Am Tropf internationaler Hilfsorganisationen wurden so ganze Bevölkerungen zu Wohlfahrtsempfängern. Die Ansätze der Industrialisierung erfolgten auf der Grundlage staatlicher Planung und orientierten sich häufig an einem schwerindustriellen Gigantismus, der zu keinen international wettbewerbsfähigen Volkswirtschaften führte und der Entwicklung der Länder nicht diente. Das gilt auch für die Länder, in denen der Reichtum an Bodenschätzen die Grundlage für die Finanzierung einer wirtschaftlichen Entwicklung bot. Alle Statistiken zeigen, daß der Kontinent verarmt, nicht zuletzt auch, weil die Ansätze von Wirtschaftswachstum in der Regel durch ein höheres Bevölkerungswachstum aufgezehrt werden. Diese Unfähigkeit der neuen Staaten, auch nur die wirtschaftlichen Grundbedürfnisse der Bevölkerungen zu erfüllen, führte zu einem Verlust an Legitimität. Die Ansätze des 'nation building', die zum Teil durch den Unabhängigkeitskampf gegen die Kolonialherren entstanden waren, zerfielen.

2. Die neuen Staaten des Kontinents waren sowohl von den Kolonialherren als auch von den in Westeuropa oder Nordamerika erzogenen, neuen schwarzen politischen Eliten als Nationalstaaten konzipiert. Dabei wurde übersehen, daß das Konzept de Nationalstaates sich in Europa erst nach der Französischen Revolution durchgesetzt hatte, und es wurde nicht einmal kritisch geprüft, ob dieses europäische Konzept mit den gewachsenen Strukturen Schwarzafrikas vereinbar war. Dabei kam erschwerend hinzu, daß die Grenzziehung der Kolonialherren willkürlich war und auf die gewachsenen Stammeskulturen und ethnischen Zusammengehörigkeiten keine Rücksicht genommen wurde. Die Folge war, daß die kolonialen Grenzen die bestehenden Stammesbindungen zum Teil willkürlich durchschnitten oder unterschiedliche Stämme, die

in der präkolonialen Phase in vielfältigen Konflikten miteinander gelebt hatten, in einen Staat gezwungen wurden. Somit entstanden entweder Staaten, die sich auf keine eigenen Nation gründen konnten, oder es durften sich Nationen nicht in Staaten zusammenfinden.[3] Mit dem Zusammenbruch der politischen, wirtschaftlichen und gesellschaftlichen Institutionen verschwanden diese Staaten vollständig oder zumindest teilweise von der politischen Landkarte des Kontinents oder konnten nur durch brutalste Repression der regierenden Diktaturen zusammengehalten werden. Die Kette der Beispiele reicht von Zaire über Zimbabwe, Nigeria, Liberia, Tschad, Uganda, Angola, Mozambique, Somalia bis hin zu Ruanda und Burundi in jüngster Zeit. Aber auch in anderen Staaten, die lange Zeit als gefestigt erschienen, wie z.B. in Kenia, zeigten sich nach dem Abtreten der aus dem Unabhängigkeitskampf hervorgegangen charismatischen Führer entsprechende Tendenzen. Es fehlt auch nicht an Staaten, bei denen solche Konflikte noch ausbrechen können. Senegal und Namibia sind in diesem Zusammenhang zu nennen.

3. Die Fiktion des Nationalstaates wurde auch zur Grundlage der Organisation Afrikanischer Einheit (OAE). Realistisch wurde die Tatsache eingeschätzt, daß wenn einmal eine koloniale Grenzziehung in Frage gestellt würde, dies eine Kettenreaktion auslösen könnte, die zu unzähligen militärischen Konflikten über Gebietsansprüche unterschiedlichster Form führen würde. Für diese Einschätzung spricht, daß es kaum zwei benachbarte Staaten in Afrika gibt, die nicht irgendwelche Gebietsansprüche gegeneinander erheben. Dies ist letztlich in der willkürlichen Grenzziehung durch die Kolonialherren begründet. Um die militärische Austragung dieser Konflikte zu vermeiden, erklärte die OAE die überlieferten Grenzen für sakrosankt. Mit der erfolgreichen Sezession Eritreas von Äthiopien, dem ein mehr als zehnjähriger Sezessionskrieg vorausging, ist jedoch ein Präzedenzfall geschaffen, der durch den blutigen Krieg gegen Biafra und gegen Katanga (heute Shaba) Mitte und Ende der 60er Jahre noch vermieden werden konnte. Er stellt die Strategie der OAE und damit das gesamte Staatenbild Afrikas in Frage. Die Etablierung

3 Vgl. Chris Maritz: Conflict Regions Around the World: Southern Africa, in: Werner Kaltefleiter/Ulrike Schumacher (eds.): Five Years After the Fall of the Berlin Wall, Frankfurt 1996, S. 163-189, hier S. 167.

eigener Staaten durch Hutu und Tutsi auf den Gebieten von Burundi und Ruanda könnten die nächsten Beispiele für eine Reorganisation der Staatenbildung in Afrika sein. Seit mehr als zwanzig Jahren kämpft der schwarze christliche Süden des Sudan um die Sezession von dem arabisch muslimischen Norden. Die Zahl der Beispiele läßt sich vermehren.

4. Vor diesem Hintergrund der Zerbrechens der politischen, wirtschaftlichen und sozialen Institutionen sowie der Nationalstaaten erscheint es nur folgerichtig, daß die Bevölkerungen in dieser durch Unsicherheit geprägten Situation sich verstärkt an ihren ursprünglichen Gruppenbindungen orientierten. Die Folge war gerade auch dort eine Revitalisierung der Stammesbindungen, wo diese während des Unabhängigkeitskampfes gegen die Kolonialherren in den Ansätzen überwunden worden waren. Der Zerfall der Nationalstaaten und der Bedeutungszuwachs der Stammesbindungen sind zwei Seiten derselben Medaille. Die Folge ist, daß Ethnizität innerhalb der schwarzen Bevölkerung als Unterscheidungsmerkmal und Bezugsgröße für die eigene Gruppe an Bedeutung gewann. Dies wurde insbesondere immer dann deutlich, wenn wieder einmal der Versuch mit Wahlen gemacht wurde: Ethnizität als dominierendes Merkmal des politischen Verhaltens führt dazu, daß in solchen Wahlen die relativen Stärken der ethnisch definierten Bevölkerungsgruppen, nicht aber gruppenübergreifende parteipolitische Orientierungen gemessen werden.

5. Diesen Trends stehen seit Mitte der 80er Jahre jedoch auch Entwicklungstendenzen gegenüber, die aus der Perspektive des demokratischen Wertesystems positiv zu werten sind und eine Alternative zu dem nach der Dekolonialisierung eingeschlagenen afrikanischen Weg signalisieren. Nach 1990 haben in zahlreichen afrikanischen Staaten Wahlen stattgefunden. Die entscheidende Frage dabei ist natürlich, wie 'frei' diese Wahlen waren. Dabei sind von westlichen Maßstäben in der Regel erhebliche Abstriche zu machen. Die Zielsetzung der unabhängigen Wahlkommission in Südafrika 1994, 'im wesentlichen freie und faire' Wahlen durchzuführen, ist schon ein realistischeres Kriterium von Wahlen in Entwicklungsländern im allgemeinen und in Afrika insbesondere. Wenn es jedoch in wachsendem Umfang zu Wahlen kommt, in denen eine Opposition gewinnt, und dieses Wahlergebnis durch

die anschließende Regierungsbildung auch anerkannt wird[4], so ist dies ein Indikator, daß bestimmte demokratische Mindestanforderungen offensichtlich erfüllt waren.

Nach diesem Kriterium gab es in 13 Ländern[5] freie Wahlen. In weiteren 30 Ländern haben Wahlen stattgefunden, in denen die jeweils Regierenden bestätigt wurden. Dabei sind Einschränkungen gegenüber dem Kriterium des 'im wesentlichen frei und fair' aufgrund von vier Arten von Verstößen anzumerken: 1. Wahlmanipulation und Wahlbetrug, 2. generelles Parteienverbot oder Verbot von Parteiorganisationen zur Unterstützung einzelner Kandidaten, 3. Boykott durch die Oppositionsparteien aufgrund antizipierter Behinderungen oder restriktiver, gesetzlicher Beschränkungen des passiven Wahlrechts und 4. Wahlen nach volksdemokratischem Muster ohne Gegenkandidaten. Darüber hinaus gibt es Fälle von Wahlanfechtungen, die nie zugungsten der Opposition, wohl aber zugunsten der Regierung (Togo) ausgegangen sind, Wahlbeteiligungen, die Zweifel an einer legitimierenden Wirkung solcher Wahlen aufwerfen (z.B. Mali mit ca. 20%) und die Situation von einer total zersplitterten Opposition, die den amtierenden Regierungen den Wahlerfolg leicht machen. In einigen Fällen hat auch eine zunächst erfolg-

4 Formal kann man auch die südafrikanischen Wahlen in die Rubrik einordnen, daß die Opposition gewonnen hat. Angesichts der Tatsache, daß dieses Ergebnis die Folge einer Versechsfachung des Elektorates ist, ist es mit einem durch Wahlen bei Konstanz der Rahmenbedingungen zustandegekommenen Regierungswechsel nicht vergleichbar. Hinzu kommt, daß die politisch relevanten Teile des Wahlergebnisses von 1994 offensichtlich politisch klug ausgehandelt waren: Der ANC verfehlte knapp die 2/3 Mehrheit, die NP gewann über 20% der Stimmen, um einen Vizepräsidenten stellen zu können und eine Provinz (Westkap). Die IFP schließlich erzielte über 10%, was die Beteiligung an der Regierung der Nationalen Einheit sicherte und vor allem ebenfalls die Mehrheit in ihrer Stammprovinz KwaZulu/Natal. Vgl. Robert von Lucius: In Südafrika hat der Machtwechsel begonnen, in: FAZ vom 9. Mai 1994.

5 Benin (1991 wurde der langjährige Staatschef von seinem Gegenkandidaten abgelöst, aber 1996 erneut gewählt), Burundi (Wahl im Juni, Putsch und Ermordung des Staatspräsidenten im Oktober 1993, im April 1994 Flugzeugabsturz des neuen Staatspräsidenten, seitdem Bürgerkrieg), Lesotho (1993), Madagaskar (1993), Malawi (1994), Mali (1992), Mauritius (1995), Niger (Wahl 1995 mit unklaren Mehrheitsverhältnissen, Militärputsch 1996), Sambia (1991), Sierra Leone (1996), Togo (1994), Zentralafrikanische Republik (1993).

reiche Oppositonspartei die nächsten Wahlen erneut gewonnen, auch hier ist abzuwarten, ob dies eine demokratische Bestätigungswahl war oder der Anfang eines neuen autoritären Regimes. In weiteren fünf Ländern gab es keinerlei Wahlversuche.

Inwieweit solche Entwicklungen in den 13 Ländern mit Mehrparteiensystemen und legalem Regierungswechsel den Durchbruch zu pluralen, demokratischen Institutionen bedeutet, bedarf der Analyse im Einzelfall. Bei aller positiven Bewertung eines legalen Machtwechsels reicht ein singuläres Ereignis dieser Art nicht aus, um die Annahme demokratischer Kontinuität zu rechtfertigen. Dementsprechend finden sich bei Samuel Huntington nur sehr vereinzelt Beispiele vom afrikanischen Kontinent für seine These von der dritten Demokratisierungswelle.[6] In allen Ländern, in denen es zu einem Regierungswechsel durch Wahlen gekommen ist, scheinen Protestbewegungen gegen die ökonomische Verarmung und soziale Verelendung das Hauptmotiv gewesen zu sein. Dies bedeutet aber zugleich, daß wenn auch die neuen Regierungen den Prozeß des ökonomischen Niedergangs nicht deutlich umzukehren vermögen, die Wahrscheinlichkeit groß ist, daß auch in diesen Ländern die afrikanische Tradition von Staatsstreichen eine Fortsetzung findet.

6. Diese Ansätze eines Demokratisierungsprozesses sind untrennbar mit drei globalen Entwicklungen verknüpft: Zunächst ist auf die verstärkte Aufmerksamkeit der westlichen Länder, nicht zuletzt auch der USA, zu verweisen, die ihre Unterstützung von der Entwicklung demokratischer Strukturen abhängig machten. Zweitens hatten der Zerfall der Sowjetunion und die umfangreichen Demokratisierungsprozesse in Osteuropa weltweit den Glauben an die Lösbarkeit sozialer Konflikte durch diktatoriale Strukturen in Zweifel gezogen.[7] Schließlich war in allen Ländern, in denen seit Mitte der 70er

---

6 Vgl. Samuel P. Huntington: The Third Wave, Democratization in the Late Twentieth Century, Norman/London 1991. Als Gründe gibt er die fehlende Erfahrung mit demokratischen politischen Strukturen, die afrikanische politische Kultur und die schlechten ökonomischen Bedingungen an. S. 294-315.

7 Darüber hinaus bedeutete diese Entwicklung den Wegfall erheblicher materieller, zumeist militärischer Unterstützung für die marxistisch orientierten Regime und Gruppierungen auch in Afrika.

Jahre neue Demokratien entstanden sind, Menschenrechtsbewegungen aktiv, die internationale Resonanz und Unterstützung gefunden haben. Eine gewisse Parallele zu solchen Gruppierungen in allen Staaten Osteuropas auf der Grundlage der KSZE-Akte von Helsinki 1975 ist unübersehbar. Dieser Prozeß scheint seit Mitte der 90er Jahre auch Schwarzafrika erfaßt zu haben, wobei der Transformationsprozeß in Südafrika durchaus eine herausragende Bedeutung eingenommen hat. Daß in einem Land wie Nigeria, das nicht nur das bevölkerungsreichste Land Afrikas ist, sondern auch, was die Zahl der Putsche und Staatsstreiche betrifft, eine Spitzenposition in Afrika einnimmt, es inzwischen eine respektierte Menschenrechtsbewegung gibt, gegen die sich das dortige Regime glaubte, nur durch die Ermordung der Symbolfigur, des Dichters Ken Saro Wiwa, schützen zu können, ist für alle Menschenrechtsbewegungen in Schwarzafrika ein ermutigendes Zeichen.

II. Südafrikas Weg

Können diese Trends Bedeutung für Südafrika erlangen? Insbesondere stellt sich die Frage, ob die ersten vier Trends, die in dem ersten Vierteljahrhundert nach der Dekolonialisierung die politische Entwicklung des Kontinents geprägt hatten, mit Verzögerung nach der Transformation von 1994 in Südafrika wirksam werden oder ob jene Entwicklungstendenzen der letzten fünf Jahre, die Hoffnung auf Demokratie in Schwarzafrika geweckt haben, sich nicht nur in Südafrika durchsetzen, sondern auch von dort Ausstrahlung auf den Rest des Kontinentes gewinnen können.

Südafrika zeigt Parallelen und Unterschiede zum Rest des Kontinents. Die wichtigsten Unterschiede sind:

1. Trotz einer starken Mehrheit der schwarzen Bevölkerung (über 30 Mio.) gibt es eine nichtschwarze Minderheit von fast acht Mio. (Weiße, Mischlinge und Asiaten), die um ein vielfaches stärker ist als in jedem anderen Land Sub-Sahara Afrikas. Schon dies wirft die Frage auf, ob Südafrika nicht nur geographisch zu dem Kontinent gehört, sondern auch die anderen Merkmale Schwarzafrikas aufweist.

2. Das Land verfügte zum Zeitpunkt der Transformation in weiten Bereichen über eine Infrastruktur, die westlichen Standards nahekommt. Das gilt nicht nur für die Verkehrsmittel, die Strom- und Wasserversorgung, sondern auch für große Teile des Bildungssystems. Allerdings war diese Infrastruktur nicht gleichmäßig über das ganze Land verteilt; insbesondere war sie im Hinblick auf die schwarze ländliche Bevölkerung und der informellen Siedlungen an den Rändern der großen Städte unzureichend. Eng damit verbunden ist, daß Südafrika in großen Teilen eine moderne Industriegesellschaft darstellt, die ein Pro-Kopf-Einkommen erwirtschaftet, das weit über dem anderer schwarzafrikanischer Staaten liegt. Genauso kennzeichnend ist jedoch eine extrem ungleiche Einkommensverteilung. Aber auch das Pro-Kopf-Einkommen der ärmsten schwarzen Bevölkerung ist noch deutlich höher als das in den meisten schwarzafrikanischen Ländern.

3. Demokratie als politische Ordnung war in der Zielvorstellung der verschiedenen politischen Gruppierungen unabhängig von ihrer Ethnizität nicht strittig, auch wenn die Vorstellungen über die konkrete Ausgestaltung dessen, was man Demokratie nennt, erheblich voneinander abweichen. Zumindest in einigen Fällen ist es offensichtlich, daß das Bekenntnis zur Demokratie eine semantische Strategie ist, um andere Zielsetzungen zu kaschieren. Noch wichtiger als solche Täuschungen über die wahren politischen Absichten ist, daß mit der politisch gleichberechtigten Aufnahme der schwarzen Bevölkerung in das politische System nicht nur eine quantitative Vermehrung der Wahlbürger einhergegangen ist, sondern auch eine qualitative Veränderung der politischen Kultur. Einerseits ist die politische Kultur der Nichtschwarzen durch europäische und asiatische Elemente geprägt, wie dies in den vier Bevölkerungsgruppen, die alle im Vergleich zu anderen schwarzafrikanischen Ländern keine zu vernachlässigenden Minderheiten darstellen, nämlich Afrikaner, Engländer, Mischlinge und Asiaten mit allen ihren Eigentümlichkeiten, zum Ausdruck kommt. Andererseits weist die politische Kultur der schwarzen Mehrheit ebenfalls erhebliche Unterschiede auf. Diese sind im wesentlichen vom Grad der Urbanisierung und dem Bildungsniveau bestimmt: Die politische Kultur der schwarzen Minderheit, die zu einem integralen Bestandteil der modernen Industriegesellschaft Südafrikas geworden ist, unterscheidet sich kaum von der der anderen nichtschwarzen Gruppen. Die

politische Kultur der schwarzen Mehrheit, die Südafrika als Teil der Dritten Welt prägt, weist dagegen in zentralen Elementen Parallelen zu jenen Charakteristika auf, die auch in anderen schwarzafrikanischen Staaten zu finden sind.

4. Im Kampf gegen die Apartheid hatten sich mit erheblicher Unterstützung durch staatliche und private Institutionen aus den westlichen Industriegesellschaften Gruppierungen, die sich der Verwirklichung der Menschenrechte verpflichtet fühlen, entwickelt. Sie hatten einen wesentlichen Anteil an der Verwirklichung des Transformationsprozesses. Für die Zukunft Südafrikas kann gerade diesen Gruppen mit ihren engen Verbindungen zu den westlichen Demokratien eine Wächterfunktion zukommen, um mitzuwirken, daß die Vision eines demokratischen Südafrikas Wirklichkeit wird.

Auf der anderen Seite gibt es jedoch auch deutliche Merkmale, die in den übrigen Ländern Afrikas in der Phase der Dekolonialisierung zum 'afrikanischen Weg' geführt haben:

1. Auch die moderne Industriegesellschaft Südafrikas ist nicht in der Lage, der gesamten Bevölkerung materielle Lebensbedingungen zu sichern, die zu einer langfristigen Anerkennung der Legitimität des Neuen Südafrikas beitragen. Das gilt in erster Linie für jenen großen Teil der schwarzafrikanischen Bevölkerung, der nicht unter den infrastrukturellen Bedingungen des modernen Südafrikas lebt. Verschärfend kommt die Sonderrolle der 'verlorenen Generation' in den Städten hinzu, die im Kampf gegen die Apartheid keinerlei Ausbildung erhielt.

   Im Gegensatz zu anderen Staaten des Kontinents weckt die große Zahl der zumindest in teilweisem Wohlstand lebenden Bevölkerung eine Erwartungsstruktur, nach der der politische Wechsel in sehr überschaubarer Zeit von einem ökonomischen Wandel begleitet sein wird. Dies führt zu Sozialneid, der folgerichtig zu einer wesentlichen Quelle von Konflikten führen wird. Auch für Südafrika gilt, daß das Wirtschaftswachstum durch das Bevölkerungswachstum aufgezehrt wird und daß die für einen umfassenden wirtschaftlichen Take off notwendigen ausländischen Investitionen durch Elemente der tatsächlichen oder erwarteten Instabilität auch nach der Transformation von 1994 weiterhin abgeschreckt werden. Dies bedeutet, daß die ökonomischen Erwartungen der Mehrheit der Bevölkerung nicht erfüllt werden können.[8]

2. Das alte Südafrika verfügte über eine zumindest im afrikanischen Maßstab effiziente Verwaltungsstruktur. Durch die Politik des 'affirmative action', durch die Ungerechtigkeiten der Vergangenheit in der Personalpolitik ausgeglichen werden sollen, wird die Verwaltung Südafrikas durch eine wachsende Zahl nicht ausreichend ausgebildeter Schwarzer afrikanisiert und verliert dadurch an Effizienz. Das weitgehende Scheitern des RDP Programmes verdeutlicht dies.

3. Das alte Südafrika verfügte auf Seiten der weißen Bevölkerung im Ansatz aber auch bei Mischlingen und Asiaten über eine etablierte Parteienstruktur. Das damalige Parteiensystem wird im Neuen Südafrika nur noch durch die NP und die Neustrukturierung des konservativen Lagers in Gestalt der FF repräsentiert. Auf der Seite der schwarzen Bevölkerungsmehrheit ist dagegen der bedeutendsten Organisation, dem ANC, der Übergang von einer Befreiungsbewegung zu einer politischen Partei bisher nicht gelungen, wie dies insbesondere auch seine Abhängigkeit vom Gewerkschaftsverband COSATU verdeutlicht. Nicht weniger wichtig ist, daß für große Teile des ANC die Vorstellung, man könnte auch einmal die Rolle einer Opposition in einer auf Konkurrenz begründeten Demokratie Südafrika ausüben müssen, fast undenkbar ist. Somit schwebt über der jungen Demokratie des Neuen Südafrika das Damoklesschwert, das der ANC allzu bereitwillig von der Rolle der dominierenden Partei in die einer Einheitspartei wechselt. Die unverkennbaren Spaltungstendenzen innerhalb des heterogenen ANC können sich zu einer

8 Als Alternative zu einer Wohlstandsvermehrung der schwarzen Mehrheit durch wirtschaftliches Wachstum wird häufig die ideologische Forderung nach umfassender Umverteilung erhoben. Angesichts der Zahlenrelation zwischen den vergleichsweise wenigen Wohlhabenden und der großen Masse der Armen ist dies keine praktikable Lösung, sie würde darüber hinaus die Funktionsfähigkeit der bestehenden Industriegesellschaft gefährden und ausländische Investitionen zusätzlich abschrecken. Der ANC scheint dies erkannt zu haben und ist von seinen weitgehenden Umverteilungsplänen aus der Zeit seiner Verbannung abgerückt.

zusätzlichen Versuchung für die Parteiführung nach Mandela entwickeln, die Macht durch extrakonstitutionelle Formen zu behaupten.

4. Auch Südafrika ist ein Staat ohne Nation, und in diesem Staat leben viele Nationen ohne Staat. Die Regierung Mandela versucht dieses Dilemma mit dem Konzept der Regenbogengesellschaft zu überwinden, das aber mehr Vision als Realität ist. Schon im Prozeß der Transformation war es der Konflikt zwischen Zulus und Xhosas, der parteipolitisch seinen Ausdruck in der Rivalität zwischen IFP und ANC findet, der die Spaltung Südafrikas in mehrere Nationen verdeutlichte. Dieser mit brutaler Gewalt ausgetragene Machtkampf und die Drohungen mit Sezession durch KwaZulu/Natal waren der erste offensichtliche Indikator für die Spaltung des Landes. Im Transformationsprozeß hat die nicht erfüllte Forderung nach einem weißen Volksstaat dieses Bild bestätigt. In dieses Bild passen auch die verstärkten Autonomieforderungen der von den Mischlingen dominierten Provinz Westkap. Es ist nicht auszuschließen, daß andere Nationen sich diesen Forderungen nach eigener staatlicher Repräsentanz anschließen. Durch seine Weigerung, dezentrale politische Strukturen mit einem hohen Maß effektiver Autonomie für die Provinzen in der neuen Verfassung zu akzeptieren, hat der ANC auf das wichtigste verfassungspolitische Instrument verzichtet, Autonomiebestrebungen mit der Existenz eines Zentralstaates zu versöhnen. Das Urteil des Verfassungsgerichtes vom 6. September 1996, das entsprechend den Vorgaben der Verfassungsprinzipien von 1993 eine größere Autonomie für die kommunale Selbstverwaltung und die Provinzen fordert, eröffnet die Möglichkeit, daß in der endgültigen Verfassung Südafrikas das Instrument der Dezentralisierung zur politischen Befriedung der heterogenen Gesellschaft doch noch genutzt wird. Das Gerichtsurteil birgt somit die Chance für ein neues verfassungspolitisches Nachdenken.

5. Schon der Übergangsverfassung, erst recht aber der Verfassung vom Mai 1996, mangelt es an effektiven Kontrollmechanismen. Die weitverbreitete Meinung[9], diese Verfassung verkörpere die demokratischen Werte und sei

9 Vgl. z.B. Kerstin Born: Die südafrikanische Verfassung: Grundlage für eine pluralistische Demokratie?, in: KAS Auslandsinfornmationen 7/1996, S. 78-92, bes. S. 91.

geeignet, die Probleme Südafrikas zu lösen, wenn sie richtig, d.h. im demokratischen Geiste angewandt würde, übersieht die zentrale Funktion einer Verfassung: Konfliktregelungsmechanismen anzubieten, wenn die Konfliktparteien nicht von sich aus den Weg zu einem friedlichen Ausgleich finden. Der Verzicht auf die Fortsetzung der Regierung der Nationalen Einheit wie sie, wenn auch unzulänglich, in der Übergangsverfassung niedergelegt war, verdeutlicht das Streben des ANC, ohne die Fesseln einer Koalitionsregierung und ohne wirksame 'checks and balances' das Land zu regieren.

III. Das Neue Südafrika - Das Ende einer Illusion?

Als Fazit dieser gegenläufigen Tendenzen bleibt, daß Südafrika bessere Voraussetzungen für die Entwicklung demokratischer Strukturen aufweist als jedes andere Land des Kontinents. Insofern ist der afrikanische Weg nicht unvermeidbares Schicksal Südafrikas. Trotz dieser Feststellung bleibt, daß dieses Land durch ein hohes Konfliktpotential und damit untrennbar verbunden durch die Bereitschaft, Konflikte mit Gewalt auszutragen, gekennzeichnet ist. Dieses Konfliktpotential besteht im wesentlichen aus den beiden Dimensionen ethnischer Unterschiedlichkeit und gravierender wirtschaftlicher Verteilungskämpfe. Die Frage ist, ob es zu Anlässen kommt, die zur Explosion diese Konfliktpotentials führen.

Solche Anlässe können nicht vorausgesagt werden. Man kann allein potentielle Krisenherde umschreiben. Dazu gehört wirtschaftliche Verzweiflung angesichts unerfüllbarer Erwartungen ebenso wie die Existenzangst wichtiger Volksgruppen, die Möglichkeit ihrer Eigengestaltung zu verlieren. Dies kann in einer Gefährdung der Unabhängigkeit des Zulukönigreiches ebenso bestehen wie in dem drohenden Identitätsverlust der Afrikaner, zum Beispiel durch eine umfassende Landreform. Selbstschutzmaßnahmen gegen die ausufernde Kriminalität, wie dies zunächst in der Kapprovinz, später auch an anderen Orten mit der Organisation Pagad (People against Gangsterism and Drugs) geschehen ist, können leicht Nachahmung finden. Solche Selbstschutzorganisationen fördern den Zerfall staatlicher Autorität.

Dabei zeigt die Erfahrung, daß neben der Unfähigkeit, die ökonomischen Grundbedürfnisse seiner Bürger zu sichern, das Versagen des Staates, persönliche Sicherheit zu garantieren, immer eine der wichtigsten Ursachen für den Legitimationsverlust von Staaten gewesen ist.[10] Religiöse Komponenten, wie im Falle der Pagad der Islam, können dabei verschärfend wirken. Vielfach wurden auch der weiße Teil der südafrikanischen Streitkräfte mit ihrer Verbindung zu Hunderttausenden gut ausgebildeter und bewaffneter Reservisten, die sich berufen fühlen könnten, das Land in einer kritischen Situation 'zu retten' genannt. Anlaß zu einer solchen 'Rettungsaktion' kann z.B. der Prozeß der Afrikanisierung der Verwaltung, der Verrottung der Infrastruktur, der Flucht von Kapital und die Wirtschaft tragenden Eliten sein. Denkbar ist auch, daß andere kleinere Konflikte, denen man ex ante kaum Bedeutung zuzumessen vermag, zu einer Eskalation führen, die sich auf die erkennbaren Spannungsherde ausweiten und zu verstärkter Gewaltausübung führen.

Solche Szenarien steht jedoch ein Stabilisierungsfaktor gegenüber, der weder in der Verfassung noch in der gesellschaftlichen oder wirtschaftlichen Struktur des Landes begründet ist: Die Einbindung des Landes in die globale politische Kommunikation und die internationale wirtschaftliche Verflechtung. Es gibt keinen Transformationsprozeß, der Rußlands und der der anderen osteuropäischen Staaten eingeschlossen, der von soviel Aufmerksamkeit und Engagement der westlichen industrialisierten Demokratien begleitet war wie der in Südafrika. Ein Abweichen von dem Weg demokratischer Entwicklung würde mit hoher Wahrscheinlichkeit wieder die Forderung nach Sanktionen auslösen, die denen ähnlich sein könnten, mit denen das Apartheidregime bekämpft wurde. Eine solche Entwicklung würde auch das Ende der Hoffnungen auf ausländische Investitionen bedeuten.

Ein zweiter Stabilisierungsfaktor ist in dem Machtinteresse des ANC begründet. Für ihn besteht die Alternative zur Machtsicherung durch autoritären Zwang in einer erfolgreichen gruppenübergreifenden Konsensbildung, wie dies Mandela in den ersten zwei Jahren seiner Amtszeit ansatzweise gelungen ist. Zentrale Voraussetzung für eine solche Verbreiterung der Legitimationsbasis des ANC

---

10 Schon Platon hat in seinem idealen Staat auf diesen Tatbestand hingewiesen und seine Hypothese ist durch den Zusammenbruch zahlreicher Demokratien gerade in Europa, aber auch in Lateinamerika, immer wieder bestätigt worden. Platon: Politeia, 8. Buch, Kap. 14, hrsg. Walter F. Otto, Ernesto Grassi, Gert Plamböck: Sämtliche Werke, Bd. 3.

ist jedoch eine durchgreifende Verbesserung der wirtschaftlichen Situation und der inneren Sicherheit, zwei Faktoren, die in ihrer Wirkungsweise untrennbar miteinander verbunden sind. Innere Sicherheit ist eine erste Voraussetzung jeglicher wirtschaftlicher Konsolidierung und der Chance für ausländische Investitionen. Dies wiederum ist allein in der Lage, überzogene schwarze Erwartungen zu mäßigen und Umverteilungsängste der Nichtschwarzen zu zerstreuen, während anhaltende Verarmung das Gewaltpotential vergrößert. Es ist auch denkbar, daß eine deutliche Verbesserung der wirtschaftlichen Situation zu einem Abbau ethnisch begründeter Spannungen führt.[11]

Ein solcher grundlegender ökonomischer Aufschwung mit all seinen befriedenden sozialstrukturellen Konsequenzen ist nur aufgrund massiver ausländischer Investitionen und umfangreichen Kapitalimports möglich. Um dieses Kapital anzuziehen, bedarf es einer konsequenten marktwirtschaftlichen Orientierung und einer ebenso entschlossenen Bekämpfung der Kriminalität. Wenn es dem ANC gelingt, solche Rahmenbedingungen für den wirtschaftlichen Aufschwung zu schaffen, ist ihm eine breite Zustimmung als Grundlage langfristigen Machterhaltes sicher. Das Ausbleiben ausländischer Investitionen aber ist zugleich ein Warnsignal für den ANC und seine Verbündeten, vor allem in den Gewerkschaften, daß ihre Machtposition innenpolitisch gefährdet ist. Reagiert er darauf mit repressiver Politik, wird wirtschaftlicher Fortschritt durch ausländisches Kapital unerreichbar.

11 Das Gewaltpotential zwischen Wanderarbeitern von Zulus und Xhosas in den Townships am Rande der industriellen Zentren wird abnehmen, wenn diese Gruppen realisieren, daß sie durch die Anwendung von Gewalt wirtschaftlich etwas zu verlieren haben.

Auswahlbibliographie

Monographien/Sammelbände:

ADAM, Heribert; MOODLEY, Kogila: The Opening of the Apartheid Mind, Options for the New South Africa. Berkeley, Los Angeles, London 1993.

AMATO, Rob: Understanding the New Constitution, Durban 1994.

ANSPRENGER, Franz: Südafrika. Eine Geschichte von Freiheitskämpfen. Mannheim, Leipzig, Wien et alii 1994.

BASKIN, Jeremy (ed.): Unions in Transition, Naledi, Johannesburg 1994.

BEHRENS, Michael; RIMSCHA, Robert von (Hrsg.): Südafrika nach der Apartheid. Aspekte des politischen, sozioökonomischen und kulturellen Wandels in der Ära de Klerk, Baden-Baden 1994.

DAVIS, R. Hunt: Apartheid Unravels, Gainesville 1991.

DRECHSEL, Paul; SCHMIDT, Bettina: Südafrika. Chancen für eine pluralistische Gesellschaftsordnung. Geschichte und Perspektiven, Opladen 1995.

ENGEL, Ulf: Demokratische Transition in Südafrika, Institut für Afrika-Kunde (Hrsg.), Hamburg 1995.

FINNEGAN, William: A Complicated War. The Harrowing of Mozambique. Berkeley, Los Angeles, Oxford 1992.

FISCH, Jörg: Geschichte Südafrikas, München 1990.

GASTROW, Shelagh: Who's Who in South African Politics, No. 5, Johannesburg 1995.

GILIOMEE, Hermann; SCHLEMMER, Lawrence: From Apartheid to Nation Building, Capetown 1989.

GINWALA, Frene: Indian South Africans. The Minority Rights Group Report No. 34, 1984.

HARBER, Anton; LUDMAN, Barbara: Weekly Mail and Guardian, A-Z of South African Politics, The Essential Handbook 1994, London, Johannesburg 1994.

HIRSCHER, Gerhard; LANGE, Klaus (Hrsg.): The New South Africa. Hopes and Challenges, München 1995.

HOFMEIER, Rolf, Institut für Afrika-Kunde (Hrsg.): Afrika-Jahrbuch 1994, Opladen 1995.

HOROWITZ, Donald L.: A Democratic South Africa? Constitutional Engineering in a Divided Society, Berkeley, Los Angeles, Oxford 1991.

JOHNSON, R. W.; SCHLEMMER, Lawrence (eds.): Launching Democracy in South Africa. The First Open Election, April 1994, New Haven, London 1996.

KELLY, M.V.: Financial Institutions in South Africa. Financial, Investment and Risk Management, Ndabeni 1993.

KERSHOFF, G. J.: A Critical Evaluation of the Reconstruction and Development Programme. Occasional Research Paper, Bureau for Economic Research, University of Stellenbosch 1994.

KEVENHÖRSTER, Paul; BOOM, Dirk van den: Afrika. Stagnation oder Neubeginn. Studien zum politischen Wandel, Münster 1996.

KOCK, Wessel de: Usuthu! Cry Peace! The Black Liberation Movement Inkatha and the Fight for a Just South Africa, Cape Town 1986.

LUKHELE, Andrew Khehla: Stokvels in South Africa. Informal Savings Schemes by Blacks for the Black Community, Johannesburg 1990.

MAHNCKE, Dieter: Konflikt in Südafrika. Die politische Problematik Südafrikas in ihren innen- und außenpolitischen Dimensionen. Paderborn, München, Wien, Zürich 1989.

MANZO, Kathryn A.: Domination, Resistance, and Social Change in South Africa. The Local Effects of Global Power, Westport, Connecticut, London 1992.

MARE, Gerhard; HAMILTON, Georgina: An Appetite for Power. Buthelezi's Inkatha and South Africa, Johannesburg, Bloomington, Indianapolis 1987.

MEREDITH, Martin: South Africa's New Era. The 1994 Election, London 1994.

MOTALA, Ziyad: Constitutional Options for a Democratic South Africa. A Comparative Perspective, Washington 1994.

MURRAY, Martin J.: Revolution Deferred. The Painful Birth of Post-Apartheid South Africa. London, New York 1994.

ODÉN, Bertil; OHLSON, Thomas; DAVIDSON, Alex; STRAND, Per; LUNDAHL, Mats; MORITZ, Lena: The South African Tripod. Studies on Economics, Politics and Conflict, Uppsala 1994.

OHLSON, T.; STEDMANN, S. J.: The New is Not Yet Born. Conflict Resolution in Southern Africa, Washington D. C. 1994.

PETER, W.-C.: Regionale Kooperation und der Konflikt im südlichen Afrika. Zur Bedeutung der Southern African Development Coordination Conference (SADCC), Hamburg 1987.

RA'ANAN, Uri; MESNER, Maria; ARMES, Keith; MARTIN, Kate: State and Nation in Multi-Ethnic Societies, Manchester 1991.

RAUTENBACH, F. M.; MALHERBE, E. F. I.: Constitutional Law, Johannesburg 1995.

RHOODIE, N.; LIEBENBERG, I. (eds.): Democratic Nation-Building in South Africa, Pretoria 1994.

ROOYEN, Johann van: Hard right. The New White Power in South Africa. London, New York 1994.

ROSEN, Andreas: Apartheid, Widerstand und politische Gewalt in KwaZulu/Natal. Münster, Hamburg 1993.

SCHUMACHER, Ulrike: Südafrika. Die Wahl vom April 1994 - Eine afrikanische Wahl. Instituts für Sicherheitspolitik an der Christian-Albrechts-Universität zu Kiel, Mai 1994.

- Politische Formen für fragmentierte Gesellschaften. Das Beispiel Südafrika, Berlin 1994.

SONO, Themba: Reflections on the Origins of Black Consciousness in South Africa, Pretoria 1993.

THOMASHAUSEN, André E. A. M.: The Dismantling of Apartheid. The Balance of Reforms 1978-1988, Pretoria 1987.

VINES, Alex: RENAMO. Terrorism in Mozambique, London 1991.

VUUREN, D.J. van; Wiehahn, N.E. et al: South Africa. A Plural Society in Transition, Durban 1985.

WAALS, WS van der: Portugal's War in Angola 1961-1974, Rivonia 1993.

WORDEN, Nigel: The Making of Modern South Africa. Conquest, Segregation and Apartheid, 2. Aufl., Oxford, Cambridge 1995.

Aufsätze in Sammelwerken/Zeitschriften/Broschüren

ARNOLD, Guy: Mozambique. A Year of Hope, in: African Business, No. 208, March 1996.

ASMAL, Kader: Zur Rolle der Wahrheitskommission in Südafrika, in: HANKEL, Gerd; SCHUBY, Gerhard: Strafgerichte gegen Menschheitsverbrechen, Hamburg, 1995, S. 464-480.

ATKINSON, Doreen: Insuring the Future? - The Bill of Rights, in: FRIEDMAN, Steven; ATKINSON, Doreen (eds.): South African Review 7, The Small Miracle, South Africa's Negotiated Settlement, Johannesburg 1994, S. 121-147.

BAYNHAM, Simon: Regional Security Issues in Post Cold War Southern Africa, in: Africanus, Vol. 24, No. 1, 1994, S. 6-20.

BLUMENWITZ, Dieter: IPIS-Studie "Krisengebiete Afrikas". Bilaterale Vertragslage und Schutz deutscher Interessen, Februar 1996.

BOLLIG, Annkathrin: Der südafrikanische Wahrheitsausschuß. Ein Versuch der Vergangenheitsbewältigung, in: KAS, Auslandsinformationen 11/95, S. 53-75.

CORDER, Henry: Towards a South African Constitution, in: The Modern Law Review, Vol. 57 (1994), S. 491-526.

DÜSING, Sandra: Traditionelle Führungsstrukturen im Prozeß der demokratischen Konsolidierung Südafrikas, in: KEVENHÖRSTER, Paul; BOOM, Dirk van den: Afrika. Stagnation oder Neubeginn. Studien zum politischen Wandel, Münster 1996, S. 173-198.

GÖBBEL, Beowulf: Südafrika. Wirtschaftstrends zum Jahreswechsel 1995/96, Länderreport, in: bfai (Hrsg.): Nachrichten für Außenhandel, Eschborn, März 1996.

HAILBRONNER, Kay; KREUZER, Christine: Implementing Federalism in the Final Constitution of the Republic of South Africa, KAF, Occasional Papers, September 1995.

HATCHARD, J.: Statute Note. The Constitution of the Republic of South Africa, in: Journal of African Law, Oxford 1994, Vol. 38 1994, Nr.1, S.70-77.

HEYMANS, Chris: South Africas Local Government Transition. Current State of the Local Government Debate, in: KAF (ed.): The Role of Traditional Leaders in Local Government in South Africa, 27.-28. Oktober 1994, S. 7-12.

JOHNSON, Richard W.: Weder frei noch fair. Nötigung und Einschüchterung begleiten den Wahlkampf, in: NZZ Folio, Nr. 4, April 1994.

KALTEFLEITER, Werner: Südafrikas Verfassung. Einfache Antworten auf ein komplexes Problem, in: Criticon 79, September/Oktober 1983, S. 205-208.

KANE-BERMAN, John: Inkatha. The Paradox of South African Politics, in: Optima, Vol. 30, No. 3, 1982.

KARCHER, Günther L.: Die Südafrikanischen Kommunalwahlen, in: KAS-Auslandsinformationen, 11/1988, Heft II, S. 2-25.

- CODESA II gescheitert - was nun?, in: KAS-Auslandsinformationen, 11/1992, S. 18-28.

KARPEN, Ulrich: Federalism. An Important Instrument for Providing Pluralism in the New Democratic South Africa, in: KAS, Occasional Papers, April 1994, S. 3-7.

LARCOMBE, Graham: Economic Policy Debates in South Africa, National Economic Review, No. 34, Oktober 1995, S. 1-11.

LIJPHART, Arend: The Ethnic Factor and Democratic Constitution-Making in South Africa, in: KELLER, Edmond J.; PICARD, Louis A.: South Africa in Southern Africa; Boulder & London 1989, S. 13-24.

LUCIUS, Robert von: Brüchiger Frieden in Angola und Mosambik, in: Forschungsinstitut der Deutschen Gesellschaft für Auswärtige Politik (Hrsg.): Die internationale Politik 1991-1992, München 1994, S. 340-348.

MARITZ, Chris: Conflict Regions Around the World. Southern Africa, in: KALTEFLEITER, Werner; SCHUMACHER, Ulrike (eds.) Five Years After the Fall of the Berlin Wall, Papers Presented at the International Summer Course 1995 on National Security, Frankfurt/M. 1996, S. 99-114.

MARYNCZAK, Anne: Les PME en République sud-africaine: Développement et instruments de soutien, in: Caisse Francaise de Développement (Hrsg.), Notes & Etudes Nr. 52, 1994.

MASHABELA, Harry: Politics at Local Level, in: Spotlight, No. 1, 1994, ed. by. South African Institute of Race Relations, S. 5-23.

MC CARTHY, Shaun: Inkatha. Heading For War? in: Jane's Intelligence Review, No. 12, 1995, S. 569-571.

MERWE, Marlene van der: Refugees and Illegal Aliens with Specific Reference to Mozambican Citizens in the RSA, in: Strategic Review for Southern Africa, Vol. X, No. 2, Nov. 1988, S. 75-95.

MEYNS, Peter: Angola, in: NOHLEN, Dieter; NUSCHELER, Franz: Handbuch der Dritten Welt, Bd. 5, Ost- und Südafrika, Bonn 1993, S. 320-338.

MILLS, Greg; BAYNHAM, Simon: South African Foreign Policy, 1945-1990, in: MILLS, Greg (ed.): From Pariah to Participant. South Africa's Evolving Foreign Relations, 1990-1994, Johannesburg 1994, S. 10-36.

MILLS, Greg: South Africa and Southern Africa, in: The Courier, No. 153, September/ Oktober 1995, S. 59-62.

MOKGORO, Yvonne: Traditional Authority and Democracy in the Interim South African Constitution, in: KAS, Occasional Papers, September 1994, S. 3-10.

MOORE, B. J.; SCHOOMBEE, G. A.: Bank Credit to the Informal Sector. Challenge and Reward, in: Development Southern Africa, 3/1995, S. 347-360.

NEL, Philip: Übergang durch Erosion. Südafrikas Demokratisierung im Vergleich, in: Zeitschrift für internationale Fragen, 46. Jahrgang, 1/95, S. 81-92.

o.V. Mozambique. Tough Times Ahead, in: Southern African Economist, Vol. 7, No. 10, November 1994.

PIERSON-MATHY, P.: The Prospects For Consolidating the Peace in Angola, in: The Courier, No. 153, September-October 1995.

PIPPAN, Christian: Südafrikas Verfassungswandel im Zeichen von Demokratie und Rechtsstaatlichkeit, in: ZaöR, Heidelberg 1995, S. 993-1050.

POTGIETER, Jakkie: Peacekeeping in Southern Africa. A Regional Model, in: SMITH, Christopher; BATCHELOR, Peter; POTGIETER, Jakkie (ed.): Disarmament and Conflict Resolution Project-Small Arms Management and Peacekeeping in Southern Africa, New York, Genf 1996, S. 99-114.

PRETORIUS, J. L.: South Africas New Constitution, in: JÖR, 33. Jg. (1984), S. 517-587.

PRICE, Robert M.: South Africa and Afro-Marxism. Pretoria's Relations with Mozambique and Angola in Regional Perspective, in: KELLER, Edmont J. et al.: Afro-Marxist Regimes. Ideology and Public Policy, Boulder, Colorado 1987, S. 257-277.

REGIONAL CONSULTATIVE FORUM on Rural Development (ed.): Rural Communities, Civil Society and Local Government. A Report on Sub-Regional Workshops, December 1995.

RILEY, Thyra A.: South Africa. Characteristics of and Constraints Facing Black Businesses in South Africa. Survey Results, in: The World Bank. Southern Africa Department (Ed.), Discussion Paper Nr. 5, Washington D.C. 1993.

ROPP, Klaus Freiherr von der: Vom Umbruch zum Zusammenbruch? Das Post-Apartheid-Südafrika, in: Liberal, Mai 1996, S. 69-74.

SCHLEMMER, Lawrence: The Depth and Scope of Support for a Volkstaat among Whites in Pretoria and Associated Rural Areas, o.O., February 1996.

SCHNATZ, Bernd: South Africa's Economic Prospects after the Elections, in: Institut für Wirtschaftsforschung, Hamburg (Hrsg.): Intereconomics, Mai/Juni 1994, S. 119-121.

SCHMÜDDERICH, Suitbert: Der schwarze Widerstand, in: MAULL, Hanns W. (Hrsg.): Südafrika. Politik-Gesellschaft-Wirtschaft vor dem Ende der Apartheid, Opladen 1990, S. 129-190.

SERPA, Eduardo: The Mozambican Elections, in: ai-bulletin, Vol. 34, No. 5, 1994.

SHAW, Marc: A Cut Throat Business, in: Crime and Conflict, No. 4, Summer 1995.

SMITH-MORRIS, M.: Mozambique. Recent History, in: Africa South of the Sahara 1995, S. 633-639.

SOMERVILLE, Keith: The Failure of Democratic Reform in Angola and Zaire, in: Survival, Vol. 35, No. 3, Autumn 1993, S. 51-77.

- Demobilisation Stumbles, in: New African, No. 339, March 1996.

- Oil and Security, in: African Business, Nr. 208, March 1996.

SOUTH AFRICAN FOUNDATION (Hrsg.): Growth for All. An Economic Strategy for South Africa. Johannesburg, Februar 1996.

SPENGLER, Frank: Republik Südafrika. Unitärer Staat, Staatenbund, oder Föderation, in: KAS Auslandsinformationen, 10/1992, S. 7-11.

- Zur Entwicklung der Parteien in der Republik Südafrika, Namibia und Zimbabwe, in: KAS Auslandsinformationen 12/1995, S. 1-23.

- BOLLIG, Annkathrin: Die Wahlen in Südafrika, in: KAS Auslandsinformationen, 6/1994, S.34-73.

- BOLLIG, Annkathrin: Die Kommunalwahlen in Südafrika, in: KAS Auslandsinformationen, 3/1996, S. 106-135.

STADEN, Gary van; STEWART, Malcolm: Financial Markets and the Availability of Credit Facilities, in: VENTER, Minnie (ed.): Prospects for Progress. Critical Choices for Southern Africa, Cape Town 1994, S. 84-97.

THE WORLD BANK: Global Economic Prospects and the Developing Countries, Washington D.C., Vol. 6, 1996.

VALE, Peter: Security Southern Africa, in: The Courier, No. 153, September-October 1995, 66-67.

VENACIO, M.: Angola and Southern Africa. The Dynamics of Change, in: RICH, Paul B.: The dynamics of change in Southern Africa, London 1994, S. 149-174.

VENTER, Al. J.: Mercenaries Fuel Next Round in Angolan War, in: Jane's International Defense Review, 3/1996, S. 63-65.

VERSTER, Elzane: The Super Federation?, in: BENDIX, Willy (Ed.): South African Industrial Relations of the Eighties, I.P.C. cc, Kapstadt, 1988.

VOLKSTAATRAAD (Hrsg.): Proceedings of the International Conference on Self-determination; Somerset-West; 6-7 March 1996.

VUUREN, Willem van: Ethnicity and Coloured Voters, Institute for Future Research, Political Issues Vol 6 No. 1 Jan 1996.

WELSH, David: The Democratic Party, in: REYNOLDS, A. (Hrsg.): Election '94 South Africa. The Campaigns, Results and Future Prospects, 2. Aufl., Kapstadt 1995, S. 107-116.

WENZEL, Hans-Joachim: Flüchtlinge und Flüchtlingsintegration in Mosambik, in: Afrika-Spectrum, Vol. 30, No. 2, 1995, S. 207-224.

ZUKRIGL, Ina: Kommunalwahlen im November. Keine Spur von Euphorie, in: Südafrika, 2/1995, S. 16-18.

- Wandel der Lokalverwaltung, in: Südafrika, 2/1995, S. 16.

ZYBRANDS, Werner: A Perspective on Local Government in the New South Africa, ed. by.: ABSA-Bank, New Baskerville 1994.

Gesetzestexte/Dokumente

Accord on Afrikaner Self-Determination between the Freedom Front, the African National Congress and the South African Government / National Party; signed 23 April 1994.

Constitution of the Republic of South Africa 1993, Act 200 of 1993.

Constitution of the Republic of South Africa as adopted by the Constitutional Assembly on 8 May 1996.

Republic of South Africa Constitution Act, Act No. 110 of 1983.

Local Government Transition Act, 1993, Government Gazette No. 15468 vom 2. Februar 1994.

Local Government Election Regulations, Cape Town, 7. July 1995.

VOLKSTAAT COUNCIL (Hrsg.): Discussion Document on Self-Determination and the Working Draft of the New Constitution, 22 November 1995, with the Constitutional Committee Sub-Committee, Pretoria, 27.02. 1996.

VOLKSTAAT COUNCIL: First Interim Report, Pretoria Mai 1995.

- Draft Report on Self-Determination. Its Nature, Development and Application - A Survey, Pretoria Februar 1996.

- Proposed Areas for Afrikaner Self-Determination, Pretoria, 23.02.1996.

- Cultural Community Councils for Afrikaners, Pretoria, o.D.

Statistiken/Jahresberichte

Community Bank: Annual Report 1995.

DBSA: Annual Report for the Year to 31 March 1995.

International Bank for Reconstruction and Development/The World Bank, Washington: World Bank Atlas 1996.

Rural Foundation (1995): Annual Report 1994/95.

SARB (Hrsg.): Bank Supervision Annual Report 1994.

Small Business Development Corporation, Ltd.: Annual Report 1995.

South Africa Yearbook 1995, 2. Edition, Pretoria 1995.

South African Institute of Race Relations: Race Relation Survey 1992/93, Johannesburg 1993.

Statistisches Bundesamt (Hrsg.): Angola 1993 - Länderbericht, Wiesbaden 1993.

- Länderbericht Südafrika 1994, Wiesbaden 1995.

The Economist Intelligence Unit: Country Profile South Africa 1994-95, London 1995a.

The National Defence Force in Transition, Annual Report, Financial Year 94/95.

Wesgro: Annual Review 1995.

Parteiveröffentlichungen

ANC Discussion Document on Economic Policy (DDEP), DEP Workshop, Harare 1990.

- Draft Resolution on Economic Policy, Mai 1991 .

- Draft Policy Guidelines, Frühjahr 1992.

- Building a United Nation. Policy Proposals for the Final Constitution. Capetown 1995.

- Ready to Govern, ANC Policy Guidelines for a Democratic South Africa, angenommen auf der ANC-Nationalkonferenz im Mai 1992.

AZANIAN People's Organisation: Constitution, o.O., o.J.

COSATU: Social Equity and Job Creation. The Key to a Stable Future, o.O., o.J.

FREEDOM FRONT: Core Manifesto, Lynwood Ridge, o.J.

- Policy, o.O., o.J.

IFP: Position Paper zu den CODESA-Verhandlungen vom 06.02.1992.

- Position Paper: Inkatha Freedom Party Supports Federalism, o.O., o.J.

- Inkatha Yearbook 1988, Durban 1989.

- The New Inkatha 1990, verabschiedet auf dem 15. Jahreskongreß 1990, Ulundi, 14th July 1990.

MOLALA, Patrick: The Link between Poqo and APLA, General Thoughts, Verlautbarungen des AZAPO-Vorsitzenden Molala vom 27.06.1996.

PAN AFRICANIST CONGRESS OF AZANIA: The Basic Documents of the Pan Africanist Congress of Azania, Johannesburg 1990.

- The Post-Apartheid Economy - A PAC view, in: South Africa Foundation Review, November 1990.

SCHLEMMER, Lawrence: The Depth and Scope of Support for a Volkstaat among Whites in Pretoria and Associated Rural Areas, o.O., February 1996.

SOUTH AFRICAN LABOUR MOVEMENT: Social Equity and Job Creation - Proposals by the South African Labour Movement, 1995 und 1996.

VRYHEIDSFRONT (Hrsg.): Policy. The Freedom Front, o.O., o.J.

KIELER SCHRIFTEN ZUR POLITISCHEN WISSENSCHAFT

Herausgegeben von Prof. Dr. Werner Kaltefleiter

Band 1 René Klaff: Islam und Demokratie. Zur Vereinbarkeit demokratischer und islamischer Ordnungsformen, dargestellt am Beispiel der Staatsauffassung Khomeinis. 1987.

Band 2 Christian Oellerking: Marketingstrategien für Parteien. Gibt es eine Technologie des legalen Machterwerbs? 1988.

Band 3 Klaus A. Vogel: Der Kreis um die Kieler Blätter (1815-1821). Politische Positionen einer frühen liberalen Gruppierung in Schleswig-Holstein. 1989.

Band 4 Barbara Lübcke: Vorwahlen und Kandidatenprofile in den USA. Eine empirische Untersuchung am Beispiel der US-Senatoren. 1989.

Band 5 Monika Ballin: Die politische Rolle der Kirche in Zentralamerika. Eine vergleichende Länderanalyse. 1990.

Band 6 Silke Jansen: Meinungsbilder zur deutschen Frage. Eine Längsschnittanalyse von Repräsentativerhebungen in der Bundesrepublik Deutschland. 1990.

Band 7 Stephan Layritz: Der Nato-Doppelbeschluß. Westliche Sicherheitspolitik im Spannungsfeld von Innen-, Bündnis- und Außenpolitik. 1992.

Band 8 Olaf Schwennesen: China sticht in See. Die Spratly-Inseln als Konfliktherd im Südchinesischen Meer. 1996.

Band 9 Ulrike Schumacher (Hrsg.): Das Neue Südafrika. Das Ende einer Illusion? 1997.